사람이 중심이지요

사람이 중심이지요

초판 1쇄 2012년 3월 15일
초판 2쇄 2012년 7월 30일

지은이 허태수
인쇄·제본 한영문화사

펴낸이 김제구
펴낸곳 리즈앤북
등록번호 제22-741호 ㅣ 등록일자 2002년 11월 15일
주소 121-841 서울시 마포구 서교동 463-31 플러스빌딩 4층
전화 02)332-4037 ㅣ 팩스 02)332-4031
이메일 risenbook@paran.com

ISBN 978-89-90522-75-7 03100

감성멘토
허태수
삶과 의식의
철학적 고찰

허태수 지음

사람이
중심이지요

리즈앤북
ries & book

서문

춤추는 별로 태어나라

"춤추는 별을 탄생시키려면, 당신의 영혼 속에 혼돈chaos을 지녀야 한다." 프리드리히 니체의 말입니다. 소위 영혼을 다룬다는 몇몇의 직능들이 하는 일이란 결국 이승의 영혼들을 '춤추는 별'이 되게 하는 것입니다. 그러나 그 어디에도 '춤추는 별'은 눈에 띄지 않습니다.

제도화된 이성이 '혼돈混沌'을 두려워하여 도망하고, 지성은 관성의 물物에 빠져 눈을 감아버렸으며, 영성은 뼈대만 남아 불감증에 걸렸기 때문입니다. 그러니 '혼돈'을 배우고 익히는 공부를 게을리 할 수밖에 없는 까닭이요, 그 연유로 인해 누구도 스승이 아니며, 누구도 별로 태어나지 못하는 것입니다.

그런데 '청담동'의 젊은 영혼들을 '춤추는 별'로 만들 수 있는 기회가 생겼습니다. '서울 엠마오 가는 길'이란 영성프로그램에서 만난 한상훈 형을 통해서 '서양'이라는 회사의 서동범 사장을 만난 것입니다. 매주 월요일 오후 1시에서 1시 30분까지의 짧은 시간이지만, 나는 충분히 그들을 혼란에 빠뜨리기 시작했습니다. 2년이 되어가는 지금 하나 둘 영혼 속의 혼돈을 통과하며 별들로 태어나고 있는 중입니다. 그렇게 태어난 젊은이들은 그들 자신을 '사랑을 짓는 사람들'이라고 부르기 시작했습니다.

여기 옮겨지는 글들은, 그들을 창조의 혼돈으로 몰아넣은 재료들이 어떤 것인지, 무엇으로 그들이 사랑을 짓는 사람으로 '다시 태어나' 별이 되는지를 보여주는, 니체 언어의 증빙이라 할 수 있습니다.

다시 태어나 별이 된, 그리고 될, '사랑을 짓는 사람들'의 모임에 나오는 모든 자매형제들과, 〈블루독〉〈블루독 베이비〉〈밍크 뮤〉〈알로봇〉〈룰 라비〉〈데님 인더박스〉를 대표 브랜드로 하여 한국과 세계의 어린아이들에게 몸을 가리는 천을 넘어 '색'과 '감'으로 이루어진 '은하의 세계'를 만들어가는 이들에게 복이 있으라.

청담동 119번지에서 허태수 목사

목차

아닙니까?

제2장
과학적 논리로 신앙 톺아보기
"과학적 통찰을 통해 우리 생각의 시야는 끝없이 확장됩니다"

가 있다는 것을 말하는 게 아닐까요?

제3장
역사 속의 현실, 현실 속의 역사
"과거의 인물이나 사건이 아니라 현재의 내 마음을 들춰보는 거울이 역사입니다"

복음은 사람들의 관계 속에서 영향을 미쳐야 하고, 인간 그 자체를 탈바꿈시켜야 한다는 선언과도 같은 것입니다

계시록에서 증오와 배제를 읽어야 하는 것은 '천국'을 사모한다는 것이 '세상'과 '우리'가 아닌 것들에 대한 증오와 공격성에서 기인하기 때문입니다

지나간 과거의 누구 또는 어떤 사건에 대한 이야기가 아니라 현재의 내 마음을 들춰보는 거울과 같은 게 역사라는 말입니다

제1장

문학적 상상력과 사상의 지평

"창은 부재에 가까울 때
자기를 통해 모든 것을 보여줍니다"

행복은 그대 속에

마네킹은 몸에 걸친 옷을 자랑하지만 그것은 자기 옷이 아닙니다

〈행복한 한스〉라는 그림 형제의 동화집에 나오는 유명한 이야기를 회상하는 것으로 오늘 이야기를 시작하겠습니다.

한스는 7년 동안 부지런히 일한 대가로 받은 큼지막한 금덩어리를 받았습니다. 지금 그것을 지고 집으로 돌아가는 길입니다. 그는 아주 행복했습니다. 그러나 얼마쯤 시간이 지나자 금덩어리가 너무 무거워 귀찮아지기 시작했습니다. 마침 어떤 사람이 말을 타고 지나가는 걸 본 한스는 금덩어리를 말과 바꿉니다. 얼마 후 악마가 나타나 말을 공격합니다. 놀란 말이 그만 한스를 땅바닥에 떨어뜨리고 말았습니다. 화가 난 한스는 말을 암소와 바꿔버렸습니다. 우유를 마시기 위해서였죠. 그러나 한스의 행복은 오래가지 않았습니다. 우

유가 한 방울도 나오지 않았기 때문입니다. 한스는 암소를 돼지와 바꿨습니다. 그리고 돼지는 가위 가는 숫돌 장수의 숫돌과 바꿨습니다. 한스는 짐이 가벼워져 행복해졌습니다. 그러나 길을 가면 갈수록 숫돌이 무거워지자 한스는 다시 괴로워졌습니다. 행복을 맞본 건 잠시였고 숫돌 때문에 한스는 더 불행해졌습니다. 목이 마른 한스는 길가에 있는 우물에서 물을 마시려고 허리를 구푸렸습니다. 그 바람에 그만 숫돌이 우물에 풍덩 빠지고 말았습니다. 그러자 한스는 이렇게 기도합니다.

"어려울 때마다 구원해주시니 감사합니다."

행복의 조건인 줄로만 알았던 '소유' 때문에 그는 불행해졌습니다. 하지만 마침내 숫돌마저 우물에 빠져버리고 나자 비로소 불행에서 해방되어 자유로워졌습니다. 한스가 그동안 소유했던 것들은 모두 행복해지기 위한 필요조건들이 아니라 불행해지기 위한 충분조건들이었던 것입니다. 한스는 그렇게 모든 불행의 조건들로부터 해방이 된 후에야 비로소 행복한 마음으로 집에 도착했다고 합니다.

매우 낡은 이야기죠?
그렇지만 이 이야기 속에 기독교의 진리가 메타포처럼 도사리고 있는 걸 여러분은 아십니까? 심심한 이야기지만 인간사의 단편적인 진리 하나를 우리에게 상기시켜주고 있습니다. 인간의 행복은 금덩어리나 말이나 소나 돼지를 소유하는 것하고는 아무런 상관이 없다는 것이 그것입니다. 행복이 부의 축적이나 소유의 정도와는 무관하다는 이 오래된 발견을 우리는 너무 오래도록, 너무 자주 망각하고 사는 것이 아닌지 모르겠습니다. 가령, 우리들은 자신도 모르는 사이에 비싼 옷이나 화려한 저택 따위를 행복에 연결하려고 하지 않습니까? 저금통장의 액수나 소유하고 있는 부동산이 행복을 보장해주리라는 환상을 굳게 믿으며 살고 있지 않습니까? 그러나 한스의 경험에 의하면 그렇지 않다는 거죠.

행복이란 금덩어리나 말이나 암소 또는 숫돌 따위 속에 갇혀 있지 않습니다. 행복이란 우리들의 삶을 장식하는 그런 장식물로부터 나오는 것이 아닙니다.

루드비히 마르쿠제는 한스를 '최초의 행복한 철학자'라고 부르면서, 한스가 잠시 갖고 있었던 그런 소유들을 '행복의 마네킹'이라고 불렀습니다.

'마네킹은 몸에 걸친 옷을 자랑한다. 그러나 그것은 자기 옷이 아니다.'

자기 옷이 아닌 줄 알면서도 그 빛나는 옷을 포기하지 못한다는 데 우리의 참극이 있는 거죠. 그 옷의 허망함을, 그 마네킹이 유혹하는 거짓 행복의 매력을 무시하기란 결코 쉬운 일이 아니죠. 그것은 무척 어렵습니다. 진정한 의미의 행복을 느끼면서 살고 있는 사람을 발견하는 일은 그리 쉽지 않은 일입니다. 거짓 행복의 유혹을 무시하는 일도 그만큼 쉽지 않습니다.

자크 프레베르의 행복관 역시 한스를 넘지 않습니다.

금장 시계를 찬 불행
타야 할 기차가 있는 불행
모든 것을 생각하는 불행
……
그리고 거의
'거의' 틀림없이 게임에서 이기는 불행이 있다.
- 자크 프레베르의 시 〈거의〉에서

금장 시계 – 금장 시계가 상징하는 화려하고 반짝이는 삶,
타야 할 기차 – 그 기차가 드러내는 바쁘고 분주한 도시 생활,
이겨야 할 게임 –그 게임이 가리키는 공격적이고 경쟁적인 승부의 세계,
자크 프레베르는 이런 것들이 행복과 상관이 없다고 말하는 정도가 아닙니다. 그는 오히려 그런 것들을 '불행'이라고 단정해버립니다. 금장 시계를 찬 불행, 타야 할 기차가 있는 불행, 게임에서 이

기는 불행…… 소유를 통해서만 또는 투쟁을 통해서만 얻어지는 행복이라면 그건 행복이 아니라는 것입니다. 그런 행복은 불행을 은폐하는 속임수에 지나지 않는다는 것입니다.

행복한 한스의 이야기를 들려주는 마르쿠제의《행복론》원래 제목이《행복은 그대 속에》라는 사실은 강조할 가치가 있습니다. 그리고 프레베르가 제시하는 다음과 같은 시를 통해 우리의 행복관을 다시 조율해야 합니다.

이 세상 모든 사람들을 즐겁게 해주려고
모든 사람들에게 그의 새를 나누어주는
새 장수의 머리를 깎아주는
이발사의 가위를 갈아주는
칼 장수의 신발을 닦아주는
신기료 장수가
가죽구두를 수선하면서
똑똑히 볼 수 있게 해주려고
저녁마다 가로등에 불을 켜는
가로등 불 켜는 사람과
곧 결혼할
꽃 파는 어린 아가씨를 위해
커다란 침대를 만들어야 하는

목수를 위해

널빤지를 만들려고

저기 멀리서

나무를 하는

저 나무꾼은

얼마나 아름다운지.

- 자크 프레베르의 시 〈유리 장수의 노래〉에서

시인이 가르쳐주는 행복은 단순합니다. 너무 단순해서 오히려 그 진실성이 의심스러울 정도입니다. 그러나 그 단순한 진실성이 주는 행복의 의미를 우리가 알기 전까지는 우리는 진정한 의미의 행복은 모르는 사람이라고 할 수 있습니다.

〈전도서〉는 이스라엘 최고의 왕 솔로몬이 쓴 것입니다. 최고의 영화를 누렸던 왕이 이 세상의 헛된 일들에 대해 이야기합니다. 그가 들려주는 또 한 가지의 충고는 우리의 행복 이해에 대한 첨언으로 아주 유익합니다.

"어떤 사람은 억척스럽게 일하며 자기 부를 만족하게 여기지 않는다. 그는 즐거움도 마다하고 누구를 위해 그처럼 열심히 일하는가? 이것도 다 헛된 것이며 불행한 일이로다."

"두 손에 가득하고 수고하며 바람을 잡는 것보다
한 손에만 가득하고 평온함이 더 나으니라." (전 4:6)

:: 새김

한스처럼 버리기를 실행하기란 쉽지 않습니다. 그러나 어렵지도 않습니다.

어느 해 어린이날이었습니다. 아이들이 가지고 노는 물총을 하나씩 사가지고 오라
고 저희 교회 교우들에게 말했죠. 그러고는 예배를 간단히 마치고 마당에 나가서
물총놀이를 했던 적이 있었습니다. 처음에는 머쓱해하던 어른들이 하나 둘 물총을
서로에게 쏘기 시작했죠. 놀이가 다 끝난 후 노인들이 말했습니다. "이거 진짜 재
미있군."

세상의 일도 물총놀이와 마찬가지입니다.
《어린 왕자》나 《갈매기의 꿈》을 이 글과 함께 읽기를 권해봅니다.

물질적 행복이 행복이라고 여기는 사람들이 있습니다.

칙센트미하이라는 심리학자는 《몰입》이라는 책에서 '진정한 행복은 무엇엔가 몰입
하는 것'이라고 말합니다. '몰입.' 크고 작음, 많고 적음, 되고 안 되고의 문제가 아
닙니다. 그것은 지금 여기Here and Now의 존재 방식이죠.

몰입을 영어로는 'flow(흐름)'라고 합니다.
정신이 어느 한 곳을 향해 흘러 들어가는 것이지요. 잡념과 방해 요소들을 차단하고
자신이 원하는 곳에 자신의 정신을 집중하는 일입니다.

그러면 '물 흐르는 것처럼 편안한 느낌' '하늘을 날아가는 자유로운 느낌'에 빠집니다. 긴 시간이 순간처럼 느껴지는 '시간 왜곡 현상'이 일어납니다. 몰입 대상이 자세하고 또렷하게 보입니다. 대상에 깊이 빠지면 일체감이 생기면서 자신을 잊어버립니다.

몰입의 능력은 수련과 노력으로 기를 수 있습니다. 그런데 관심이 있어야 대상에 빠르게 빨려 들어갑니다. 관심 없는 대상은 기억도 나지 않습니다. 그러므로 자신이 좋아하는 것을 찾아야 합니다.

:: 톺음

전도서 傳道書

구약성경의 한 경전. 저자는 자신을 다윗의 아들이며 이스라엘의 왕인 '전도자'라 밝히고 있으며 경전의 제목은 여기에서 나온 것이다. 전도서는 삶의 허무함과 최선의 삶을 살아갈 방법들을 이야기하고 있다. 전통적인 지혜의 한계, 단순한 인과응보 논리의 허구성, 세상의 불공평과 왜곡된 현실 등을 지적한다. 그리하여 창조주의 선물을 가지고 최선을 다해 기쁘게 살아가야 함을 일깨워준다.

프레베르, 자크 Jacques Prevert(1900~1977)

프랑스 시인. 파리 변두리 가난한 가정에서 태어나 중학교를 나온 이후 시장과 백화점에서 점원으로 일했다. 이후 예술에 뜻을 두어 영화 대본과 샹송 가사 등을 썼다. 46세의 늦은 나이에 시집《말Paroles》을 펴냈다. 시집이 순식간에 10만 부가 팔려 하루아침에 유명 시인이 되었다. 그의 시에는 약한 자들, 억압받는 자들에 대한 애정이 담겨 있다. 젊은이들은 반교회적·무정부적·우상파괴적 어조와 유머를 좋아한다. 불규칙한 시행, 말장난, 무질서하게 늘어놓는 말의 폭포, 열거법과 반어법 등 여러 기법을 사용한 시들은 소박하고 따뜻하면서도 군더더기 없는 단순한 묘사 때문에 교과서에 많이 실려 있다.

그림 형제 Brothers Grimm

독일의 동화작가이자 언어학자인 야코프 그림Jacob Grimm(1785~1859)과 빌헬름 그림 Wihelm Grimm(1786~1859) 형제. 19세기 초 독일 카셀 지역의 농민들을 찾아다니며 그

지방 고유의 색깔이 묻어나는 언어로 된 전설과 민화를 수집하여 편집한 〈그림 형제 동화집〉으로 유명하다. 〈늑대와 7마리의 새끼양〉〈백설공주〉〈헨젤과 그레텔〉 〈잠자는 숲속의 미녀〉〈황금 거위〉 등의 동화들은 지금도 세계 각국의 어린이들로부터 사랑을 받고 있다. 〈행복한 한스〉 역시 이 동화집에 수록되어 있다.

마르쿠제, 루드비히 Lidvig Marcuse (1894~1971)
독일의 사상가이자 저술가. 저널리스트적인 감각의 경쾌한 문체로 많은 저서를 남겼다. 연극 비평을 하면서 철학 에세이와 전기(게오르그 부허, 하인리히 하이네, 스트린드베리 등)를 썼다. 나치의 통치를 피해 미국으로 망명, 미국 시민이 되어 남캘리포니아대학에서 독일 문학과 철학을 가르쳤다. 대표작으로 〈플라톤과 디오니시오스〉〈미국의 철학〉〈외설에 대하여〉 등이 있다.

손을 잡으면 마음까지

'당신'이 손을 내밀면 누워 있는 길이 일어서고
슬픔이 기쁨이 되며 죽음조차 생명으로 바뀌네

춘천에는 아름다운 사람들이 많습니다. 어떤 사람들은 춘천이 아름다운 것은 '호수가 있기 때문'이라고 하지만 저는 그렇게 생각지 않습니다. '아름다운 사람'이 많기 때문에 춘천이 아름다운 것입니다.

제가 이렇게 춘천의 아름다움에 대해서 자가당착과 같은 믿음을 갖는 데에는 여러 원인들이 있겠지만, 그 중에 하나는 낭만이 깃든 카페의 이름 때문입니다. 어딘들 멋진 이름을 가진 찻집이 왜 없겠어요. 그러나 내 영혼의 철학을 닮은 그런 이름을 만나기란 쉽지 않은 법입니다. 그 중에 하나가 오늘 우리가 이야기를 나누려는 이름인데, 얼마 전까지 호숫가에 있다가 문을 닫은 '손을 잡으면 마음까지' 입니다.

손을 잡으면 마음까지…. 제가 이 말에 특별한 주목을 하는 까닭은, 우리들의 삶에서 우리가 사용하는 손이라는 것이 사실은 우리들의 보이지 않는 마음의 신성한 대행자이기 때문입니다. 물론 대부분의 사람들은 무의식적으로 또는 삶의 관성 때문에 손을 도구로 씁니다만, 실상 손은 신성한 마음의 대변자입니다.

헤겔이나 융은 이미 간파했었지요. 그들 당대의 심리학자들이 보기에 손은 인체의 수많은 부위 가운데에서 가장 예민하게 마음을 전달하는 기관이었습니다. 그때문에 우리는 본능적으로 기도를 할 때 두 손을 모은다든가, 약속을 할 때는 손가락을 걸고 그 약속을 보증하는 뜻으로 지문을 찍기도 합니다. 그런가 하면 헤어지는 순간에는 손을 흔드는 동작을 하죠. 이렇게 손을 사용하는 것은 손의 정신적인 능력을 신뢰하기 때문에 그렇게 한다는 거죠.

엔도 슈사쿠라고, 《침묵沈默》이라는 소설을 쓴 일본의 작가가 있죠. 그가 어디선가 고백한 체험담은 이에 대한 좋은 예가 됩니다.

아마도 그는 어떤 질병으로 병원에 입원한 적이 있었던 것 같습니다. 그런데 옆방의 폐암 환자가 밤새도록 내지르는, 흡사 짐승이 울부짖는 것 같은 신음소리 때문에 거의 잠을 이루지 못합니다. 이

틀날 아침에 엔도 슈사쿠는 간호사에게 묻습니다. 환자가 그렇게 극심한 고통에 괴로워 할 때는 간호사로서 무엇을 어떻게 해주느냐고 말입니다. 그의 질문에 대한 간호사의 대답이 흥미롭습니다.

"무슨 뾰족한 수가 있겠어요? 우린 그저 곁에 앉아 환자의 손을 꼭 쥐고 있을 뿐입니다. 한동안 그러고 있으면 통증이 차차 가시기 때문에 간호사들이 교대로 손을 잡아주지요."

그 말을 듣는 순간 엔도 슈사쿠는 코웃음을 쳤다고 합니다. 무슨 소릴 하는 건가, 강력한 진통제를 맞고도 고통이 가시지 않아 짐승처럼 울부짖는 환자에게 그까짓 손을 잡아준다는 것이 무슨 도움이 될 수 있단 말인가…. 그것이 그때 엔도의 심정이었습니다.

그런데 그로부터 1년쯤 후에 엔도 슈사쿠는 자신이 직접 수술대 위에 올라야 하는 중병이 걸리고 말았습니다. 수술이 끝나고 마취가 깨기 시작하자 그는 고통 때문에 견딜 수 없었습니다. 엔도 슈사쿠는 고통을 참지 못하고 진통제를 놓아달라고 소리쳤습니다. 그러나 중독을 염려한 의사는 그의 부탁을 거절했습니다. 그는 한층 절망적인 소리를 짐승처럼 질러대기 시작했습니다. 그때 간호사가 그의 침대 곁에 앉아 그의 손을 꼭 잡는 것이었습니다. 그러자 참으로 믿어지지 않는 일이지만, 그 지독하던 아픔이 조금씩 가시는 것을 느낄 수 있었다는 겁니다.(최성각의 《택시 드라이버》에서)

손이 마음을 대행한다는 주장에 동의한다면 '일일이 손을 얹으셨다'는 구절이 새롭게 다가올 것입니다. 예수님이 하신 일의 중대함은 결코 병을 고쳤다는 그 결과에 있는 게 아니라, 그가 가진 손, 예수님의 손에 있다는 것을 알 수 있지요? 우리가 눈여겨보아야 하고 새겨들어야 할 장면이 바로 그것, 예수님의 손이라는 것입니다. 그것은 곧 예수님의 마음입니다. 예수뿐만이 아니라 누구든지 손은 그의 마음을 대행하는 신성함을 가지고 있다는 증거입니다.

병고에 시달리거나 아무도 상대해주는 이가 없어 고독과 슬픔이 본능처럼 몸에 밴 환자들, 가난하고 헐벗은 민중들의 외롭고 야윈 손을 잡아주던 한 위대한 치유사의 따뜻한 손을 아십니까? 우리들 인간의 손조차도 어느 만큼은 치유의 힘을 가지고 있는 게 사실이라면, 복음서에서 우리가 숱하게 접하는 치유와 구원의 손에 대한 기록은 별로 놀라워할 필요가 없을 듯합니다. 그렇습니다. 손을 대기만 해도 기적이 일어나던 이의 손을 우리가 알고 있습니다. 불가능을 가능하게 하는 손, 사망을 생명으로, 실의와 좌절을 희망과 용기로 바꾸어 주는 손… 그 손이 예수의 손이었고, 지금 우리에게 당도해 있는 이 신성의 대행자입니다.

당신의 손이 길을 만지니
누워 있는 길이 일어서는 길이 되네
당신이 슬픔을 만지니

머뭇대는 슬픔의 살이 달리는 기쁨이 되네
아, 당신이 죽음을 만지니
천지에 일어서는 뿌리들의 뼈

　- 강은교의 시 〈당신의 손〉에서

'당신'이 손을 내밀면 누워 있는 길이 일어서고, 슬픔이 기쁨이
되며, 죽음조차 생명으로 바뀐다는 이 시인의 고백이 벅찬 감동을
주는 이유를 '당신의 손'을 체험한 사람이라면 압니다. 참으로 기적
이 무엇인지 깨달은 사람은 압니다. 기적이란 실상 그 '당신'의 손
이 '나'의 손을 잡는 바로 그 순간에 발생하는 결정적인 사건을 부
르는 이름과 다르지 않습니다. 이것이 기적의 참된 뜻입니다.

당신이 내게 손을 내미네
물결처럼 가벼운 손을 내미네
산맥처럼 무거운 손을 내미네.

　- 강은교의 앞의 시에서

"사람들이 온갖 병자들을 데리고 오자 예수님은 그들에게 일일이 손을 얹어 고치셨다."

(눅 4:40)

:: 새김

몇 해 전까지 우리 예배당은 나무마루가 깔린 오래된 건물이었습니다. 마루 밑에는 통풍을 위해 뚫어놓은 작은 구멍이 있었는데 그리로 들고양이들이 들어가 살았습니다. 어느 날부터 고양이들을 위해 밥덩이를 놓아두었습니다. 그러기를 한 달여 지났을까, 어느 주일 아침에 문을 열고 마당엘 나갔더니 방금 가져다 놓은 것 같이 싱싱한 쥐 네 마리가 있었습니다. 그런데 그 일이 자주 반복되자 나는 이런 마음이 들었죠. "고양이들이 밥을 주는 내게 뭔가 선물을 하려고 하는구나."하고 말입니다. 우리 식구가 모두 네 명이었거든요. 나는 그걸 손의 기적, 마음의 교감이라고 합니다.

예수께서 십자가에 달려 죽기 직전에 제자들의 발을 씻겨주셨죠. 기독교는 그걸 '세족례'라고 합니다. 나는 언제부턴가 예쁜 구리 대야를 사놓고 어머니와 아내, 아이들의 발을 씻겨주곤 합니다. 이것은 기독교인만이 할 수 있는 것은 아니죠. 그런데 이때 발을 씻기고 닦으면서 나는 내 손의 장엄함을 느끼죠. '프리 허그' 처럼, 가족들이 서로의 발을 씻기는 문화를 가질 수 있다면 우리는 '손의 교감'이 일으키는 변화를 알 수 있을 것입니다. 작은 일이지만 큰 변화를 줍니다.

:: 톺음

누가복음
신약성경의 4복음서 중의 한 경전. 예수의 탄생에서부터 부활하여 승천하기까지의 배경과 사역이 다른 복음보다 더 자세히 나타나 있다. 저자는 이 복음을 어느 특정인에게 보내는 서신 형태로 썼다.

"그들에게 일일이 손을 얹어 고치셨다"
예수께서 전도 여행을 하면서 많은 병자들을 고쳐주시던 때의 일로, 열병을 앓고 있던 베드로의 장모를 말 한마디로 고쳐주시자 주변에서 병자들이 몰려들었는데, 예수께서 그들 한 사람 한 사람에게 일일이 손을 얹어 병을 고쳐주시는 장면이다. 대개 말 한마디로도 병을 고치시는데 이 부분에서는 일일이 손을 얹는 장면이 특이하고 인상 깊다.

〈기도하는 손〉

알브레히드 뒤러Albrecht Durer(1471~1528)의 작품. 뒤러는 독일 뉘른베르크 출신의 르네상스시대 화가로, 어린 시절 미술 공부를 하고 싶었지만 너무 가난해서 학교에 갈 돈이 없었다. 그에게는 처지가 비슷한 친구가 있어서 둘은 의논을 했다. "네가 먼저 미술학교에 가서 공부를 해. 나는 네가 졸업할 때까지 뒷바라지를 할게. 네가 졸업하면 내 뒷바라지를 해줘." 친구는 뒤러를 위해 식당에서 열심히 일해 학비를 보냈다. 어느 날 뒤러가 오랜만에 친구를 찾아갔을 때 마침 기도를 하고 있었다. "주여! 제 손은 노동으로 굳어져 그림을 그릴 수 없게 되었습니다. 제 몫의 능력을 뒤러에게 주십시오. 제 친구가 주님의 영광을 위해 좋은 그림을 그릴 수 있게 도와주십시오." 친구의 기도를 듣는 순간 뒤러는 커다란 감동을 받는다. 그는 곧 바로 친구의 기도하는 손을 스케치하기 시작한다. 이것이 유명한 뒤러의 〈기도하는 손〉이다.

헤겔, 게오르그 빌헬름 프리드리히 Georg Wilhelm Friedrich Hegel(1770~1831)

관념 철학을 대표하는 독일의 철학자. 칸트의 '이념과 현실'의 2원론을 극복하여 1원화하고, 정신이 변증법적 과정을 통해서 현실이 되어 자기 발전을 해가는 체계를 종합 정리하였다. 역사의 과정은 자기 법칙에 따라 필연적으로 정해졌으며, 절대자·신이 점차로 자기를 실현해가는 과정이라 생각했는데, 그 '절대자'는 이성이고 그 본질은 자유이다. 주요 저서로 《정신현상학》《논리학》《엔치클로페디》《법철학 강요》《미학 강의》《역사철학 강의》 등이 있다.

융, 카를 구스타프 Carl Gustav Jung(1875~1961)

스위스 심리학자이자 정신과 의사. 분석심리학의 기초를 세워 정신의학, 종교, 문학 등에 많은 영향을 미쳤다. 프로이트에게 정신분석학을 배웠으나 견해가 달라 스승과 다른 길을 걸었다. 무의식 속의 심리 요소, 태생적인 무의식층이 있다고 주장했다. "나의 생애는 무의식의 자기 실현의 역사이다. 무의식에 있는 모든 것은 사건이 되고 현상으로 나타나며, 인격 또한 그 무의식적인 여러 조건에 근거하여 발전하며 스스로를 전체로서 체험하게 된다."

슈사쿠, 엔도 遠藤周作(1923~1996)

일본 작가. 1955년 발표한 《백인白い人》으로 아쿠타가와 류노스케 상을 수상하고 《바다와 독약海と毒薬》으로 작가의 자리를 굳혔다. 대표작으로는 17세기 일본 막부의 가

톨릭 탄압을 소재로 한《침묵沈默》이 있다.

《침묵》

일본 막부 시대의 가톨릭교도 탄압을 소재로 한 엔도 슈사쿠의 소설. 신이 존재한다면 왜 고통 받는 사람들이 있는가, 고통 받는 민중들을 보호해주지도 못하는 무기력한 분으로 보아야 하는가, 의지가 약하여 종교적 신념을 지킬 수 없는 기독교인을 배교자라고 비난할 수 있는가 등등의 질문을 주인공인 선교사 로드리고를 통해 던지는데, 억지로 답을 끌어내려 하지 않는다. 1966년 작.

최성각 (1955~)

소설가, 환경운동가. 동아일보 신춘문예로 등단했다. 1990년대 쓰레기 소각장 반대 운동으로 환경운동을 시작했다. 풀꽃평화연구소, 〈녹색평론〉 자문위원. 주요 작품집으로《잠자는 불》《택시 드라이버》《부용산》《사막의 우물 파는 인부》외에 산문집《달려라 냇물아》등이 있다.《택시 드라이버》는 그의 엽편소설집으로, 짧은 분량의 이야기들 속에 진실의 번뜩임, 은근한 유머, 따뜻한 정서가 있다. 잡다한 일상사 속에서 빛나는 감동과 여운을 느낄 수 있는 소설집이다.

강은교 (1945~)

시인. 동아대 문예창작과 교수. 연세대 대학원에서 김기림 연구로 박사 학위를 받았다. 1968년《사상계》신인문학상에 〈순례자의 잠〉이 당선되어 문단에 나왔다. 시집《허무집》《빈자일기》《소리집》《오늘도 너를 기다린다》《벽속의 편지》《어느 별에서의 하루》《등불 하나가 걸어오네》《시간은 주머니에 은빛 별 하나 넣고 다녔다》《초록 거미의 사랑》등이 있다. 그의 시세계는 첫 시집《허무집》에서 볼 수 있듯이 인간 존재의 본질에 대한 탐구를 주로 추구해왔는데, 시 〈당신의 손〉에서 볼 수 있듯이 이후 시인의 관심이 관념적 · 개인적 차원에서 현실적 · 공동체적 삶으로, 사회 역사적 문제로 바뀌었다.

따뜻한 만남의 신비

우리 인생에서 누구를 만나 어떻게 변화된 존재로 사느냐는 일보다
더 중요한 문제는 그리 많지 않습니다

모두가 모르는 사람이다

그러나 이상하게도 낯익은 얼굴들이다

내가 모르는 낯익은 사람들이 너무 많구나

김광규 시인의 〈만나고 싶은〉이라는 시의 일부입니다. 낯은 익
은데 내가 알지 못하는 사람들, 누군지는 모르는데 어디선가는 본
듯한 얼굴들…. 우리가 매일매일 부딪히는 사람들이 그러하다고 고
백합니다. 아무도 우리의 가슴에 선명한 인상을 남기지 못한 까닭이
겠죠. 물론 우리 역시 다른 사람의 가슴 속에 각인을 찍지 못한 것은
마찬가지입니다. 우리가 정직하다면, 우리 역시 시인을 따라서, 우
리의 인간관계 역시 그처럼 무미건조하고 지지부진함을 인정해야

하겠죠.

시인은 '우리가 처음 만난 곳은 어딘가?' 하고 물어 놓고, 모든 가능한 기억속의 상황을 모조리 더듬어봅니다. 교정의 벤치였던가, 숙직실의 골방이었던가, 새벽의 구치소 앞이었던가, 골목길 여관방이었던가, 산부인과의 복도였던가…. 그러고는 '아니다 그렇지 않다' 고 고개를 저어버립니다.

우리는 부딪혔을 뿐 한 번도 만나본 적이 없다
모두가 낯익은 얼굴들 모르는 사람들이다….

시인의 통찰에 의하면, 낯은 익으면서도 누군지 알 수 없는 그 모든 사람들은, '우리가 부딪혔을 뿐 한 번도 만나 본 적이 없는' 사람들인 것입니다. '부딪힘' 과 '만남' 이 여기서 대비를 이루고 있지요. 부딪히는 것과 만나는 것은 사뭇 다릅니다.

얼마간 비관적인 전망인지는 모르지만, 이 시대는 그 진정한 의미에서 만남의 따뜻함이 사라진 시대입니다. 우리는 여기서 '예배' 라는 형식을 매개체로 해서 만나지만, 실상 여러분과 제가 또는 우리와 하나님이 '만나는' 것인지 '부딪히는' 것인지는 모를 일입니다. 시대의 표상으로 치자면 '만나는' 일이라기보다는 '부딪히는' 일이기 쉽다는 거죠. 우리는 지금 숱하게 많은, 경솔하고 무의미한 부딪힘들만이 판을 치는 세상에서 살고 있습니다. 사려 깊은 만남과 따뜻한 포옹 대신 우리는 수없이 많은 경솔한 부딪힘들과 스쳐지나가는 가벼운 웃음들 속에 몸을 섞고 살아갑니다. 그런 터에 진실하고 깊은 영혼의 교류가 있을 리 없습니다.

아무도 만나지 않는 사람은 아무도 사랑하지 않는 사람입니다. 아무도 사랑하지 않기 때문에 그의 삶은 굳어 있습니다. 변화의 기쁨을 알지 못합니다. 그런 사람들에게, 세상은, 이상하게 낮이 익으면서도 누구인지 알 수 없는 얼굴들만 보여줄 뿐입니다. 그렇다면 우리는 인정해야 합니다. 만남의 경험을 통해서만 한 생명은 비로소 태어날 수 있음을 말입니다.

매일 아침마다 보는 가로수의 잎이 어느 날 갑자기 '새롭게' 보이기 시작하는 이가 있다면, 그 사람에게 물어보세요. 틀림없이 따뜻하고 진지한 '만남'의 은총 속에 빠져 있다고 고백할 것입니다. 이제까지의 지지부진한 삶의 질곡으로부터 빠져나와 눈부신 삶의 찬가를 부르는 이가 있다면, 그 사람에게 가만히 물어보세요. "나 사랑에 빠졌어" 하고 그가 말하지 않는다면 그것은 그가 너무 수줍음을 타기 때문일 것입니다. 여러분들 속에서도 '만남'이 가져오는 변화는 언제든 발견되는 진리이기도 하죠?

아무도 가본 적이 없는 깊은 산골짜기, 길도 없는 가파른 비탈, 늙은 소나무 밑에서 '돌' 하나를 발견합니다. 그러고는 이 돌이 도대체 얼마나 오랫동안 여기에 있었을까를 가늠해보려고 하죠. '2천 년일까, 2만 년일까, 2억 년일까?' 그러고는 마침내 단정하듯 내뱉습니다.

아니다
그렇지 않다
지금까지 아무도 본 적이 없다면 이 돌은
지금부터 여기에 있는 것이다
내가 처음 본 순간
이 돌은 비로소 태어난 것이다
- 김광규의 시 〈어느 돌의 태어남〉에서

그 돌의 생성은 연대가 중요한 게 아니죠. 그 돌을 시인이 발견하기 전까지, 아니 시인이 돌을 만나기 전까지 돌은 존재하지 않았습니다. 그 돌은 '내가 처음 본 순간'부터 여기에 있는 것이고, 내가 만난 것으로 말미암아 비로소 '태어난' 것입니다. 나와 만나지 않았다면 그 돌은 여태 그래왔던 것처럼, 앞으로도 오랫동안 죽은 것과 같은 상태에 있을 것입니다.

사람이라고 다를 리 없죠. 우리들도 누군가와 처음 마주친 순간이 필요합니다. 누군가와 만남을 통해서 내가 태어나기 때문입니다. 시인의 시 구절에 비견할 댓구를 보태어 말하자면 이렇게 표현할 수 있습니다.

'내가 당신을 처음 본 순간 당신은 비로소 태어난 것입니다.
당신이 나를 만나주는 순간 나는 비로소 생명이 된 것입니다.'

예수님이 회개를 촉구하고 '거듭 태어남'을 말하실 때, 그분의 뜻이 이것과 다르지 않다고 나는 믿습니다. 예수님은 거듭 태어나지 않고는 새 사람이 되지 못한다고 말합니다. 그런데 그 '거듭 태어남' 또는 '새로 태어남'은 무엇으로부터 말미암는 것일까요? '만남'입니다. 만난 사람만이 다시 태어납니다. 누군가를 만나는 순간, 우리는 비로소 그때부터, 새로운 생명으로 살게 되는 것입니다. 성서는 만남의 체험을 통하여 거듭 태어난 사람들의 증언입니다.

그러나 모든 만남이 다 유익하지는 않습니다. 사실은 만남 그 자체에 대단한 뜻이 있는 것도 아닙니다. 한층 중요하고, 그래서 훨씬 주목해야 하는 것은 '누구를 만나느냐'입니다. 누구를 만나고 있느냐에 따라서, 그 사람의 거듭 태어남의 양태도 달라질 것이기 때문입니다.

우리 인생에서 누구를 만난 어떻게 변화된 존재로 사느냐는 일보다 더 중요한 문제는 그리 많아 보이지 않습니다. 그러니 우리는 경솔한 부딪힘보다는 따뜻한 만남을 항상 꿈꾸고 시도해야 할 것입니다.

"너희는 여호와를 만날 만한 때에 찾으라. 가까이 계실 때 그를 부르라." (사 55:6)

:: 새김

이해관계 때문에 또는 배신 때문에 만남이 두려워지는 세상입니다.
노래꾼 조용남이 언젠가 그의 책에서 이런 말을 했습니다. '세상에 아무리 나쁜 사람일지라도 한 가지의 배울 것은 있다'고 말입니다. 나는 그 글을 읽은 이후로는 '세상의 모든 인연은 가치 있다'고 여기는 편입니다. 그러니 '잘못된 만남'은 없는 거죠. 만날 사람을 만난 거니까요.

무작정 상대를 순수하게 대한다고 해서 좋은 만남이 될 것 같지 않습니다.
좀 더 지혜로운 만남의 방식이 있을까요. '애니어그램'은 자기를 가장 잘 알게 해주는 수피 전통의 인간 이해 프로그램입니다. 여기서부터 '너 자신을 알라'는 철학적 물음이 시작이 되었죠. 나를 알지 못하고 너를 알지 못하는 게 문제입니다. 자신과 상대방을 알면 누구든 최상의 관계를 맺을 수 있습니다. 그러니 '좋은가' 또는 '나쁜가'를 고르기보다는 '아는 일'에 집중해야 할 것입니다.

따뜻한 만남을 위해서는 평소에 사람을 대하는 태도를 어떻게 가져야 할까요.
우리는 '저 사람이 어떤 유익을 내게 줄 수 있나?'에서부터 관계를 시작합니다. 그러나 생각을 바꿔 '하늘이 저 사람을 왜 내게 붙였을까?'를 생각하면 모든 게 달라집니다.

관계를 유지하는 방법은 여러 가지입니다.
내 가방에는 여러 종류의 엽서가 있습니다. 여행을 다니면 나는 엽서 사는 일과 편지 쓰는 일을 합니다. 그때그때 떠오르는 사람에게 편지를 씁니다. 이게 제가 사람을 가슴에 품고 사는 법입니다.

:: 톺음

이사야서

구약성서의 23번째 경전. 이사야가 저자로 알려져 있다. 이사야서의 첫 부분은 이스라엘에 임박한 심판의 문제를 다루고 있으며, 다음 장들에는 주변 여러 나라들에 대한 심판에 초점을 맞추었다. 나머지 부분에서는 하나님의 백성에 대한 미래의 축복을 기술하고 있다. 이사야서는 예언 전집이라고 부르기도 하는데, 하나님이 나라를 잃고 바빌론에 포로로 끌려온 유다 사람들을 포로 생활에서 해방하여 고향으로 돌아가게 하실 것과 예루살렘이 재건될 것을 예언하고 있다.

김광규 (1941~)

시인. 한양대학교 독문과 명예교수. 서울대학교 문리과대학 독문과 대학원에서 문학박사 학위를 받았다. 1975년《문학과 지성》을 통해 등단하였다. 시집《우리를 적시는 마지막 꿈》《반달곰에게》《아니다 그렇지 않다》《크낙산의 마음》《좀팽이처럼》《아니리》《물길》《가진 것 하나도 없지만》이 있다. 그의 사는 되도록 쉽게 쓰려는 경향 때문에 쉽게 읽힌다. 시적 진술의 자유를 자제하면서 보통 사람이 읽고 음미하여 공감할 수 있는 시들이다.

'보잘 것 없음' 또는 '아예 없음'

참으로 내가 누구인지 정직하고 겸손하게 질문하려는 게 기도여야 합니다

우리는 우리들 자신의 얼굴을 모릅니다. 자신의 얼굴을 직접 볼 수 있는 사람은 아무도 없습니다. 자기 얼굴이 어떻게 생겼는지는 다른 사람들을 통해서 간접적으로 듣거나 거울과 같은 도구를 통해서 들여다보는 방법밖에 없습니다. 사람들은 타인의 모습을 보고 '잘 생겼다' 하기도 하고 '못 생겼구나' 하기도 합니다. 하지만 그런 평가는 어디까지나 외부에서 들어오는 간접적 정보일 뿐입니다. 그들이 말하는 그런 표현은 단지 그들이 본 나의 얼굴일 뿐, 엄밀한 의미에서 내 자신의 본래 얼굴이라고 할 수는 없습니다.

때론 거울이 본래의 내 얼굴을 보여준다고 주장할 수도 있겠으나 설득력이 있는 것은 아닙니다. 거울 속에서 우리가 확인하는 것

은 거울이라는 매체를 통해서 보이는 형상이니까요. 이것 역시 간접적인 2차적 정보입니다. 더구나 그것은 좌우를 거꾸로 보여주지 않습니까? 우리 얼굴을 볼 수 있는 매개체는 또 있습니다. 사진입니다. 입체적인 인간의 모습을 평면에 가둬버리는 사진, 사진 속의 얼굴에 대해서도 같은 말을 할 수 있습니다. 참으로 우리는 우리의 진짜 얼굴을 한 번도 보지 못한 채 살아갑니다.

이런 사실들을 헤아려보면서 우리가 우리 자신을 알기가 얼마나 어려운가 하는 물음을 스스로에게 던지게 됩니다. 내가 누구인지 알아내는 일이 어렵다는 말입니다.

'나는 누군인가?' 를 진지하게 묻지 않은 사람이 어디 있겠습니까? 물론 자아에 대해 질문할 수 없는 정도의 진화의 나이가 있습니다만 어느 땐가 우리는 한 번은 이 물음에 직면하게 됩니다. 다른 사람이 말하는 내 모습이 곧 내 자신의 본 모습이라고 받아들이는 것은 쉽고도 편리한 일입니다. 예컨대 사람들은 나의 사회적인 직책이나, 내가 가지고 있는 소유물, 또는 내가 행사할 수 있는 영향력이 바로 나 자신인 것처럼 말합니다. 그리하여 나는 목사일 수 있고, 사장일 수 있고, 대리 또는 부장이 됩니다.

이처럼 내가 누군가인가를 다른 사람들의 일컬음에 의존하여 결정해버리는 일, 거기에도 전혀 타당성이 없는 것은 아닙니다. 그리고 무엇보다도 그것은 간편합니다. 그러나 편리하다고, 편의롭다고 옳은 것은 아닙니다. 그런 것들은 내가 걸치고 있는 의상과 같은 것이니까요. 그러니 그런 것들을 내 자신과 동일시한다는 것은 내가 입고 있는 옷을 내 자신이라고 우기는 것과 다르지 않습니다. 터무니없고 우스꽝스런 일이지요?

그처럼 우스꽝스럽고 터무니없는 일들이 우리 속에 가득합니다. 얼굴 화장과 옷치장에 지나치게 신경을 쓰고, 수단과 방법을 가리지 않고 출세를 향해 매진합니다. 우리 자신을 둘러싸고 있는 그런 것들이 '자기 자신'이라고 믿고 배우고 설득 당했기 때문입니다. 무슨 옷을 입고, 무슨 차를 타느냐가 내 정체성인 줄 아는 것, 어떤 물건을 쇼핑하고 어떤 직장에 다니느냐가 중요한 것, 영혼은 아무래도 좋다는 것, 어디 영혼 같은 게 있겠느냐는 사고, 정신은 텅텅 비어 깡통 소리가 나더라도 돌볼 여유가 없다는 것…. 너나없이 모두 허깨비들같이 삽니다.

'일찍이 나는 아무 것도 아니었다' 고 절망적으로 고백한 시인이 있습니다.

일찍이 나는 아무 것도 아니었다.
마른 빵에 핀 곰팡이
벽에다 누고 눈 지린 오줌 자국

아직도 구더기에 뒤덮인 천 년 전에 죽은 시체.

아무 부모도 나를 키워 주지 않았다
쥐구멍에서 잠들고 벼룩의 간을 내먹고
아무 데서나 하염없이 죽어 가면서
일찍이 나는 아무 것도 아니었다

떨어지는 유성처럼 우리가
잠시 스쳐갈 때 그러므로,
나를 안다고 말하지 말라.
나는너를모른다 나는너를모른다.
너당신그대, 행복
너, 당신, 그대, 사랑

내가 살아 있다는 것,
그것은 영원한 루머에 지나지 않는다.
- 최승자의 시 〈일찍이 나는〉 전문

이 시가 풍기는 위압적이고 파괴적인 분위기를 찬양하려고 이
시를 인용하는 게 아닙니다. 이처럼 처절한 자기 인식에 이르기까지
이 시인이 감당해야 했을 고통스러운 정신과 수많은 깨어 있는 밤들
을 기억하자는 것입니다. 적어도 시인은 자기를 둘러싸고 있는 껍데

기를 자신과 동일시해버리는 손쉽고 편리한 이 시대의 방법을 거절합니다. 다시 말해 세상을 거슬러 살 줄 아는 정신을 가지고 있습니다. 시의 마지막을 다시 보세요.

"내가 살아 있다는 것, 그것은 영원한 루머에 지나지 않는다."

내가 살아 있다고 하는 것을 증명해주는 것이 무엇입니까? 무엇을 근거로 나는 내가 살아 있다고 믿는 겁니까? 거울 같은 것, 사진, 아니면 무심결에 주위 사람들이 내뱉는 찬사나 비난 같은 것들…? 그게 나를, 나의 존재를 보장해주는 겁니까? 이제 의심해야 합니다. 그것들은 단순한 루머에 지나지 않는다는 것을 말입니다. 시인이 껍데기뿐인 사람들의 실존에 경고를 보내고 있는 것처럼, 내가 살아 있다고 하는 것은 어쩌면 헛소문일 뿐인지도 모릅니다. 매일 아침 해가 동쪽에서 떠서 서쪽으로 지는 것을 보고 태양이 하루에 한 번씩 지구를 돈다고 믿어버리는 어린 아이처럼, 우리 또한 그저 습관적으로 살고 오해와 착각 속에서 살고 있는지 모르죠.

그러면 왜 사람들은 뒤집어쓰고 있는 요란한 의상을 벗지 않으려고 하지요? 두려운 겁니다. 그렇게 되면 시인처럼, 절망적인 고백을 해야 하기 때문입니다. 그러면 왜 또 절망적인 고백을 무서워하는 걸까요? 그 고백으로 드러나는 현실 앞에 맨몸으로 설 자신이 없기 때문입니다. 옷을 벗으면 내면의 추악함이나, 정신의 보잘 것 없음, 아예 없음이 들통날 것이 두렵기 때문입니다. 하지만 진실을 은폐할 수는 없습니다. 그래서도 안 됩니다. 옷 속에 감춰진 자신을 볼 줄 알아야 합니다. 그것이 더 이상 자신의 삶을 소문으로 만들지 않는 법입니다. 소문 속에서 사는 내가 소문 밖으로 걸어 나와야 합니다. 그게 깨어서 사는 것입니다.

예수님은 산상 설교를 통해 지금까지의 율법을 재해석합니다. '모세는 이렇게 말한다. 그러나 나는 이렇게 말한다…' 와 같은 언설 구조를 복음서는 우리에게 보여줍니다. 예수님이 그러면서 하시고자 하는 말의 핵심은, 율법이 의지하고 있는 행위를 문제 삼는 게 아니라, 그 행위를 가능하게 하는 영혼의 얼굴을 문제 삼는 데 있습니다. 무슨 말입니까? 겉으로 드러나는 행위가 그 사람 자신이 아니라, 그 속에 숨어 있는 영혼이 그 사람 자신이라는 겁니다. 그렇기 때문에 예수님은 행위를 문제 삼지 않으시고 그 마음을 말합니다. 예수님에게 하나님은 행위가 아니라 중심을 보시는 분이 된다는 말씀이 이래서 성립되는 겁니다.

내 안에 있는 것을 드러낸다는 것은 두려운 일입니다. 어쩌면 세상에서 가장 두려운 일인지도 모릅니다. 그 두려움 때문에 알면서도 스스로의 껍데기를 벗지 않는 것입니다. 그래서 가짜의 삶, 소문의 삶에 매달려 있는 것이지요. 그러나 우리 속에 뭐가 들어 있는지 남김 없이 아는 분이 있다면, 그분 앞에서라면 전혀 머뭇거릴 이유가 없겠지요? 그분 앞에서 이런저런 옷차림을 하고 자신을 과시하거나, 은폐해보려고 한다면 얼마나 가소로울까요? 따라서 우리가 아직도 여전히 참된 우리 자신을 내보이기를 거부한다면, 결국 그것은 우리 자신을 낱낱이 꿰뚫어보신다는 그분의 능력을 믿지 않는다는 뜻이 되는 겁니다. 이게 더 두려운 일입니다.

허위로 가득한 루머의 숲을 가로질러가자는 게 기독교 신앙입니다. 내가 걸치고 있는 이런 저런 옷이 아니라 참으로 내가 누구인지 정직하고 겸손하게 질문하려는 게 기도여야 합니다. 그것이 곧 내 속에 무엇이 살고 있는지 묻는 일이며, 또한 나의 영혼이 부끄러움 없음을 답하는 일입니다. 그렇게 함으로써 우리는 그리스도의 사람들이 되어가는 것이고, 진실한 내가 되는 것입니다.

"네가 어디로 와서 어디로 가느냐." (창 16:8)

:: 새김 ....

자신의 모습을 바라볼 수 있으려면 우선 이성적으로 자기를 아는 것이 중요하죠. 주역, 점성술, 애니어그램, 엠비티아이MBTI 같은 것들의 도움을 받을 수 있습니다.

그 다음은 영화나 드라마를 통해 자기의 심리 상태를 읽는 것이 좋습니다. 자칫 기도나 명상은 자신의 모습을 보기보다는 은폐할 수 있습니다. (*MBTI: Myers-Briggs Type Indicator. 융의 심리유형론을 바탕으로 하여 Katharine Briggs와 Isabel Briggs Myers가 연구 개발한 성격유형지표.)

그래서 저는 책과 영화를 통해서 '나'를 읽습니다.

에드문트 후설(Edmund Husserl)은 말하죠. "모든 객관적인 인식의 토대는 단순한 경험만이다."라고 말입니다. 나는 누구일까요. 엄밀히 말해 자기 실체는 생활 세계에 기초한다고 보여집니다. 그러므로 '실체'란 '지금 살아 있는 나의 삶'이 '나의 실체'일 것입니다. 내 삶이 없다면 그 어떤 실체를 논하는 것도, 증명하는 것도 불필요합니다.

껍질을 벗고 진실을 추구하여 우리가 얻을 수 있는 것은 무엇일까요.
그것이 신앙이건, 이성이건, 지식이건 간에 '벗는다'는 것은 자유이며 해방입니다.
그런데 그 '벗는 일'은 '넓어짐'의 출발선을 의미하는 것이지 어떤 상태를 규정짓는 말은 아닙니다.

∷ 톺음

창세기
구약성경의 첫 번째에 해당되는 경전이다. 하느님이 세상을 창조하는 내용으로 시작하여 이스라엘 민족이 이집트로 이주하는 시기까지의 역사를 다루고 있다. 아담과 이브, 에덴동산, 카인과 아벨, 바벨탑, 노아의 홍수, 아브라함과 야곱의 가족사 등 매우 드라마틱한 이야기들이 담겨 있다. 원본은 소실되어 없으며 여러 필사본들이 남아 있다. '모세5경' 중의 하나에 속하여 일반적으로 모세의 저작으로 인정받고 있지만 수많은 유대의 전승을 다듬고 편집한 여러 사람의 저작이라는 주장이 설득력 있다.

'네가 어디로 와서 어디로 가느냐'
아브라함은 나이 들도록 자식이 없어 대를 잇기 위해 아내의 권유를 받아들여 몸종

하갈을 소실로 맞는다. 하갈에게 태기가 있자 하갈은 거만해져서 안주인을 업신여기기 시작한다. 몸종의 태도에 분노한 아브라함의 아내가 박해하자 하갈은 이를 피해 도망간다. 위 구절은 하갈이 도망가던 중 빈들에 있는 샘터에서 천사를 만나게 되는데 이때 천사가 하갈에게 묻는 말로 원래의 네 정체성을 자각하라는 뜻이다. 천사는 주인의 곁으로 돌아가 고통을 참고 견디면 복을 받을 것이라고 말해준다. 하갈은 다시 집으로 돌아가 아이를 낳는다.

최승자 (1952~)

1980년대의 대표적인 여성 시인. 고려대 독문과를 나와 1979년 계간 〈문학과지성〉에 시를 발표하면서 작품 활동을 시작했다. 투병으로 10여 년 작품 활동을 중단했으나 2010년 시집 〈쓸쓸해서 머나먼〉으로 다시 활동을 시작했다. 시집 《이 시대의 사랑》《즐거운 일기》《기억의 집》《내 무덤, 푸르고》《연인들》《쓸쓸해서 머나먼》 등이 있다. 첫 시집 《이 시대의 사랑》에서 죽음과 절망에 사로잡힌 삶을 격정적으로 토로해 한 시대를 감염시켰던 빼어난 시인이다. 도발적 감각과 자유분방한 언어로 현대 시인으로서는 드물게 대중적 인기를 모았다.

산상설교

예수 그리스도께서 많은 무리들이 따라오는 것을 보고 산 위로 올라가 앉아 제자들과 군중들을 주위에 앉히고 들려준 설교이다. '산상수훈' 이라고도 한다. 아마 사람이 많이 몰리자 모두들 쳐다볼 수 있는 조금 높은 곳으로 데리고 올라가 설교하였을 것이다. 내용은 마태복음 5장에서 7장까지에 기록되어 있다. 5장의 첫 부분 "마음이 가난한 자는 복이 있다."로 잘 알려져 있는 내용이다. 이 설교의 의도는 율법의 멍에에서 벗어나 생활에서 우러나오는 참신앙을 가지라고 독려하는 것이다.

'25시'와 '제8요일'

누가 우리를, 이런 시대의 한복판에 살고 있는
'25시'의 인간들을 구원할 수 있을까요?

〈카산드라 크로싱Casandra Crossing〉이라는 영화가 있습니다. 이 기차에는 정체를 알 수 없는 희귀한 전염병 보균자가 타고 있습니다. 그 한 사람의 보균자 때문에 기차는 삽시간에 환자 수용소로 바뀝니다.

기차 안에 의사가 한 명 타고는 있지만 아무런 역할도 하지 못합니다. 이 상태로도 이 기차는 위험합니다. 그런데 설상가상으로 논스톱으로 달려가야 했습니다. 중도에 멈추는 것은 전염균을 확산시키는 위험한 일이었기 때문입니다.

뿐만 아니라 이 기차가 목적지를 가기 위해서는 '카산드라 크로스'라는, 오랫동안 기차가 다니지 않은 낡은 다리를 건너야 했습니다. 이 다리는 너무 낡아 오래 전에 이미 통행이 금지된 다리였습니다. 이 죽음의 철교를 향해 기차는 무서운 속도로 달려가고 있는 것입니다. 아무도 이 기차를 멈추게 할 수는 없습니다.

기차 내부에서는 정체조차 밝힐 수 없는, 그래서 더 무섭고 오염률이 높은 전염균이 확산되어 가고 있는데 기차는 논스톱으로 죽음의 다리를 향해 빠르게 질주합니다.

어쩌면 이 무대는, 우리들 인간의 운명을 침울하게 표현하려는 상징적인 구도인지도 모릅니다. 인간 개개인이 아무리 진화하고 문명화되어도 집단으로 발생하는 변종 세균의 증식과 확산 앞에서는 무력하기만 한 모습을 보여주고 있다고도 하겠습니다.

게오르규는 그의 소설에다가 '25시' 라는 제목을 붙였습니다. 이 소설을 읽지 않은 사람도 이 제목이 암시하는 것이 무엇인지 짐작하고 있습니다. 우리 현대인들의 운명이 카산드라 크로스를 향해 질주하는 논스톱 급행열차와 같다는 것입니다. '25시' 는 절망의 시간입니다.

이런 소설이 또 하나 있었습니다. 《제 8요일》입니다. 마레크 플라스코라는 소설가의 비관주의적 현세관이 등장하는 소설입니다. 《제 8요일》의 주인공 남녀는 그들만의 사랑을 나눌 수 있는 호젓한 곳을 찾습니다. 그러나 그들에게 그런 공간은 허용되지 않았습니다. 진정한 안식과 안락의 공간이 소멸된 현대인의 모습을 플라스코는

《제 8요일》에 투사하고 있는 것이지요.

　　그러니까 '8요일' 은 '25시' 의 연장선 위에 있는 것과 같습니다. '8요일' 은 '25시' 가 그러한 것처럼 '없는' 시간입니다. 불가능의 희망입니다. 시계 속에도, 달력 안에도 부재하는 시간이며 소망인 것입니다. 이것은 절망입니다. 기다리는 '고도Godot' 는 오지 않고, 올 수가 없고, 오지 않는 고도를 기다리며 소통이 불가능한 말장난이나 주고받는 무의미한 시간이 바로 '25시' 이고 '8요일' 인 것입니다. 더 이상 참담한 이 시대에 구원이란 불가능해 보인다는 것입니다. 누가 우리를, 이런 시대의 한복판에 살고 있는 '25시' 의 인간들을 구원할 수 있을까요?

　　다시 무대를 〈카산드라 크로싱〉으로 옮겨 가겠습니다. 질주하는 기차의 지붕 위로 헬리콥터 한 대가 뜹니다. 여전히 절망적으로 덜컹거리며 달리는 기차인데, 그 바로 위에 한 대의 헬리콥터가 뜨고, 곧 이어서 은총처럼 구명줄이 내려집니다. '안' 이 아니라 '위' 입니다. 그 '위' 에서 '안' 으로 말입니다.

　　마침내 구명줄에 뭔가 하나가 들려 올라갑니다. 사람이 아닙니다. 개입니다. 구명줄에 매여 기차 밖으로 나오자 다 죽어가던 개는 갑자기 의식을 회복하기 시작합니다. 그때서야 의사는 진단합니다. 뭔지는 알 수 없지만 산소가 이 개를 살리고 있다는 것을 말입니다.

산소가 정체불명의 세균들을 죽이고 있다는 것도 알았습니다. 이제야 답을 찾았습니다. 산소를 마셔야 한다. 비좁은 그 기차 '안'의 혼탁하고 오염된 공기가 아니라, 저 '밖'으로부터 오는 신선한 무균의 공기, 산소를 주입해야 한다는 것을 알았습니다.

물론 이 영화에서는 그 스토리에 깔려 있는 비정한 군사기밀상의 이유 때문에 산소 주입이 실현되지는 않습니다. 그러나 제게는 그것만으로도 대단한 신앙적 메타포를 얻고 감격할 수 있었습니다.

구원은 이 '안'에서 얼렁뚱땅 급조될 수 있는 게 아니라는 것입니다. 우리가 스스로 '안'이라고 할 수 있는, 인간의 지고한 이성이나 지식, 경험이나 물질적인 삶의 부피에서 구원이 시작되는 게 아니라는 것입니다. 생명은 은총처럼 '위'에서 하강해오는 것입니다. 죽어가는 이의 생명을 살리는 것은 이 세계의 정교한 설계나 치밀한 인문학적 처방이 아니라, 바로 밖으로부터 들어오는 신선하고 '무균'한 어떤 기운, 즉 산소라는 사실에 앞에서, 종종 우리는 눈물을 흘려도 좋습니다. 하나님이 세상을 이처럼 사랑하시는 겁니다. 각양 좋은 은사와 선물이 모두 이렇게 위로부터 내려오는 것입니다.

우리를 구원하는 그 산소는 우리가 알거니와 아가페이고, 이 아가페는 '인간을 만나기 위해 내려오시는 하나님의 유일한 길'입니다. 이 하나님의 아가페로 인하여 우리들의 절망의 '25시'는 구원의 시간이 되고, 질주하는 카산드라 크로스행 기차는 돌연 방향을 전환하지 않겠어요?

> "각양 좋은 은사와 온전한 선물이 다 위로부터,
> 빛들의 아버지에게서 내려오는 것입니다." (약 1:17)

:: 새김

질병, 좌절 등의 절망적 상황을 맞은 사람들은 흔히 기적 같은 일을 원합니다.
구지예프라는 러시아의 스승이 있었습니다. 그에게 어느 날 절망적인 질병을 앓고 있는 부인이 찾아왔습니다. 부인이 "제가 어떻게 살아야 하겠습니까?"하고 물었습니다. 그러자 그는 말하기를 "그걸 왜 나한테 묻는가. 그대 자신, 또 그대를 포박하고 있는 것에 물으라. 그가 답을 가지고 있다."라고 했습니다.

나는 아픈 분들에게 허접한 처방전을 내리지는 않습니다. 다만 답을 가지고 올 때 격려해줄 뿐입니다.

절망적인 상황에서는 무작정 매달리고 맙니다.
나는 그때마다 절망에 매달리지 않고 가볍게 손을 놓았던 사람들, 손을 놓았을 때 누리는 회열을 말해줍니다. 마치 십자가를 향해 제 발로 나갔던 예수처럼 말입니다.

야고보서

신약성서의 한 경전. 예수의 동생 야고보가 디아스포라(각지에 뿔뿔이 흩어져 살고 있던 해외 거주 유대인)에게 쓴 편지이다. 믿음을 강조하는 바울 신학이 신앙과 도덕의 실천을 소홀하게 만들 수 있다고 판단하여 믿음의 실천을 강조하고 있으며 핍박을 받을 때 낙심하지 말 것을 격려하는 내용이다.

"각양 좋은 은사와 온전한 선물이 다 위로부터…."

하나님은 변치 않고 모든 은사와 선물을 주신다는 격려. 대체로 좋은 은사와 온전한 선물은 하나님이 인간에게 주시는 모든 선물을 이른다고 할 수 있는데, 구체적으로 이성, 학식, 자연에 관한 지식, 통치 기술, 모든 진보의 지혜, 이외에 생명, 자유, 진리, 정의, 평화, 그리고 이것들을 실현할 수 있는 능력 등은 모두 다 하나님으로부터 오는 것으로 본다. 한마디로 하나님이 창조한 모든 것이 하나님의 은사요 온전한 선물이라 할 수 있다.

〈카산드라 크로싱 The Cassandra crossing〉

게오르기 판코스마토스 감독의 1977년 작품. 소피아 로렌, 버트 랭커스터, 에바 가드너 등 지난 세대의 명배우들이 출연하여 무게를 더한 영국 영화. 카산드라는 그리스 트로이의 왕 프리아모스의 딸로, 그리스 용사들이 트로이 목마를 성 안으로 끌어들였을 때 불길한 결과를 예언했다가 죽임을 당하는 그리스 신화 속의 인물이다. 영화는, 세 명의 테러리스트가 은밀하게 세균 실험이 진행 중인 국제보건기구에 침입, 총격전으로 한 명은 사살되고 나머지 두 명은 전염성이 강한 치명적인 병균에 노출되는데, 그 중 한 명이 1,000여 명의 승객을 태운 초특급 열차에 무단 승차하는 사건이 발생한다. 미 국방부에는 비상이 걸리고, 세균이 퍼지는 것을 막기 위한 작전이 시작된다.

《25시 Vingt-cinquiéme heure》

게오르규의 1949년 작품으로 처녀작이자 대표작. 나치스와 볼셰비키의 학정과 현대의 악을 고발, 전 세계에 커다란 반향을 불러일으켰다. '25시' 란 최후의 시간 다음에 오는 시간, 즉 메시아의 구원으로도 아무 것도 해결할 수 없는 시간을 말한다. 서구 산업사회가 멸망하는 환상을 상징적으로 표현하였다고도 볼 수 있다. 주인공

요한 모리츠는 전쟁의 와중에 단 한 번도 자신의 정체를 인정받지 못하고 그때그때
마다 유대인이니, 루마니아인이니, 동구인이니, 또는 적성국가 국민이니 하는 갖가
지 말도 안 되는 이유로 끊임없이 체포와 고문과 강제 노동과 징집을 당한다. 서구
사회의 기계화된 사고방식으로 인해 빚어진 한 인간의 10여 년에 걸친 파란만장한
고통의 역사가 펼쳐진다.

《제 8요일 The Eighth day of the week, La huitiéme jour de la semaine》

제2차 세계대전 후 1950년대, 폴란드 바르샤바에 사는 한 가족 이야기. 주인공 아
그네시카는 부모님과 오빠와 또 다른 남자와 함께 단칸 아파트에 산다. 22살의 나
이에 부모와 한 방을 쓰고, 다른 남자와 오빠는 부엌방에서 사는 삶의 무의미함과
갈등을 그리고 있다. 아그네시카는 사랑하는 연인과 사랑을 나누기 위해 사방이 벽
으로 막힌 공간을 찾지만 실패하고 낯선 유부남에게 순결을 준다. 무기력한 아버지,
병들어 있는 어머니, 술만 마시는 오빠, 섹스를 갈망하며 방을 찾아 헤매다 엉뚱하
게 사랑하지도 않는 유부남을 첫 남자로 맞이하는 주인공. 모순투성이의 암울한 현
실을 폭로하고 인간 본질의 문제를 심도 있게 파헤친 작품이다.

게오르규, 콘스탄틴 비르질 Constantin Virgil Gheorghiu (1916~)

루마니아 출신의 소설가. 신부. 공산화된 루마니아를 떠나 1946년 프랑스로 망명,
파리에 정착하였다. 대표작 《25시》 외에 《제2의 찬스》《단독여행자》《도나우의 희
생》《마호메트의 생애》 등이 있는데, 《25시》는 번역물과 영화로 한국에도 잘 알려져
있다. 1974년 이래 5차례나 한국을 방문했고 《한국 찬가》를 출간하기도 하였다.

플라스코, 마레크 Marek Flasko (1934~1969)

폴란드 소설가. 바르샤바에서 태어나 26살의 나이에 작가로 성공을 거두었으나 폴
란드가 공산화되자 망명길에 올랐다. 모순투성이인 폴란드의 암울한 현실을 폭로하
고 인간 본질의 문제를 심도 있게 파헤친 소설 〈8요일〉로 주목을 받았다. 이후 이
스라엘과 서구에서 망명생활을 하다 영화화된 〈제8요일〉의 여주인공인 소냐 지에
만과 결혼했다. 〈신사 숙녀 여러분, 가스실로 – 폴란드〉〈제8요일〉〈구름 속으로 첫
걸음〉〈포도밭〉 등의 작품이 있다.

아가페

'사랑'을 뜻하는 그리스 말 가운데 하나로 고대 그리스에서 지금까지 여러 가지 뜻

으로 쓰여 왔지만, 종교적인 사랑, 무조건적인 사랑, 신이 인간을 위해 자기를 희생하면서 긍휼히 여김을 이르는 말. 일반적으로는 거룩하고 무조건적인 사랑을 뜻한다. 신약성서는 특히 예수 그리스도를 통해 나타난 하나님의 인류에 대한 사랑과 이에 대한 보답으로 이루어지는 하나님에 대한 인간의 사랑, 그리고 이 사랑으로 인해 발생하는 인간 서로간의 사랑을 가리키는 데 이 낱말을 사용한다. 흥미로운 것은, 중세에는 가난한 사람들을 초대하여 함께 음식을 나누는 '사귐의 식사'를 '애찬愛餐 love feast'이라고 불렀는데, 사랑이 담긴 이 식사를 '아가페'라 하기도 했다 한다.

일상의 돌연한 반란

시궁창 같은 일상의 시간은 끊어지고 매우 독특하고 눈부신 '새로운 시간'이
침투해 들어오는 경험이 바로 우리가 누릴 축복입니다

·

제가 차고 다니는 이 시계는 흔들어줘야 돌아가는 기계식입니다. 1979년 10월에 만들어졌습니다. 차고 다니지 않으면, 흔들어주지 않으면, 몇 날 며칠이고 움직이지 않고 그대로 있습니다. 가끔 이 시계를 책상 서랍에 넣어 두었다가 꺼내서 시계를 흔들면서 나는 이런 생각을 합니다.

"아, 내가 지금 시계를 흔들어서 시간을 창조해내고 있구나."

다시 말해, 시계 밖으로 시간을 꺼내고 있는 것처럼 생각이 된다는 말입니다. 저는 이렇게 '시간'을 시계 밖으로 꺼내는 재주를 가진 사람이 되기도 합니다. 그런가하면 또 어떤 때는, 책상 위에 놓인

탁상용 시계가 째깍째깍 소리를 내면서 돌아가는 것을 가만히 볼라치면 이번에는 '시계'라는 기계가 '시간'을 째깍째깍 만들어서 시계 밖으로 내쫓는 것도 보입니다. 그렇게 내쫓긴 시간들이 갈 곳이 없어서 우왕좌왕하는 것도 보입니다. 그래서 오규원이라는 이는 〈시계와 시간〉이라는 글에서 '시계가 기계적으로 질서정연하게 시간을 죽이고 있습니다'라고 했습니다.

이 시대의 기계 기술은 시간을 시계라는 기계 안에 가둬버렸습니다. 전에, 인간이 좀 더 자연스럽게 살던 시절의 '시간'은 기계 안에 있을 수도 없었고 있지도 않았습니다. 그때의 시간은 아주 자유스러웠고 인간 능력의 통제 밖에 있는 신성스러운 것이었습니다. 그러나 기계 기술의 시대에 시간은 사람들이 마음대로, 기계가 마음대로 부리는 종이 된 듯합니다. 오규원이라는 시인에게 시간은, 째깍째깍 태어나자마자 털썩털썩 떨어져 시체로 변해버리는, 기계의 비듬과 같다고 합니다.

오늘 우리에게, '시계가 기계적으로 시간을 죽이고 있다'든지 '시계가 시간을 찍어낸다'라는 표현이 그저 문학적인 수사로만 읽히지 않습니다. 시간이 정말 시계 안에서 나오는 것일까요? 그리고 시간은 태어나자마자 죽도록 운명지워져 있을까요?

그리스 신화에 '크로노스'가 나옵니다. 사람이죠. 그는 자기 친

아버지인 '우라노스'를 내쫓습니다. 그리고 그도 그의 자식들에게 추방당합니다. 그런데 의문스럽게도 이 사람 '크로노스'의 의미가 바로 '시간'이라는 단어의 어원이 된다는 것입니다. 이것을 풀어보면, 시간이란 결국 자기 자식들에 의해 밀려나게 된다는, 추방당하도록 운명지워져 있다는 것입니다. 그것이 '시간' 즉 '크로노스'입니다. 오늘은 어제의 자식입니다. 오늘은 다시 내일의 아버지죠. 아비는 자식을 낳고 자식은 아비를 추방합니다. 이렇게 해서 시간은 기다랗게 직선으로 연결이 됩니다. 이런 크로노스의 이해를 따라가자면 시간이 직선이므로 시계도 길쭉해야 합니다. 그런데 시계는 거의 원형이라는 사실이 또 아이러니입니다.

사실 우리는 그 둥그런 시계의 모양 때문에 속고 있습니다. 둥그렇기 때문에 시계는 늘 자기 궤도를 반복합니다. 시계가 반복적으로 회전하고 있으니까 우리는 우리의 생이 그렇게 자꾸 되풀이해서 돌아오고 돌아온다고 생각하는 것입니다. 그러나 여러분, 시계가 그 모양으로 우리의 의식이나 눈을 속인다고 해서, 돌고 돈다고 해서, 그게 '시간'이 되는 것은 아닙니다. 시계가 시간이 될 수는 없다는 말입니다.

시간은 시계가 아닙니다. 시계와 시간은 아주 별개입니다. 그런데 우리는 은연중에 시계가 시간인 줄 알아요. 비싼 시계에 목매고 사는 이가 있다면 바로 그런 부류의 의식을 가진 사람 중에 몇입니다. 시간은 시계가 아니라 흐르는 물과 같습니다. 반복될 수 없을 뿐만 아니라 토막낼 수도 없다는, 그저 하나의 긴 선이 되어 끊임없이 흘러내릴 따름이라는 것이죠.

저는 어제 2012년의 새 달력을 책상 위에 걸었습니다. 물론 1년 내내 걸어두지는 않습니다. 새해가 시작되면 금방 떼버립니다. 왜 달력을 거는지 아시는지요. 잉크 냄새가 마르지 않은 그 숫자들이 너무 싱싱하고 새롭게 보이기 때문입니다. 그리고 갑자기 어제의 시간이 정지되고, 돌연 전혀 다르고 눈부신, 매우 새로운 시간이 도래할 것 같은, 도래한 것 같은 착각이 즐겁기 때문입니다. 그러나 장담하거니와 새 달력이라고 해서 그게 시간이 되지는 않습니다. 시계가 시간이 아닌 이치만큼 분명하게, 달력을 새것으로 바꿨다고 해서 시간이 새로워질 리 없는 것입니다.

시간이 새로워진다는 것, 또는 우리가 시간을 새롭게 경험한다는 것은, 새로 건 달력이나 새로 산 시계로 되는 것이 아닙니다. 기계화된 시간이 싱싱한 탄력을 가지고 우리에게 전혀 새롭게 경험되는 것은 바로 그 시간이 부활할 때뿐입니다. 시계라는 곽 안에서 시간은 '시계 밑으로 펼쳐진' 절벽으로 떨어져 익사할 뿐이지만, 우리들의 실존의 영역에서는, 시간이 문득 질서정연한 시계판의 궤도로부터 벗어나와 열외의 항으로 이월되는 그런 때가 있습니다. 그때가 바로 절벽으로 떨어져 익사한 시간들이 부활하는 눈부신 때입니다.

그 낭떠러지 밑에서, 떨어져 익사한 시간을 어루만져 생기를 불어넣고, 그리하여 시간을 부활시키는, 그리하여 시간을 새롭게 하고, 만상을 새롭게 하는 존재, 그가 예수님입니다. 예수로 말미암아 우리의 시궁창 같은 일상의 시간은 끊어지고, 매우 독특하고 눈부신, 이른바 '새로운 시간'이 침투해 들어오는 경험이 바로 우리가 누릴 축복인 것입니다. 바울이 줄창 하는 말이 그겁니다. '나는 날로 새롭다'고 하는 그 말 말입니다. 이 경험의 생동감을 아는 사람만이 진정으로 예수를 만난 사람입니다. 교회 다니는 사람이 예수를 만난 사람이라는 말은, 시계가 시간이라는 주장과 다르지 않습니다.

하나님을 가리켜 '존재의 근원'이라고 이름붙인 신학자가 있었습니다. 말하거니와 예수님은 '새로움의 근원'입니다. 그래서 그가 우리의 구주가 되는 것입니다. 예수로 인하여 모든 것은 새로워집니다. "누구든지 그리스도 안에 있으면 새로운 피조물이라(고후5:17)."고 바울은 증언합니다. 왜냐하면, 예수 자신이 새로움의 근원, 새로움의 원천, 새로움의 깊이, 새로움 자체이기 때문입니다.

보편 다수의 인생들에게 시계는 끊임없이 시간을 낳으면서 절벽으로 밀어내 죽입니다. 그렇게 시간은 일회적이고 반복되지 않습니다. 그러나 예수님의 십자가 사건이 주지시키는 것처럼, 그와 같은 일상의 법칙을 초월하는 돌연한 반란의 이행이 있습니다. 부활이 그것입니다. 그것은 또한 우리로 하여금 시계로부터 시간을 만들어 절벽으로 밀어내어 죽이는 인생을 살지 말라는 경고도 포함되어 있습니다. 거듭거듭 일상의 돌연한 반란을 통해 죽은 시간을 부활시키려는 수고가 우리의 삶이어야 한다는 것이죠. 죽은 시간에 떠밀려가는 기계의 바늘이 되지는 말아야 합니다.

"하나님이여, 내 속에 정한 마음을 창조하시고,
내 안에 정직한 영을 새롭게 하소서." (시 51:10)

:: 새김

"시계는 우주를 닮고 있다. 시계 바늘이 원을 따라 돌고 또 도는 것은 지구의 움직임을 따른다. 별의 움직임도 그 안에 있다. 우주의 운행에 따른 순환이 리듬을 만들고 그 리듬에 금을 새겨 시계를 만든다. 그래서 인간이 만든 가장 오래된 발명품 중 하나가 햇빛과 그림자를 이용한 해시계였다." - Special Report, 중앙일보 11월 6일 섹션

어제(금요일) 아침 중앙일보가 책 반 권 분량만큼 시계 이야기를 꾸며주었습니다. 마치 월요일에 나눌 이야기를 알기라도 한 것처럼 말입니다. 이는 '손을 건너 마음으로 오가는 영혼을 가꾸려는' 월요예배를 사랑하시는 하나님의 배려입니다.

나는 이번 주 내내, 30년 된 자동 태엽 손목시계를 밤마다 귀에 대고 거기서 들리는 그 숨결, 재깍거리는 시간의 호흡을 따라가다 깊은 잠이 들곤 합니다.

날마다 새로워지려고 내가 뭘 어떻게 할 필요는 없습니다. 만물과 만상은 늘 새로우니까요. 바람도, 물도, 구름도, 햇살도 어제의 그것이 아니니까요. 이런 의미에서 나

날은 '부활의 시간'에 해당합니다. 반복과 일상이라는 말은 인간을 사회화하려는 제도의 기술인 것입니다. 반복과 일상을 사회가 규제화하면서부터 사람은 '우리에 갇힌 돼지'가 된 것입니다.

이전의 삶을 부정해버리면 새로운 시간은 어떻게 될까요. 어둠이 아침의 뿌리가 되는 것처럼, 부정은 현재를 내일로 연결하는 끈입니다. 그러므로 '부정하지 않고' 내일로 가는 게 아니라 '부정하면서' 내일을 향해 가는 것입니다. 그래서 '내일'을 산다는 것은 일종의 모험입니다. 새로운 삶을 살고자 하는 사람은 모험하는 사람입니다.

늘 새로움을 추구하면 본질적인 것들이 변해버리지 않을까요.
화이트헤드Whitehead는 말하길 '변하는 것이야말로 모든 것의 본질이다'라고 했습니다. 이른바 '과정 철학'이라는 겁니다. '본질'은 '여기에 있는 어제의 그 어떤 것'이 아니라, '저기에 있을 내일의 알 수 없는 그것'입니다.

바쁘기만 한 일상이지만 시간을 현명하게 또는 여유롭게 사용할 수 있는 방법이 있습니다. 가장 현명한 방법은 '받아들일 것인가' 아니면 '받아들이지 않을 것인가'를 고르는 일입니다.

:: 톺음

시편
구약성경의 한 경전. 다윗 왕이 저자라고 알려져 있으나 현대의 학자들은 여러 사람이 지은 것으로 보고 있다. 찬미와 감사, 어려운 처지에서 구원을 탄원하는 기도와 찬양의 시 모음이다. 시편은 그 자체로 독립되어 있는 것이 아니라 구약성서와 신약성서를 포괄하는 성서 전체의 맥락 속에 포함되어 있다. 즉 한 구절, 또는 한 편을 이해하려면 시편 전체의 흐름과 함께 성서가 말하는 신앙 맥락과 연관시켜 보아야 한다.

시간
시간은 과거-현재-미래로 이어지는 무한한 연속의 개념이지만, 사실은 사물의 변화를 인식하기 위해 설정된 것이다. 변화를 측정하기 위한 시간 개념을 생각하기 시작한 것은 천문학이었다. 그리하여 규칙적으로 발생하는 사건들, 하늘을 가로질러가는 태양의 운동, 달이 차고 기우는 변화, 진자의 진동, 이처럼 명백하게 주기적으로 운동을 하는 물체들을 시간의 단위에 대한 표준으로 오랫동안 사용해 왔다. 그러나 시간이 사건의 측정을 위한 인위적인 단위에 불과한지, 아니면 사건과는 독립적으로 존재하는 물리학적 의미를 갖는 어떠한 양인지에 대해 정확히 정의된 바는 없다. 시간의 의미에 대한 시각이 너무 많이 존재하기 때문에 명확하게 정리하는 것은 어렵다. 그러나 시간이 경제적 가치를 지니게 되자 사회적으로도 중요한 문제가 되었다. 보통 우리들은 시간의 단위에 익숙해져 시간을 양적 개념으로만 인식한다. 매일 공짜로 피자를 한 판씩 꺼내 한 시간마다 한 조각씩 먹어치운다고 생각하는 것이다.

오규원 (1941~2007)

시인. 동아대 법학과를 졸업하고 1968년《현대문학》에 시가 추천되어 등단. 서울예술대학 문예창작과 교수를 역임하였으며, 시집으로《순례》《사랑의 기교》《이 땅에 씌어지는 서정시》《사랑의 감옥》등이 있다. 2008년에는 시인의 1주기에 맞춰 유고시집《두두》가 출간되었다. 시적 언어의 투명성을 극단으로 밀고 나가면서 독특한 시세계를 일궜다.

우라노스 Ouranos 와 크로노스 Cronos

그리스 신화 속의 인물들. 헤시오도스의《신통기》에 따르면 '무한 공간' 카오스에 이어 생겨난 가이아(대지)가 홀로 우라노스(하늘)를 낳은 다음 다시 우라노스와 관계하여 크로노스(시간)를 낳는다. 우라노스가 자식들을 제거하자 막내아들 크로노스가 아버지 우라노스를 제거하고 신들의 제위에 오른다. 크로노스 역시 반역이 두려워 자식들을 제거하나 막내아들 제우스가 살아남아 크로노스와 전쟁을 벌여 승리한다. 올림포스 신들을 지휘한 제우스는 하늘을 차지한다. 상징적 의미가 가득한 이야기들이다.

〈자식을 삼키는 사투르누스〉

프란시스코 고야Francisco José de Goya y Lucientes (1746~1828)의 작품. 사투르누스(그리스 신화의 '크로노스'를 일컫는 로마 신화의 이름)가 잔인하게 자식을 먹는 장면을 그린 끔찍한 그림이다. 자식을 삼키는 행위는 시간의 속성을 나타낸다. 시간은 대지(가이아)에서 태어난 모든 것을 삼켜버린다. 시간이 흐르면 모든 것이 사라진다. '우라노스-크로노스-제우스'를 '과거-현재-미래'로도 볼 수 있다. 미래(제우스)가 현재가 되면 현재(크로노스)는 과거로 밀려난다. 고야는 스페인 근세의 천재 화가로, 파괴적이고 주관적인 느낌과 대담한 붓 터치 등으로 후세 화가들(특히 마네와 피카소)에게 많은 영향을 주었다. 말년에는 환상적이면서도 어두운 '검은 그림 연작'을 통해 인간의 광기와 포악성을 묘사하였다.〈자식을 삼키는 사투르누스〉도 '검은 그림 연작' 중의 하나로 신화 모티브를 빌려 스페인의 어두운 현실을 그린 유명한 작품이다.

신뢰할 만한 항구

모두가 한꺼번에 움직일 때는 아무것도 움직이지 않는 것처럼 보이고 모두가 방탕으로
내닫고 있을 때는 아무도 방탕으로 가고 있는 것으로 보이지 않습니다

에밀 아자르의 소설 《자기 앞의 생》을 읽어보셨습니까? 소설 속
에서 주인공 모모는 거꾸로 도는 필름을 구경합니다.

죽은 사람이 다시 살아나고요, 자동차는 뒤로 굴러가고, 산산조
각으로 부서졌던 집의 파편들이 바로 눈앞에서 단번에 다시 모여들
어 본래의 집이 됩니다. 총알은 시체 속에서 튀어 나와 기관총 속으
로 들어가고, 살인자들은 후퇴해서 창으로 뒷걸음질을 치며 들어갑
니다. 쏟아진 물이 일어나 컵 속으로 들어가고, 침을 뱉으면 그 침이
다시 튀어 올라 뱉은 사람의 입 속으로 들어갑니다.

박완서의 소설에도 이런 대목이 나옵니다.

문학적 상상력과 종교적 지평

한 노인과 한 소년이 살 만한 고장을 찾아 떠돌고 있었습니다. 헤매던 끝에 그들이 저녁 무렵이 되어서야 도착한 곳은 물이 맑은 도시였습니다. 노인과 소년은 희망을 가지고 그 도시로 들어섭니다. 그런데 도시의 입구에서 그들은 황급하게 도망치는 어떤 사람을 만나게 됩니다.

"왜 도망을 치십니까?"

"죄를 지었습니다."

"무슨 죄요?"

"감자를 감자라고, 양파를 양파라고 한 죄입니다."

"그게 어째서 죄란 말인가요?"

"이 고장 임금님은 사물의 이름을 바꿔 부르기를 좋아합니다. 양파를 감자라고 하고, 사과를 배라고 한다든지 말입니다. 그러고는 모든 백성들이 자기처럼 사물을 부를 것을 명령했습니다. 그래서 감자를 감자라고 하면 거짓말이 되는 겁니다."

소년과 노인은 그 도시가 사람이 살 수 없는 도시라는 것을 알고 그 밤에 그만 길을 다시 떠나고 만다는 이야기입니다.

나는 여러분이 두 개의 이야기 속에서 어떤 암시를 얻기를 바라는 마음으로 파스칼의 〈팡세〉를 인용하려고 합니다.

'모두가 한꺼번에 움직일 때는 아무것도 움직이지 않는 것처럼 보

인다. 모두가 방탕으로 내닫고 있을 때는 아무도 방탕으로 가고 있는 것으로 보이지 않는다.'

또 그는 말합니다.

'혼란 속에 있는 자들이 질서 속에 있는 사람들더러 자연에서 벗어나 있다고 말하고, 자기들이 자연을 따르고 있다고 믿는다. 이는 배에 탄 자들이 뭍에 있는 자들더러 달아난다고 말하는 것과 같다.'

파스칼에 의하면, 무엇을 판단하기 위해서는 하나의 '고정점'이 필요하다는 겁니다. 앞의 두 이야기는 고정점 없이 뒤죽박죽인 세상과 삶 그리고 사람을 말하려고 하는 것입니다. 그런 삶을 사는 나를 조롱하려는 것입니다. 그리고 파스칼은 '멈춰서 있는 자만이 누가 움직이고 있는지'를 알 수 있다고 말하고 있습니다.

우리가 기차를 타고 여행을 하다보면, 하늘의 달이 달리기를 하고, 산과 가로수가 우리 곁을 스쳐 지나가는 것처럼 여겨집니다. 그러나 기차를 타지 않고 플랫폼에 서 있는 사람은 압니다. 움직이는 것은 기차고, 달리는 게 기차고, 스쳐 지나가는 것이 기차고, 산과 가로수와 달은 그저 그 자리에 그대로 서 있음을 말입니다.

이 세상이 바로 흐르고 있는 세상인가, 아니면 거꾸로 역류하고 있는 세상인가를 판단하기 위해서는, 내가 똑바로 살고 있는지, 잘 살고 있는지 알기 위해서는 하나의, 움직이지 않는, 견고한 '고정점'이 필요하죠.

항구는 배에 탄 사람들을 위한 고정점입니다. 항구는, 배에 타고 있는 사람들에게 말을 하지는 않지만 '너희가 움직이고 있다'고 말해주고 있는 것입니다. 플랫폼은 기차를 타고 있는 사람들에게 또 그렇게 말하고 있지요. '움직이는 건 너'라고 말입니다.

자, 이제 이야기의 끝으로 가봅시다.

이 세상의 비극은, 사람들의 불행은, 삶과 의식의 옳고 그름을 가늠해줄 그 항구, 그 플랫폼이 있느냐 없느냐에 달려 있습니다. 내 의식과 삶과 정신과 영혼의, 급기야는 내가 일하고 살아야 하는 목표로서의 원칙과 척도가 있느냐는 말입니다. 그래서 파스칼은 '우리가 어디에다 도덕의 항구를 구할 것인가?' 하고 묻는 거죠. 우리도 파스칼을 따라서 '진정한 나의 나 된 삶을 위해 나는 어디에다 나의 항구, 나의 척도를 구할 것인가?' 하고 묻게 되는 것입니다. 내 생의 과녁이 뭐냐는 겁니다. 화살을 쏘기는 쏘는데 어디로 쏘느냐고 묻는 것입니다. 이렇게 각자의 항구에 따라 그 사람의 삶과 운명이 결정되는 것입니다.

우리는 확실하게 신뢰할만한 항구, 부정할 수 없이 견고한 플랫폼 하나를 알고 있습니다. 튼튼한 반석이라고 일컬어지는 분, 처음과 마지막이라고 스스로 말하시는 분, 시작과 끝이라고 하는 분, 그분이 나의 유일한 척도임을 겸손하게 고백할 수 있다면, 그렇다면 더 이상 시작과 끝, 처음과 마지막, 앞과 뒤가 뒤바뀐 혼돈의 세상을 살더라도 그 세상 속에 떠내려가지 않게 될 것입니다. 어둔 밤에 안식할 곳을 찾아 도시를 떠날 필요가 없을 것입니다.

그렇게만 된다면 우리의 삶은 얼마나 더 탄탄해지고 얼마나 더 선명해 질까요?

나는 처음과 마지막이며, 시작과 끝이라. (계 21:6)

:: 새김

오늘 예배 찬송 대신 김만중의 〈모모〉라는 대중가요를 불렀습니다. 이 노래를 부른 뜻은, 미하엘 엔데의 소설 〈모모〉 속에 나오는 주인공 모모라는 소년의 견고한 침묵이야말로 가장 확실한 '고정점' 이 무엇인지 가르쳐줄 만한 메타포가 되기 때문입니다. 이는 예수를 비유한다고도 볼 수 있습니다.

몇 주 전에는 소설가 이외수 선생을 만날 기회가 있었습니다.
전에는 하루가 멀다 하고 만난 사이였지만, 그동안 뭔 일 땜에 소원하게 지내다가 아주 오랜만에 만났는데요, 요즘 그가 쓴 《하악하악》이라는 책이 바쇼의 하이쿠로 가기 위한 전초전과도 같다는 데 서로 동의했습니다. 그런 의미에서 이외수 문학이 새 길을 찾기 시작했다고 보입니다. 평소 나는 소설과 시가 '우화(라퐁텐)'와 '하이쿠(17자 이내에 모든 양식이 종결되는)'가 되어야 한다고 주장을 하곤 합니다. 하이쿠가 몸에 스며들기 시작하면 그 영혼은 여행자가 됩니다. 공들여 마음에 담아보시기 바랍니다.

'고정점'이 고정된 점이라고 오해하는 사람도 있습니다.
나무도 잠을 자야 합니다. 산에 있는 나무는 대개 겨울에 잠을 잡니다. 그러나 도시의 나무는 겨울에도, 밤에도 잠을 자지 못합니다. 나무를 친친 감고 있는 전구 때문이지요. 고정점이란 말 그대로 '고정된 하나의 점'을 말하는 게 아니라 만물의 순환적인 생존 규율을 말하는 겁니다. 그것은 동動, 정靜, 휴休입니다. 정해진 존재는 하나의 '골Goal'을 갖고 있는 셈입니다. 인간도 그러해야 합니다.

잘못된 고정점 또는 오도된 고정점을 갖기 쉽습니다. 내 고정점이 올바르다는 걸 어떻게 알 수 있을까요. 다른 사람을 사랑하지도 않고, 사랑받지도 못하고, 다른 사람들에게 아무 것도 주지 않고, 아무 것도 받지 않는 것, 어느 누구도 필요로 하지 않고, 어느 누구도 당신을 필요로 하지 않게 될 때, 당신은 병에 걸린 겁니다. 고정점이 틀린 겁니다. 동動, 정靜, 휴休를 생각해 보세요.

∷ 톺음

계시록 啓示錄

신약성경의 마지막 경전. 저자는 열 두 사도 중의 한 명인 사도 요한이다. 요한계시록, 요한 묵시록, 또는 묵시록이나 계시록으로 부르기도 한다. 사도 요한이 유배당해 있을 때, 성령의 감동을 받아 환상 중에 계시를 받고 이를 기록한 것으로 보인다. 하나님의 심판이 있을 종말에 일어날 일들을 묘사하고 있는데, 당시 교회가 박해를 당하자 그리스도의 궁극적인 승리를 제시해줌으로써 위로와 용기와 소망을 주려는 것이 계시록의 의도다. 구체적인 사건을 예언한다기보다는 영원한 진리, 즉 하나님의 도덕적 통치 원리, 선악간의 투쟁, 선의 궁극적인 승리 등을 말하고 있다고 본다.

아자르, 에밀 Emile Ajar(1914~1980)

프랑스의 소설가. 이미 유명해진 작가 로맹 가리가 '에밀 아자르'라는 필명으로 활동했다는 것은 익히 알려진 사실이다. 한 사람에게 두 번 주지 않는 프랑스 최고 권위의 문학상인 공쿠르상을 각각 다른 이름으로 두 번 받았다는 것 역시 유명한 얘기다. 로맹 가리의《하늘의 뿌리》(1956)로 한 번, 에밀 아자르의《자기 앞의 생》(1975)으로 또 한 번 공쿠르상을 받았다. 그리고 두 개의 이름으로 다른 사람처럼 활동하다가 1980년 자신이 '에밀 아자르'라는 유서를 남기고 권총으로 자살한다. 그럼 로맹 가리는? 로맹 가리(Romain Gary, 1914~1980) : 러시아에서 태어나 파리에서 권총 자살로 생을 마감한 프랑스 소설가. 파리 법과대학에서 법학을 공부했고 2차 세계대전 때 공군에 입대하여 훈장을 받기도 했다. 참전 중에 쓴 첫 소설《유럽의 교육》으로 명성을 얻었다. 이후 외교관으로 불가리아, 페루, 미국에 체류하였다. 작품으로《새벽의 약속》《하얀 개》《연》《레이디 L》《새들은 페루에 가서 죽다》등이 있다.

《자기 앞의 생 La vie devant soi》

맑은 영혼을 지닌 꼬마 모모와 갈 곳 없는 천덕꾸러기들을 돌보는 창녀 로자 아줌마가 일구어내는 사랑의 이야기. 악동 같지만 순수한 어린 주인공 모모를 통해, 이 세상 누구도 눈길을 주지 않는 밑바닥 삶을 살아가는 불행한 사람들의 슬픔과 고독을 사실적으로 그려내면서 이성 중심의 사회를 풍자하고 있다.

엔데, 미하엘 Michael Ende (1929~1995)

독일 작가. 아동 판타지 문학으로 유명하다. 소설, 시, 동시, 동화, 희곡 등 문학뿐만 아니라 회화와 연극을 넘나들었던 엔데의 재능은 회화, 철학, 종교학, 연금술, 신화 등에 두루 정통했던 아버지의 영향이 컸다. 전후에는 연극배우, 연극 평론가, 연극 기획자로 활동하다가 동화를 쓰기 시작했다. 1960년에 첫 작품〈기관차 대여행〉을 발표하여 독일 청소년문학상을 받았다. 그 뒤 세계 어린이문학사에 중요한 영향을 끼친〈모모〉와〈끝없는 이야기〉를 계속 발표하여 뛰어난 이야기꾼의 면모를 보여주었다. 주요 작품으로《짐 크노프》《기관차 대여행》《짐 크노프와 13인의 해적》《모모》《끝없는 이야기》《거울 속의 거울》외 여럿.

《모모 Momo》

미하엘 엔데의 소설. '시간은 삶이고, 삶은 우리 마음속에 깃들어 있다.'라는 엔데의 메시지가 감동을 주는 걸작이다. 집 없는 꼬마 여자아이 모모의 순수함은 시간에 얽매여 사는 것이 얼마나 어리석은 삶인지 깨닫게 해준다. 느림의 전도사 카시오페아는 무엇이 우리에게 더 소중한 것인지를 알게 해준다. 우리는 시간이 돈이라는 말을 들으면 시간을 돈처럼 절약할 수도 있고 저축해둘 수도 있을 것 같은 착각이 든다. 아예 '시테크'라는 말까지 나왔다. 그래서 여유로운 산책이나 낮잠은 피해야 할 악덕이 되고 전철 개찰구를 향해 바람처럼 달리거나 경음기를 울리며 시속 120km로 달리면서 미래의 풍요를 위해 현재를 포기한다. 끝내는 '내가 왜 이렇게 살고 있지?' 의문하게 된다. 소설 속의 거지 소녀 모모가 사람들의 시간을 훔치는 회색 사나이(시간 도둑)들과 싸워 이기는 이야기는 시간에 대한 생각에 이런 의문을 던진다. 시간은 절약 가능한가? 우리가 시간을 절약하면 어디에 저장되는가? 시간은 돈인가? 시간은 우리 각자의 경험과 활동과 기억으로 채워져 있는 삶 자체다. 그것을 충만하게 하는 것이 우리가 해야 할 일이라는 귀중한 메시지를 모모는 가르친다.

박완서 (1931~2011)

소설가. 《여성동아》 장편 소설 공모전에 〈나목裸木〉이 당선되어 등단하였다. 공모전에 당선될 때 다섯 아이를 둔 40세의 주부였다. 등단한 이후 꾸준히 소설과 산문을 쓰며 활동하여 40년 작가 생활 동안 200권의 책을 남겼다. '전쟁의 비극, 중산층의 삶, 여성 문제' 등 다양한 세계를 다루었으며, 자신의 경험으로부터 나온 이야기를 '살아 있는 생활 어법의 문장'으로 그려 독특한 세계를 쌓았다. 주요 작품으로 《나목》《그대 아직도 꿈꾸고 있는가》《나의 가장 나종 지니인 것》《그 산이 정말 거기 있었을까》《그 가을의 사흘 동안》《미망》《부끄러움을 가르칩니다》《창밖은 봄》《배반의 여름》《도둑맞은 가난》《엄마의 말뚝》《저문 날의 삽화》《한 말씀만 하소서》《너무도 쓸쓸한 당신》 등. 수필집 《꼴찌에게 보내는 갈채》《혼자 부르는 합창》《살아있는 날의 소망》《나는 왜 작은 일에만 분개하는가》《아주 오래된 농담》 등이 있다.

파스칼, 블레즈 Blaise Pascal (1623~1662)

프랑스의 수학자, 물리학자, 종교 철학가. 〈팡세〉 또는 '파스칼의 원리'로 잘 알려져 있지만 정작 데카르트처럼 철학 체계를 세우거나 뉴턴처럼 일관된 과학 이론을 추구한 바도 없다. 그러나 여러 분야에서 경악과 감탄과 격렬한 비판을 불러일으킬 만큼 천재성을 보였다. 수학의 확률 이론을 세우고 압력에 관한 원리(파스칼의 원리)를 체계화했으며 신의 존재는 이성이 아니라 심성을 통해 체험할 수 있다는 독단론을 펼쳤다. 직관론에 바탕을 둔 그의 사상은 후세의 철학자들에게 상당한 영향을 끼쳤다. 물리학자이자 수학자였을 뿐만 아니라 〈시골 친구에게 쓴 편지〉와 〈팡세〉에서는 평론가와 예술가의 면모를 보였다. 너무 풍부한 재능 때문에 혼란된 삶을 살았지만 다양한 재능에서 얻은 이익은 막대하다. 파스칼의 원리를 이용한 유압 장치는 지금도 널리 쓰이고 있으니까. 말년에는 신비한 신앙의 길로 갔다.

《팡세 Pensées》

'팡세'는 '생각'이라는 뜻이다. 파스칼이 죽은 뒤, 유족과 친척들이 그의 글을 모아 펴냈다. 원제목은 《종교 및 기타 주제에 대한 파스칼 씨의 생각》. 철학적 사고, 사회 정의, 신앙 및 은총에 관하여 쓴 1,000여 개의 단편들로 이루어져 있다. 오늘날 우리가 읽는 〈팡세〉는 본래 모든 사람을 신앙으로 이끌기 위해서 쓴 기독교 변증론의 초고로서, 짤막한 생각들을 메모해 놓은 완성되지 않은 토막글들을 모아 편집한 것이다. 단편적인 원고들의 판독과 정리, 전체적인 구성에 대한 연구는 아직도 계속되고 있다. 인간의 현실에 대한 철학적 사고를 출발점으로 하여 인간의 한계를 살핀 다음 신학의 영역으로 들어서는 '설득술'이 돋보이는 명작이다. 인간의 위대함과 비참함의 변증법을 통해서 신을 향한 사랑에 이르는 길을 설명하고 있다. '인간은 생각하는 갈대'라든지 '클레오파트라의 코가 조금만 낮았더라면 지구의 전 표면이 달라졌을 것'이라는 구절들로 유명하다.

평평한 세계

우리가 가지고 있는 병은 안과 밖을 구분하는 일이 불가능한, 안이면서 동시에 바깥이고,
안으로도 바깥으로도 열려 있는 '클라인의 병' 입니다

이분법적 사고라는 게 있습니다. 그것은 언제나 이것이냐 저것
이냐의 양자를 문제 삼는 틀입니다. 그러한 물음이 가능하려면 절대
적인 근거가 있어야 합니다. 둘 중 하나는 절대적으로 옳다는 전제
가 있어야만 가능한 질문입니다. 따라서 중심에서 벗어난 것은 악이
고, 거짓이고, 부정이 됩니다. 세상의 모든 것은 중심 아니면 변두리
두 가지밖에 없게 됩니다. 즉, 선이 아니면 악, 진실이 아니면 허위,
정의가 아니면 부정으로 명확하게 구별이 됩니다. 이런 이분법적 틀
에서 제 3의 자리나 눈이나 의견은 용납되지 않습니다.

이런 편리주의적인 틀은 초기 기독교에도 등장하고 있습니다.
그리고 수 천 년 동안 역사의 변주를 울리며 군림해 왔습니다. 그런

데 현대에 이르러 자크 데리다Jacque Derrida라는 프랑스 철학자가 '해체 이론'이란 걸 들고 나오면서부터 탈중심화와 다양화가 주창되기 시작했습니다. 쉽게 말해 제 3의 이해와 이론이 존재할 수 있다는 말입니다. 이들은 절대적인 중심이나 확고부동한 진리에 대해 회의합니다. 우리는 이미 아인슈타인의 상대성 원리라는 것을 알고 있습니다. 상대적인 세계, 상대적인 이론, 상대적인 이성, 상대적인 사물을 말하고 있는 것입니다. 중심과 주변의 구분이 사라진 시대라는 것입니다. 이에 대해서는 《세계는 평평하다》라는 책을 참고할 수 있습니다. 중심이 이제 더 이상 예루살렘이나 로마 또는 다른 어디에 있는 것이 아닙니다. 어디나 중심이고 어디나 변두리입니다. 바깥쪽과 안쪽을 구별하는 일이 불가능한 '뫼비우스의 띠'나 '클라인의 병'을 생각하면 이해가 빠릅니다. 그것들은 분명히 닫혀 있는데도 불구하고 열려 있습니다. 안과 밖을 엄정하게 구분하는 일이 불가능할 뿐만 아니라 의미도 없다는 것을 가르쳐줍니다. 이것들이 상징하는 상대성과 다원성의 시대를 우리가 살고 있는 것입니다. 그런데도, 세상은 이렇게 '평평'해졌는데도, 우리는 완고하게 흑백 논리의 이분법으로부터 자유롭지 못합니다.

흑백 논리가 왜 나쁜가, 이 물음에 대답하는 것은 어렵지 않습니다. 그것은 단단히 닫혀 있기 때문입니다. 닫혀 있는 것은 모두 선이 아닙니다. 이것 아니면 저것, 흑 아니면 백인 사고의 틀은 아주 쉽게 폭력으로 전환됩니다. 극단주의는 극단적인 행동을 하게 되어 있기 때문에 그렇습니다. 흑백 TV는 어느새 컬러에서 디지털로, 이제는 다시 디지털에서 쌍방향의 소통 기능을 갖는 다차원적 매체가 되었습니다. 그런데도 사람들은 여전히 흑 아니면 백을 고집하거나 그것을 삶의 준거로 삼고 살아갑니다.

독재와 전제주의가 왜 나쁜가 하면 획일적이기 때문입니다. 획일주의는 흑백 논리의 텃밭입니다. 독재자는 다양한 사고와 개성을 가진 다양한 사람들의 다양한 삶을 인정하려 들지 않습니다. 획일주의는 인간의 본성에 거슬리는, 창조의 반역이기도 합니다. 이걸 억지로 하려고 하니까 억압과 죄의식, 폭력을 쓰게 되는 것입니다. 이것은 교회와 신앙에서도 마찬가지입니다.

많을수록 좋다는 말이 있습니다. '많다' 라는 단어를 우리는 체적과 부피에서만 쓰는 줄 알지만, 이 단어에는 '다양성' 의 측면도 있습니다. 다양할수록 아름답고 좋다는 뜻입니다. 그리고 그 다양성이야말로 선한 것이 되는 것입니다. 자연이 아름답다고 합니다. 그것은 만물이 획일적이지 않기 때문입니다. 자연은 색과 모양과 형태가 다양합니다. 그 '다양함' 이 즉 자연, '있는 그대로의 본디 모습自然' 인 것입니다. 그것이 아름다움의 비결입니다.

그런데도 여전히 흑백 TV 시대를 살고 있는 사람들이 있습니다. 흑색하고 백색 밖에는 구분하지 못하는 색맹들의 세상 말입니다. 이것 아니면 저것일 뿐, 제3의 선택이 불가능하다는 완고한 율법주의자들을 오늘날 교회 안에서, 목사들 속에서, 대부분의 교회 공동체에서 부지기수로 만나게 됩니다. 지금 한국 교회 현실은 보수와 진보가 극렬하게 대립하는 양상입니다. 이 또한 획일 논리가 휘두르는 무시무시한 횡포이기도 합니다.

많은 신앙 집회에서는 '세상이냐, 하나님이냐' 양자택일하라고 강요합니다. '세상이냐, 하나님이냐' 라고 말해버리면 은연중에 세상과 하나님을 동등하게 취급하는 꼴이 됩니다. 이 질문 속에서 세상과 하나님은 팽팽하게 대결을 벌이고 있는 셈입니다. 세상이 곧 하나님의 세상이고, 하나님은 세상 속에 내재해 있는 분이라는 것을 믿고 있다면, 감히 '세상이냐, 하나님이냐' 는 양자택일식 강압적인 표현을 할 수 없을 것입니다.

하나님은 세상을 초월해 계시면서도 동시에 세상 속에 계신 분이 아닙니까? 사람이 어떻게 이것 아니면 저것에 속해야 합니까? 아니, 속 할 수는 있는 겁니까? 왜 세상과 하나님 속에 동시에 속해 있는 존재라는 생각을 하지 못하는 것입니까? 흑백 TV 속에 갇혀 있기 때문입니다. 우리는 하나님에게 속함으로써 동시에 세상에 속한 존재들입니다. 왜냐하면 진정으로 하나님은 세상을 갖고 계신 분이시기 때문입니다.

우리의 하나님은 획일적이고 폐쇄적인 하나님이 아니라 다양성의 하나님입니다. 따라서 세상과 하나님 사이에 머뭇대지 말라고 다그치는, 그 양다리 걸침 현상이 가장 큰 죄라고 말하는, 모든 설교와 성서 해석을 거부해야 합니다. 세상에 속하지 않고 하나님에게 속할 수 있는 사람은 아무도 없습니다. 그런 길도 없습니다.

열린 정신을 가지는 것이 중요합니다. 다양한 시각으로 세상의 다양함을 끌어안는 것이 무엇보다 가치 있는 일입니다. 우리가 가지고 있는 병은 안과 밖을 구분하는 일이 불가능한 '클라인의 병'입니다. 안이면서 동시에 바깥이고, 안으로도 바깥으로도 열려 있는 병입니다.

우리들의 신앙 또한 다양성을 가지고 열려 있어야 합니다. 하나님에게 열려 있을 뿐만 아니라 동시에 세상을 향해서도 열려 있어야 합니다. 어느 한 쪽을 향해 폐쇄적으로 닫혀 있는 것은 옳지 않습니다. 세상을 향해 마음을 열지 못한 사람이 하나님을 향해 열 가능성은 없습니다. 세상을 너무 두려워하지 말라는 말입니다.

'세상이냐, 하나님이냐' 질문한다는 것은 참으로 어리석은 일이죠. 만약 그런 질문을 거듭하고 있는 설교자가 있다면 정신을 바짝 차려야 합니다. 거듭 말하거니와, 세상은 하나님이 지으시고, 하나님이 통치하십니다. 하나님이 세상을 향해 자신을 열듯이 세상 또한 하나님을 통해 열려 있습니다.

세계와 그 안에 사는 모든 생명도 다 여호와의 것이다. (시 24:1)

:: 새김

이번 이야기는 조금 무겁습니다.
뫼비우스의 띠 / 클라인의 병 / 세계는 평평하다 / 자크 데리다 / 아인슈타인
이런 이름들이 등장하기 때문입니다.
그러나 다 알 수는 없더라도 이름만이라도 사귀어둔다면 좋겠습니다.
여하튼, 하나님의 '큰 사람'으로 살자는 것입니다.

미풍 속 큰 고요의
오늘의 말씀은 싸리꽃 향기로 스쳐오리
- 고재종의 시 〈말씀〉 중에서

시인의 문장 속에서라면 겨울은, '아귀가 맞지 않은 문틈으로 기어드는 잃어버렸던 정신의 귀향'과 같다 하겠지요. 추우면 추울수록 말입니다. 새 마음으로 지필 월요일이 기다려집니다.

둘 중 하나를 선택하지 않으면 삶의 기준, 즉 '고정점'이 없어져버릴까요.
다람쥐가 가을에 도토리를 입에 물고는 하늘을 한 번 쳐다본답니다. 그러고는 곧 땅을 파고 묻는다지요. 겨울에 찾아 꺼내 먹으려고 말입니다. 다람쥐에게 흘러가는 구름은 겨울 양식을 저장하는 고정점입니다. 그러나 모든 다람쥐가 이런 식으로 겨울

양식을 땅에 묻기 때문에 어느 누구도 굶어죽지 않고 겨울을 납니다. 위험하지 않습니다.

세상을 살면서는 자주 선택을 해야 하는데 결국은 이것 아니면 저것이라는 이분법에 걸려들고 맙니다. 천문학에서 '이분법'이란 달이나 행성의 반쪽 표면이 빛을 받아 반원의 형태로 빛날 때를 말합니다. 반쪽만 빛난다고 행성이 반 토막이 아니듯이, 세상에 속지 않는 힘을 기르는 수밖에 없습니다.

흑백을 명확히 구분해 놓지 않으면 결국 '물질 지향적'이 되어 세상에 휩쓸리고 말까요. 다양성을 끌어안으면서도 본질적인 것, 더 중요한 것, 중심적인 것을 유지할 수 있는 방법이 있을까요.
마차의 바퀴살은 중심을 향해 있습니다. 세상이라는 것은 바퀴의 바깥부분과 같아서 쉴 새 없이 돌아야 합니다. 그것은 지극히 물질적입니다. 그러나 바퀴살이 모여 있는 축은 고요합니다. 그것은 심히 비물질적입니다. 물질과 비물질, 세상과 천국은 하나의 바퀴와 같습니다. 잘 구르기만 하면 됩니다. 거기 내가 올라타고 있다면 더없이 좋습니다.

:: 톺음

이분법

일정한 대상을 둘로 나누는 논리적 구분의 방법. 하나의 집합을 특정한 성질을 갖고 있는 집합과 그렇지 않은 집합으로 분류한다. 세상 만물은 생물과 무생물로 나눌 수 있다. 사람은 전문가와 비전문가로 나눌 수 있다. 비슷한 방법으로 이것들을 각각 다시 두 가지 종류로 나눌 수 있다. 이 분류법은 모순율('A는 A 아닌 것이 아니다', 또는 'A는 A인 동시에 A가 아닐 수 없다'와 같이, 모든 사물은 그 자체와 같은 동시에 그 반대의 것과는 같을 수가 없다는 원리)에 의거하는 까닭에 철저히 배타적이다. 이러한 분류법은 형식적으로는 정확해 보인다. 두 집합 중 하나는 부정적 방식으로만 규정되기 때문이다. 그러나 일반적인 현상에 는 적용되지 않는다. 학생들의 실력은 우등과 열등으로 나뉘지 않는다. 인간은 선인과 악인으로 구분되지 않는다. 이념은 민주주의와 공산주의만 있는 것이 아니다. 우리 편이 아니라고 해서 모두 적이 아니다. 즉, '다르다'와 '틀리다'는 같은 말이 아니다. 다르다 : 같지 않다. 틀리다 : 그릇되거나 어긋나다.

이분법은 지금도 우리 주변을 떠돌고 있다. 진보인가 보수인가, 신세대인가 기성세대인가, 4대강개발 찬성인가 반대인가, 세종시 원안인가 수정안인가… 그러니까, 짜장면 드실래요 짬뽕 드실래요?

세계와 그 안에 사는 모든 생명도 다 여호와의 것이다

옳건 그르건 좋건 나쁘건 간에 세상 모든 것은 창조주가 만들었고 창조주의 손바닥 안에 있는 것이다. 이분법으로 나누어 한쪽을 부정하는 것은 인간의 가치 판단에 따른 행위일 뿐이다. 마음에 들지 않는다고 '틀린 것'으로 규정하고 배척할 것이 아니라 특성이 다른 것이라고 인정하면서 다양성을 끌어안고 살아가야 한다.

데리다, 자크 Jacques Derrida(1930~2004)

알제리 태생의 프랑스 철학자. 철학뿐 아니라 문학, 회화, 정신분석학 등 문화 전반에 관한 많은 저서를 남겼으며, 현대 철학에 해체의 개념을 도입한 것으로 유명하다. "텍스트의 밖에는 아무것도 없다"며 텍스트 뒤에 숨겨진 '구조'를 밝혀내는 구조주의 철학에 반기를 들고 해체주의를 주장하여 주목받기 시작했다. 평가는 극단적으로 엇갈린다. 개념의 난해함과 현학성 때문에 '현대판 소피스트'라는 혹평을 듣기도 하고, 철학의 새로운 목표를 제시했다는 평가를 받기도 한다. 1990년대 들어 기아, 인종주의, 핵문제 등 현실 문제에 대한 저서를 잇달아 내놓았다.

해체주의

자크 데리다의 해체주의는 난해한 사유 체계 때문에 '지적 사기'라는 비판을 받기도 했다. 그러나 서양 형이상학의 이면과 공백지대를 무너뜨린 '해체'라는 특유 이론은 서양 사상사에 새로운 영역을 열었다는 평가를 받고 있다. '해체'는 플라톤 이래 2000년간 지속되어온 서양 철학의 중심을 허무는 작업이다. 중심이라는 것은 반대되는 것들을 배제하고 축출해서 만든 허구에 불과하다는 게 해체주의의 문제의식이다. 모든 것을 본질과 현상의 대립으로 파악하면서 본질은 우월한 것, 현상은 부차적인 것으로 보는 서양 전통 철학의 사고방식에 대한 비판이다. 데리다 철학이 현대 철학에 남긴 가장 인상 깊은 개념은 '차이'에 대한 새로운 사유이다. 타자성을 인정하고 차이를 동일성에 앞세우는 사유의 자유로움은 현대 철학에 무한한 가능성을 던진 것으로 평가된다. 형이상학·언어학·미학에서 문학에 이르기까지 다양한 영역에서 80여 권의 책을 저술했다.

탈중심화

단일성 또는 하나의 중심보다는 다양성 또는 주변부에 가치를 부여하는 개념. 주변이 중심을 해체하여 '중심 - 주변'의 관계를 해체하고 전체를 '주변 - 주변'의 관계로 이끈다. 단일적인 것으로 규제하고 통제하기보다는 다양한 것들이 부딪히고 투쟁하는 과정 속에서 조화를 추구한다. 이전 시대는 산업화와 대량 생산을 위해 집단화, 표준화, 보편화, 확실성을 강조했다. 그러나 정보화 시대에는 그런 개념들이 해체되고 있다. 개인화, 다양화, 창의성, 불확실성 등 이전 시대의 가치와는 반대되는 개념들이 새로운 시대의 특성으로 나타나기 시작했다. 이런 변화들을 '탈중심화'라고 설명할 수 있다. 정보화가 진행됨에 따라 일방적 커뮤니케이션이 쌍방향 커뮤니케이션으로 바뀌면서 주체와 객체의 대상이 허물어졌다. 중심과 주변의 경계가 없어졌다. 개인과 개인의 관계는 수평적이고 다원적인 관계로 전환되었다. 인터넷이나 핸드폰으로도 '탈중심화'가 우리 주변에서 지금도 매일 진행되고 있다.

《세계는 평평하다 The World Is Flat》

토머스 프리드먼의 책. 프리드먼은 '퓰리처상'을 2번이나 수상한 국제 문제 전문가이자 〈뉴욕 타임스〉 칼럼니스트로 세계적인 베스트셀러 《렉서스와 올리브나무》의 저자이기도 하다. 우리 시대의 거대한 변화에 관한 이야기를 알기 쉽게 풀어나갔다. '세계의 평평화'가 어떻게 21세기 초반에 태동하게 되었는지, 국가와 기업, 커뮤니티, 개인에게 이것이 어떤 의미로 다가가는지 보여준다. 우리가 잠자는 동안에도 세상은 변한다는 놀라운 사실을 알려준다. 그리고 세계를 평평하게 하는 10가지 동력, 삼중 융합, 질서의 재편, 미국과 평평한 세계, 개발도상국과 기업의 평평한 세계, 지정학과 평평한 세계 등을 차례로 기술하면서, 정부와 사회는 어떻게 적응해야 하는지를 일상의 사례들을 통해 설명한다.

뫼비우스의 띠 Moebius strip

길고 가는 직사각형 띠를 절반만 비튼 뒤 두 끝을 붙여 만든 공간. 보통의 길고 가는 직사각형의 띠는 앞면과 뒷면이라는 두 개의 면이 있지만 이 띠에는 하나의 면만 있다. 말하자면 안팎의 구별이 없는, 안이 밖이고 밖이 안이 되는 독특한 공간이다. 1858년 독일 수학자 아우구스트 페르디난트 뫼비우스와 요한 베네딕트 리스팅이 거의 동시에 독립적으로 이 띠의 성질을 발견했다. 이 모형은 종이띠를 절반 비틀어 양끝을 붙이는 것으로 누구나 간단하게 만들 수 있다. 뫼비우스 띠에는 몇 가지 흥미로운 특성이 있다. 띠의 중심을 따라 이동하면 출발한 지점의 반대면에 도착한다. 이쪽 면에서 저쪽 면으로 넘어가지 않고 전진하기만 했는데 반대면에 다다른 것이다. 계속 나아가면 띠를 두 바퀴 돌아 처음 출발한 위치로 돌아온다. 띠의 중심을 따라 자르면 두 개의 띠로 분리되는 것이 아니라 두 번 꼬여 있는 하나의 띠가 된다. 띠의 중심을 따라 1/3 되는 지점 두 곳을 나란히 두 줄로 자르면 두 개의 띠로 나눠진다. 하나는 동일한 길이의 뫼비우스의 띠로 분리되고, 다른 하나는 두 배로 긴, 두 번 꼬인 띠가 된다. 기하학적 공간인 클라인의 병과 매우 연관이 깊다. 클라인의 병은 두 개의 뫼비우스 띠의 경계를 붙여서 만든 것이다.

클라인의 병 Klein bottle
원통의 벽에 구멍을 뚫어 한쪽 끝을 그 구멍에 넣어 다른 쪽 끝과 이어 만든 병. 안팎이 없고 닫혀 있으면서 열려 있는 병이다. 닫혀 있긴 한데 '내부'가 없다. 내부와 외부, 입구와 출구를 구별할 수 없다. 이 병에서는 안이 밖이고 밖이 안이다. 안팎이 없기 때문에 내부를 막았다고 할 수 없고, 안에 갇혀 있어도 갇혔다고 할 수 없다. 안쪽 벽만 따라가면 밖으로 나갈 수 있다. 병의 바깥쪽의 벽을 따라가다 보면 병 안으로 들어가게 된다. 안과 바깥의 구별이 없기 때문이다. 뫼비우스 띠처럼 한 면만 있는 공간으로, 뫼비우스의 띠를 닫아 만든 2차원 평면이라고 할 수 있다. 병의 표면은 평면이지만 방향을 정할 수 없다. 1882년 독일의 수학자 펠릭스 클라인이 발견해 그의 이름을 따서 지었다.

그대 목소리 안의 목소리

"너희가 비록 '신의 말씀' 운운할지라도 침묵과 명상을 배경으로 하지 않고 있는
너희의 모든 말들은 그저 소음일 뿐이다"

공중파에서 했다는 한 여대생의 '말'이 세간의 말거리가 되고
있습니다. 이쯤에서 우리는 타락한 말의 무책임과 그 횡포에 대해서
배울 기회를 갖게 됩니다. 비단 언론에서 흘러나오는 말뿐만이 아닙
니다. 상호간의 의사소통을 위한 가장 효과적인 도구여야 할 말들이
실제로는 사람들을 기만하고 이간질시키는 추한 현장들을 우리들
삶의 곳곳에서 만나게 됩니다.

말들은 엄청나게 쏟아져 나와 인간과 인간 사이에 다리를 놓는
대신 더 깊게 골을 팝니다. 일전에 어느 자매와 일본의 선시 '하이
쿠'에 대해서 댓글로 몇 생각 주고받았지만, 그런 뜻에서 말 많은 현
대인에게 가장 훌륭한 문장이 '하이쿠'라고 나는 생각합니다. 여하

간, 말은 또 하나의 흉기가 되었습니다. 그것은 말의 진실성을 잃어버렸다는 뜻이죠. 말의 존엄성이 실종된 겁니다. 그래서 이유범이라는 소설가는 그의 작품에서 '우리의 도시는 죽어버린 말들의 스모그로 가득 차 있다'고 했습니다. 이 말은, 언어 오염은 곧 진실의 오염이라는 의미에 닿아 있습니다. 여대생의 '루저loser' 발언은 바로 여기에 근본적인 문제점이 있는 겁니다. 진실이 오염되기 때문입니다. 이렇게 이 세상을 타락시키는 주범 가운데 하나는 오염된, 진실을 오염시키는 말에 있는 것입니다.

그러나 이러한 현상, 말이 더 이상 진정한 뜻에서 말이기를 중단하고, 무의미한 소음 덩어리로 전락하여도 도시의 허공을 유령처럼 떠돌고 있는 이 현상의 상당한 책임은, 당연한 이야기지만, 말 자체에 있는 게 아니라 말을 잘못 사용하고 학대하는 사람들에게 물어야 할 것입니다. '우리는 말 안 하고 살 수가 없나, 날으는 솔개처럼…'하고 부르던 유행가가 있습니다. 그 또한 말이 제 몫을 감당하지 못하고 있으며, 그에 대한 책임이 그 말을 잘못 사용한 우리들에게 있다는 비판을 은연중에 하고 있는 것입니다.

그러나 말 안 하고 살 수는 없는 노릇입니다. 우리의 이런저런 의사를 표현해야 하고, 복잡한 감정들을 구별해서 드러내야 하며, 세계와 우주의 이치에 대한 진리를 바르게 인식하도록 하는 매개체로서는 말만한 게 없습니다. 침묵으로는 그것들의 전달이나 표현이

가능하지 않습니다. 그 말이 말이기 위해서는 튼튼한 뿌리를 갖고 있어야 합니다. 말은 예쁜 꽃이거나 먹기 좋은 열매일지는 몰라도 뿌리로 비유할 수는 없습니다. 그러나 말은 튼튼한 뿌리와 연결되어 있어야 합니다. 말이 뿌리와 연결성을 상실할 때 말은 시들시들해지고 메말라서 급기야는 아무짝에도 쓸모없는 소음으로 전락해버리는 것입니다.

뿌리라니, '말의 뿌리'라는 말이 있기나 합니까? 여하튼, 말에 윤기를 주고, 힘을 주는, 말을 진정한 의미에서 말답게 존재하도록 하는 그 '뿌리'라는 게 뭘까요? 그것은 이성이나 사유, 즉 생각이 아닙니다. 그 답을 막스 피카르트Max Picard가 《침묵의 세계》에서 하고 있습니다.

"침묵은 말없이 있을 수 있다. 그러나 말은 침묵 없이 있을 수 없다. 말은 침묵의 배경이 없으면 깊이가 없다."

말은 침묵 없이 존재할 수 없다는 것입니다. 그것이 말의 '뿌리'입니다. 말을 말이게 하는 견고한 뿌리는 침묵입니다. 그러니까 침묵에 뿌리내리지 않은 말은 그저 소음이고, 죽은 소리 덩어리일 따름이라는 말입니다. 막스 피카르트는 '침묵의 배경이 없는 말은 깊이가 없다'고 단언하지만, 그 말은 깊이만 없는 게 아니라 넓이도 없고 형상도 없는 것입니다. 지향指向도 없고 의미도 없는 것입니다. 뿌리로부터 분리된 식물이 뿌리만 잃는 게 아니라 바로 그 순간 모든 것을 잃고 마는 것과 같은 이치입니다.

침묵의 뿌리로부터 양분을 공급받고 나온 말과 침묵에 뿌리내리지 않고 내뱉는 말, 흔히 '생각 없이 지껄이는' 말을 구별하는 것은 그리 어렵지 않습니다. 침묵에 뿌리내리지 않은 말은 사이비이기 때문에 공허하고, 경망스러우며, 생명력이 없고, 그리하여 먼지처럼 허공을 떠도는 '스모그'가 되는 것입니다. 그러나 침묵에서 나온 말들은 삶의 조건들을 풍요롭게 하며, 상호간에 신뢰를 낳고, 그리하여 우리들 '인간'이라는 존재를 연계시키는 실한 끈이 되는 것입니다. 피카르트는 '침묵을 창조하라'는 키르케고르의 말을 인용하면서 '하나님의 말씀조차도 침묵이라는 근원을 상실하면 신의 말이기를 중단하는 것과 같다'고 했습니다. 왜냐하면, 신앙은 본질적으로 침묵과 관련되어 있기 때문입니다. '언어가 인간의 본질을 이루는 것처럼 침묵은 신의 본질이다'라고 그는 또 말합니다.

신앙의 사귐 안에서조차도 소음과 다를 바 없는 목소리가 득세하는 우리 현실에 대고, 지금 피카르트가 정중하게 타이르는 것 같습니다. "그것은 말이 아니다. 너희가 비록 '신의 말씀' 또는 '하나님의 말씀' 운운할지라도, 침묵, 명상을 배경으로 하지 않고 있는 너희의 모든 말들은 유감스럽게도 그저 소음일 뿐이다, 빈 껍데기, 공허한 소리 덩어리일 뿐이다. 결코 말이 아니다, 특히 하나님의… 말

쏨일 때는!"

우리는 말 안 하고는 살 수가 없습니다. 또 그럴 필요도 없습니다. 정작 우리에게 필요한 것은, 말을 하면서 사는 것입니다. 참된 말, 소음이 아닌 말, 침묵에 튼튼하게 뿌리박은 실한 말, 우리를 하나로 연대시키는 신뢰와 화해와 풍요의 진실한 말, 그런 말 말입니다.

'그대 목소리 안의 목소리로 그의 귓속에 말하게 하라'

칼릴 지브란의 잠언입니다.

"보라. 사람들이 저렇게 여러 가지로 죄목을 들어 고발하고 있는데 너는 할 말이 하나도 없느냐?" 그러나 예수께서는 빌라도가 이상하게 여길 정도로 아무런 대답도 하지 않으셨다. (막 15:4~5)

:: 새김

가수 이태원이 부른 노래 '솔개' 의 가사입니다.

우리는 말 안 하고 살 수가 없나 날으는 솔개처럼
권태 속에 내뱉어진 소음으로 주위는 가득 차고

푸르른 하늘 높이 구름 속에 살아와
수많은 질문과 대답 속에 지쳐버린 나의 부리여

스치고 지나가는 사람들이 어느덧 내게 다가와
종잡을 수 없는 얘기 속에 나도 우리가 됐소
바로 그때 나를 비웃고 날아가버린 나의 솔개여
수많은 관계와 관계 속에 잃어버린 나의 얼굴아

애드벌룬 같은 미래를 위해 오늘도 의미 없는 하루
준비하고 계획하는 사람 속에서 나도 움직이려나
머리 들어 하늘을 보면 아련한 친구의 모습
수많은 농담과 한숨 속에 멀어져간 나의 솔개여

수많은 농담과 한숨 속에 멀어져간 나의 솔개여
멀어져간 나의 솔개여

나의 몇 교우들이 월요예배를 같이 하고 점심을 나눴습니다.
어제 나는 순두부백반을 먹었는데 옆에서 신우회 자매들의 먹던 김치찌개가 너무
맛나게 느껴졌습니다. 금년에 하나님이 내게 주신 아름다운 선물 중의 하나는 매주
월요일마다 점심을 기다리게 한다는 것입니다.

'침묵'과 관련하여 하이쿠를 이야기하였습니다. 대개 하이쿠를 일본의 선시라고들
하지만, 내게 있어 긴절緊切의 시는 김삿갓(김병연)입니다. 그것은 유머와 해학을 담은
촌철살인의 문장인데, 서정적인 비유를 쓰는 이는 마츠오 바쇼같은 이가 있습니다.

고요한 연못에
개구리가
풍덩

침묵은 단지 말을 하지 않는 게 아니라 입에 침이 고이게 하는 것입니다. 그러려면
헛바닥을 입천장에 붙이고 입을 다물어야 합니다. 그러면 침도 고이고 뇌리에 스치
는 온갖 상념들이 궁리를 짓지 않게 됩니다. 그것은 의식의 그릇을 비움으로 일만

가지의 감각으로 나아가고자 함입니다. 개는 병이 나면 일절 짖지 않고 땅을 파고 엉덩이를 묻고 앉아 있습니다. 그러면 건강해집니다. 침묵은 그런 것입니다. 한번 시도해보세요.

말이 많은 세상이어서 조용히 입을 다물고 있기는 불가능(?)할 듯합니다.
배가 고프면 밥을 먹습니다. 그때 밥은 '내'가 먹는 것입니까? 아니면 관성화된 '위와 장'이 먹는 것입니까? 하시드라는 집단은 밥을 먹을 때 배가 고파 죽을 지경이 지나, 배가 고픈 것을 모를 때까지 기다렸다가 이렇게 말하며 밥을 퍼넣습니다. "조금 전까지는 네가 나에게 밥을 달라고 하였지만 나는 속지 않는다. 이제 내가 너에게 밥을 주겠다." 말도 생각도 마찬가지로, 이렇게 생각이 말을 밀어내서 뱉어내게 해야 합니다. 그게 바른 침묵입니다. 명상은 의식을 가지런하게 정렬하는 기술입니다.

말이란 많이 하다보면 적절히 조절하기 힘든 속성이 있습니다.
말도 에너지입니다. 에너지가 줄어들기 때문에 제어가 안 되는 것입니다. 그래서 말하기는 더디 하고 듣기를 잘 하라고 하는 것입니다. 말하는 기술보다 듣는 힘을 기르면 저절로 말에 능력이 생깁니다.

:: 톺음

마가복음
신약성경 중의 한 경전. 예수의 행적과 가르침을 담은 복음서이다. 정확한 저자는 알 수 없다. 현재 남아 있는 복음서 중, 시기적으로 가장 오래된 복음서일 가능성이 높다. 그래서 성서학자들은 마가복음을 다른 복음서들의 공동 자료로 추정한다. 마가복음은 세례 요한의 이야기로부터 시작해 예수의 생애와 말씀을 담고 있다. 대부분의 내용은 예수의 마지막 주의 활동, 즉 예루살렘 여행에 집중되어 있다.

하이쿠 俳句
일본 시 문학의 한 형식. 각 행이 5, 7, 5 음절로 모두 17음으로 이루어진 짧은 시이다. 일반적으로 계절을 나타내는 단어(키고季語)와 구의 매듭을 짓는 말(키레지切れ字)이

갖춰져야 한다. 언어의 운율과 키고의 조화로 짧은 시 안에 마음속 풍경(심상)을 크게 펼칠 수 있는 특징을 가지고 있다. 영어 등 일본어가 아닌 언어로 지은 3행시도 하이쿠라고 부른다. 일본어 이외의 하이쿠에서는 5, 7, 5 음절의 제약이 없고, 계절을 나타내는 키고도 없는 경우가 많다. 하이쿠 짓는 사람을 '하이진俳人'이라 하는데, 현재는 일본어로 하이쿠를 짓는 외국인 작가들도 적지 않다. 하이쿠는 19세기에 전 세계에 알려져 지금은 50여 나라에서 200만 명 이상이 모국어나 영어로 하이쿠를 즐기고 있다. 유럽에는 하이쿠 시인이 있고, 영문 하이쿠 잡지도 있다. 오늘날 하이쿠의 영향을 받은 예술가는 적지 않다.

피카르트, 막스 Max Picard(1888~1965)

독일 철학자. 작가. 의사. 근대 자본주의 체제에서 신과 인간의 관계를 집중적으로 조명했다. 대중의 시대에 인간으로 살아가는 일을 언제나 신과의 연관 관계 속에서 생각하고 이해하려 했다. 치열하면서도 진지한 글에는 가슴으로 인간을 끌어안으려는 울림이 있다. 중요 저서로 《인간의 얼굴》《침묵의 세계》《신으로부터의 도피》《우리 안의 히틀러》등이 있다. 스위스 시골 마을에서 저술 활동을 계속하다가 1965년 삶을 마쳤다.

《침묵의 세계 Die Welt des Schweigens》

막스 피카르트에게 작가적 명성을 안겨준 책. 침묵이야말로 신과 가장 가까운 형상이며 침묵의 밑바닥까지 내려가는 철저한 묵상이야말로 인간의 가장 아름다운 영적 실천 행위라는 것을 보여주고 있다. 침묵은 수동적이고 말하기를 멈추는 행위가 아니라 능동적이고 말의 포기 이상의 의미를 가진 것이라고 주장한다. 침묵하는 사람들의 속에는 무엇이 존재하는지, 그리고 그것은 과연 어떠한 의미를 가지고 있는지에 대해서 이야기하면서 침묵은 인간의 근본 구조라는 것과 그 구조에 대해서 설명한다. 언어, 자아, 사물, 역사, 사랑, 자연, 시, 신앙 등의 다양한 주제들을 침묵이라는 렌즈를 통해 들여다본다.

키르케고르, 쇠렌 오뷔에 Søren Aabye Kierkegaard(1813~1855)

19세기 덴마크 철학자. 신학자. 실존주의의 선구자. 그의 저술 중 상당 부분이 신앙의 본질, 교회 제도, 기독교 윤리와 신학, 결정의 순간에 개인이 직면하는 감정과 감각 같은 종교적 문제를 다루고 있다. 여러 가지 필명을 사용하면서 많은 작품을 익명으로 남겼다. 자신이 익명으로 쓴 작품을 비판하는 또 다른 익명의 작품을 출판하기도 하였다. 아마 저술의 절반 정도가 다른 사람 이름으로 출간되었을 것이다. 철학과 신학, 심리학 그리고 문학의 경계를 넘나들었기 때문에, 현대 사상에서 매우 중요하고 영향력 있는 인물로 평가되고 있다.

지브란, 칼릴 Khalil Gibran(1883~1931)

예술가. 시인. 작가. 레바논계 미국인. 어렸을 때 미국으로 이민을 가 예술을 공부했다. 대표작《예언자》는 철학적 에세이 연작 중 하나이다. 초기 작품이었던 이 책에 대한 비평은 좋지 않았지만 베스트셀러가 되어 1960년대 창작물 중에서 가장 대중적인 작품이 되었다. 초기 작품은 대부분 아랍어로 쓰다가 나중에는 영어를 사용했다. 영적인 사랑을 주제로 즐겨 다루었는데 삶의 화두에 대한 통찰이 빛난다. 가장 널리 알려진《예언자》는 26편의 시적인 산문으로 이루어진 책이다.

폭포와 분수

정상을 향해 비상하고자 몸부림치던 방금 전과는 다르게
이번에는 미련 두지 않고 지면을 향해 하강합니다

큰딸의 남편은 스위스 사람이고 목수입니다. 지난여름에 결혼을
했는데, 서둘러(?) 아이를 배는 바람에 할아버지 노릇을 일찍이 하
고 있습니다. 지난주에 외손녀(나루)가 한국에서 첫돌을 맞으려고 들
어왔습니다. 사위와 딸과 함께 사돈어른도 같이 왔는데, 스위스 사
돈의 친구로 지내는 일이 만만치 않습니다. 우선 말이 잘 통하지 않
으니 더욱 그렇습니다.

분주한 토요일 오후였습니다. 심심해하는 사돈을 위한답시고 강
촌에 있는 구곡폭포 길을 걸었습니다. 뭐 그때까지는 별 문제가 없
었습니다. '무슨 나무냐'고 물으면 나무에 걸린 명패대로 말하면 되
었고, '하루에 얼마나 이곳에 사람들이 오냐' 하고 물으면 암만암만

이라고 대답하면 그만이었습니다. 그런데 갈수기라 시원치 않은 폭포 물줄기를 바라다보던 사돈이 뭐라 뭐라 내게 말을 걸면서부터 꼬였습니다. 프랑스어(그가 살고 있는 몽트뢰는 프랑스어권이다)로 하다가 또 영어로 뭔가를 물었습니다. 물론 나는 통 알아듣지 못했습니다.

폭포 곁을 떠나 계단을 내려오자 그가 땅바닥에 영어 단어를 썼습니다. 그제야 뿌옇게나마 사돈어른이 묻는 바를 알게 되었습니다. 말인즉슨, 하늘로 솟구치는 '분수噴水'와 땅으로 쏟아지는 '폭포瀑布'의 의미를 아느냐는 것입니다. 질문을 알게 되자 이번에는 대답할 일이 난망이었습니다. 뭐, 근사하게 읊긴 읊어야 하는데, 그 현학적일 수밖에 없는 문장을 어떻게 한단 말인가!

폭포를 말하기보다는 분수를 사색하는 게 옳겠습니다. 시인 김춘수는 〈분수〉를 다음과 같이 노래했습니다.

발돋움하는 발돋움하는 너의 자세(姿勢)는
왜 이렇게
두 쪽으로 갈라져서 떨어져야 하는가.
그리움으로 하여
왜 너는 이렇게
산산이 부서져서 흩어져야 하는가.

모든 것을 바치고도

왜 나중에는

이 찢어지는 아픔만을

가져야 하는가.

네가 네 스스로에 보내는

이별의

이 안타까운 눈짓만을 가져야 하는가.

왜 너는

다른 것이 되어서는 안 되는가.

떨어져서 부서진 무수한 네가

왜 이런 선연(鮮然)한 무지개로

다시 솟아야만 하는가.

　떨어져 내리는 것은 '폭포'라고 말하는 사람들이 있을지 모르지만, 그건 한참 뭘 모르고 하는 소리입니다. 사실 떨어져 내리는 것은 폭포가 아니라 분수입니다. 정상에 올라갔다가 다시 지면을 향해 거침없이 떨어져 내리는 물줄기를 똑바로 본 사람은 압니다. '왜 너는 다시 떨어져야 하는가', '왜 너는 이렇게 / 산산이 부서져 흩어져야 하는가', '왜 나중에는 / 이 찢어지는 아픔만을 / 가져야 하는가', '왜 너는 다른 것이 되어서는 안 되는가' 하고 절규하는 시인의 마음도 알 수 있습니다. 그렇다고 시인의 이러한 질문들이 의문으로 읽히는 것은 아닙니다. 어떤 결정적인 진리를 불시에 접촉한 사람이 내지르는 영탄이나 놀람입니다.

생각해보세요.

폭포의 물줄기는 떨어지면 그만이지만, 분수의 물줄기는 솟구쳐야 합니다. 그리고 다시 떨어져 내리는 것입니다. 정상을 향해 비상하고자 안타깝게 몸부림치던 방금 전과는 다르게 이번에는 거침없이, 미련을 두지 않고 지면을 향해 하강을 합니다. 그러니 분수에게는 '저 높은 곳'은 '저 낮은 곳'이기도 합니다.

아십니까? 분수의 물줄기는 본시 아래로 떨어져 내리기 위해 위로 치솟아 올랐던 것입니다. 하강하기 위해 상승한 것입니다. 잘 떨어지려고 높이 솟아올랐던 것입니다. 현실의 한복판에서 몸 부비며 잘 살기 위해서 이상과 꿈의 날개를 달고 하늘로 비상하는 것입니다. 이것이 분수와 폭포의 차이입니다. 이처럼 우리를 놀라게 하는 깨달음이 우리가 흔히 접하는 사소한 일상의 한 구석 어딘가에 숨어 있습니다.

그러나 폭포처럼, 이상을 거세당한 채 현실에만 매달려 사는 사람의 꼴은 끔찍합니다. 마찬가지로 현실이 거세된 채 이상으로만 사는 삶이 있다면 그것은 망상이고 허구에 다르지 않습니다. 사람이거나 신앙이거나 이상과 현실 중에 하나를 택하라고 하는 것은 둘 중

하나를 거세하라고 강요받는 것과 다르지 않습니다. 둘 중 하나만 선택하여 산다면 그것은 모두 꼴불견입니다. 그나저나 그렇게 사는 일이 가능한지나 모르겠습니다. 땅 위의 삶을 내팽개치는 하늘의 법칙을 우리는 알지 못합니다.

샘 킨이라는 하버드대학의 유명한 신학자가 있었습니다. 그가 노년에 이르렀을 때 교수직을 버리고 서커스의 공중그네를 타기 시작합니다. 공중그네를 타는 곡예사 소년이 그에게 말합니다. "공중 그네는 하늘 높이 솟구치는 일보다 땅에 사뿐히 내려서는 일이 더 중요합니다." '잘 내려오기 위해 하늘 높이 올라가는' 분수와 다르지 않습니다.

우리는 이 땅에 살기 위해 하늘에 대한 비전을 키웁니다. 좀 더 분명하게 말하자면, 우리는 폭포수처럼 아래로 떨어져 내려 분수의 물줄기와 같은 우리의 뜨거운 이상을 실현하는 것입니다. 그 이상- 하늘이어도 좋고, 천국이어도 좋고, 영원한 세계여도 좋은-을 실현하는 방법이 바로 이 땅에서 몸 부비고 사는 우리들 인간에 대한 관심이고 배려이어야 한다는 교훈을 말없이 서서 물을 뿜어 올렸다가 떨어져 내리기를 반복하는 분수에게서 배우는 것입니다.

내일 모레, 스위스로 돌아가는 사돈에게 이 문장을 번역해서 보여줄 수만 있다면 딸애의 시집살이가 좀 수월할까요?

우리 하나님과 같은 자 누구리요,
높은 위에 앉으셨으나 스스로 낮추사 천지를 살피시고
가난한 자를 진토에서 일으키시나니…. (시 113:5-7)

:: 새 김

일상생활에서도 솟구침과 떨어짐의 의미를 찾아볼 수 있습니다.
아이폰에 문제가 발생하면 할 수 있는 방법은 한 가지입니다. 그것은 껐다 켜는 것입니다. 힘껏 솟구치는 것은 잘 떨어지기 위해서입니다. 김연아의 장기인 트리플 악셀도 얼마나 잘 솟구쳤느냐에 따라 착지의 완성도가 높아지지 않습니까?

떨어짐은 절망일까요. 밑바닥까지 떨어져볼 가치가 있을까요.
주식투자를 하는 분들이 '바닥을 쳤다'는 말을 합니다. 그들에게 그 '바닥'은 희망의 언어입니다. 가을 열매들은 단맛이 듬뿍해야만 힘껏 떨어질 수 있습니다.

:: 톺 음

우리 하나님과 같은 자 누구리요….
약하고 가난한 자들에게 놀라운 은총을 베풀어주시는 하나님을 찬양하는 시. 유대인들의 이집트 탈출(출애굽)을 기념하는 절기인 유월절 전후에 부르는 노래 중의 하나이다.

몽트뢰
'스위스의 리비에라'라고 부르는 아름다운 도시. 포도밭과 반짝이는 레만 호수, 그리고 알프스가 만들어내는 경치가 매우 아름답다. 18세기에 루소, 19세기에 바이런, 20세기에 헤밍웨이 등이 이곳을 무대로 소설을 썼다. 매년 여름에 개최되는 '몽트뢰 재즈페스티벌'은 세계적으로 유명하다. 작은 등산 철도를 타고 올라가면 웅대한 파노라마 전망을 즐길 수 있다.

김춘수 (1922~2004)

시인. 1946년에 시 〈애가〉를 발표하면서 활동을 시작. 서정적인 바탕 위에 주지적인 시풍을 이루는 데 힘썼다. 언어의 특성을 다른 어떤 시인보다 날카롭게 응시하며 존재론적 세계를 이미지로 노래하였다. 시집으로《구름과 장미》《늪》《기(旗)》《부다페스트에서의 소녀의 죽음》《타령조 기타》《처용(處容)》《남천》《비에 젖은 달》등이 있다.

킨, 샘 Sam Keen

미국의 저명한 작가, 교수, 철학자. 하버드와 프린스턴대학에서 공부했으며, 대학에서 종교 철학을 가르쳤다. 잡지〈사이콜로지 투데이Psychology Today〉편집자로 일했고, 사상가·강사·작가 등 다양한 활동을 하고 있다. 캘리포니아에 있는 자신의 농장에서 '위로 솟아오르기' 강습회를 열고 있다. 이 강습회는 사람들이 공중그네를 타면서 내면의 두려움과 맞서 영혼의 성장을 받아들이게 할 목적으로 만들어졌다. 글을 쓰거나 강연과 세미나를 하기 위해 세계 곳곳을 여행하며, 이외의 시간에는 농장에서 식물을 가꾸고, 말과 시간을 보내며, 공중그네를 탄다.《열망Fire in the Belly》《사랑하는 것과 사랑 받는 것To Love and Be Loved》《미지의 신에 대한 찬가Hymns to an Unknown God》등의 책을 펴냈다.

거미의 진화

사람은 진화되고 문명화될수록 하늘로부터 멀어져 하늘에 대한 기억을 잃어버리고
땅 속으로 기어 들어갈지도 모른다는 소리도 들립니다

대설이라는 엊그제, 눈이 조금 내리다가 말았습니다. 예배당 2
층에 있는 방으로 가려고 계단을 오르다가 생기 잃은 거미줄이 눈에
들어왔습니다. 그걸 보는 순간 사람만 '낡는' 게 아니라 만물도 낡
아가고 있다는 생각을 하게 되었습니다. 사실, 거미는 일 년 내내 나
의 좋은 선생이기도 하고 친구이기도 합니다. 그래서 웬만하면 그들
의 삶의 터전인 거미줄을 걷어내려고 하지 않습니다. 어떤 날은 거
미줄에 누가 걸리는지, 어떻게 그것들을 생포하는지를 몇 시간이고
보곤 합니다. 그러다보니 거미에 대한 책도 꽤 여러 권 읽었습니다.

알에서 갓 태어난 아주 작은 무당거미의 새끼들은 나무줄기를
타고 무작정 나무 위로 올라갑니다. 그들은 나무 위에 알을 낳습니

다. 그 모습을 보고 있자면 마치 암벽등반을 하는 사람처럼 보입니다. 태어나자마자, 만사 제쳐놓고, 마치 하늘로 올라가기 위해 이 땅에 태어나기라도 한 것처럼 부지런히 오르는 모습은 제게 '산다는 게 뭘까' 하는 생각을 갖게 합니다. 뒤에 알았지만, 그들이 그렇게 하늘로 오르는 것은 적자생존의 원리에 적응하기 위한 본능적인 훈련이며 동시에 단독 생활을 미리부터 준비하는 과정이랍니다. 그러나 그들이 왜 위로 올라가느냐에 대한 자연과학적인 답변이 중요한 것 같지는 않습니다. 단지 거미들의 '위로 향한 등반'은 제게 저 유명한 갈매기 조나단 리빙스턴의 잠언을 생각나게 한다는 것입니다.

'가장 높이 나는 갈매기가 가장 멀리 내다본다.'

조나단을 가르치던 설리번도 이렇게 말하죠.

'땅 위에서 꽥꽥거리며 저희들끼리 다투기나 하는 갈매기들은 하늘나라는 보지 못한다. 왜냐하면 그들은 하늘나라와는 상관없는 곳에 있기 때문이다. 그들은 자기들의 날개 끝조차도 보지 못한다.'

그들이 하늘을 보기 원한다면 그들의 위치를 옮겨야 한다는 것입니다. 하늘로 말이죠. 하늘을 보려는 사람이 해변가에 모여 썩은 생선이나 탐내며 꽥꽥거린다면 그것이 어디 될 법이나 하겠습니까? 하늘을 보려는 자는 하늘로 올라가야 합니다. 그래야 세상도 훨씬 잘 보이는 법입니다. 그렇지 않습니까? 가장 높이 나는 갈매기가 가장 멀리까지 봅니다. 하늘을 보기 위해선 하늘 높이 날아 올라가야 합니다. 땅에 배를 깔고 누워 있을 때는 눈앞의 낮은 언덕도 높아 보이고, 그 높아 보이는 낮은 언덕 때문에 시야가 차단되어 보다 넓은 세계를 보지 못하게 됩니다. 그때 우리는 세계의 지평을 잃어버리게 됩니다. '세계의 상실', 그것은 우리가 지나치게 그 '세계(땅)'에 고착되어 하늘을 잃어버릴 때 부가적으로 발생하는 현상입니다. 이렇게 하늘을 잃으면 세상도 잃게 됩니다. 이게 이 시대 사람들의 아이러니한 삶이기도 합니다. 세상을 얻으려고 하는데 실상은 세상을 잃고 있으니까요. 이는 하늘을 얻으면 세상을 얻게 된다는 이치와도 같습니다.

두 해 전까지만 해도, 나는 매주 월요일마다 산을 오르곤 했습니다. 산에 올라가면 산 밑에 있을 때보다 더 넓은 세계를 볼 수 있습니다. 그때 나는 그만큼 세상을 더 얻는 것입니다. 그 기쁨 때문에 수백 차례 '월요산행'을 했습니다. 그때 알았습니다. 살아 있는 존재들이 자꾸 위로 올라가려고 하는 것은 '더 많은 소유'를 위해서가 아니라 '더 큰 존재'를 그리워하기 때문이라고 말입니다. 높이 올라가는 만큼 그만치 더 넓은 세계를 확보하고 싶은 거죠. 그런데요, 높이 올라가면 시야만 커지는 게 아닙니다. 가치관도 달라집니다.

거미 이야기로 돌아가겠습니다.

거미는 가로형의 나선형 도로와, 방사형의 세로로 된 도로를 개설합니다. 여기서 나선형 줄은 사냥감을 잡기 위한 것이고, 방사형의 세로로 된 그물은 생포된 사물에 빨리 접근하기 위한 지름길입니다. 그런데 모든 거미들이 허공에 그런 그물을 치는 것은 아닙니다. 땅거미라는 게 있습니다. 말 그대로, 땅 거죽에 보일락 말락 그물을 치는 거미입니다. 그보다 한 단계 진화한 거미가 풀거미입니다. 물론 그들은 물과 풀 사이에 그물을 칩니다. 가장 진화한 거미는 가시거미나 무당거미인데, 높은 허공에다가 폼 나게 쳐놓은 거창한 거미줄이 바로 그들의 것입니다. 그들은 나무와 나무 사이, 건물과 건물 사이에 장엄하게 집을 짓습니다. 그러니까 뭡니까, 진화한 거미일수록 위로 올라간다는 것입니다. 이 사실에서 우리는 또 만만치 않은 교훈을 얻게 됩니다.

그런데 거미들과는 정반대로 사람은 진화되고 문명화될수록 하늘로부터 멀어져 간다는 이야기가 있습니다. 지나치게 땅에 집착하여 하늘에 대한 기억을 잃어버리고 나중에는 저 가장 원시적인 형태의 땅거미가 그러한 것처럼 땅 속으로 기어 들어갈지도 모른다는 소리도 들립니다. 하늘을 잃으면 세계를 잃습니다.

저희가 이제는 더 나은 본향을 사모하니 곧 하늘에 있는 것이라. (히 11:16)

:: 새김

거미와 어떻게 친구가 되었느냐구요.

내게 거미는 친구가 아니라 '스승'입니다. 친구라면 꽁지 없는 개 '동견'이 있습니다. 이놈은 비가 오나 눈이 오나 맨땅에서 자고 일어납니다.

거미에 대해서는 재미있는 책이 있습니다. 《거미의 법칙》. 오사키 시게요시가 지었습니다.

:: 톺음

히브리서

신약성경의 한 경전. 다른 신약성경에서와 마찬가지로 로마의 기독교 박해 사실이 표현되어 있어 도미티아누스 황제 때의 기독교 대박해 시기에 쓴 경전이라고 여겨진다. 당시 기독교인들은 공공연하게 비방을 당했고, 재산을 빼앗기거나 감옥에 갇혔다. 이런 불안 속에서 배교의 위기를 맞은 이들에게 믿음을 북돋워주기 위해 쓴 내용이다. 신앙생활의 연륜이 있지만 더욱 강해지지 못해 모임에 자주 빠지고 선행과 봉사에서 멀어지는 등 나태한 신앙 행태에 대해서도 가르침을 주고 있다. 신앙인들이 예수 그리스도 안에서 확고한 신앙을 간직한 채 선행과 사랑을 실천해 나가도록 이끌고 있다.

저희가 이제는 더 나은 본향을 사모하니 곧….

아브라함은 하나님이 그의 몫으로 물려줄 땅을 향해 떠나라고 할 때 자기가 가는 곳이 어딘지도 몰랐지만 하나님만 믿고 고향을 떠난다. 그때부터 나그네 생활이 시작된 것이다. 약속한 것이 다 이뤄지지는 않았으나 멀리서 바라보고 기뻐했으며 이 지상에서는 자기들이 타향사람이며 나그네에 불과하다는 것을 인정했다. 그들이 그렇게 생각한 것은 찾고 있던 고향이 따로 있었기 때문이다. 떠나온 곳을 고향으로 생각했다면 그리로 돌아갈 수도 있었다. 그러나 그들은 하늘에 있는 고향을 더 나은 고향으로 생각했다. 결국 하나님은 그들을 위해 한 도시를 마련해주었다.

갈매기 조나단 리빙스턴 Jonathan Livingston Seagull

미국 작가 리처드 바크의 세계적 베스트셀러 《갈매기의 꿈》에 나오는 주인공 갈매기. 이 이름이 원제목이기도 하다. 갈매기들은 본능적으로 먹이 확보에 온힘을 쏟지만 이 별난 갈매기는 남다른 목표를 갖고 있다. 그는 먹고 살기 위해 비행하는 것이 아니라 새로운 무엇인가를 갈망하여 '더 높이, 더 멀리, 더 빨리' 날기 위한 비행 연습을 시도한다. 결국 별난 행동 때문에 갈매기 무리들에게 추방을 당하지만 이 시련을 통해 더 넓고 더 새로운 세계를 만난다. '가장 높이 나는 새가 가장 멀리 본다'는 구절은 여전히 유명하다. '신의 영역에 도전하는 오만으로 가득한 작품'이라는 비난을 받기도 했으나 엄청난 판매고를 자랑하며 세계적으로 유명해졌다. 저자 자신이 공중을 나는 비행기 조종사였다.

거미

절지동물 주형강 거미목의 동물. 절지동물 곤충강에 속하지 않으므로 곤충이 아니다. 곤충은 다리가 여섯 개이고 거미는 여덟 개. 곤충의 몸은 '머리+가슴+배'로 이뤄져 있고 거미는 '머리+배' 밖에 없다. 점액을 분비해 거미줄을 만드는데, 만들지 않는 거미도 있다. 먹이는 소화액을 주입하여 체액을 빨아먹는다. 농업 해충들을 먹기도 해서 '살아 있는 농약'이라고 한다. 전 세계에 3만 종, 한국에 600종이 있다. 몸길이는 1mm에서 9cm까지 크기가 다양하다. 대부분 1년밖에 살지 못한다. 한 번에 낳는 알의 수는 100여 개. 어미 거미는 거미줄로 주머니를 만들어 알을 담아 놓은 후 곧 죽는다. 알이 부화해도 새끼들은 날씨가 따뜻해질 때까지 기다린다. 가을에 부화했으면 봄까지 알주머니 속에 머문다. 새끼는 알주머니에서 나오자마자 높은 곳으로 기어 올라가 꽁무니의 방적돌기를 공중에 비스듬히 추켜든다. 점액이 공기의 흐름을 타고 돌기 밖으로 끌려나와 거미줄이 되면 바람에 날리면서 부력이 생긴다. 새끼는 날리는 거미줄을 타고 공중에 떠올라 바람을 따라 이동한다. 이런 이동 방법을 '바람타기'라고 하는데 아주 먼 곳까지 이동할 수 있다. 거미줄은 생체 재료 가운데 가장 강도가 뛰어나 같은 굵기의 강철보다도 더 강하다.

축제의 정신

외출은 돌아갈 귀가 시간을 전제하고 있기 때문에 일상으로 돌아갈 수 없는 외출은
외출이 아니라 가출이고 따라서 그것은 축제가 아닙니다

*아침에 국민일보를 펼치니 거기 하비 콕스 대담 기사가 실려 있다. 〈신앙의 미래〉라는 주제의 대담에서 그는 '예상 밖의 종교 부흥' '근본주의 신앙의 빈사' '종교 본성의 돌연변이'를 예측하고 있다.

하비 콕스라는 신학자가 있습니다. 그는 인간을 '호모 페스티부스Homo Festivus'라고 했습니다. 호모 페스티부스, 곧 '축제하는 인간'이라는 개념은 호이징하Huizinga의 '호모 루덴스Homo Ludens(놀이하는 인간)'와 많이 닮아 있습니다.

호이징하는 일찍이 노동과 놀이는 원초적으로 분리되지 않았으며, 더 나아가서 전쟁과 제의조차도 구별되지 않았음을 증명해 보였

습니다. 노동과 놀이, 전쟁과 제의가 분리되어 이원화된 데에 현대의 비극이 있다고까지 보았습니다. 하여, 하비 콕스는 말하기를 '현대인들은 춤추는 것과 꿈꾸는 것(축제와 환상)을 다시 배우지 않으면 안 된다'고 했습니다.

'축제를 잃어버린 시대'라고 하면 여러분은 의아스럽게 생각할지 모릅니다. 도처에서 축제가 열리고 있지 않느냐고, 대중가요의 쇼도 있고 나이트클럽의 쇼도 있지 않느냐고 할지 모르겠습니다. 그러나 모르긴 해도 그런 게 진정한 축제, '호모 페스티부스'가 즐기는 축제는 아닐 것입니다. 그렇다면 축제란 뭘까요? 우리가 이 시대에 우리의 삶에서 회복해야 할 축제는 어떤 걸까요?

이런 표현은 어떨지요. 축제는 '외출'입니다. 축제는 일상의 자질구레한 삶으로부터 과감하게 탈출하는 일입니다. 얼마 전에 안동에 가서 하룻밤 잘 일이 있었습니다. 여러분도 아시지만, '안동'하면 두 가지 중요한 놀이가 있지요. 하나는 상민들이 했던 '하회별신굿탈놀이'이고 다른 하나는 양반들의 놀이인 '선유줄불놀이'입니다. 이 모두 일탈의 놀이라는 게 틀림없습니다. 그래서 그것들이 축제가 될 수 있는 것입니다. 평상시 같으면 엄두도 못 낼 어떤 행위 같은 것을 결행하게 하는 것이 축제입니다. '강강수월래'도 1년 중 유일한 남녀의 새 짝짓기 놀이 방식이라는 게 밝혀졌습니다. 예컨대 화려한 의상이라든지, 요란한 가면 분장이라든지, 현란하고 육감적인 몸놀림이 자연스레 용인되는 날이 바로 그 날입니다. 마치 휴가를 얻어서 잠시 삶의 자리를 바꿔보는 것과 같은 비일상성의 속성은 하비콕스가 《바보제》에서 잘 보여주고 있습니다.

일상의 압박으로부터 벗어나 부자유한 의식의 창문을 부수고 나가는 외출, 그것을 축제의 의상, 축제의 육체, 또는 축제의 형식이라고 할 수 있습니다. 이제 우리는 그 축제의 의상과 육체와 형식 속에 담길 정신, 영혼, 내용에 대해서 생각할 차례입니다.

일단 '무엇인가에 대해 우리들의 기쁨을 표현하는 행위'가 축제의 정신이라고 정의를 한 다음에, 그 '무엇'에 '자유'와 '해방'이라는 이름을 부여해봅시다. 이처럼 자유와 해방에 대한 체험이 축제의 정신, 축제의 내용이라는 설정이 크게 잘못되지 않았다면, 성탄절이야말로 진정한 '축제'라고 해도 틀리지 않을 것입니다. 성탄절은 이 땅에서는 도저히 불가능해 보이는 자유와 해방의 날이기 때문입니다. 아니, 지금에야 그저 감상적이고 상업적이고 습관적인 날로 성탄절이 변질되어 있지만, 성서의 근원으로 돌아가 그 당시의 개념으로 말하자면 이 사건은 그야말로 현실 세계에서는 가능성 제로(0)인 일이 일어난 날인 것입니다. 예수의 탄생은 그런 일상 밖의 사건입니다. 그러니까 성탄절 축제의 정신은, 영혼은, 알맹이는, 예수의 탄생에서부터 시작되는 것입니다. 아기 예수의 탄생으로 인해 도저히 불가능해 보이는 인간의 자유와 해방이 실현되는 것이니까요. 세상사에서 이런 일탈이 어디 또 있겠어요? 그러니 성탄절이야말로 축제 중의 축제이지요. 진짜 축제입니다. 바울도 갈라디아서(5:1)에서 이렇게 말합니다. "그리스도께서 우리를 해방하여 자유롭게 하셨습니다. 그러므로 굳게 서서 다시는 종의 멍에를 매지 맙시다."

우리는 그분이 선포한 고귀한 자유, 그분이 성취한 놀라운 해방의 축제에 이미 초대된 사람들입니다. 성탄절을 기다리고 맞는 사람들 모두는 말입니다. 우리에게 아기 예수의 탄생 사건 이상으로 더 놀라운 선물은 없습니다. 그런데 이 성탄절, 이 원형적 축제의 날이 지금 주인 없이 공허하게 치러지고 있습니다. 독일의 종교 시인 앙겔루스 실레시우스Angelus Silesius가 동일한 우려의 목소리를 냅니다.

그리스도 베들레헴에 다시 태어나심이
천 수백 번 헤아려도
그리스도 네 자신의 마음에 나시지 않으시면
그 영혼은 아직 버림받은 채로니라.

성탄절을 수백 번, 수천 번 노래하고 헤아리는 게 중요한 게 아니라고 시인은 말하는 겁니다. 그렇게 한다고 해서 성탄절이 축제가 되는 것이 아니라는 것입니다. 중요한 것은 '네 자신의 마음에 태어나는 예수'입니다. 네 마음속에 예수가 태어나지 않는다면 너에게 성탄절은 아무 의미가 없다는 말입니다. 화려한 장식과 음악으로 치장을 한다고 해도 그것이 축제로서의 성탄이 되지는 않는다는 말입니다. 이해인 수녀도 이렇게 기도합니다.

손님이 아닌 주인으로
당신을 맞을 마음의 방에
어서 불을 켜게 하소서.

그러나 축제일이 구별된 날이긴 하지만 다른 날들과 전혀 상관없이 홀로 떨어져 있는 날은 아닙니다. 그런 날이란 애초에 불가능합니다. 한 날은 다른 날들과 다정하게 어깨동무를 하고 있습니다. 축제일이 구별된 날이기는 하지만, 그러나 다른 날로 돌아가야 할 그런 구별된 날인 것입니다. 그래서 '외출'입니다. 외출은 돌아갈 귀가 시간을 전제하고 있는 거죠. 일상으로 돌아갈 수 없는 외출은 외출이 아니라 가출입니다. 따라서 그것은 축제가 아닙니다. 우리의 축제가 행여 가출이 되지 않도록 해야 합니다. 축제의 변화된 풍경에 안주하지 않고, 그 축제로부터 공급받은 활력을 새로운 사역의 현장으로 옮겨 심으셨던 그분, 축제의 주인을 본받아서 말입니다.

시와 찬미와 영적인 노래로 서로 이야기하고 마음으로
주님께 노래하고 찬송하십시오. (엡 5:19)

:: 새김

'춤추는 것과 꿈꾸는 것'이 축제라면 우리 생활 속의 춤과 꿈은 무엇일까요.
"춤추는 별을 탄생시키려면, 당신의 영혼 속에 혼돈chaos을 지녀야 한다." 프리드리
히 니체의 말입니다. 그래서 대부분 축제의 절정은 '광란'인 것입니다.
'예수의 탄생'은 당시대 사람들의 영혼을 뒤흔들어 놓는 광란의 사건이었습니다.
그것이 갈릴리 사람들, 병자들, 죄인들, 창녀들에게 축제가 되었던 것입니다. 그러
므로 일상이 축제가 되려면, 항상 혁명을 도모해야 하는 것입니다.
혁명이야 말로 가장 신나는 축제입니다.

:: 톺음

에베소서

신약성경의 한 경전. 사도 바울이 에베소 교회에 보내는 편지 형식이다. 61년 봄에
로마에 도착하여 감금된 후 옥중에서 썼다. 에베소 교회는 바울이 3년간 머물면서
세운 교회였기 때문에 더 관심이 깊었고 교인들에게 하고 싶은 말도 많았을 것이다.
당시 아시아 교회에는 이방인과 유대인이 섞여 있어 늘 분열의 위험이 있었다. 이러
한 사실을 알고 있던 바울은 그가 깨달은 하나님의 감추었던 비밀, 즉 그리스도 안
에서 이방인과 유대인이 하나가 되어 한 몸(교회)을 이루라고 가르쳐주고 싶었다. 바
울은 로마 대화재 사건이 있기 전 잠시 석방되었다가 다시 투옥되어 옥중에서 순교
한 것으로 전해진다. 에베소(라틴어로는 에페소스Ephesus) : 터키 에게 해 연안에 있는 그
리스인들의 식민 도시로 상업이 발달해 상당히 부유했다. 당시 소아시아(터키) 수도
로 기독교 초기 역사에서 중요한 역할을 한 3대 중요 도시(예루살렘, 안디옥, 에베소) 중
하나이다.

콕스, 하비 Harvey Cox(1929~)

하버드대학에서 사회윤리학을 강의하는 신학자. 하버드대학에서 철학박사 학위를
받았다. 흑인 민권 운동에 참여했으며, 보스턴 흑인 거주 지역에서 살면서 흑인 해
방과 민권을 위한 사회 운동을 했다. 저서《세속도시》에서 도시화와 개인주의의 확
산을 긍정하고, 성경의 문자적 해석과 로고스logos 중심적 해석을 배격해야 한다는
주장을 펼쳤다. 하나님은 하늘에 머무시는 분이 아니라, 세속도시 속에서 함께 일하

시는 분이라고 말하면서, 그리스도인들이 삶으로 실천하는 사회참여를 강조하고 있다. 이 때문에 그의 이론은 남아메리카에서 해방 신학의 열풍이 부는 데 일조한 것으로 평가받는다. 저서로는 《예수, 하버드에 오다》《세속도시》《뱀이 하는 대로 그냥 두지 마라》《바보제》《종교의 미래》《동양으로의 전향》《하늘로부터 오는 불》《신의 혁명과 인간의 책임》 등이 있다.

《신앙의 미래 The Future of Faith》

하비 콕스의 책. 〈종교의 미래〉라는 제목으로도 번역되어 있다. 이 책은 '신앙faith'과 '믿음belief'을 엄밀하게 구분하고 이를 기준으로 기독교 역사와 신자들의 행태를 설명한다. "신앙은 그 대상에게 자신의 존재 전체를 던져 삶의 향방을 결단하는 처신이며, 믿음은 교리나 신조를 진리라고 인정하는 머릿속의 지적 작용에 불과하다. 기독교 역사는 예수와 그의 제자들이 시작한 '신앙의 시대', 콘스탄티누스 대제 이후의 '믿음의 시대', 최근에 나타나기 시작한 '성령의 시대'로 나뉜다. 다가오고 있는 성령의 시대의 흐름을 막으려는 적대 세력이 '근본주의'다. 그러나 21세기에는 근본주의가 쇠퇴하고 성서문자주의의 틀을 벗어나기 때문에 미래가 밝다. 교리적 기독교에서 실천적·윤리적 지침과 영적 훈련의 기독교로, 성직자 중심에서 소시민 중심의 기독교로, 서구 중심에서 비서구 중심의 기독교로 바뀌어, 미래는 '신앙의 시대'가 될 것이다." 하지만 근본주의, 성서문자주의, 교리주의가 득세하고, 성직자 중심, 각 교회의 성장, 물질 축복에 탐닉하는 삶이 일반화된 한국에서 신앙의 미래를 낙관할 수 있을까. "기독교가 예수에 대한 독점권을 가지고 있지 않다."거나 "성령을 교리나 교회 안에 가두어 두는 것 또한 성경적이지 않다."는 그의 지적은 신선한 충격이다.

호모 페스티부스 Homo Festivus

호이징가는 인간을 호모 루덴스Homo Ludens라고 규정했다. 인간은 놀이하는 존재, 놀이를 즐기는 존재라면서, "축제는 인간의 유희적 본성이 문화적으로 표현된 것"이라고 주장하였다. 하비 콕스는 이 이론을 발전시켜 일상에서 억눌리고 무시된 감정을 마음껏 표현하도록 사회적으로 허용되는 기회를 '축제'로 정의했다. 동시에 인간에게는 축제를 즐기는 이런 특성이 본능적으로 내재되어 있다고 보고 인간을 '호모 페스티부스Homo Festivus' 즉 '축제하는 인간'이라고 불렀다. 억압의 분출이라는 면에서 축제는 현대 도시인들에게 휴식과 카타르시스와 욕망 해소의 기회를 제공한다. 그렇기 때문에 우리에게는 축제가 필요하고 또 누구나 축제를 열망한다. 축제는 개인적으로 즐기는 단계를 넘어 여러 사람들이 한마음이 되어 함께 즐기는 공동체 문화가 되었다.

호이징가, 요한 Johan Huizinga(1872~1945)

네덜란드의 역사가. 부르크하르트와 함께 금세기 최대의 문화사가로서 중세와 르네상스기에 대한 뛰어난 업적을 남겼다. 라이덴대학 문화사 · 외국사 · 역사지리학 교수와 총장을 지내고 왕립아카데미 회장이 되었다. 나치에게 감금되어 죽을 때까지 투옥과 다름없는 억류 상태에서 지냈다. 14~15세기 프랑스 · 네덜란드의 생활과 사상을 검토한 대표작《중세의 가을》은 역사서일 뿐만 아니라 문학 작품이라고 할 만큼 생생하고 좋은 저술이다.《에라스무스》《호모 루덴스》역시 기념비적인 저서들이다. 그 외《내일의 그림자》《내가 걸어온 역사에의 길》《미국의 인간과 대중》《인간과 문화》등이 있다. 윤리적, 도덕적 휴머니즘의 시각에서 역사를 통찰했으며 문화와 예술을 통해 인간의 집단적 삶에 숨은 정신과 의식, 감정과 태도를 찾아 재구성하여 역사를 영혼의 모험 과정으로 서술한 학자이다.

호모 루덴스 Homo Ludens

네덜란드의 문화사학자 호이징가가 인간을 규정한 개념이자 그의 저서이기도 하다 (《호모 루덴스 - 놀이에서 나온 문화의 기원》). 문화는 원초적으로 노는 것이며 놀이 속에서 발달한다는 획기적인 주장이다. 따라서 이전 시대에는 사람의 본성을 '호모 사피엔스Homo Sapiens(생각하는 존재)' 또는 '호모 파베르Homo Faber(만드는 존재)'라고 규정한 데 비해 그는 '호모 루덴스' 즉 '놀이하는 존재'라고 규정했다. 인간을 근원적으로 이해하는 관점은 다양할 수 있으나 일반적으로 인정되는 호모 사피엔스나 호모 파베르보다는 호모 루덴스로 인식하는 것이 더 적절하다는 주장이다. 놀이는 문화보다 오래 되었기 때문에 놀이를 문화의 핵심으로 해석하고 놀이로부터 모든 문명이 발생하고 문화가 융성해졌다는 것을 강조하였다. 놀이의 사회정치적 기능이 확장되어 놀이 정신은 사회 질서를 유지하는 제도나 그 제도를 뒷받침하는 학문의 근원이 되었다고 본다.

하회별신굿탈놀이

안동 하회마을에서 12세기 중엽부터 서민들이 즐겨온 마당놀이. 정월 초이튿날에서 보름 사이에 주민들이 병을 앓지 않고 편안하게 지내기를 기원하며 서낭신을 위안하는 부락제를 마친 후 벌이는 가면극이다. 별신굿이란 '별나다'는 의미를 지니고 있어 곧 특별한 신을 위한 큰 굿을 뜻한다. 마을을 지켜주는 신의 힘도 시간이 흐르면 영험이 줄어들어 마을에 좋지 않은 일들이 일어난다고 믿었기 때문에 정기적으로 큰 굿을 했다. 서민들은 이 놀이를 통해 세상을 풍자하고 억눌린 감정을 발산했다. 지배층 비판으로 일관된 탈놀이는 억눌려 사는 사람들의 불만을 해소시켜 갈등과 저항을 줄이고 삶을 조화롭게 이끌었다. 이것은 공동체 체계를 강화시키는 기능을 했다.

선유줄불놀이

음력 7월 16일의 한여름 밤에 하회마을 선비들이 강 위에서 벌인 뱃놀이를 겸한 불꽃놀이 축제. 마을주민들은 여름철부터 불꽃을 준비하는데, 뽕나무와 소나무 껍질을 태워 만든 숯가루를 한지 주머니에 채운 뒤 그것을 강변 절벽(부용대) 위에서 늘어뜨린 여러 가닥의 줄에 줄줄이 매달아 불을 붙인다. 주머니에 든 숯가루가 천천히 타오르면서 불꽃이 꽃가루처럼 허공에서 낙동강 물 위로 떨어지는 광경을 배를 타고 감상하며 배 위에서 선비들이 시 짓기 대회를 벌인다. 외국인들이 보고 모두 감탄하였으나 준비가 무척 어려워 탈놀이처럼 자주 하지 못한다. 서민 중심이었던 탈놀이와 대조를 이루었던 선비들의 행사이다.

강강수월래

전라남도 해안지대와 도서지방에 전해 내려오는 민속놀이. 음력 8월 15일 밤에 예쁘게 차려입은 부녀자들이 공터에 모여 손에 손을 잡고 둥근 원을 만들어, '강강술래' 라는 후렴이 붙은 노래를 부르면서 빙글빙글 돌며 뛰는 춤이다. 유래를 살펴보면 임진왜란 때의 일화가 전해 내려오고 있으며 '주위를 경계하라' 는 구호라고 해석한다. 오래 전부터 있었던 놀이가 임진왜란 당시의 이야기와 결합되면서 만들어진 후대의 민간어원설로 보인다. '강강수월래' 자체는 의미가 없거나 원래 의미가 희석되어 알 수 없게 된 후렴구로 보인다.

《바보제 The Feast of Fools》

하비 콕스의 저서. 적극적으로 노는 예수의 삶을 통해 사회 밑바닥에 깔린 서민들의 비주류 문화에서 새로운 종교와 신학의 가능성을 찾았다. 키워드는 '축제' 와 '환상'. 축제는 용서와 화해를, 환상은 희망과 유토피아를 의미한다. 그 바탕에는 중세 유럽의 '바보제' 아이디어가 있다. 서민들의 축제인데 우리나라 탈춤놀이와 비슷하다. 저마다 가면을 쓰고 거리로 뛰어나와 노래 부르고 술에 취해 흥청거리고 욕설과 조롱을 퍼붓는다. 일꾼들은 주인을 조롱하고 교회나 궁정 예식을 조롱하고 풍속이나 관례를 조롱하고 귀족과 왕을 야유해도 괜찮다. 하비 콕스는 이 바보제에 착안해 '호모 루덴스'와 '호모 페스티부스'적 관점에서 하나님을 향한 예배를 놀이와 연결시켜 축제화하자고 주장했다. 그에 따르면 예수는 서민들과 더불어 이런 축제를 즐겼으며 그들과 함께 울고 웃으며 지배층과 늘 맞서 있었다. 그 축제의 왕 예수는 '춤의 왕'이다. 오락과 여흥의 춤이 아니라 하나님을 향한 삶이 즐거움과 기쁨으로 가득 찼다는 표현이다. 신앙생활은 리더인 예수를 따라 추는 '춤'이다. 삶이 실의에 빠졌거나 무미건조해졌을 때 예수를 따라 '춤'을 추면 생기를 되찾을 수 있다.

바울 Paul

초기 기독교의 포교와 신학의 바탕을 다져놓은 사도. 신약 성서 중 첫 번째로 기록된 경전 〈데살로니가전서〉를 저술한 신학자. 바울은 그리스어 이름 파울로스에서 나온 번역어로, 원래 히브리어 이름은 사울 또는 샤울이다. 예수 사후 초대 교회를 이끈 가장 뛰어난 지도자로, 예수가 '구세주'라는 교의를 전하려는 열정으로 지중해 연안의 주요 도시를 거의 돌아다녔다. 교통이 불편하던 시절에 무려 2만km에 이르는 그의 선교 여행과, 신약성서 27개의 경전 중 13편에 달하는 그의 서신서들은 초대 교회사의 기념비적 업적이다. 그는 선교 여행 중에 여러 번 죽을 위기를 맞았으나 그의 열정으로 중근동 곳곳에 많은 교회가 세워지고 교회 체제가 정비되고 기독교 교리들이 널리 전해졌다. 거의 맹신적인 그의 열정이 평가받는 것은 구약성서를 근거로 변증하는 지성적인 신앙에 뿌리를 둔 것 때문이다.

갈라디아서

사도 바울이 갈라디아 사람들에게 보낸 편지. 이 편지가 신약성서의 경전 중 하나인 〈갈라디아서〉가 되었다. 사도 바울은 각 교회에서 일어나고 있는 문제들을 해결하기 위한 해답을 편지로 자주 썼다. 거리가 멀어서 자주 갈 수 없었기 때문에 편지를 이용한 것이다. 갈라디아서는 소아시아(터키) 중부에 위치한 갈라디아 교회의 문제를 해결하기 위해 띄운 편지이다. 율법을 지키기 위해 기독교로 개종한 사람들에게 할례를 받게 하려 한다는 소식을 듣고, 그리스도인들이 의롭게 되는 것은 율법이 아니라 믿음 때문이라고 가르치고 있다. 갈라디아(갈라티아Galatia)는 터키 중앙고원에 있는 도시. 바울이 전도 여행을 할 때 매번 들르던 곳이다.

앙겔루스 실레시우스 Angelus Silesius(1624~1677)

독일 가톨릭 신비주의자. 시인. 본명은 요한 셰플러. 앙겔루스 실레시우스는 필명이다. 과학과 의학을 공부해 귀족의 주치의가 되었다가 나중에는 황제 주치의가 된다. 한 귀족의 장서를 물려받아 그것을 읽고 많은 영향을 받은 뒤 신비주의에 기운다. 나중에는 신부가 되어 상속 받은 막대한 유산을 고아들을 위해 썼다. 시집을 여럿 출판했으며 그의 시는 찬송가 가사로 많이 채택되었다. 만유내재신론(萬有內在神論, 세계는 신 안에 있다는 설)을 시로 쓴 2행시집이 가장 유명하다. 신과 인간은 결국 하나의 몸이며 명상으로 신을 직접 체험할 수 있다고 생각했다. 그의 신비주의적인 시들은 현대에 들어 새롭게 조명을 받았다. 두 개의 시집《영혼의 영적 기쁨The Soul's Spiritual Delight》《천사의 순례The Cherubic Pilgrim》가 유명하다. 그의 단순한 시들은 하이쿠와 비슷한 면이 있는데 보르헤스 같은 대가들은 그 음률의 아름다움을 격찬하면서 다른 나라 말로 번역하면 맛을 잃어버리기 때문에 반드시 이탈리아어로 음송할 것을 권유했을 정도다.

이해인(1945~)

천주교 수녀. 시인. 고등학교 졸업 후 올리베타노의 성베네딕토수도회에 입회. 이후 '해인'이라는 필명으로 가톨릭교에서 발간하는 잡지《소년》에 작품을 투고하기 시작했다. 필리핀 성루이스대학에서 영문학과 종교학을 공부하고 귀국한 뒤 첫 시집《민들레의 영토》을 발간하였다. 서강대 대학원에서 종교학을 공부하면서 다른 종교에 대해 넓은 시야를 가지게 되어 〈시경에 나타난 복屬 사상 연구〉라는 논문을 집필했다. 1997년에 '해인글방'을 열어 문서 선교를 시작했다. 1998년부터 2002년까지 부산 가톨릭대학 교수로 '생활 속의 시와 영성'을 강의하였다. 2008년 암 치료를 받고 휴양을 하고 있다. 작품 〈말의 빛〉이 초등학교 5학년 교과서에 실려 있다.

한 해를 보내고 맞는다는 것

보이지 않는 어떤 눈이 시종 내려다보면서
내 삶을 체크하고 있다는 것을 자각하는 12월입니다

'은성다실'이라고, 춘천 명동 입구에 다실(다방)이 하나 있었습니다. 30여 년 가까이 거기 있더니 얼마 전에 그만 문을 닫고 말았습니다. 커피를 거의 마시지 않는 제가 그 집을 자주 찾아가는 이유는 전망 때문입니다. 춘천의 오래된 시장통으로 들어가는, 그리고 큰길과 닿아 있는 그 집 2층 창가에 앉아 있으면 길거리를 오가는 사람들이랑, 시장에서 나와 집으로 가려고 버스나 택시를 타려는 사람들이 보였습니다. 거기에 앉아 아래를 내려다보고 있으면 마치 세상을 다 보고 있는 느낌이 듭니다. 때때로 나는 그곳에 앉아서 내가 아는 사람들이 심각한 얼굴로 천천히 지나가거나, 대단히 바쁜 사람 시늉을 하며 지나는 것을 보곤 했습니다. 그런 장면을 목격하는 순간의 묘한 기분을, 아마도 경험이 없는 사람은 이해하기 힘들 것입니다. 내가 그 사람의 일거수일투족, 심지어는 그 사람의 마음까지를 보고 있는데도, 그 사람은 자기를 내려다보고 있는 나의 시선을 전혀 알지 못하고 있는 것입니다. 그때 제게 강력한 생각 하나가 일어나곤 했습니다. 한 번 쯤 고개를 들어 위쪽을 바라봄직도 한데 그러지를 않는다는 것입니다. 마치 그들의 세계에는 하늘은 없고 땅만 있는 것처럼 말입니다.

이것도 일종의 관음증이라면 관음증이겠습니다. 남의 모습을 몰래 보는 것이니까요. 그러나 나는 그럴 때마다 또 어떤 생각이 드는가 하면, 내가 그러는 사이에 누군가 또 나를 위에서 혹은 다른 어떤 곳에서, 나를 잘 관찰할 수 있는 곳에서, 나를 면밀히 보고 있지 않을까 하는 생각이 들곤 했습니다. 그러면 그 즉시로 '관음증'이라 할 만한 나의 행동은 두려움으로 연결되어 종교적인 경건으로 이어지는 것이었습니다. '어떤 보이지 않는 눈이 나를 높은 곳에서 감시하고 있을 수도 있겠구나' 하는 겸손한 의식 말입니다.

인정하고 싶진 않겠지만 누군가가 나를 보고 있는 것은 확실합니다. 어떤 눈인가가 숨어서, 위에서, 나를, 나의 생각과 행동과 말을, 시종 살피고 있습니다. 물론 이것은 그렇게 해서 그가 내게서 어떤 이득을 취하려는 목적이 있는 것은 아닙니다. 이쯤에서 나는 구약 성경에 나오는 다윗의 고백을 인용할 필요가 있습니다.

그는 말합니다.

'주께서 내가 앉고 일어서는 것을 아시며, 멀리서도 내 생각을 꿰뚫어 보시고, 내가 일하고 쉬는 것을 다 보고 계시며, 나의 모든 행동을 잘 알고 계십니다.' (시편 139:2-3)

마치, 그 어디에도 없는 곳이 없는 cctv를 연상케 하는 이것은, 사실 '하늘의 눈Eye of the sky'이라고 할 수 있습니다. 단지 '감시'와 그로 인한 감시자의 개인적 또는 공적 이익이 배제되어 있는 것이 다를 뿐입니다.

나이가 들면서 나는 점점 하늘에 눈이 있다는 확신을 갖습니다. 그래서 하늘의 눈이 내 삶을, 내 의식과 행동을 지켜보고 있다는 것입니다. 결국 내 인생은 여태 이 눈, 이 보이지 않는 눈, 이 '하늘의 눈'으로부터 벗어난 적이 없이 여기까지 살아온 것입니다. 영국에 프랜시스 톰슨Francis Thompson이라는 시인이 있습니다. 그는 본시 거지였습니다. 그러다가 하나님의 음성을 듣는 경험을 한 이후로 신앙시를 쓰는 유명한 시인이 되었습니다. 그의 시 중에 '하늘의 사냥개'라는 시가 있습니다.

나는 그로부터 도망쳤다
밤과 낮과 오랜 세월을 그로부터 도망했다
내 마음의 얽히고설킨 미로에서
눈물로 시야를 가려가면서

그로부터 도망했다

나는 웃음소리가 뒤쫓는 속에서
그를 피하였다
그리고 나는 환히 트이는 희망을 향해
쏜살같이 날아 올라갔다가
그만 암흑의 수렁으로 떨어지고 말았다
틈이 벌어진 공포의 거대한 어둠으로부터
힘센 두 발이 쫓아왔다

서두르지 않고 흐트러짐이 없는 걸음으로
유유한 속도 위엄 있는 긴박감으로
그 발자국 소리는 울려왔다
이어 그보다도 더 절박하게 울려오는 한 목소리

'나를 저버린 너는 모든 것으로부터 저버림을 당하리라.'

톰슨은 무작정 도망가는 것으로 자신의 인생을 비유합니다. 도망하고 도망하지만 결국 집요하게 추적해 오는 '하늘의 사냥개'에게 사로잡히고 만다는 내용을 톰슨은 힘차고 정중한 표현으로 시에 옮기고 있습니다.

12월이 되면 나는 그 찻집에서, 아래를 내려다보며 또 하늘을 쳐다보며 '내 한 해의 삶이 결국 톰슨의 시를 흉내 내고 있었다'는 것을 알게 됩니다. 이것이 나만의 독특한 '연말 의식'이라면 의식일 수 있습니다. 나는, 할 수만 있으면 하나님께로부터 또는 신으로부터, 내 의식과 의지 밖의 그 어떤 것으로부터, 피하려고 했습니다. 자의식이나, 고상한 철학이나, 신념 같은 것으로 도피처를 삼아보려고 했습니다. 더 자주는 눈먼 감각적인 감흥들이 나를 하늘의 눈 밖으로 밀어내기도 했지요. 그러나 하늘은, '하늘의 사냥개'는 결코 나를 놓치지 않았습니다. 중도에서 추적을 포기하지 않는 진돗개처럼 말입니다.

나만 그러는 게 아니라, 다윗도 앞에 인용한 시의 뒷부분에서 다음과 같이 고백을 합니다.

내가 주를 떠나
어디로 갈 수 있으며
주 앞에서 어디로
피할 수 있겠습니까
내가 하늘에 올라가도
주는 거기 계시며
내가 하계에 가서 누워도
주는 거기 계십니다.

하늘에는 눈이 있습니다. 우리가 그 눈을 피해 어디로 갈 수 있으며 어디로 피할 수 있겠습니까? 보이지 않는, 어떤 눈인가가 시종 나를 내려다보면서 내 삶을 체크하고 있다는 것을 자각하는 12월입니다. 내가 아는 어떤 사람이 2층의 유리문을 통해 자기의 경거망동을 비웃고 있는 나의 시선을 의식하고 있지 못하듯이, 나는 자주 나의 경망스러운, 오류투성이인 삶을 주시하고 있는 시선을 의식하지 못하고 있습니다. 우리가 혀를 끌끌 차며 안타까워하는 '하늘의 사냥개' '하늘의 눈', 곧 하나님의 눈을 알게 된다면 우리의 내일은 빛날 것이 분명합니다.

내가 한 해를 보낸다는 것과, 다시 한 해를 맞는다는 것 사이에는 꼭 의례처럼 '하늘의 눈'이 문법처럼 놓여 있습니다.

'주께서 내가 앉고 일어서는 것을 아시며,
멀리서도 내 생각을 꿰뚫어 보시고, 내가 일하고 쉬는 것을 다 보고 계시며,
나의 모든 행동을 잘 알고 계십니다.' (시 139:2~3)

:: 새김

나는 지금의 아내를 1976년 12월에 만나서 1982년에 결혼했습니다. 결혼을 하고 2달쯤 지났을 무렵, '결혼은 인간 개개인의 완성을 가장 완벽하게 방해하는 장애물이다'는 깨달음이 생겼습니다. 그래서 전남의 백양사로 출가를 결심하고 내려갔던 적이 있습니다. 물론 거기서 시인 천상병의 친구인 소남자 김재섭 선생을 만나서 돌아오긴 했지만 말입니다.

그 도피가 약이 되었습니다. 그로 인해서 나는 이른바 '80년대 인사동 인물'이 되었습니다. 거기서 휴머니티를 배웠고, 해석학을 얻었습니다. '도피'는 '출가'의 어두운 얼굴입니다.

:: 톺음

춘천 명동

춘천의 번화가. 도청과 시청, 은행, 증권사 등 기업체와 회사들이 몰려 있다. 의류점, 음식점, 커피점 등이 많아 젊은이들과 관광객들이 많이 찾는다. 명소인 닭갈비 골목, 춘천 대표 재래시장인 중앙시장도 이곳에 있어 유서 깊은 상점들이 많다. 영화와 드라마 촬영지로 많이 알려졌다. 다양하고 이채로운 축제가 자주 열리는 문화의 거리이다.

관음증 voyeurism, peeping tom, scoptophilia

호기심으로 남을 몰래 훔쳐보는 행위. 들킬지 모른다는 조바심이 엿보는 사람을 더욱 흥분시키는 요소로 작용한다. 특별히 이상한 증상은 아니며 남성이든 여성이든 거의 모든 사람이 약간씩은 가지고 있다(남성이 좀 강하다고 한다). 텔레비전의 몰래카메라에 흥미를 느끼는 일반의 호기심이 대표적인 것이다. 또는 섹시한 차림을 보고 성적 흥미를 느끼는 정도는 보통의 사람들 누구나 흔히 느끼는 관음증이다. 원래는 다른 사람의 특정 신체 부위나 성행위 등을 엿보면서 흥분을 느끼는 성적 도착증을 가리키지만 이는 엿보기가 성적 만족을 얻는 유일한 원인이 될 만큼 비정상적으로 강한 경우를 가리킨다.

톰슨, 프랜시스 <u>Francis Thompson(1859~1907)</u>

영국 시인. 대학을 나와 성직자가 되려고 하였으나 적임자가 아니라는 것을 알고 포기한 뒤 의학을 공부했으나 역시 끝내지 못하고 실패했다. 이후 작가가 되기 위한 열망으로 런던으로 갔지만 여의치 않아 구호단체의 자선에 기대어 살아가는 떠돌이 생활이 시작됐다. 책장사, 제화공, 성냥팔이, 택시 호객꾼 등의 천한 일을 하며 노숙자로 견뎌나간 그의 생활은 굶주림과 추위의 연속이었고 결국에는 너무 남루하여 도서관 출입을 금지당하기도 했으나 글쓰기는 멈추지 않았다. 한 가톨릭 잡지에 투고한 시가 편집자의 눈에 띄어 세상에 알려졌으나 떠돌이 아편 중독자의 종적은 찾을 수가 없었다. 편집자 부부의 노력으로 간신히 구출된 그는 그들의 도움으로 고난의 생활을 끝내고 아편 중독을 치료하며 글쓰기에 전념하여 이후 세 권의 시집을 펴냈고 줄곧 글을 쓰며 살다가 결핵으로 숨졌다. 시 〈하늘의 사냥개〉는 그가 세상을 뜬 뒤에 발견된 것으로 그의 신비적인 체험을 담고 있다. 이 시가 발표되자 그는 죽은 다음에 더욱 유명해졌다.

신의 일식을 통해 한 해를 설계하는 법

영혼의 창을 투명하게 닦으면 안 보이던 것들이 보이기 시작하고
비로소 세상이 의미의 풍요로움으로 눈부시게 빛나게 됩니다

태양이 달 뒤로 숨는 것을 일식日蝕이라고 합니다. 그런데 구약 성경의 신명기서에 보니까 '하나님이 사람 뒤에 숨는다'는 구절이 나옵니다("내가 내 얼굴을 숨겨 그들에게 보이지 않게 하고…." – 신명기 32:20). 그러면 우리는 그걸 '신의 일식'이라고 부를 수 있을 터입니다. 하나님이 사람 뒤에 숨어서 얼굴을 드러내지 않는 이 사태를 다시 '신의 부재'라고 부를 수 있을 것입니다. 이 말은 마치 니체가 '짜라투스트라'를 통해서 말하는 '신의 죽음'과도 같은 의미가 될 것입니다.

신의 일식, 신의 부재, 신의 죽음은 이 시대를 살아가는 사람들의 자화상입니다. 오늘날 문학과 철학이, 심지어는 신학까지도 앞

다퉈 '신 없이' 사는 길로 가고 있으니까 말입니다. 무슨 말이냐? 이토록 교회가 많고, 교회 다니는 사람도 많고, 또 목사도 신부도 많은데 '신이 없다'니 그게 무슨 궤변이냐고 하겠지만, '많은' 게 오히려 '없다'는 반증이기도 합니다. '진짜' 참기름이라는 말은 '가짜' 참기름이 원인이듯이 말입니다. 오죽 가짜 참기름이 많았겠습니까.

좀 심한 말입니까? 그러면 횔덜린의 진단에 따라 '신의 결핍'이라고 합시다. 하나님이 완전 부재한 것은 아니지만, 인간사 속에서 뭔가 부족한, 결핍된, 그런 상태라고 하자는 것입니다. 그런데 하이데거는 이보다 좀 더 해석의 뜻을 넓혀서 '하나님은 이중적으로 결핍되었다'고 합니다. 거듭거듭 부족하다는 것입니다. 그의 설명에 따르면, 현대는 '기존의 신은 사라져버렸기 때문에 부재하고, 새로 올 신은 아직 오지 않았기 때문에 부재한' 시대라는 것입니다.

신이 사람의 뒤로 얼굴을 감춰버렸다고 하는 성서의 선언은, 우리가 하나님이 부재한, 신의 결핍 상태로 살아가고 있다는 말입니다. 다시 말하면, 태양이 달 뒤로 숨어서 어두운 상태라는 말입니다. 태양의 빛을 잃는 것은 전부를 잃는 것입니다. 그러니 하나님 또는 신의 부재 속에 산다는 말은 우리의 존재에 더 이상 의미를 지울 수 없다는 말과 같습니다. 태양이 만물을 존재하게 하는 근원인 것처럼, 하나님은 우리의 존재를 존재이게 하는 '근원ground'이기 때문입니다. 그분이 있음으로 인하여 우리의 삶이 의미로울 수 있습니다.

그분과 내가 연결됨으로 인하여 우리의 전 존재가 눈부시게 빛날 수 있기 때문입니다. 그분이 우리의 태반이고, 그분의 품속이 우리의 자궁입니다.

그런데 이 생명의 원천과의 관계가 소멸되었거나 결핍된 상황에서 어떻게 '나'의 의미가 가능할 수 있겠습니까? 볼프강 보르헤르트의 〈문 밖에서〉라는 희곡이 있습니다. 그는 여기서 신을 내쫓은 인간이 그 신의 자리를 차지한 게 아니라 그 역시 내쫓긴 신을 따라 '문 밖'을 떠돌아다니는 비참한 신세로 전락해버렸다고 했습니다. 이것이 신을 상실하고, 그래서 모든 걸 상실한, 신의 부재, 신의 일식, 신의 결핍 시대를 살아가는 우리의 초상입니다.

그런데요, 앞에서 제가 '신의 부재'와 '신의 일식'을 같은 의미로 사용한 것 같지만 사실은 그렇지 않습니다. '부재'는 절망이고 '일식'은 희망이기 때문입니다. 이것은 마르틴 부버의 통찰이기도 합니다. 이 시대는 '신이 죽은' 시대가 아니라 놀랍게도 '신의 일식' 시대라는 것입니다. 일식이 뭡니까? 지구와 태양 사이에 달이 들어서서 잠시 태양의 빛을 차단하는 현상 아닙니까? 이때 지구에 있는 사람들의 눈에 태양이 보이지 않는다고 해서 태양이 죽은 것은 아니지 않습니까? 어찌 이 현상을 두고 '태양이 부재하다'고 할 수 있겠어요? 그렇습니다. 마치 세상이 하나님 없이 사는 것 같지만 하나님은 늘 하늘에 계시고 우리는 땅에 있는 것입니다(전도서 5:2).

그러면 하나님을 우리로부터 차단하고 있는 것은 무엇입니까? 그 사이에 뭐가 가로놓여 있어서 하나님의 광휘를 가리는 것일까요? 무엇 때문에 '신의 부재'로 인식하게 되는 걸까요? 아마도 답은 우리 개개인의 몫일 것입니다. 저는 단지 한 시인의 시구를 인용하는 것으로, 신의 얼굴을 차단하는 이른바 '달'의 정체가 우리들 영혼의 창에 덕지덕지 붙은 먼지 같은 것일 수도 있을 거라는 암시를 하고 싶습니다.

자기를 통해서
모든 것을 보여 준다
자기는 거의 부재에 가깝다
부재를 통해 모든 있는 것들을
비추는 하나님과 같다
- 정현종 〈창〉의 일부

티 한 점 없이 깨끗한 유리창은 마치 없는 것 같습니다. 그러나 바깥세상은 말갛게 다 보입니다. 창이 투명할 때 우리는 창을 잃은 대신 그 창을 통해서 모든 걸 얻습니다. 창이 투명하기를 그칠 때 우리는 창을 얻는 대신 모든 것을 잃게 되는 것입니다. 솔직히 들여다보면, 우리들 영혼의 창에 덕지덕지 달라붙은 세상의 풍진으로 하여 우리는 더 이상 투명하지 못한 게 사실 아닙니까? 그리하여 우리는 그 낯 두꺼운 '자기'를 획득하고, 그 대가로 '모든 다른 것' 곧 신을 잃어버린 것입니다. 그렇게 살고 있는 것입니다. 달랑 '자기' 하나 얻고 전부를 잃어버린 채 살기 때문에 살면 살수록 불행이 깊어지는 것입니다.

우리가 살아야 할 올 한 해는 이런 겁니다. 영혼의 창을 투명하게 닦는 겁니다. 너무 투명하여 나라는 존재가 거의 부재에 가까워도 좋습니다. 그러면 안 보이던 그 모든 것, 하나님이 보이기 시작할 겁니다. 그때 비로소 세상이 무의미의 꼬리표를 떼고 의미의 풍요로움으로 눈부시게 빛나게 될 겁니다.

하얀 눈벌판에
시린 맨발로 서서
몽니의 자기 종아리를
매서운 바람의 회초리로 사정없이 때리는
어린 나무 가지들,
부끄러워라
어른이여.

내가 내 얼굴을 숨겨 그들에게 보이지 않게 하고…. (신 32:20)

'신의 결핍'은 사회적인 병리 현상 - 가치 체계의 붕괴나 공백 같은 것으로 나타납니다. 사회의 건강성을 책임지는 게 종교의 세속 이념입니다. 그런데 종교는 인사불성이 되어 있죠. 영국에서는 서비스업에 종사하는 이들이 십자가 목걸이 장신구를 착용하지 못합니다. 혐오감을 줄 수 있기 때문입니다. 간호사는 환자에게 기도할 수 없습니다. 그들에게 '기도'는 범죄와 마찬가지가 되었거든요. 오늘날 '신'을 대신하는 것은 '휴머니즘' 즉 '인(人)'이 되었습니다. '결핍'과 '부재'는 동의어가 되어가고 있습니다.

현대에 들어 종교적으로나 철학적으로 신 개념이 달라지고 있습니다. '절대'의 울타리를 넘어와 '상대'의 언덕을 뛰어다니고 있죠. 이것은 마치 $E=\frac{1}{2}mv^2$에서 $E=mc^2$으로의 전환과 같습니다.

신이 문밖으로 쫓겨나면 인간도 같이 쫓겨날 수밖에 없습니다. 기실 신이 문 밖으로 나와야 인간이 집의 주인이 될 수 있지만, 뒤틀려진 종교는 여태 인간을 신을 위한 설치 미술로만 여겨왔죠. 허약해진 인간은 빈집의 먼지를 털어내고 온기를 불러일으킬 힘이 없습니다. '신이 문밖으로 나가면 인간도 쫓겨간다'는 말은 역설입니다.

때때로 문장은 문장 그 자체로의 의미를 담고 있기보다는 그 너머 어떤 것을 독려하는 도구로 사용되는 경우가 있어요. '투명하여 부재에 가깝게 자신을 다스려라' 하는 말도 그것입니다. '거울에 비친 자신의 모습이 사라질 때까지 거울을 닦아라'는 화두와 같은 것입니다. '살고자 하면 죽으라'는 말도 그것이죠.

영혼의 창을 닦는 방법들을 가르쳐주는 사람들이 있습니다. 그런데 물질로 어찌 비물질을 다스릴 수 있겠어요. 세상의 허접한 스승들은 그 '닦는 법'을 팔지만요. 하급 종교도 그렇게 하지요. 본시 '영혼의 창'이란 없는 것이고, 없으니 그걸 닦는 법또한 있지 않습니다. 다만, 영혼이라든지 몸이라는 구분지음을 경계하는 것이지요.

:: 톺음

니체, 프리드리히 빌헬름 Friedrich Wilhelm Nietzsche (1844~1900)

19세기 독일 철학자. 근대 모더니즘 정신을 비판하고 가치 전도의 철학을 주장하여 20세기 문화 현상 전반에 막대한 영향을 끼쳤다. 철학사가 니체 이전과 이후로 구분된다고 할 수 있다. 그러나 젊은 시절부터 눈과 머리의 통증에 시달려 나중에는 시력을 거의 잃었고 정신질환까지 앓아 불행한 일생을 보냈다. 45세 때인 1889년 이탈리아 토리노의 길거리에서 학대당하는 말을 껴안고 흐느끼면서 발작을 일으켜 쓰러진 뒤 이 위대한 철학자는 정신적 능력을 완전히 상실했다. 이후 10년 남짓 정신병원에 입원해 있다가 사망하였다. '초인' '영원 회귀' 사상을 중심으로 한 그의 철학은 전통적 종교 · 도덕 · 철학에 깔려 있는 근본 동기를 밝히려 했으며, 뒤에 생의 철학, 실존 철학, 포스트모더니즘에 큰 영향을 주었다. 신학 · 철학 · 심리학 · 문학 등에 깊은 영향을 미쳐 "신은 죽었다"는 그의 일절은 20세기 지식인들의 대표적인 구호가 되었다. 문학은 물론이고, 독일 실존 철학(특히 하이데거), 프랑스 실존 철학 및 구조주의(특히 자크 데리다와 미셸 푸코), 심리학(특히 프로이트. 아들러. 융)에 큰 영향을 끼쳤다. 첫 번째 저서 〈음악의 정신에서 비극의 탄생〉은 오늘날에도 미학의 고전으로 꼽힌다. 성서 이야기 형식의 문학적 · 철학적 대작 〈차라투스트라는 이렇게 말했다〉는 그의 대표작이다. 그의 저작들은 중요한 해석의 문제를 제기해, 그것을 바탕으로 대륙철학(현상학)과 분석철학 모두에서 방대한 2차 문헌들이 생겨났다.

짜라투스트라 Zarathustra

니체의 저서 《짜라투스트라는 이렇게 말했다》에 나오는 페르시아의 현자. 역사상에 실재한 인물로 조로아스터교 창시자이다. 생존 시기는 알 수 없으나 기원전 600년경 이란에서 태어난 것으로 추정된다. 최고의 신 아후라 마즈다의 계시를 받고 조로아스터교를 창시했다고 한다. 창시자의 존재가 전설적이어서 조로아스터교의 기원도 애매하나 이슬람교 이전 시대에는 중동 전역에 상당한 세력을 떨쳤다. 선악의 대립, 종말론과 부활론, 마귀론 등 조로아스터교의 사상은 유대교, 기독교, 이슬람교 등에 영향을 주었다고 알려져 있어 종교사적으로는 중요한 인물이다. 그러나 그리스인들은 그를 철학자 · 수학자 · 점성술사 · 마술사 정도로 생각했고, 유대인들과 기독교도들은 점성술사 · 마술사 · 예언자 · 이단자로 보았다. 실제 이름은 '자라수슈트라 스피타마'라고 조로아스터 경전 〈아베스타Avesta〉에 기록되어 있다. 조로아스터Zoroaster는 영어식 표기, 페르시아어로는 자라투스트라Zarathustra, 독일어로는 짜라투스트라라고 읽는다.

《짜라투스트라는 이렇게 말했다》

니체의 대표작. 조로아스터가 30세 때에 출가하여 10년간 수행한 끝에 얻은 깨달음을 사람들에게 가르치는 스토리로 꾸며져 있다. 내용은 조로아스터의 가르침과는 무관하다. 자신의 사상을 설파하기 위해 니체가 신비스러운 현자의 이름을 차용했을 뿐이다. 니체 철학의 목표인 가치 전도, 즉 시대의 질병인 허무주의를 치유하기 위해 삶에 대한 부정적 가치를 뒤집어엎고 새로운 가치의 창조하자는 이야기이다. 대단히 문학적이어서 니체의 다른 글들보다 읽기 쉽지만, 그의 사상을 집약해 은유적으로 표현했기 때문에 제대로 소화하기는 어렵다. 초인, 권력 의지, 영겁 회귀 등 니체의 중심 사상이 담겨 있다. 10년간 산 속에서 고독한 생활을 보내던 짜라투스트라는 40세가 되자 하산해 초인의 이상을 설파하지만 세상 사람들이 이해하지 못해 산으로 돌아간다. 가르침이 왜곡되고 있음을 알고 다시 하산하나 역량 부족을 느끼고 다시 입산해 사상의 성숙을 기다렸다가 다시 하산한다…는 식의 줄거리는 있지만, 내용은 순결, 죽음 등 80여 개의 다양한 주제를 다룬 독립된 글들이 연결되어 있다.

횔덜린, 요한 크리스티안 프리드리히 Johann Christian Friedrich Hoelderlin (1770-1843)

독일 시인. 고전 그리스 운문 형식을 독일 시에 접목시키고 기독교와 그리스 고전이라는 두 주제를 융합시킨 아주 특별한 시인이다. 생전에는 거의 인정을 받지 못했고 완전히 잊혀 있다가 100년 가까이 지난 20세기 초 재평가되었다. 오늘날에는 가장 위대한 독일 시인으로, 특히 뛰어난 표현 양식으로 높게 평가되고 있다. 그러나 삶은 평탄치 못해 반평생을 정신분열의 고통 속에 살았는데 미치기 직전 몇 해 동안 썼던 〈평화의 축제〉〈유일자〉〈파트모스〉 등 장엄한 묵시적 예언이 담긴 작품들이 뛰어나다. 이후 정신분열증이 다시 악화되어 입원했으나 튀빙겐의 병원에서 발작을 일으켜 어느 목수의 집으로 옮겨진다. 결국 정신착란증 속에서 36년 세월을 보내다가 거기서 죽었다. "하늘의 불을 우리에게 빌려준 저 신들은 성스러운 슬픔도 같이 주었다네 / 두어라. 지상의 아들인 나, 사랑하고 고통 받도록 태어난 듯하구나." 생전에는 단 한 권의 시집도 내지 못했지만 《엠페도클레스의 죽음》을 비롯하여 《디오티마》《디오티마를 애도하는 메논의 탄식》《하이델베르크》《빵과 포도주》《귀향》《라인강》《평화제》《유일자》《파트모스》 등의 걸작이 있다. 잃어버린 황금시대를 한탄하며 어두운 시대에 신들의 재림을 신들의 말로 노래한 예언적 시들이다.

하이데거, 마르틴 Martin Heidegger(1889~1976)

독일 철학자. 실존주의 철학의 대표적인 학자라고 알려졌으나 본인은 그런 분류를 거부했다. 후설의 현상학으로 출발하여 기초적 존재론을 이룩하였으며 키르케고르의 영향을 받았다. 그의 대표작 〈존재와 시간Being and time〉은 후설의 현상학, 아리스토텔레스의 존재론, 딜타이의 생의 철학 등의 영향 아래 독자적인 철학을 개척하여 실존론적 철학을 수립한 저작이다. 그는 서양 철학이 '존재 자체'에 대해서는 묻지 않았다고 주장한다. 존재란 이미 존재하고 있다고 미리 상정하고 출발했다는 것이다. 그는 그 '존재를 이미 상정하는 전제'를 분석하는 것이 어떤 대상을 탐구하는 데 우선적이라고 주장했다. 존재하는 것은 무엇인가 묻고, 존재를 스스로 이해하고 있는 인간이라는 존재의 분석부터 시작한다. 존재 자체를 명확하게 하기 위해 존재를 해명하는 데에 집중했다.

보르헤르트, 볼프강 Wolfgang Borchert(1921~1947)

독일 시인, 극작가. 실업학교를 중퇴하고 서점에서 일하면서 연극배우가 되기 위해 극단에 들어가지만 2차 세계대전이 터져 동부전선에 투입된다. 반체제 언동으로 여러 차례 감옥에 수감된다. 종전 후 함부르크에서 연극 활동을 시작하지만 건강이 극도로 나빠져 스위스의 요양원으로 이송되나 26세의 젊은 나이에 그곳에서 사망한다. 병상에서 집필한 드라마 《문 밖에서》가 무대에 오르기 전날이었다. 대표작 《문 밖에서》는 전쟁 세대의 고뇌를 대변한 작품으로 독일 전후 '폐허 문학'의 수작이다. 시집 《가로등과 밤과 별》 단편집 《이번 화요일에》《민들레》가 있다. 제대 후 사망하기까지 요양하던 고통의 2년 동안에 집중적으로 쓴 작품들이다.

〈문 밖에서〉

전쟁이 끝나 시베리아 전선에서 돌아와 보니, 고향은 파괴되었고, 강가에는 시체가 쌓여 있고, 애인의 집에는 딴 남자가 살고 있고, 부모는 자살해 돌아가셨고, 집은 남의 손에 넘어가 있고, 일자리를 구하려 해도 부상당한 제대병을 받아주는 곳은 없다. 추위와 굶주림을 견디며 국가를 위해 희생하고 돌아왔지만 현실은 시베리아 전선보다 더 가혹하다. 어떻게 살아야 하나 방법을 찾기 위해 폐허를 헤매지만 대답은 찾을 수 없고 문이란 문은 그의 앞에서 모두 닫혀버린다. 전후의 폐허 속에서 살아나갈 이유와 방법을 찾아야 하는 제대병 이야기를 그린 라디오 드라마이다. 기괴하고 슬프고 괴롭다. 국내에서도 공연된 적이 있다.

부버, 마르틴 Martin Buber(1878~1965)

오스트리아 출신의 유대계 종교철학자·사상가. 철학과 미학을 공부하고 종교철학과 윤리학을 강의했다. 이스라엘 재건 후 히브리대학 교수가 되었다. 하시디즘(신비주의적 유대교의 운동)의 유산을 이어받아 유대적 인간관을 현대에 살리려 노력했다. 여기서 그의 철학의 중심 문제인 '나와 너'라는 주제가 등장하여 독자적인 실존 사상이 전개된다. 삶은 곧 '만남'이라고 규정하고 삶 자체를 '만남'의 개념으로 이해한다. 참다운 삶은 두 인격체가 '나와 너'로 만나는 것이자 '나와 너'의 상호작용이라고 주장했다. 그리고 이 모든 관계의 연장선은 '영원자 너(하나님)'에서 만난다. 이 인간 회복의 철학은 신학, 철학, 심리학, 상담학, 사회학, 정치철학 등에 깊은 영향을 미쳤다. 그의 저서 〈나와 너Ich und Du〉는 한 인간 속에 내재한 두 겹('나와 너' 그리고 '나와 그것')의 원초적 관계성, 그 차이와 중요성을 주장하여 사상사에 혁명적 전환을 불러왔다. 저서《나와 너》《인간의 길》《인간과 인간 사이》등이 있다.

정현종(1939~)

시인. 연세대 철학과 졸업. 1965년《현대문학》을 통해 데뷔했다. 1982년부터 2005년까지 연세대 국문과 교수로 일했다. 시집《사물의 꿈》《나는 별아저씨》《떨어져도 튀는 공처럼》《사랑할 시간이 많지 않다》《한 꽃송이》《세상의 나무들》《갈증이며 샘물인》《견딜 수 없네》《정현종 시전집》등이 있다. 만물은 하나이며 그 근본으로 돌아가 하나가 되어야 한다는 노자나 장자의 시선으로 인간을 이해하고 자연과 예술을 인식한다. 시는 삶의 숨결이고 자연의 숨결이며 원초적 자아가 회생하는 공간이다.

불꽃의 미학

종종 일상을 뒤로 하고 내면을 응시하며 혼자만의 시간을 가지는 이유가
결국 저 황촛불처럼 제 몸을 태워 꽃피우는 일인 줄 알았습니다

지난 가을, 여름내 벌을 친 친구가 꿀을 뜨고 난 다음 남은 벌집을 으깨어서 만든 황초 한 자루를 선물로 내게 주었습니다. 캄캄한 저녁이 되었을 때 그 황초에 불을 붙였습니다. 그저 불을 밝히는 초인데 그 불꽃은 그야말로 '이글이글' 타는 것이었습니다.

요즘 흔한 향초와는 달리 은은한 벌꿀의 밀 냄새가 방안에 두루 퍼지기 시작했습니다. 건조하지 않은 불빛이 방안을 아늑하게 감싸기 시작했습니다. 아주 매혹적인 시간이 조금 더 흐르자 신성한 기운까지 감도는 것이었습니다.

촛불은, 그것도 황촛불은, 스위치만 넣으면 경망스런 계집이 화

다닥 달려들 듯 환하게 켜지는 전기불과는 다릅니다. 촛불은 혼자 탑니다. 혼자서 태어나 혼자서 자기 몸을 연료로 하여 고독하게 빛을 냅니다. 마치 복잡한 관계와 관계의 얼개들로 뒤엉켜 있으면서도, 종국에는 자신의 생을 스스로 태우지 않으면 안 되는 우리 인생들의 운명처럼 말입니다. 그래서 오래전부터 사람들은 삶이 복잡해지고 마음이 산란해지면 촛불을 켜고 엎드리거나 촛농처럼 눈물을 퍼냈는지 모르겠습니다.

가스통 바슐라르Gaston Bachelard라고, 이름과 글이 일치하는 듯 보이는 이 사람이 《촛불의 미학》이라는 걸 썼습니다. 바슐라르는 이 책에서 촛불의 생래적인 고독에 대해서 말합니다.

'불꽃은 혼자이고, 태어나면서부터 혼자이고, 또 혼자 머물러 있기를 바란다.'

18세기라고 합시다. 그 무렵, 어떤 물리학자가 한 가지 실험을 했답니다. 그는 두 개의 촛불을 가지고, 그 각각의 불꽃을 합치시키려고 시도했답니다. 촛불의 심지와 심지를 맞대어 보았답니다. 그러나 그의 시도는 실패로 끝나버리고 말았습니다. 두 개의 고독한 불꽃은 다만 더욱 커지면서 위로 상승하려고만 할 뿐, 서로 합쳐지는 데에는 전혀 관심을 기울이지 않더라는 것입니다.

인생은 고독하다고 합니다. 저도 늘 노래처럼 '고독'을 부르고 다닙니다. 그러나 그날, 진한 꿀 냄새를 풍기며 이글이글 타는 황촛불을 보고 있노라니 나의 고독은 제 몸을 저토록 태우는 촛불의 고독에 비할 바가 못 된다는 것을 알았습니다. 그만이 아닙니다. 내가 입버릇처럼 달고 다니는 생의 고독은 조금 궁상스러운 반면에, 황촛불의 그것은 빛이 난다는 것이었습니다. 빛이 날 뿐만 아니라 거의 성스러운 기품까지 느껴지는 것이었습니다. 저렇듯 혼자됨의 고통을 묵묵히 담아낸 자의 깊숙한 내면으로부터 은은하게 스미는 그 무엇 말입니다.

그제야 알았습니다. 내가 그토록 부르던 '고독'이라는 노래는 혼자서 제 몸을 태워 빛내야 하는 것인 줄 말입니다. 종종 일상을 뒤로 하고 나의 내면을 응시하며 혼자만의 시간을 가지는 이유가 결국, 제 몸을 태우는 일인 줄 말입니다. 그런 생이 축적되어 마침내 나도 저 황촛불처럼 자신을 태우며 타올라 꽃피게 되는 것이었습니다.

촛불은 혼자 탑니다. 그런데, 왜 촛불이 혼자 타려고 그러는 걸까요? 그래서 제가 물어보았습니다. "야, 너 왜 궁상스럽게 혼자 그러냐?" 그가 대답했습니다. "수직으로 상승하기 위해 혼자 탑니다. 고고하게 타려고 혼자 탑니다."
그렇습니다. 그의 말대로, 그는 매우 미세한 바람이나 입김 정도에는 끄덕도 하지 않습니다. 일렁이다간 도로 수직으로 일어섭니다. 촛불의, 저 집요한 수직을 향한 본능. 촛불의, 저 놀랄 만한 상승의 의지. 촛불의, 저렇게 대단한 상승의 꿈은, 촛불을 거룩하게 하는 또 다른 요소일 것입니다.

촛불을 가만히 응시하고 있으면 하늘로 비상하려는 간절한 꿈이 보입니다. 하늘을 훨훨 날아오르는 힘차고 자유로운 날개가 보입니다.

바슐라르가 말합니다.

"불꽃은 그것이 하늘을 나는 것이기 때문에 한 마리 새이다."

시인 피에르 가르니에Pierrer Garnier가 가스통의 말을 받습니다.

"불꽃 속에서가 아닌, 어디서 그대는 새를 잡는가?"

내가 나에게, 그리고 여러분에게 묻습니다.

"여러분은, 어디서 새를 잡습니까?"

위에 것을 찾으십시오. (골 3:1)

:: 새김

혼자만의 시간이 나면 나는 길이 나 있지 않은 산에 듭니다. 그리고 마음이 닿는 곳이 있으면 거기 하루 종일 누워 있습니다.

만법동근萬法同根이라는 말이 있습니다. 혼자 있으면 비로소 내가 우주의 만상과 교감하고 있다는 것을 느끼게 됩니다.

새벽에 예배당 뜰에 나서면 느티나무를 보고 나는 이럽니다. "나무야. 나도 기꺼이 너의 정원에 받아 주렴." 그러면 나무가 그럽니다. "언제든지 환영이야!"

그런데 '새'는 왜 잡아야 하는 걸까요? 천상병의 시 〈새〉가 있습니다. 외롭게 살다 / 외롭게 죽을 / 내 영혼의 빈터에 / 새 날이 와 새가 울고 꽃이 필 때는, / 내가 죽는 날 / 그 다음 날. // 산다는 것과 / 아름다운 것과 / 사랑한다는 것과의 노래가 / 한 창인 때에 / 나는 도랑가 나뭇가지에 앉은 한 마리 새 // 정감(情感)에 가득찬 계절 / 슬픔과 기쁨의 주일(週日) / 알고 모르고 잊고 하는 사이에 / 새여 너는 / 낡은 목청을 뽑아라. // 살아서 / 좋은 일도 있었다고 / 나쁜 일도 있었다고 / 그렇게 우는 한 마리 새

:: 톺음

바슐라르, 가스통 <u>Gaston Bachelard(1884~1962)</u>

프랑스 철학자. 우체국 직원으로 근무하다가 물리학을 전공한 뒤 철학을 연구하였다. 인식론자, 과학철학 및 과학사 교수, 문학 비평가, 시인 등 다양한 활동으로 프랑스 현대 사상사에서 독보적인 존재가 되었다. 20세기 후반 미셸 푸코와 루이 알튀세 같은 많은 프랑스 철학자들에 영향을 미쳤다. 주요 작업들은 시와 과학철학 분야이며 인식론 외에 시, 꿈, 정신분석, 상상 등의 많은 논제를 다뤘다. '시인 가운데 가장 뛰어난 철학가, 철학가 가운데 가장 뛰어난 시인'으로 표현되는 작가다. 《불의 정신분석》《물과 꿈》《대지와 휴식의 몽상》《공기와 꿈》《몽상의 시학》《공간의 시학》《촛불의 미학》 등 20여 권의 저서와 50여 편의 논문을 남겼다.

《촛불의 미학》

바슐라르의 마지막 저작. 한 사람의 몽상가가 촛불을 관조하면서 새로운 몽상을 받아들이는 과정을 통해 인식과 상상력에 대해 말하는 책이다. 상상력과 몽상의 위대함. 인간에 대한 새로운 인식의 지평을 엿볼 수 있다. 촛불을 둘러싼 몽상이 지극히 아름다운 시적 문장으로 펼쳐진다. 혼자 타면서 혼자 꿈꾸는 인간 본래의 모습을 촛불에서 찾았다. 촛불을 생명이자 희망, 공간이자 시간, 폭력이자 평화로 그렸다. 내용은 다소 난해하고 약간 생소하다.

내 마음속 색깔

은연중에 나는 '청담동'이라는 단어와 '유명하다'는 단어를 마음속으로 강조하며
'존재'를 버리고 '소유'를 택하고 있었습니다

(이 이야기는 제 자신의 이야기입니다. 월요일마다 '청담동월요예배'를
위해 서울로 올라오면서부터 가끔 이웃들에게 어디를 다녀오느냐는 이야기
를 듣습니다. 그럴 때마다 나는 내가 드나드는 곳에 대해서 말하곤 합니다.
그런데 어느 순간에 나는 이렇게 말하고 있었습니다. "청담동에요, 아주 유명
한 아동복을 만드는 회사가 있는데요, 거기 신우회원들을 만나고 오는 길이
에요." 은연중에 나는 '청담동'이라는 단어와 '유명하다'는 단어를 마음속으
로 강조하고 있었습니다. 그게 제 영혼을 찌르는 것이었습니다. 왜 말하지 못
했을까? 왜 보지 못했을까? 그 예쁘고 귀여운, 그리고 은은하고 부드러운 아
가들의 옷 색깔이며 모양을 말입니다. 나는 그걸 말해야 했습니다. 나는 은연
중에 '존재'를 버리고 '소유'를 택하고 있었던 것입니다. '어린아이'를 잊고
'어른 행세'를 하고 있었던 것입니다. 그런 내 마음을 참회하는 것입니다.)

하늘의 무지개를 볼 때마다
내 가슴 설레느니
나 어린 시절 그러하였고
다 자란 오늘에도 매 한가지,
쉰 예순에도 그렇지 못하다면
차라리 죽음이 나으리라
어린이는 어른의 아버지
바라노니 나의 하루하루가
자연의 믿음에 매어지고자.

워즈워드의 시입니다. 《어린 왕자》의 작가 생텍쥐페리도 이 시인과 꼭 닮은 표현을 하고 있습니다. "어린이들은 어른들에게 아주 너그러워야 한다." 마치 예수님의 음성을 듣는 것 같지 않습니까? 예수님께서 '천국에서는 누가 크냐' 는 질문을 받고 한 어린아이를 그들 가운데 세우시고 말씀하셨어요. '너희가 돌이켜 어린 아이와 같이 되지 아니하면 결단코 천국에 들어가지 못한다' 고 말입니다. 어떤 이들은 '어린아이로 돌아감' 자체가 불가능하기 때문에 이 불가능성에 초점을 두고 '천국은 없다' 고 말하는 이들도 있습니다. 그러나 '돌이켜 어린아이와 같아짐' 을 이해하기 위해서 우리는 생텍쥐페리의 도움을 받을 수 있습니다. 그는 어린 왕자의 입을 통해서 우리에게 이렇게 말하고 있습니다.

"어른들은 숫자를 좋아한다. 어른들에게 새로 사귄 친구 이야기를 하면, 어른들은 제일 중요한 것은 도무지 묻지 않는다. 어른들은 '친구의 목소리가 어떠냐, 무슨 장난을 제일 좋아 하느냐, 나비를 수집하느냐?'라고 묻는 일은 절대 없다. '나이가 몇이냐, 형제가 몇이냐, 그 애의 아버지는 얼마나 버느냐, 몇 평 아파트에 사느냐?' 하는 것들이 어른들이 묻는 말이다. 그렇게 해서야 그 친구를 안다고 생각하는 거 같다. 만약 어른들에게 '창틀에는 제라늄이 피어 있고, 지붕에는 비둘기들이 놀고 있는, 곱고 붉은 벽돌집을 보았다'고 말하면, 어른들은 그 집이 어떻게 생겼는지 생각해내지 못한다. '일억 원짜리 집을 보았다'고 말해야 쉽다. 그래야 '야, 참 훌륭하구나' 하고 말한다. 어른들은 그렇게 되어 먹었다. 그러나 그런 것들을 가지고 어른들을 나쁘게 생각해서는 안 된다. 어린이들은 어른들에게 아주 너그러워야 한다."

세상에는 어린아이와 어른밖에는 없습니다. 우리는 어린이가 아니면 어른입니다. 그밖에 다른 무엇일 수는 없습니다. 예수님의 발앞에 옥합을 깨뜨린 그 여인은 나이와 상관없이 어린아이입니다. 반면에 그 옆에서 깨뜨려진 옥합의 값을 환산하며 낭비라고 비난하고 있는 유다는 어른입니다. 유다가 지옥엘 갔다면 예수님을 배반해서가 아니라 어른이었기 때문일 겁니다. 신학자 폴 틸리히가 적절하게 이름을 붙였습니다. 그는 그걸 '거룩한 낭비'라고 했습니다. 실상 거룩한 낭비가 사랑이고 어린아이의 마음이 아닙니까? 그런데 유다는 그걸 모르는 겁니다. 그는 주판알을 튕기고 있는 어른입니다. '돌이켜 어린아이가 된다'는 말은 우리 마음속의 주판알을 던져버리는 일이 아닐까요?

우리가 익히 아는 대로, 에리히 프롬은 '존재형' 인간과 '소유형' 인간으로 사람을 구분했지요. 이것은 다시 생텍쥐페리의 '어린아이'와 '어른'으로 대치할 수 있을 것입니다. 결국 예수님의 지적대로라면, 어린아이처럼 된다는 것은 '소유 양식'으로 사는 사람이 아니라 '존재 양식'으로 사는 사람을 말하는 것이 아니겠어요?

어른들은 경직되어 있습니다. 어른들은 늘 공격할 채비가 되어 있는 사람들입니다. 마찬가지로 방어할 준비도 항상 되어 있습니다. 그리고 늘 따지고 변장하고 계산합니다. 그래서 어른들의 가슴에는 저마다 딱딱하고 뾰족하고 음흉한 흉기가 하나씩 숨겨져 있는 것입니다. 그래서 항상 어른들끼리는 경계를 하는 것입니다. 흉기는 우리를 구원하지도 지켜주지도 못합니다. 구원은 다른 데 있습니다. 어린아이의 부드러움, 밝음과 맑음, 자유로움, 말랑말랑함…. 이런 것들이 우리를 구원하는 것입니다. 이것들을 회복함으로써 우리는 천국사람이 되는 겁니다.

부디 금년에는 무지개를 보면 뛰는 가슴이었으면 좋겠습니다. 아이들의 눈망울을 보면 뛰는 가슴으로 회복되었으면 좋겠습니다.

여러분들이 만드는 옷의 생김새며, 밝고 환한 색깔을 보고 느끼며 말하는 나이고 싶습니다. 이게 오늘 제가 여러분에게 고백하는 내 마음속 색깔입니다.

너희가 돌이켜 어린아이들과 같이 되지 아니하면,
결단코 천국에 들어가지 못하리라. (마 18:3).

:: 새김

자꾸 왼쪽 귀가 가려울 땐
'누가 내 욕을 하는가 보다' 하고 침울해 합니다.

그러나 가끔,
아주 가끔은 오른쪽 귀가 가려울 때도 있습니다.
'월요일이 기다려진다든가' '설렌다든가' 하는 문장을 대할 땐.

오늘 아침입니다.

세상은 따지기도 하고 변장도 하고 계산도 하며 살아야 됩니다.
그런데 그것은 '돕다' 와 '거들다' 의 차이 정도일 것입니다. 사실 이 두 단어는 차이가 아니라 '쓰임새' 라고 해야 옳습니다. '돕다' 는 사람에게 쓰는 말이고, '거들다' 는 일에 쓰이는 말입니다. 변장과 계산으로는 생활을 약간 '거들' 수는 있겠지요. 그러나 진정으로 사람을 '도울' 수는 없습니다.

어린아이처럼 살아갈 용기나 인내심이 없습니다.
우리는 이미 어른 행세에 물들어버렸습니다.
하루에 5분이라도 어른의 울타리를 벗어날 수 없을까요.

장난감을 바꾸면 됩니다. 그러면 놀이가 달라집니다.

:: 톺음

'존재'와 '소유'

존재란 '무엇이 있다'는 말이고, 소유란 그것을 '내 것으로 만든다'는 말이다. 사물을 있는 그대로 인정하느냐 가져야 할 대상으로 생각하느냐의 문제이다. 'I have a book.'이 '나에게 책이 한 권 있다'인가 '나는 책 한 권을 가지고 있다'인가. 둘 다 맞는 번역이지만 입장은 무척 다르다. 일상에서 소유와 존재의 양식이 자주 대비되는 경우가 바로 '소비 행위'이다. 존재가 중요한 소비자는 그 물건의 본질과 그것이 주는 새로운 경험을 생각한다. 탁자를 살 때에는 거기에서 책을 읽고 글을 쓸 일들을 먼저 떠올린다. 소유가 중요한 소비자는 그 물건을 남이 아닌 '내'가 갖는다는 사실이 중요하다. 그래서 남보다 더 좋은 탁자 또는 남이 갖고 있지 않은 탁자를 사야 의미가 있다. 세상의 물질은 소유 대상이 아니다. 이 세상은 창조주의 것으로 '존재'할 뿐이다. 하나님은 세상을 소유하라고 우리에게 주신 게 아니다. 잘 활용하라고 주셨다. 우리는 움켜쥐는 데에만 정신이 팔려 본질의 의미를 향유하지 못하고 있다. 우리가 살고 있는 사회는 소유와 이윤 추구를 위해 전력으로 달리고 있다. 그런 눈에는 사물이 있는 그대로 보이지 않는다. 본질이 가려지면 그 삶은 허구이다.

워즈워드, 윌리엄 William Wordsworth(1770~1850)

영국 시인. 영국문학에서 낭만주의의 시발점이 된 중요한 시인이다. 케임브리지대학을 나와 친구가 남긴 유산으로 생활을 하며 작품 활동에 전념했다. 시인 콜리지와 함께 〈서정 담시집〉을 발간하여 '낭만주의 선언서'라는 평가를 받을 정도로 큰 관심을 끌었다. 평범한 일상적 소재들을 그리면서 꾸밈없는 시골 사람들의 감정을 노래하고 그들이 사용하는 소박하고 친근한 말로 시를 쓴다는 것은 당시로서는 상상도 할 수 없는 일이었다. 화려한 미사여구를 사용해 관념적인 진리나 이성 또는 풍광을 노래하는 것이 당시의 문학적 관습이어서 18세기식의 기교를 배척하고 생활 언어로 표현한 그의 시들은 혁명적이었다고 할 수 있다. 문학적 구체제에 반대하는 그의 입장은, 일상적이고 범속한 생활의 사건과 정황이 소재가 되어야 하고, 생생한 감정을 자연스럽게 표현하는 실제 언어를 사용해야 하고, 강렬한 감정이 자발적으로 흘러넘쳐야 한다는 등의 시작 원리로 잘 표현된다. 영국문학의 낭만주의는 여기서부터 시작된다.

〈무지개 My heart Leaps Up〉

My heart leaps up when I behold
A rainbow in the sky,
So was it when my life began,
So is it now I am a man,
So be it when I shall grow old,
Or let me die!
The Child is father of the Man:
And I could wish my days to be
Bound each to each by natural piety.

워즈워드의 시. 원제목은 시의 첫 행을 따서 '내 가슴은 뛰노라'이다. 시는 일상적 소재들을 시골 사람들의 소박하고 친근한 언어로 표현해야 한다는 그의 원칙이 그대로 드러나 있다. 중학생 수준의 영어 실력이면 읽을 수 있을 정도로 쉽다. 그의 문학적 태도가 뭔지 한눈에 알 수 있다. 정교하고 웅장한 시를 쓰던 당시의 관습으로 보면 이런 시들은 충격이었을 것이다. 이 시는 무지개에 대한 명상을 통해서 인간의 근원적 심성인 동심의 가치를 일깨우고, 그러한 가치가 깃들어 있는 자연에 대해 경건한 마음을 갖게 만든다. 워즈워드 시의 요점은 시인의 마음과 외면 세계가 특별한 방식으로 한데 어우러진다는 것이다. 이렇게 어우러지는 관계와 사랑이 워즈워드 시의 키워드이다.

생텍쥐페리, 앙투안 장밥티스트 마리 로제 드 Antoine Jean-Baptiste Marie Roger de Saint-Exupéry(1900~1944)

프랑스 소설가. 북서 아프리카 · 남대서양 · 남아메리카 항공로의 개척자. 야간 비행의 선구자. 리옹에서 태어났으며 우편물을 수송하는 항공회사에 다녔다. 평범한 생활에서 벗어나 행동적인 인생을 개척하고자 위험이 따르는 초기 우편 비행 사업에 가담했다. 지중해와 사하라 사막을 넘나드는 위험한 임무를 수행했으며 사막 한 가운데서 여러 번 돌발 사고를 당했다. 이후에도 안데스 산맥을 지나는 험난한 비행을 계속했다. 2차 대전 때 공군 조종사로 활동하다가 1944년 마지막 정찰 비행에서 실종됐다. 추락사로 추정하고 있다. 체험을 토대로 한 소설로 명성을 얻은 행동주의 작가로, 첫 작품 《남방 우편기》에서 유작 《성채》에 이르는 모든 작품은 행동을 통한 명상에서 나왔다. 역경과의 싸움, 위험한 상황 등을 겪으며, 개인을 초월한 사람 사이의 정신적 유대와 인간성의 고매함에서 삶의 의미를 찾으려는 작품들이다. 《인간의 대지》《전투 조종사》는 이러한 인간 사이의 관계, 동료 비행사, 임무, 의무, 조국 등의 문제를 깊이 성찰하고 있다. 그 외 저서로 《어린 왕자》《야간비행》 등이 있다.

《어린 왕자 Le Petit Prince》

생텍쥐페리의 소설. 그의 작품 《인간의 대지》처럼 사하라 사막에서 겪은 경험을 토대로 쓴 것으로 보인다. 작품에 등장하는 여우는 그가 사고를 당했을 때 본 페넥(귀가 큰 사막여우)이다. 1943년에 발표되어 세계 대전의 혼돈 속에 있던 사람들에게 따뜻한 감동을 주었다. 동화로 알려져 있고 실제로 어린이들이 많이 읽지만 어른들을 위한 상징 소설이다. 생명의 존엄성을 강조하고 인간성을 상실한 어른들이나 감성이 메말라버린 어른들에게 충고하는 작품이다. 어린 왕자가 만난 어른들의 조급해하고 불만스러워하고 욕심만 부리는 모습은 지금 우리들의 모습과 다르지 않다. 장미꽃의 존엄성에 대한 이야기로 시작해, 길들인 것에 대한 책임과 의무, 관계에 대한 이야기까지 나아간다.

'옥합을 깨뜨린 여인'과 '비난하고 있는 유다'

마가복음 14장 3절에 "곧 순전한 나드 한 옥합을 가지고 와서 그 옥합을 깨뜨리고 예수의 머리에 부으니"라는 기록이 있다. 다른 복음서에는 향유를 발에 붓고 머리털로 닦아주었다고 조금 다르게 기록되어 있다. 이 구절은 예수께서 한 추종자(나사로)의 집에 머물 때의 이야기이다. 다음날 최후의 만찬이 있고 이후 곧 잡혀 처형되므로 절정의 시간 직전에 벌어진 사건이다. 식사 도중 갑자기 나사로의 동생 마리아가 값비싼 향유를 가져와 예수님 머리에 붓는다. 회계 담당이었던 유다는 "왜 향유를 팔아서 가난한 이들에게 나누어 주지 않는가"라고 투덜거린다. 이에 예수께서 이것은 자신의 장례를 위한 행위라며 곧 있을 자신의 죽음을 예고한다. 마리아는 가장 귀한 분에게 가장 귀한 것을 바쳐 그에 대한 지극한 사랑을 표시하고 그의 사망과 부활을 상징적으로 보여주지만 유다는 세상의 돈 가치로만 판단한다. 특히 나사로가 사망했을 때 그를 다시 살려낸 부활의 실체께서 곧 세상을 떠나는데 나드가 문제겠는가. 당시 팔레스타인에서는 귀한 손님이 오면 값비싼 향유를 머리에 몇 방울 떨어뜨려주는 풍습이 있었는데 마리아는 한 병을 다 부어버렸다. 옥합玉盒은 옥으로 만든 그릇. 영문으로는 설화석고 단지alabaster jar라고 번역한다. 히말라야에서 나는 나드는 귀하고 값이 비싼데다 휘발성이 강해 단단한 병에 넣어 밀랍으로 봉했을 것이다. 그릇을 깨버렸다기보다는 단단한 밀봉을 깨뜨려 열었다고 추정된다. 나드 한 근(1리트라)은 약 327g으로 소주 한 병(360g) 정도. 값은 300데나리온. 노동자 일당이 1데나리온이므로 2천~3천만 원 정도의 향유를 한꺼번에 부어드린 것이다.

틸리히, 파울 요하네스 Paul Johannes Tillich(1886~1965)

또는 폴 틸리히Paul Tilich. 독일 신학자, 루터교 목사. '철학자의 신학자'이자 '신학자의 철학자'라고도 부른다. 평생 학자로 살며 대학 교수로 일했던 그는 나치의 박해가 심해지자 미국으로 이주, 주로 미국에서 생활하였다. 신학, 심층심리학, 문학, 춤, 철학 등에 두루 박식하여 그의 강의를 듣는 학생들은 해박하고 창의적인 강의에 늘 감동했다 한다. 출판 활동에도 몰두하여 《개신교 시대》《흔들리는 터전》《조직신학》등 많은 책을 펴냈다. 그가 숨을 거두자 〈뉴욕타임즈〉는 사설에 '폴 틸리히는 인간의 삶 전 분야를 그의 신학의 주제로 삼았다'라고 썼을 만큼 학문의 폭이 넓었다. 특히 일상적인 삶에 적용할 수 있는 신학적 답변을 구체적으로 제시하려고 노력했던 경향 때문에 대중들의 인기를 끌었다. 신학 비전공자인 독자들이 쉽게 수용할 수 있었기 때문이다. "교회들은 이 세대의 부패와 선과 악의 혼합에 참여하고 있으며, 교회의 역사는 교회의 부패에 대한 끊임없는 증언의 역사이므로, '순응하지 말라'는 바울의 경고는 교회에도 해당된다"라는 식의 그의 일갈은 인상적이다. 더욱이 우리 개인들에게 "진리에 대한 당신의 불안을 너무 빨리 해소하려는 사람들에게 굴복하지 말고, 정말 자신의 진리가 아니면 거기에 유혹되지 말며, 만일 예수와 함께 갈 수 없다면 전적으로 심각하게 (진지한 회의주의자였던) 빌라도와 함께 가라."는 충고는 더욱 매력적이다. 진지한 회의주의자!

거룩한 낭비

'옥합을 깨뜨린 여인'과 '가룟 유다의 투덜거림'에 대한 폴 틸리히의 해석이다. 예수께서 이미 세 번씩이나 십자가의 수난과 죽음을 예고했지만 제자들에게는 아무런 대책도 없었다. 그러나 이 여인은 예수의 죽음에 대해 구체적인 준비를 해둔 것이다. 유다의 말처럼 이것이 '허비'였다면 그것은 구세주의 장례에 사용한 '거룩한 낭비holy waste'라고 할 수 있다. 이 용어는 하버드대 신학부 교수였던 폴 틸리히가 1955년 하버드대학 교회에서 행한 설교의 제목이다. 우리는 얼마나 주님께 '거룩한 낭비'를 하고 있는가. 기도, 예배, 물질, 에너지, 정성, 봉사, 구제 같은 것들은 세상의 눈으로 보면 남는 것 없는 장사 같지만 예수님께는 거룩한 제물이 된다.

프롬, 에리히 핀카스 Erich Pinchas Fromm(1900~1980)

사회심리학자, 정신분석학자, 철학자. 신프로이트주의의 주도자이다. 베를린 정신분석연구소에서 정신분석학을 연구하다 프랑크푸르트학파의 본산인 프랑크푸르트 사회연구소에 들어가 자신의 정신분석학 이론을 완성했다. 나치가 독일을 장악하자 미국으로 귀화하여 여러 대학에서 교수로 일하다가 스위스로 이주, 1980년 자택에서 별세했다. 프로이트 이후의 정신 분석 이론을 사회 전반에 적용했으며 민주주의 사회가 나아갈 방향을 밝혔다.《자유로부터의 도피》는 정치심리학의 선구적인 저서로 널리 알려졌다. 윤리에 대한 심리학적 고찰인《인간 상실과 인간 회복》, 마르크스주의에 대한 반대자들과 지지자들의 잘못된 지식을 바로잡기 위한《에리히 프롬, 마르크스를 말하다》를 저술하기도 하였다. 한평생 자유의 의미가 무엇인지 물으며 인본주의적 공동체 건설을 위해 우리 마음속의 적과 싸운 학자였다. 마르크스로부터 사회 구조 변혁에 대한 감각을, 프로이트로부터 인간 심연 분석과 해방의 의도를 배웠다. 그 방법론으로 '사회적 조건'과 '이데올로기' 사이에 '사회적 성격'이라는 개념을 설정하여 역사와 사회 변동을 파악했다. 이러한 시도는 사회심리학이라는 새로운 분야로 발전했다. 나아가 사회심리학적 시각으로 현대인의 소외 양상을 고찰, 참다운 자기 실현의 길을 찾으려 시도했다.《소유냐 존재냐》《사랑의 기술》은 그러한 노력의 산물이다. 주장이 너무 원론적이어서 때로 공허하지만 문제 인식과 방향 설정은 지금 우리에게도 유의미하다.

《소유냐 존재냐》

에리히 프롬의 말년 저술. 인간 존재 문제에 대한 그의 사상을 결산한 책이자 '프롬 입문서'로도 적절한 책이다. 여기서 그는 인간의 생존 양식을 두 가지로 정리한다. 재산·지식·사회적 지위·권력 등의 외부적 요소를 소유하는 데 전념하는 '소유 양식'과 자기 능력을 능동적으로 발휘하여 자기 존재와 삶의 행복을 확인하는 '존재 양식'이다. 현대 사회의 근본 문제는 소유에 집착하는 삶의 방식에 있다는 것이 그의 해석이다. 우리 모두가 한층 더 넉넉한 마음으로 서로에게 도움을 주고 욕망을 자제하고 평화를 사랑하는 인간이 되도록 이끄는 용기 있는 휴머니즘이다. 이전의 저술들에 나오는 사유 과정이 읽기 쉽게 요약되어 있다.

무통 분만의 허구

지금 당장의 고통 때문에 지나치게 근심하거나 낙심하지 말아야 하며
우리가 근심해야 하는 것은 고통을 느끼지 못하는 무감각과 불감증입니다

한문으로 여자를 뜻하는 글자인 '계집 녀女'는 임신한 여자가 무릎을 세우고 가랑이를 벌려 아이를 출산하는 형상입니다. 아, '계집'이라는 말은 본시 '제집'이라는 뜻입니다. 옛날 결혼이란 남자가 여자네 집으로 가서 사는 것이었습니다. 그래서 '장인과 장모' 집에서 산다고 '장가간다'고 했고, 여자는 그냥 자기 집에서 산다고 '제집' '제집' 하다가 '계집'이 된 것입니다. 여하튼, 여자의 대표적인 형상은 '아이를 낳는 모습'이었습니다. 그런데 '녀女'라는 글자의 오래 전 형태인 전서체篆書體를 보면 무릎을 구부리고 아이를 낳으면서 눈물을 흘리고 형태의 글자도 있습니다. 그만큼 고통스러웠다는 뜻이지요.

'여자'는 이렇게 고통과 등식 관계이지만, 여자가 '어머니'가 되어 가는 모습을 보면 '고통'은 존재를 승화시키는 촉매가 된다는 것을 알 수 있습니다. 다시 말해, 여자는 고통으로 인해서 '거룩한 존재'인 '어머니'로 탈바꿈하게 되는 것입니다. 어머니가 왜 거룩한 지를 물어보는 것은 어리석은 질문이지요? 어머니가 거룩한 것은 그렇게 '무릎을 구푸리고 눈물을 흘리며 아이를 낳기 때문'인 것입니다. 고통으로 생명을 출산하기 때문입니다. 우리는 생명을 출산하지 않은 여자는 어머니라고 부르지 않습니다. '어머니'는 생명을 출산한 자의 새로운 이름입니다. 생명은 천하와도 맞바꿀 수 없는 무게를 지니고 있고, 그렇기 때문에 생명이 귀하고 거룩한 것입니다. 귀하고 거룩한 생명을 출산하는 어머니가 어떻게 거룩하지 않을 수 있겠습니까? 어머니 됨, 그것은 곧 거룩함의 증거입니다. 거룩한 어머니가 생명을 출산하는 게 아닙니다. 여자가 생명을 출산함으로써 어머니가 되고 어머니가 됨으로써 그녀는 거룩해지는 것입니다.

그러나 이야기를 여기서 종결지어버린다면, 내 이야기는 기껏해야 '여자론'에 그칩니다. 저는 '생명은 귀하고 거룩하다. 그러므로 그 생명을 낳는 어머니도 거룩하다'는 당연한 명제가 유도하는 질문에 연결된 다음 이야기를 하고 싶습니다.

생명은 왜 귀하고 거룩한가? 왜 생명을 출산하는 행위가 거룩한 행위가 되는가? 그것은 '고통' 때문입니다. 고통이 생명에 거룩함이라는 광배光背를 드리우는 것입니다. 생명을 출산하는 순간, 천지가 무너지는 고통, 그것이 어머니를 휘감고 여자를 어머니로 탈바꿈하게 만드는 것입니다. 아픔 없이 무엇을 이룰 수 있겠습니까? 고통 없이 무슨 의미 있는 일이 창조될 수 있겠습니까? 아니, 도대체 고통 없는 창조가 가능하기는 할까요?

저는 고통을 통한 구원을 말하려고 하는 게 아닙니다. 더더구나 학대 받으면 쾌락을 느끼는 이상 심리를 이야기하는 것도 아니고, 그걸 옹호할 마음도 없습니다. 내가 지지하면서 의견을 덧붙이려고 하는 것은 '거룩한 고통' 또는 '고통의 거룩함'에 대해서입니다. 고통을 아는 일의 가치에 대해서 말하려고 하는 것입니다. 이것을 실현하는 장이 '교회'이고, 이들이 '기독교인'입니다.

고통을 아는 일이 소중한 것은, 생명을 가진 자만이 고통을 알 수 있기 때문입니다. 돌이나 흙에게 고통을 아느냐고 물어보세요. 책상이나 가방에게 아픔을 아느냐고 물어보세요. 그것들은 고통에 대한 감각과 이해가 없습니다. 그것들은 생명이 아니기 때문입니다. 한센병 환자들을 위해 오랫동안 섬기다가 임종을 맞는 어느 신부님의 기도가 뭔지 아세요? "주여, 저들에게 고통을 느끼는 복을 내려주옵소서."입니다. 손가락이 빠져나가고 얼굴 한쪽이 무너져 내려도 전혀 고통을 느끼지 못한다는 거, 한센병 환자들의 이야기를 들어서 알고 있지 않습니까? 그분들에게 '고통을 느끼는 것이야말로 구원'

인 것입니다. 경망한 이야기지만, 오늘 우리가 뭔가로 인해 고통을 받고 있다면 그 자체로 생명의 복을 누리고 있는 것입니다.

고통을 느끼지 못하는 사람은 이미 생명이 그에게서 떠난 사람입니다. 그렇지 않으면 심한 질병을 앓고 있는 것입니다. 고통에 대한 무감각, 아픔에 대한 불감증이야말로 가장 무서운 질병인 셈입니다. 우리가 경계해야 하는 것은 참아내기 어려운 아픔이 아닙니다. 그런 아픔을 느끼지 못하는 불감증입니다. 어쩌면 세계 도처에서 일어나는 고통과 아픔의 신음소리는 세계인들의 생명력이 어느 정도인지 측정하시려는 하나님의 계획인지도 모를 일입니다. 고통을 느끼는 한 나에게는 희망이 있습니다. 아픔을 호소할 수 있고 또 그 호소에 대해 반응할 수 있다는 것은 우리게 구원의 소망이 있다는 증거입니다.

고통을 호소하는 환자에게 유능한 의사는 아플 만큼 아파야 한다고 충고합니다. 만약 고통을 제거하기 위해 진통제를 무한정 처방하는 의사가 있다면 그는 환자에게 고통을 주는 질병보다 더 무서운 악성 바이러스가 분명합니다.

아프지 않고는 어떠한 창조적인 일도 생길 수 없습니다. 고통의 수고 없이 어떻게 거룩함의 광배에 싸일 수 있겠느냐는 말입니다. 그렇지 않다면 그것이야말로 사기입니다. 그런 의미에서 교회가 '예수를 믿으면 모든 고통에서 자유로워진다'고 가르친다면 그거야말로 희대의 사기극이 되는 것입니다.

우리의 스승인 예수님은 십자가에 못 박혔을 때 '목마르다' 하셨습니다. 추종자들은 다 사라지고, 박해자들은 채찍과 창을 들고 서 있고, 하나님 아버지조차 끝끝내 침묵하고 있는 절대 고독의 시공간에 단지 홀로 서 있는 그 분, 얼마나 목이 말랐을까요? '목마르다'는 이 고백이야말로 바로 그와 같은 순간에 예수님에게 덮친 어둠과 무거움에 대한 유일한 표현이었을 것입니다. 예수님은 이 고통의 고백 이후에 비로소 말했습니다. "다 이루었다."

'목마르다'는 선언 없이 '다 이루었다'는 선언은 불가능합니다. '목마르다'는 선언 없이 '다 이루었다'고 한다면 그것은 허구입니다. '목마르다'는 '다 이루었다'를 향해 나아가는 길입니다. 누구도 그 목마름의 길을 제거하고 '다 이룸'에 이를 수는 없습니다.

그러므로 지금 당장의 고통 때문에 지나치게 근심하거나 낙심하지 말아야 합니다. 우리가 근심해야 하는 것은 고통을 느끼지 못하는 무감각과 불감증입니다. 그러니 여러분, 결혼을 해서 아기를 낳으려고 할 때 의사가 권하는 '무통 분만'은 사양하십시오. 그것은 아이는 낳되 그냥 여자로 살겠다는 이기심일 따름이기 때문입니다. 어머니가 되기를 거절하는 것과 다르지 않습니다.

김연아는 자서전《김연아의 7분 드라마》에서 말합니다.

"No pain, no gain !"

고통이 없으면 얻는 것도 없다.

하나님께서는 예수님을 죽음의 고통에서 풀어 다시 살리셨습니다. (행 2:24).

:: 새김

봄비에 경련하는 나뭇가지들이 보이세요?
저래야 허공에 달린 가지 끝으로 땅속 깊은 물을 끌어올릴
힘이 생기걸랑요.

겨울나무들이 흘리는 눈물이래요,
봄비는.
기쁘고 고통스러운.

고통이 오면 사실 아무 생각도 나지 않습니다. 고통에 휩싸여 괴롭기만 합니다. 고통의 의미를 생각할 여유가 없습니다. 고통과 거리를 두고 침착하게 대처할 수 있는 방법이 있을까요.

저는 문제나 고통을 만나면 그 해결책을 적을 수 있는 데까지 모두 적습니다. 대략 10~16개 정도에서 끝나죠. 그리고 그걸 하나씩 적용하다 보면 어느 새 고통을 넘어가 있습니다. 저는 고등학교 2학년 때 만성신부전에 걸렸죠. 그때 달력을 펼쳐놓고 하루하루 그렇게 했어요. 내일은 뭘 할까, 내일은 뭘 할까 그러다보니 5년 쯤 지

났고, 나는 살아 있더라고요.

무라야마 하루키는 《달리기를 말할 때 내가 하고 싶은 이야기》에서 말합니다. '아픔은 하늘이 주는 선물이고 고통은 스스로 선택한 것이다' 라고 말입니다. 선물은 기쁘게 받는 것이고, 선택은 끝까지 견뎌야 하는 것입니다.

:: 톺음

전서 篆書

한자의 글씨체의 한 가지. 중국을 최초로 통일한 진나라 때와 그 이전에 사용되었던 고대의 한자들을 통틀어 말한다. 거북 등껍질에 새긴 갑골문, 청동기에 새긴 금석문, 춘추전국시대에 각기 다른 형태로 통용되던 글자들, 주나라 때 편찬한 대전大篆, 대전을 간략하게 정리한 진나라의 소전小篆 등이 있다. 한자는 상형문자이기 때문에 같은 글자라도 각기 표현된 모양이 달랐다. 특히 춘추전국시대에는 각 나라로 분열하여 글자체가 많이 변형되었다. 최초의 통일왕조를 세운 진시황은 글자체까지 하나로 통일해버렸다. 글자체가 달라 사용하기에 복잡하고 불편한 이전의 여러 서체를 통합 정리하여 사용하기 편리한 통일 서체를 만든 것이다. 이 글자체를 '소전' 이라고 한다. 이때 비로소 한자는 회화적 성격을 탈피하고 기호적 성격을 띠게 되었다. 전서체는 그 이전의 글자체까지 포함해서 말하기도 하고 소전만을 가리키기도 한다. 대체로 회화적 성격이 강해 서체가 아름답기 때문에 서예에서는 여전히 활용하고 있다.

광배 光背

예수나 성인들의 그림이나 조각에서 신성한 분위기를 나타내기 위해 머리나 등 뒤에 그려 넣는 빛의 장식. 나타내는 부분에 따라 머리 뒤에 그리는 두광, 몸 전체를 감싸는 신광, 주변까지 포함하여 크게 그리는 거신광으로 구별한다. 영어의 할로 halo나 님부스 nimbus는 그리스어나 라틴어에서 왔다. 할로의 의미는 영광榮光 glory이며 그것은 태양의 광채인 황금빛을 상징한다.

마조히즘 masochism

피학 성향. 학대 받음으로써 쾌락을 느끼는 이상 심리. 오스트리아 작가 슈발리에

레오폴트 폰 자허 마조흐의 이름에서 유래했다. 매를 맞고 굴복당하는 데서 얻는 만족감을 분석한 글을 많이 썼다. 이 용어는 모욕이나 학대 상황을 추구하고 즐기는 사람의 행동을 뜻하나, 스스로에게 고통을 가하게 하여 성적 충족을 이루고자 하는 성 심리 장애를 뜻하는 말로 쓰이기도 한다.

한센병

나균Mycobacterium leprae이 원인으로 사람에게 생기는 만성 질환. 그 병원균을 발견한 노르웨이 의사 한센의 이름을 따서 부르는 이름이다. 오래 전에는 문둥병이라 했으나 지금은 나병이나 한센병으로 바꿔 표현하고 있다. 나균이 말초신경을 파괴하여 감각을 잃게 하고 차츰 조직이 변성되며 결과적으로 사지가 변형되고 파괴된다. 그 기원이 오래되었으며, 지대가 낮고 습한 열대나 아열대 지방에 가장 많이 발생한다. 전 세계적으로 감염자가 1천만 명에 이르는 것으로 추정된다.

"목마르다"와 "다 이루었다"

예수께서 십자가에 처형당하신 날은 AD 33년 4월 초순의 금요일이라고 한다. 십자가 위에 달려 6시간 동안 고통을 당하면서 일곱 마디의 외침 또는 말씀을 남겼다고 성경에 기록되어 있다. 이를 '가상칠언(십자가 위의 일곱 말씀)'이라고도 한다. 그 중의 마지막 두 마디 말씀인데 많은 뜻이 담겨 있다.

우리를 인간이게 하는 그 '무엇'

자유를 자유라고 하고, 폭력을 폭력이라고 하는, 탐욕을 탐욕이라고 하고,
민주주의를 민주주의라고 정당하게 말하고 인정하는, 그런 세상을 살아야 합니다

어쩌다 TV를 보게 되었습니다. 마침 'VJ 특공대'라는 프로그램이 진행되고 있었습니다. 맛있는 음식도 나오고, 별난 사람들이 사는 이야기도 나오더니, 겨울옷을 싸게 파는, 150만 원짜리 밍크코트를 1만원에 파는 상점에 대한 이야기가 나왔습니다. 밍크코트를 제외한 옷들은 100원이었습니다. 그걸 보는데 갑자기 내 마음이 불안해지기 시작했습니다.

우리가 살고 있는 이 세계를 가리켜, '한 정신병자가 장난삼아 정가표를 뒤바꿔 놓은 백화점 같다'고 비유한 사람이 생각났기 때문입니다. 밍크코트에 붙어 있어야 할 금액이 손수건에 붙어 있고, 치약에 붙어 있어야 할 금액이 오디오 기기에 버젓이 붙어 있는 그런

세계, 그래서 싸구려가 귀중품 행세를 하고, 고상한 것과 천박한 것이 뒤죽박죽으로 섞여 있는 그런 세계를 말하는 것이었는데, TV에 비친 세계가 바로 그 세계였던 것입니다.

　이 비유에 충실하자면, 그날 TV속에 나오는 대로라면, 우리는 얼마쯤은 뒤죽박죽되어 제 값을 모르는 물건들을 쇼핑하는 고객인 셈입니다. 그리하여 우리는 아무 짝에도 쓸모없는 잡동사니를 비싼 값에 사들이면서, 참으로 소중한 물건은 오히려 일고의 가치도 없는 것으로 일축해버리는 어처구니없는 실수를 반복하고 있는지도 모릅니다. 그래서 이렇게 정가표가 뒤바뀐 백화점의 물건을 구입하는 손님들은 행복한 것일까요? 거꾸로 세상을 살고 있는 우리들의 행복이란 과연 뭔가요?

　이 가치의 무질서에 대해서 생각해보려고 합니다. 우리는 우리에게 삶의 의미와 방향을 부여하던 규범 또는 중심을 이미 오래 전에 상실해버렸다는 것을 상기할 필요가 있습니다. 엊그제 TV에서 보았던 그 가격 파괴는 단지 '산업적 기능의 한 흐름'이거나 '판매 기술의 문제'만이 아니라는 말입니다. 이 시대의 어처구니없는 가치관의 전도, 삶에 대한 냉소주의와 무의미성이 넘쳐나고 있는 현장인 것입니다. 이것은 이 시대가 상실하고 있는 '규범' 또는 '중심'의 부재에서 생기는 것이지요.

한때 우리들의 심령 한복판에는 '델피Delphi'에 대한 인식이 있었습니다. 탯줄처럼 한 인간을 튼튼하게 지탱해주는 '존재의 근원' 같은 것, '배꼽' 같은 것 말입니다. 바라문교의 경전 〈베다Veda〉가 말하는 '리타Rita', 또는 중국에서 말하는 '도道'와 같은 것, 어떤 이에게 그것은 신이었고, 다른 이에게 그것은 도덕이었습니다. 그것의 이름이 무엇이든, 사람들에겐 각각의 삶의 원리가 있어서 그의 행태를 좌우했습니다. 그러나 '인간이 자유로워지려면 신을 인정해서는 안 된다'는 철학(니체)과 문학이 등장하면서 이 시대는 그 같은 원리를 잃어버리게 된 것입니다.

가치의 중심을 유지해주는 금이 있어서 한낱 종잇장에 불과한 화폐의 유통이 가능해지는 것처럼 우리들 인간에게도 우리들을 인간이게 하는 그 무엇인가가 있어야 하는데, 그 '무엇인가'를 상실해버린 시대의 사람들에게 삶의 방향이 어디 있겠습니까? 살아야 하는 이유가 읽힐 수 있겠습니까? 그러니까 니체는 '참으로 중요한 철학적 문제는 하나밖에 없다. 그것은 자살이다'했던 것입니다. 이것이 이 시대, 뒤죽박죽인 시대의 실존에 대한 섬뜩한 진실인 것입니다.

정가표를 바로 고치고, 정가대로 팔아야 합니다. 사야 합니다. 그래서 가치의 혼돈을, 악화가 양화를 구축하는 일을, 멈춰야 합니다. 단지 물건을 싸게 파는 문제가 아니라, 잃어버린 인간성의 '중심'을 찾기 위해서 '혼돈의 세상'을 바로 잡아야 합니다.

페터 빅셀Peter Bichsel의 우화 가운데 어떤 늙은 남자에 대한 이야기가 있습니다. 이 남자는 어느 날 '왜 책상은 책상이라고만 말해야 하는가'라는 의문을 품게 됩니다. '무엇 때문에 침대를 사진이라고 부르면 안 된단 말인가.' 그러다가 그는 마침내 자기 방에 있는 모든 물건의 이름을 바꿔 부르기로 했습니다. 침대를 사진이라 하고, 양탄자를 책상이라 하고, 의자를 시계라 하고, 신문을 침대라 하고, 포크를 아내라 하는 식이었습니다.

그리하여 이 남자의 비틀린 문장은 '아홉 시에 사진첩이 울렸다'라든가, '신문에서 그의 거울을 꺼내 입고, 벽에 걸린 의자를 들여다본다'라든가, '신문에서 포크와 잤다'는 식이 되어 버렸습니다. 헌데 그 남자가 전혀 예상치 못한 곳에 함정이 있었습니다. 작가는 이야기의 끝부분에서 이렇게 말합니다.

'이 늙은 남자가 사람들의 말을 알아들을 수 없게 되었다는 것은 그리 불행하지 않다. 그보다 더 불행한 사실은 사람들이 그의 말을 알아들을 수 없게 된 것이다. 그러자 그는 아예 입을 닫아버렸다'

이 우화의 제목이 뭔지 아십니까? '책상은 책상이다'입니다. 책상은 그냥 책상입니다. 양탄자가 아닙니다. 그 말은 책상의 가치가 침대나 양탄자의 그것과 혼동되거나 왜곡되어서는 안 된다는 뜻입니다. 더더구나 책상을 침대나 양탄자라고 우겨서는 안 됩니다.

우리는 제대로 정가표가 붙은 시대에 살기를 꿈꿔야 하고, 실천 해야 합니다. 자유를 자유라고 하고, 폭력을 폭력이라고 하는, 탐욕을 탐욕이라고 하고, 민주주의를 민주주의라고 정당하게 말하고 인정하는, 그런 세상을 살아야 합니다. 모든 것들이 제 있을 자리를 찾아 바르고 정당하게 이루어지는 그 조화와 균형과 '정상'의 상태를 우리는 꿈꾸며 살아야 합니다.

여러분은… 각자 자기 이웃에게 진실을 말하십시오. (엡 4:25).

:: 새김 ....

동서양의 모든 종교가 추구하는 궁극은 '존재의 근원을 회복'하는 것이었습니다. '나'를 발견하는 것이었습니다. 전해 내려오는 모든 경전에서 그릇된 전통과 제도의 때를 벗길 수만 있다면 누구든지 잃어버린 '나'를 찾게 될 것입니다. 라즈니쉬는 한 발자국 더 나아가 이렇게 말합니다. "손에 잡히는 무엇이든지 일만 번 만 읽어라. 그러면 마침내 도에 이르리라."

인간을 인간이게 하는 '그 무엇'이란 사실 아무 것도 아닙니다.
펄펄 끓는 라면을 급하게 물고 '앗 뜨거'라고 소리칠 수 있는 게, 소리쳐야 하는 게

'인간' 입니다.

페터 빅셀처럼 전복을 시도해보는 것도 가치가 있을까요.
칩거를 자주 하던 어느 해, 나는 내가 쏟아내는 오줌을 재활용하자는 생각이 들었습니다. 사나흘은 역겨운 냄새가 났습니다. 그것은 이성이 가르치는 그릇된 교사였습니다. 닷새쯤 지나자 고소한 맛이 났습니다. 오줌은 아주 달고 고소합니다. 감성이 이성을 타일렀기 때문입니다.

:: 톺음

델피 Delphi
고대 그리스의 도시. 그리스어로는 델포이라고 한다. 이곳에 음악의 신이자 예언의 신인 아폴론 신의 신전이 있다. 이 신전은 당시에 가장 중요한 신탁으로 여겼던 '델포이의 신탁'을 받던 곳으로 유명하다. 세계의 중심이 되는 원추형 돌 '옴팔로스 Omphalos'가 놓여 있던 장소이기도 하다. 옴팔로스는 '땅의 배꼽', 이곳이 세계의 중심이라는 것이다. '델포이'가 '큰 자궁'을 뜻한다니까 배꼽이 그쯤 있었을 법하다. 신전 문 위를 가로지른 상인방에는 '그노티 세아우톤 Gnothi Seauton'이라는 경구가 새겨져 있었다. '너 자신을 알라'는 뜻이다. 소크라테스가 남긴 말로 잘못 알려져 있는데, 사실은 한 세기 전에 철학자들 사이에서 유행하던 말이라고 한다.

베다 Vedas
베다 문헌 Vedic texts 또는 베다 산스크리트 전집 Vedic Sanskrit corpus은 고대 인도에서 기록된 대량의 신화적·종교적·철학적 문헌들을 가리키는 낱말이다. 이중 일부는 힌두교의 경전으로 쓰이고 있다. 일반적으로 '베다'라고 할 때에는 힌두교에서 경전으로 쓰는 〈리그베다〉를 기초로 한 일부 문헌만을 말한다.

바라문교 婆羅門教 Brahmanism
브라만 Brahman교라고도 한다. 기원전 1500~500년 동안 인도에서 생겨난 종교로 브라만(바라문)이라는 사제 계급을 중심으로 발전하였다. 브라만교는《리그베다》《아주르베다》《사마베다》《아타르바베다》등 4종의 베다의 가르침을 토대로 삼아 우주의 근본 원리로 브라만(범梵)에 대한 신앙을 중심으로 삼는다. 훗날 힌두교로 발전했다.

리타 rita 또는 rta

우주의 질서와 자연 현상을 지배하는 통일된 원리. 모든 에너지의 원천 또는 천칙天則이라고도 번역한다. 물리적인 세계뿐 아니라 인간의 영적이고 윤리적인 세계에도 적용되는 포괄적인 의미의 원리이다. 전 우주적인 하나의 체계와 계획을 상징하는 이 원칙에 의해 모든 사물들이 생겨나서 움직이며 모든 힘과 법칙과 운동이 그 원칙 아래 펼쳐진다. 우주의 모든 것은 리타가 정해 놓은 운명에 지배된다.

도 道 Tao

중국 철학에서 '올바른 길正道' 또는 '천지자연의 도리天道'를 나타내는 개념. 유가儒家에서는 도덕적으로 올바른 인간 행위를 말하며 따라서 그 범위가 인간의 행동에 국한된다. 이와 대립적인 입장인 도가道家에서는 인간의 영역을 초월한 형이상학적 근본 개념으로 설명한다. 〈도덕경道德經〉은 이렇게 시작된다. "말로 표현할 수 있는 도는 본래의 도가 아니다道可道 非常道." 직관이나 영감으로만 이해가 가능하다는 것이다. 그러나 만물이 변화하는 순환 과정을 보고 우리는 도를 인지할 수 있다. 즉 현상을 관찰하면 만물의 근원인 궁극적 질서道의 존재를 직관으로 감지할 수 있다. 이것이 깨달음의 과정이며 본래의 도常道를 이해하는 길이다.

빅셀, 페터 Peter Bichsel (1935~)

스위스 작가. 루체른에서 태어나 졸로투른에 살고 있다. 13년간 초등학교 교사로 일하다가 작품을 쓰기 시작했다. 1964년 〈사실 블룸 부인은 우유 배달부를 알고 싶어 한다〉를 발표하며 주목받기 시작했다. 47그룹상, 스위스 문학상, 요한 페터 헤벨 문학상, 고트프리트 켈러 문학상 등을 수상했다. 발표작은 많지 않았지만 독특한 개성으로 각종 문학상을 받으며 독일어권의 대표 작가로, 스위스 현대 문학을 대표하는 작가로 꼽힌다. 그의 작품들은 평범한 일상의 이야기 속에서 현대인의 보편적 상실감을 환기시킨다. 압축된 문장을 통해 '행간의 감동'을 안겨준다. 스위스 교과서에는 그의 글이 빠짐없이 실려 있을 정도로 국민의 사랑을 받고 있다. 우리나라에 널리 알려진 《책상은 책상이다》 외에 《여자들은 기다림과 씨름한다》《못 말리는 우리 동네 우편배달부》《사계》《케루빈 함머와 케루빈 함머》《나는 시간이 아주 많은 어른이 되고 싶었다》《계절들》 등의 작품집을 발표했다.

《책상은 책상이다》

페터 빅셀의 대표작이자 작품집의 이름이기도 하다. 현대인의 소외와 상실을 절제되고 압축된 문장으로 표현한 작품들이 실려 있다. 기존 언어와 사유 체계의 뒤집기를 시도하면서 산업화에 따른 인간 소외와 의사 소통의 부재를 이야기한다. 딱히 소설이라고 할 수 없는 짧은 산문과 시적 내용이 결합된 특이한 작품들로 1960년대 산문 문학에 제시된 새로운 장르 개념이라고 할 수 있다. 이 책에 실린 일곱 편의 이야기에는 평범한 삶에 실패한, 별나고 우스꽝스럽지만 서글픈 세상의 아웃사이더들이 주인공으로 등장한다. 주인공들은 이미 완결된 체계에 대한 '회의'와 '부정'에서 출발한다. 지구는 둥글다, 책상은 책상이다 등. 너무 당연하여 그렇지 않으리라고는 감히 생각도 못할 불변의 진리를 그들은 의심한다. 지구는 정말 둥글까? 책상은 책상이라고 불러야만 할까?

참새 한 마리 값

우리가 믿고 사랑하고 기도하고 희망하는 것은 사고 팔 수 있는 것들이 아니기 때문에
그 무엇보다 가치 있는 것입니다

독일의 유명한 생태학자인 프레데리크 베스터 박사는 참새 한 마리 값이 180만원이라고 했습니다. 그의 계산법은 이렇습니다. 뼈와 고기의 값이 480원, 사람이 새들을 보고 소리를 들으면서 즐거워하는데 이를 신경 안정제 1년치 값으로 환산하여 4만 원, 해충 구제 역할을 비용으로 환산하여 6만 원, 씨앗 살포 기능을 따져 8만 원, 환경 감시자 · 공생 파트너 · 기술 개발과 생물 다양성에 대한 기여 등의 값을 합하여 40만 원. 참새의 수명을 5년으로 보았을 때 몸값이 그렇다는 것입니다.

경제학 용어에 기회비용opportunity cost이라는 게 있습니다. 일정한 재화를 가지고 경제 행위를 할 때, 다른 데에 사용하면 얻을 수

있는 가치를 포기해야만 합니다. 이때, 포기된 가치, 또는 이득이 바로 '기회비용'인 셈입니다.

우리 삶에도 이런 법칙이 적용됩니다. 어떤 사람이 오후 내내 만화책을 본다면, 그는 다른 일을 해서 벌어들일 수 있는 것들을 포기하고 있는 셈입니다. 가령 그 시간에 독서를 하거나 화단을 가꾸는 일을 할 수 있었을 것입니다. 그러나 두 가지 일을 동시에 할 수는 없습니다. 마치 김연아 선수가 피겨 스케이팅을 하기 위해 그 외의 모든 것들을 포기하듯이 말입니다. 마찬가지로 물질문명의 발전은 환경오염이라는 기회비용을 감수하도록 되어 있습니다. 또한 결혼한 사람의 안정은 독신의 자유로움을 희생하고서 얻은 것이라고 할 수 있습니다.

어떤 행위를 하든 그 이면에는 포기해야 하는 가치가 있게 마련이라는 이 경제학의 개념은, 적어도 경제의 문제가 삶의 질을 결정해버리는, 또는 삶의 질 이상을 결정한다고 생각하는 시대에서는, 꽤 시사적인 측면이 있습니다. 이런 생각은 모든 것은 교환될 수 있다는 전제를 바탕에 깔고 있습니다. 이 세상에서 교환될 수 없는 것은 없다는 생각, 따라서 이것과 저것을 비교하여 이윤이 많이 남는 이것을 저것과 바꿀 수 있고, 또 그렇게 하는 게 현명하다는 생각, 이러한 생각은 우리 시대가 어떤 시대인지를 다시 깨닫게 해줍니다.

상인들에게 가치는 전적으로 교환의 정도에 의해 결정이 됩니다. 다이아몬드가 가치가 있다는 말은 그 어떤 것보다 많은 재화와 교환할 수 있기 때문이지 그것이 특별한 사용 가치를 갖고 있어서가 아닙니다. 다이아몬드의 실용 가치는 사실 많지 않습니다. 흔하지 않은, 조금 반짝이는 돌멩이에 불과할 뿐입니다. 그런데도 그걸 비싸게 여기는 까닭은 교환 가치가 크기 때문 아닙니까? 말을 다시 하겠습니다. 이 시대는, 다이아몬드만이 아니라 모든 것을 순전히 교환 가치에 의해서만 결정하는 시대인 것입니다. 여러분도 개개인의 인간적 아름다움을 기준으로 뽑혀서 여기에서 일하는 게 아니라 교환 가치에 의해 선택된 것입니다.

언제부턴가 우리의 질문은 '얼마짜린가?'에 집중되어 있습니다. 선물을 받고서도 '얼마짜릴까?' 합니다. 집에 초대를 받고서도, 그림을 보고서도, 정원을 거닐면서도, 사람을 대할 때에도 '얼마짜릴까' 합니다. 남자나 여자가 반려자를 구할 때도 그런다고 합니다. 그러다 보니까 사람들은 이제 그와 같은 기회비용이나 교환 가치와 같은 경제학적인 용어가 통용되지 않는 영역이 별로 없다고 생각합니다. 다시 말하면, 화폐로 환원할 수 없는 것이라면 쓸모도 없을 거라고 여긴다는 것입니다. 그래서 참새의 값을 이야기했던 것입니다.

공기의 값은 얼마입니까? 물의 값은 어떻습니까? 공짜가 아닙니까? 최근 들어 자원이 화폐화되고는 있지만, 다이아몬드에 비하면 공짜나 진배없습니다. 그것들의 교환 가치는 거의 제로(0)입니다. 그러나 그것들이 없으면 생명이 위협받습니다. 존재의 존폐가 그 교환 가치 없어 보이는 것들에 의해 좌우됩니다. 물과 공기가 모자라서 생기는 생명의 위협을 다이아몬드로는 메울 수 없습니다. 그러면 우리는 이제 이런 질문을 하게 되죠. 값비싼 다이아몬드와 값이 없는 물이나 공기 가운데 무엇이 더 가치 있는 것인가?

이 질문 속에는 가치의 이율배반적인 속성에 대한 암시가 웅크리고 있습니다. 우리는 여기서 교환 가치와 사용 가치의 갈등을 봅니다. 이것은 교환 가치만 가지고 사는 상인의 사고에 대한 반항이기도 합니다. 앞에서 던진 우리의 질문에는 이미 답이 담겨 있습니다. 참으로 가치 있는 것에는 값을 매길 수가 없는 것입니다. 값없이 주어진 것입니다. 누가 하늘에 정가표를 붙일 수 있겠습니까? 누가 흐르는 물에 그렇게 할 수 있겠느냐 말입니다. 그것들은 교환될 수 있는 것들이 아닙니다. 예컨대, 사랑도 그렇습니다. 모든 것을 물량화하고 교환할 수 있다고 생각하는 사람들의 경제학이 접근할 수 없는 영역에 사랑이 있습니다. 그거 얼마면 살 수 있습니까? 얼마에 팔면 됩니까? 사랑이 소중하고 가치 있는 까닭이 여기에 있습니다. 이 시대가 들이댈 수 있는 가치 기준을 초월한 자리에 있기 때문이죠.

우리가 믿고 사랑하고 기도하고 희망하는 것은 사고 팔 수 있는 것들이 아닙니다. 그래서 그 무엇보다 가치가 있는 것입니다. 이렇게 값을 붙일 수 없고, 교환 불가능한 것을 발견하고 인정하는 것이 신앙입니다. 그것이 세상을 반듯하게 붙잡아 주고 사람들의 영혼을 흔들리지 않게 해주는 것입니다.

> 지혜는 순금으로 장식한 보석으로도 살 수 없고,
> 산호나 수정이나 홍옥도 그 가치에 미치지 못한다. (욥 28:17)

:: 새김

우선
집단의식의 감옥에서 벗어나
자유롭게 사고하는 훈련이 필요할 거예요.

'지혜'와 사귀고자 한다면 말입니다.

인간의 가격은, 성인의 육체를 기준으로, 지방으로는 비누 7개, 인으로는 성냥 2,200개, 마그네슘으로는 설사약 1봉지, 철분으로는 못 1개… 등등을 만들 수 있습니다. 5~10만 원 정도입니다.

영국 옥스퍼드의 신경윤리학센터 부원장인 닐 레비는 말합니다. "인간의 마음은 뇌에서 만들어지는 것이 아니라 우리를 둘러싸고 있는 환경에 의해서 만들어진다." 환경을 바꾸면 거부할 수 있습니다.

:: 톺음

베스터, 프레데릭 Frederic Vester(1925~2003)

독일의 환경생태학자. 화학, 의학, 생화학, 방사화학 등을 공부하고 막스플랑크연구소에서 일했다. 1970년 '생물과 환경 연구회'를 만들어 평생 모임을 이끌었다. 대학에서 '기술 변화와 사회 변화의 상호 의존성'을 가르치며 '로마 클럽' 등 여러 과학 위원회나 협회의 회원으로 활약했다. 17권의 저서를 썼는데 그 중《사고, 학습, 망각》은 베스트셀러가 되었다. 그 외《현상 스트레스》《사고의 새로운 선구자들》《지구, 서로 얽혀 있는 시스템》《생각과 행동 목적의 상호 연계》《도시 시스템의 위기》《미래 탈출》《상호 연결 사고의 기술》등이 있다. 수많은 텔레비전 과학 시리즈 원고를 쓰기도 하고 직접 제작을 하기도 했다. '인간과 자연' '지구, 서로 얽혀 있는 시스템' '물이 생명이다' 등의 국제적인 환경 전시회를 열어 환경 문제를 제기하는 데 성공했다.

기회비용

하나의 재화를 선택했을 때, 그로 인해 포기한 다른 재화의 가치를 말한다. 즉 어떤 생산물의 비용을, 그 생산으로 단념한 다른 생산 기회의 희생으로 보는 개념이다. 20세기 초 오스트리아 경제학자 비저Friedrich von Wieser가 도입한 개념이다. 내가 친구와 함께 3시간을 음주가무로 보냈다면 그 기회비용은 내가 3시간 동안 (야근을 했다면) 야근으로 벌 수 있는 돈의 액수와 음주가무로 사용해버린 액수의 합계이다. 그것이 항상 화폐적 비용으로 표현되지 않기 때문에 행위 과정 속의 비용은 명백하지 않은 감추어진 비용이다. 기회비용 개념은 경제 주체의 선택 속에 감추어진 비용을 찾아낸다. 비교우위(comparative advantage) 설명에 적절한 개념이다.

사용가치와 교환가치

가치value는 경제 주체가 재화를 소유하고 싶게 만드는 원천이다. 그런데 재화가 갖고 있는 가치가 다 같은 것은 아니다. 가치는 사용가치와 교환가치로 구별할 수 있다. 사용가치는 내가 어떤 재화를 소비해서 얻는 '쓸모'에 대한 가치이다. 교환 가치란 그 재화가 내게 쓸모는 없지만 다른 재화와 교환할 수 있는 가치를 말한다. 내가 쓰려고 물건을 샀다면 그것은 나에게 사용가치가 있다. 내게는 소용이 없지만 다른 재화와 바꿔 쓸 수 있다면 교환가치가 있는 것이다. 즉 사용가치는 목적의 가치이고 교환가치는 수단의 가치이다. 세상의 재화는 사용가치와 교환가치를 동시에 지니고 있다. 사회적·경제적 맥락에 따라 어떤 재화는 사용가치의 비율이 높고 어떤 재화는 교환가치의 비율이 높다. 짜장면을 먹으려고 시켰다면 사용가치는 높지만 짜장면을 짬뽕으로 교환해달라고 하면 거절당할 것이 분명하기에 교환가치는 높지 않다. 다이아몬드는 사용가치도 높고 교환가치도 높다. 교환가치만을 가진 재화가 화폐이다. 화폐는 다른 재화와 바꾸기 위한 것이지 화폐 자체는 별 쓸모가 없다. 화폐, 주식, 채권 같은 금융자산은 그 자체로는 효용성이 없지만 다른 재화와 교환성이 높은 재화이다. 여러 가지 효용을 누릴 수 있는 선택권을 그 재화는 가지고 있다. 그렇기에 사람들은 다른 어느 재화보다 이 재화를 차지하기 위해 혈안인 것이다.

시인 천상병을 회상함

느끼며 사는 사람은 그 느낌이 증폭되어 더 큰 행복감을 느끼지만,
가지려고만 하는 사람은 가질수록 갈증이 커져 마침내 불행에 빠지게 됩니다

일전에 둘째 밝음이가 인사동엘 다녀왔다고 하면서, 20여 년 전
(정확하게는 1985~88년 중반까지) 아빠의 인사동 '나와바리' 중 하나였
던 '누님 손칼국수' 집 이야기를 들려줬습니다. 그때 그 칼국수집은
손으로 밀가루 반죽을 밀어서 가늘게 썬 '안동 칼국수' 였습니다. 점
잖고 빼빼마른 주인 양반이 안동 사람이었습니다. 그 집에는 종업원
들이 옷도 갈아입고 쉬기도 하는 허드렛방이 한 칸 있었습니다. 신
학교를 자퇴하고 인사동 식객이었던 나는 하루 종일 각계각층의 낭
인들과 어울려 놀다가 저녁이면 그 집으로 들어가 잠을 자곤 했었습
니다. 그때의 면면들을 다 말할 수는 없습니다. 이름만 대면 누구나
알 만한 분들이 많은데 그 중 한 분이 시인 천상병 선생입니다. 여태
그의 부인 목순옥 여사는 '귀천歸天' 이라는 찻집을 운영하고 있습니

다. 누구는 천상병 시인을 '갓난아이' 같다고 말하지만, 제가 경험하고 느낀 '시인 천상병'은 천상천하에서 가장 '행복한 사람'이었다고 말하고 싶습니다.

시인 천상병은 무엇 때문에 그렇게 행복해 했을까요? 행복한 사람과 불행한 사람을 선명하게 구분하는 일이란 쉽지 않을 것입니다. 아니 불가능할지도 모릅니다. 어떤 사람이 얼마나 행복한지 불행한지를 알아내는 일도 그럴 겁니다. 왜냐하면 행복의 정도를 측정할 만한 객관적인 기준이 없기 때문입니다. 아무리 행복해 보이는 사람이라도 뜻밖에 전혀 행복하지 않을 수도 있습니다. 반대로 겉으로 보기에는 행복할 거라고는 생각지도 못한 사람이 의외로 불행을 느끼지 못할 수도 있습니다. 이렇게 행복을 측정해 보려는 시도는 어떤 것이든 별로 의미가 없습니다.

여러분도 구리 료헤이栗良平의 단편소설 〈우동 한 그릇〉을 아시지요? '북해정北海亭'이라는 우동집에 허름한 차림의 부인이 두 아들과 같이 와서 우동 1인분을 시키자 가게 주인이 이들 모자의 자존심이 상하지 않도록 몰래 1인분 반을 담아주는 배려로 시작되는 이야기 말입니다. 이로 보아 음식의 질이나 양, 그가 사는 집이나 공간이 행복의 유무를 결정할 수는 없는 일입니다. 50평 아파트를 마련하지 못해서, 월급이 적어서, 재벌 부모를 두지 않아서, 또는 직장이 맘에 안 들어서 행복하지 못하거나 불행하다고 불평하는 사람들에게, 자신이 세상에서 가장 불행하다고 주장하는 사람들에게, 천상병의 시는 작지 않은 행복을 가져다줍니다.

> 오늘 아침을 다소 행복하다고 생각하는 것은
> 한 잔 커피와 갑 속에 두둑한 담배
> 해장을 하고도 버스값이 남았다는 것
> – 〈나의 가난은〉 중에서

소유의 정도를 따라 행복의 있고 없고를 결정하려는 소위 '소유 지향의 행복관'을 '소유한' 사람들에게 자신의 소유물이 거의 없는 천상 시인의 이 견고한 행복은 확실히 불가사의합니다. 저도 처음 얼마간은 천 시인의 그와 같은 천진난만의 태도나 집착의 경계를 벗어난 바람 같은 어투에 대해서 신뢰하지 못했습니다. 그러나 그와 같이한 삶이 길어지고 깊어질수록 그는 그저 그 자신의 존재를 확인하기 위해 사물이나 물질이 필요할 뿐, 물질을 가지고 자신을 존재를 드러내려 하지 않는다는 것을 알게 되었습니다.

아름다운 꽃이 피어 있는 것을 보면 사람들은 꺾으려 합니다. 아니 가지려고 합니다. 그러나 시인은 아름다움을 느끼는 것으로 만족을 합니다. 아니, 아름다움이란 그저 느끼는 영역임을 일찍 터득한 사람처럼 보였습니다. 일찍이 에리히 프롬이 지적했지만, 꽃을 보고 행복을 '느끼는' 대신 그 꽃을 꺾는 것으로 어이없게도 꽃을 '소유하려는' 사람들이 있습니다. 그런 사람들에게 행복은 저 유명한 '무지개를 쫓아간 소년'의 이야기가 적절히 경고하고 있는 대로 환상에 불과할 것입니다. 왜냐하면 꽃을 한 송이 꺾은 사람은 곧 두 송이를 소유한 사람을 의식하게 되고, 마침내 그 사람과 비교해 자신이 불행한 사람이라고 느낄 터이기 때문입니다. 그렇게 되면 결국 이 세상에는 오직 한 사람만 행복할 수 있다는 거죠. 소유에 대한 상대적인 빈곤감을 경솔하게 행복 문제에 끼워 넣은 결과입니다.

소유의 정도를 가지고만 행복을 저울질하려는 어떤 사람들은, 그때문에 늘 행복을 '꺾으려고' 긴장해 있기 마련인 이런 사람들은, 도저히 행복할 수 없습니다. 그들은 참된 행복이 '꺾는' 데 있는 게 아니라, 그냥 '느끼는' 데에 있다는 것을 알지 못합니다. 그렇기 때문에 그들은 직업도 없으면서 평생 막걸리 한 병과 담배 한 갑으로 행복하게 살았던 시인의 행복을 이해할 수 없을지도 모릅니다.

나는 세계에서
제일 행복한 사나이다
아내가 찻집을 경영해서
생활에 걱정이 없고
대학을 다녔으니 배움의 부족도 없고
시인이니
명예욕도 충분하고

이쁜 아내이니 여자 생각도 없고…

막걸리를 좋아하는데

아내가 사다주니 무슨 불행이 있겠는가

더구나 하나님을 굳게 믿으니…

무슨 불행이 온단 말인가.

– 〈행복〉 전문

느끼며 사는 사람은 그 느낌이 증폭되어 더 큰 행복감을 느끼지만, 가지려고만 하는 사람은 가질수록 갈증이 커져 마침내 불행에 빠지게 됩니다. 시인의 고백처럼, '하나님을 굳게 믿으니 어떻게 불행할 수 있겠나' 하는 '믿음의 행복학'이 필요한 때입니다.

여호와를 의지하는 자는 다 복이 있다. (시 2:12)

:: 톺음...

천상병(1930~1993)

시인. 일본에서 태어나 귀국하여 마산중학교에 다닐 때부터 천재의 면모를 보였다. 서울대 상대에 입학한 뒤 시와 비평을 시작하였으나, 학교를 그만두고 문학에만 전념하던 중 '동백림사건'에 연루되어 6개월간 옥고를 치른 후 풀려난다. "이젠 몇 년이었는가 / 아이론 밑 와이셔츠같이 / 당한 그날은…." 전기 고문을 세 번씩이나 당한 그는 후유증으로 아이를 낳을 수 없는 몸에 정신병원 신세까지 지게 된다. "고 문은 받았지만 진실과 고통은 어느 쪽이 강자인가를 나타내 주었기 때문에 나는 진 실 앞에 당당히 설 수 있었다. 남들은 내가 술로 인해 몸이 망가졌다고 말하지만 잘 모르는 사람들의 추측일 뿐이다." 이후 떠돌이처럼 살아가다 몸과 마음을 추스르고 가정을 꾸린 후 천진무구함과 무욕으로 무장하고 시 쓰는 일 외에는 아무 일도 하지 않으며 유유자적으로 동료 문인들에게 매일 딱 한잔어치의 술값을 '받아내' 평생 한잔 술과 시를 껴안고 살아간다.《주막에서》《천상병은 천상 시인이다》《저승 가는 데도 여비가 든다면》《요놈! 요놈! 요 이쁜 놈!》등 시집과 동화집《나는 할아버지 다, 요놈들아》를 펴냈다. 말년에 기독교적 신앙을 보여주는 작품을 쓰기도 하였다. 1993년 간경화증으로 별세한 후 유고 시집《나 하늘로 돌아가네》《천상병 전집》이 발간되었다.

구리 료헤이 栗良平(1952~)

일본의 동화작가, 소설가. 홋카이도에서 태어났으며 병원에서 10년간 근무 이후 10 여 가지의 직업을 경험했다. 고교 시절 안데르센 동화를 시험 삼아 일본말로 옮겨보 면서 이를 계기로 구연동화 창작 활동을 시작했다. 작품으로는 대표작《우동 한 그 릇》을 비롯해《삶에 희망을 주는 19가지 이야기》《희망을 안겨주는 삶 이야기》《베 짜는 공주》《기적이 울리다》등이 있다. 1989년 발표한《우동 한 그릇》은 인기에 힘 입어 소설로 다시 옮겨졌으며 영화화되기도 했다. 서정적인 문체와 감동적인 스토 리로 사람들의 마음을 위로하고 따뜻하게 감싸준다.

《우동 한 그릇 一杯のかけそば》

구리 료헤이의 동화이자 단편소설. 북해정北海亭이라는 우동집에 허름한 차림의 부인 이 두 아들과 같이 와서 우동 1인분을 시키자, 가게 주인이 이들 모자의 자존심이 상하지 않도록 몰래 1인분 반을 담아주는 배려에서 이야기가 시작된다. 1992년에 는 일본에서 이 동화를 원작으로 한 영화가 제작되었다. 이 소설이 화제가 되었던 것은 1989년 일본 국회의 예산심의위원회 회의실에서 각료 질문에 나선 공명당의 오쿠보 의원이 질문은 하지 않고 난데없이 이 작품을 꺼내들고 읽기 시작한 사건 때 문이었다. 대정부 질문 중에 일어난 돌발행동에 멈칫했던 장관들과 의원들은 이야 기가 반쯤 진행되자 눈물을 훌쩍이기 시작했고 끝날 무렵에는 눈물바다가 되었다… 는 사연이 있다. 이 동화는 국회를 울리고 거리를 울리고 나라 전체를 울렸다. '울지 않고 견뎌낼 수 있는지 시험해보기 위해서라도 한번 읽어보라'는 것이 어느 신문의 추천사일 정도이다. 국내에서도 베스트셀러가 되었다.

이 글은 천상병 선생님이 돌아가신 지 10주년 되던 2006년에 천선생님을 아는 이들 여럿이 글 한 편씩을 내서 펴낸《천산병을 말하다. 답계》에 들어간 글입니다.

천상병을 회상함
빨간색은 싫어하고 군인 담요는 좋아하셨던 시인

내가 천상병 시인을 알게 된 것은 그의 친구인 소남자 김재섭 선생 때문이다. 김재섭 선생은 천상병 시인과 함께 '신작품新作品'의 동인이었다. 1954년 3월에 발행된 신작품 제7집에 '비창지대悲愴地帶'와 '형상形象'이라는 소남자의 시 두 편과 천상병 시인의 '다음'이라는 시가 함께 실려 있다.

나는 병치레 끝에 늦게 신학교를 들어갔다. 긴 병원 생활은 일상적인 대열에서의 이탈을 의미했다. 이탈은 두려움과 열등감을 가져왔고 그것을 극복하려는 자구책이 '종교'였던 것 같다. 그러나 그곳도 나를 품어주지 못했다. 꾸며진 신의 냄새가 너무 짙다고 느꼈기 때문이다. 1학년 1학기가 끝나갈 즈음 나는 하루 종일 도서관에서 잡지를 뒤적이며 지냈다. 그러다가 '샘이 깊은 물'이라는 잡지를 통해 소남자 선생을 알았다. '단군신화 신연구'라는 글이었는데, 세상에 가슴 뛰는 일이 그렇게 일어나는 줄 그때 처음 알았다. 신학교에서 '하나님'이 아닌 사람, 김재섭 선생의 글이 내 심장을 뛰게 만들었다. 그 즉시 나는 출판사에 전화를 해서 소남자 선생의 주소를 알아냈다. '전남 장성군 북이면 신평리'에 그가 산다는 것이었고, 농사를 짓는 농사꾼이라는 것이었다. 나는 지체하지 않고 호남선 기차를 탔다.

소남자 선생은 그때 인사동 개마서원 등에서 '김해김씨 족보'며 '단군신화'의 새로운 해석, '산해경' 풀이 등을 하고 계셨다. 장성의 농사일은 아예 늙은 부모와 아내에게 맡겨 놓고 인사동에서 사셨다. 그들(김재섭을 비롯한)은 '귀천'을 연락처로 삼고 살았다. 사람 좋은 '누님손국수' 사장님이 작은방 하나를 김재섭 선생에게 내주셨는데 한 1년을 그렇게 사셨다.
그 시절 인사동 풍경은 지금과 달라서 조금은 한유롭고 고적했다. 귀천에 가면 채현국 선생, 박이엽 선생, 민병산 어른, 송건호 선생, 성유보 선생, 성내운 선생, 천승세 선생, 박재삼 선생 등이 늘 계셨다. 날 저물어 어름어름 해가 지면 뒷짐을 진 민병산 선생의 뒤를 따라 졸레졸레 무리를 지어 밥집에도 가고, 찻집에도 가고, 술집에도 들르곤 했다. 물론 나는 소남자 선생 덕에 말없이 맨 뒤 꽁지에 붙어 묻어가곤 했지만 그때가 세상에서 제일 행복한 시절이 아니었나 싶다. 짐작컨대 그 시절 이후에 인사동의 '큰 가슴과 그 따뜻함'은 사라지고 말았다.

내가 천상병 시인을 알게 된 내력이다. 천상병 시인은 내게 '허 군도 시를 좀 써보라'고 말하곤 하셨지만 나는 그때 품격 높은 어른들 틈에서 '사람의 냄새'에 취해 사는 것이 더 즐거웠다. 시 따원(?) 보이지도 않았다. 아니 다양하게 살아가는, 조금은 세상과는 일탈된 분들과의 만남은 '종교'가 해결하지 못한 나의 열등감을 충분히 극복하게 해주었다. '시'라는 하나의 길을 갈 이유가 없었다. 모두들 시인은 아니어도 '시처럼 사는'분들이었다. 인사동은 '다르게 사는 법', '꼭 세상 사람들을 따라서 살지 않아도 얼마든지 잘 사는 법'이 있음을 가르치는 학교였다. 인사동을 어슬렁거리는 누구든 큰 스승이었다. 그렇게 나는 인사동에 푹 빠져 살았다. 4~5년을 그렇게 살았다. 차츰 정치가 안정이 되고 한겨레신문이 창간되고, 해직되었던 선생들이 다시 제자리를 찾아갈 즈음 나도 다시 신학교로 돌아가게 되었다. 그러나 그때는 이미 사람이 달라지고 난 다음이었다. 나는 내 존재의 변화를 신학교에서 또는 신의 품에서 맛본 게 아니라, 사람들 속에서, 인사동에서, 사람의 품을 통해 경험했다. 그리고 장가를 들고 춘천에 자리를 잡았다. 다들 그렇게 자기 자리를 찾아 떠날 때 나도 인사동을 떠났다.

내가 춘천에서 맡고 있던 교회에 유성윤이라는 시인이 계셨다. 인사동의 향수가 그리운 나는 자연스럽게 춘천의 '멋스러운 사람들'과도 친하게 되었다. 그 중에 한 분이 당시 춘천의료원장(지금은 강원대학 부속병원)이셨던 정원석 박사이다. 물론 유성윤 시인을 통해서 만나게 되었는데, 아동문학을 하시는 그 정 박사는 보신탕을 좋아하셨다. 유성윤 시인과 정박사 그리고 나, 이렇게 셋이서 어느 여름 날 보신탕집에서 이런저런 이야기를 하다가 정박사의 친구가 천상병 시인이라는 것을 알게 되었다. 대학 다닐 때 친구였는데 근 수십 년 째 만나지 못하고 계셨었다. 그 이후로 나는 자주 인사동의 근황(주로 천상병 시인)을 정 박사에게 실어 날랐다. 그때마다 그는 마치 친구를 만난 듯이 나를 반겨주셨다. 이게 또 다른 인연과 변화를 예감하는 일인 줄 그때는 알지 못했다. 생각해 보면 인생사는 이렇게 준비되어 있는 일들을 따라 사는 게 아닌가 싶기도 하다.

305호실. 천상병 시인은 춘천의료원에 입원했다. 88년 1월 7일의 추운 겨울이었다. 광래 형과 목 여사는 춘천 추위에 오돌오돌 떨면서 정내미 떨어지는 병실에 갇혔다. 때때로 해림 씨가 목 여사와 역할을 바꾸며 서울을 오가는 고단한 일과를, 광래 형은 상놈의 새끼라는 욕을 밥 먹듯 달게 받아 먹으면서 내내 병원에서 지냈다. 나는 저녁마다 5살, 3살 난 딸(은실. 밝음)과 아내와 같이 병실로 놀러 가곤 갔다. 같은 이야기를 망가진 녹음기처럼 되풀이 말하는 그게 신기해선지 애들은 저녁마다 할아버지가 계신 병원엘 가자고 졸랐다. 시인도 아이들을 좋아하셨다. 그러나 꼭 그런 것만은 아니었다. 유치원에 다니던 딸들은 가끔 빨간색 운동복을 입고 병실에 들어서곤 했는데, 그때마다 시인은 아이들에게 "나가라!"고 소리를 쳤다. "빨갱이 색"이라고 소리쳤다. 나도 아내도 영문을 모른 채 멍하니 있었고, 아이들은 어깨가 들썩이도록 소리를 내며 울었다. 그날 이후 딸아이들은 시인이 있는 병실에 가는 것을 싫어했다. "이쁘다 이쁘다"고 팔뚝 깊숙이까지 내려간 시계를 밀어 올리며 좋아하던 그 할아버지가 아니었기 때문이다. 시인은 유난히 빨간색을 싫어 하셨다.

배에 물이 가득해져서 숨을 헐떡이시던 어느 날 나는 목 여사와 시인의 장례를 걱정했다. 시인의 친구이신 정 박사님도 그렇게 하는 게 좋겠다고, 장사葬事할 준비를 하는 게 좋겠다고 말해주셨기 때문에 더욱 그랬다. 추운 겨울인데 서울까지 가겠느냐고, 춘천에 시인의 무덤을 짓자고 말씀을 드렸더니 그러자 하셨다.

그러던 분인데, 꽁꽁 언 땅이 조금 녹는 날 돌아가시면 좋겠다고 기도(?)하는 중이었는데, 엉뚱하게(?)도 시인은 살아나셨다. 뱀처럼 몸의 꺼풀을 한 번 벗은 다음에 그는 가뿐하게 살아서 서울로 가셨다!

그는 퇴원해 가시면서 처음 입원하던 날, 내가 갖다드린 국방색 군용 담요를 그냥 가져 가셨다. 시인은 그 군인용 B급 담요를 좋아 하셨다고 한다. 허 목사 주지 말고 집에 가지고 가자고 말하셨다고. 퇴원 후 '귀천'에서 목 여사가 말씀하시면서 "지금도 그 담요만 덮고 주무신다."고 하셨다.

가끔씩, 천상병 시인을 만난 적은 없지만 그의 시를 좋아한다는 이들이 내게 묻는다. "그 분 어떤 분이셨어요?" 감히 내가 천상병 시인을 '어떤 분'이라고 말 할 수는 없다. 그렇지만 곧 대답하게 된다. "빨간색은 싫어하고 군인 담요는 좋아하셨던 시인!"이라고 말이다.

요즘 나는 여전히 이곳, 17년 전 그가 잠시 머물며 허물을 벗던 춘천에서 목사 노릇을 하고 있다. 이제는 시인의 친구인 정박사도 춘천을 떠나셨고, 가끔씩 들르는 인사동은 옛 정취 사라진 지 오래고, 사람으로 사는 기쁨이 무엇인지 큰 몸짓으로 교훈하시던 어른들은 저 세상 사람들이 되셨고, 내게 시를 좀 써보라고 권하는 이도 없지만, 여전히 나는 그때 그 시절의 느낌으로 살고 있다. 아니. 그때 얻었던 삶의 자양분으로 목사 노릇을 하고 있다고 해도 틀리지 않다.

"허군도 시를 좀 써보시지요."
시인이 오늘도 내게 말씀하신다.
그럴 때마다 내가 이렇게 대답한다.
"이미 시처럼 살고 있습니다. 지금도 그 담요 잘 덮고 계셔요?"

청년 천상병의 시를 옮겨 적으며 울컥 솟구치는 그리움을 삭인다.

멀잖아
北岳에서 바람이 불고
눈을 날리며 겨울이 온다.

그날,
눈 오는 날에
하얗게 덮인 서울의 거리를
나는 봄이 그리워서, 걸어가고 있을 것이다.

아무것도 없어도
나에게는 언제나
이러한 〈다음〉이 있었다.

이 새벽.
이 〈다음〉.
이 絶對한 不可抗力을
나는 내 것이라고 생각한다.

이윽고, 내일,
나의 느린 걸음은
불보다도 더 뜨거운 것으로 變하고,

나의 희망은
怒濤보다도 바다의 全部보다도,
더 무거운 무개를, 이 세계에 줄 것이다.

그러므로, 이 〈다음〉은,
눈 오는 날의 서울의 거리는,
나의 세계의 바다로 가는 길이다.
- 천상병의 〈다음〉 전문. '신작품' 제 7집. 1954년 3월

금년 겨울엔

무능이 유능을 이긴 사건, 약함이 강함을 이긴 사건,
부드러움이 강함을 이긴 사건이 바로 '예수 사건'이 아닙니까?

우수가 지난 요즘 대부분의 야산에는 눈이 없습니다. 그러나 아직도 산꼭대기에는 허리까지 차오른 눈이 그대로입니다.

해발 **968m**인 대룡산은 내가 살고 있는 동네의 지척에 있습니다. 분지형의 춘천을 둘러싸고 있는 어미산母山이기도 합니다. 봄날이라고는 하지만 아직 냉기가 가득한 대룡산엘 올랐습니다. 여기저기 부러진 소나무 가지가 허연 살을 내보이고 있습니다. 눈이 많이 오면 제일 수난이 많은 게 소나무 가지입니다. 부드러운 눈의 무게를 이기지 못하고 뚝뚝 부러지기 때문입니다. 어린 시절 어느 해 겨울엔 나무 부러지는 소리가 대포 터지듯이 쾅쾅 나던 밤도 있었습니다. 오늘은 눈송이에 꺾인 나뭇가지가 제게 삶의 성찰을 줍니다.

여성, 또는 모성적인 부드러움에서 구원(세상이거나, 개인이거나)을 찾으려는 시도가 오래 전부터 있었습니다. 이것은 딱딱하고 거칠고 무거운 것 속에는 구원이 없다는 통찰이기도 합니다. 대부분의 종교들이 제시하고 있는 구원의 길이 사랑이거나 자비 또는 인仁이라는 사실이 이를 뒷받침합니다. 사람을 올바른 길로 이끄는 것은 징계가 아니라 사랑이고 따뜻함이고 부드러움이라는 사실을 우리가 다 알지 않습니까?

'나그네의 외투 벗기기'라는 우화가 있죠. 그것은 무서운 폭풍이 아니라 따뜻한 햇살이었습니다. 진정한 힘이란 물리적인 데 있는 게 아니라는 것이죠. 사람을 변화시키는 힘이 난폭하고 사납고 매서운 물리력이 아니라 부드럽고 따뜻한 사랑에 있다는 이야기를 하고 있는 것입니다. 그렇죠. 우리를 구원하는 예수님의 힘이 무엇입니까? 총이나 칼이 아니잖아요? 낮아질 수 있는 데까지 낮아지는 힘, 무력해질 수 있는 데까지 무력해질 수 있는 힘이 바로 예수님의 힘이었습니다. 무능이 유능을 이긴 사건, 약함이 강함을 이긴 사건, 부드러움이 강함을 이긴 사건이 바로 '예수 사건'이 아닙니까?

우리들은 겉으로 드러나는, 물리적인 것을 너무 신뢰합니다. 그러다 보니 집착도 큽니다. 작은 것보다는 큰 것, 적은 것보다는 많은 것, 그리고 약한 것보다는 강한 것, 눈에 보이지 않는 것보다는 눈에 보이는 것을 더 신뢰하고 추구합니다. 이것은 어쩌면 물신시대의 시민으로서 당연한 모습인지도 모릅니다. 그러나 세상은 그렇다고 해도 세상을 구원할 종교 또는 종교인까지 그런 한심한 세태에 말려들어서는 안 되지 않습니까? 신자를 '늘리려는' 전도 욕심, 건물의 평수를 '늘리려는' 성장의 야망, 헌금의 액수를 '늘리려는' 요령의 증대 같은 것들에서는 아무런 구원의 그림자도 찾아볼 수 없는 것입니다. 오늘날 우리의 종교 행태는 '극악하다'는 평가까지 받고 있는 실정입니다.

엊그제, 주일 오후에 여러 명의 목사들이 모여 새벽 3시까지 대화를 했습니다. 이야기의 결론은 슬프게도, '이런 상황에서 계속 지금과 같은 제도화된 교회를 다닌다는 것은 인간 개개인의 영혼을 궁핍하게 만든다'는 것이었습니다. 물론 몇 사람의 이야기가 전체를 옳게 대변할 리야 없을 것입니다. 그러나 오늘날 종교 집단의 경쟁과 비교 의식은 영혼에 대한 진지한 관심이 아니라 다분히 물량주의라는 음침한 동기에서 비롯되었다는 것이 엿보이는 건 사실 아닙니까?

엘로이즈와의 염문으로 유명한 중세의 수도사 아벨라르가 한 친구에게 보낸 편지에 당대의 위대한 신학자인 안셀무스를 혹평하는 부분이 나옵니다. 그는 안셀무스가 소문과는 달리 별 볼 일 없는 위인이었음을 신랄하게 비난하면서 이런 표현을 하고 있습니다.

"그가 말하는 나무는 잎이 무성하여 멀리서 바라다보는 사람들에게는 사뭇 당당하게 보이나, 가까이 다가가서 주의 깊게 보는 사람은 이 나무가 열매가 달려 있지 않다는 것을 금방 알 수 있게 된다네…. 기름진 벌에 우뚝 솟은 떡갈나무처럼 큰 이름의 그늘에 열매가 없네."

예수님이 하셨다는 무화과나무 이야기와 같지 않습니까?

우치무라 간조라는 일본의 유명한 신앙인이 있습니다. 그는 우리가 꼭 기억해둬야 할 만한 말 하나를 던져주고 있습니다.

"내가 아직도 약한 것은 내가 아직도 너무 강하기 때문이다."

이 말을 풀어서 다음과 같이 고쳐 쓴다고 해도 그 뜻이 크게 손상을 입지 않을 것입니다.

"내가 아직도 진리(사랑/삶/존재)에 대해 약한 것은 내가 아직도 현실적이고 물리적인 힘에 지나치게 의존하고 있기 때문이다."

예수님은 마침 길가에 한 그루의 무화과나무가 있는 것을 보시고 가까이 가셨으나, 잎사귀만 무성하고 열매가 없었다. 예수님이 그 나무를 향해 "네가 다시는 열매를 맺지 못할 것이다."라고 하시자, 나무가 곧 말라 버렸다. (마 21:19).

:: 새김

교회나 목회자가 마음에 들지 않아 고민하는 기독교인들이 있습니다.
지금은 '교회에 나가고 안 나가고'는 의미가 없습니다. 오로지 '깬 존재'인지 '안
깬 존재'인지만 필요할 뿐입니다.

:: 톺음

엘로이즈와 아벨라르

피에르 아벨라르Pierre Abélard(1079~1142)는 중세 프랑스의 철학자이자 신학자. 보편
논쟁의 양축을 형성했던 유명론과 실재론 사이에서 자신만의 독특한 인식론과 형이
상학 체계를 구축했다. 가정교사로 가르쳤던 제자 엘로이즈와 나눈 비극적 사랑으
로 유명하다. 그들의 사랑이 엘로이즈 가족에게 들켜 아벨라르는 거세를 당한 뒤 수
도사로 떠돌고 엘로이즈는 수도원으로 들어가 수녀가 된다. 평생을 거의 만나지 못
한 채 편지만 교환하다가 아벨라르가 먼저 세상을 뜨고 22년 후 엘로이즈도 세상을
뜬다. 이후 그들이 교환했던 편지들이 출간되어 수많은 문학 작품들에 모티브를 제
공했다. 유럽 서간 문학의 최고봉으로 평가된다.

안셀무스 Anselmus

캔터베리의 안셀무스 또는 안셀름Anselmus or Anselm of Canterbury(1033~1109)이라고도
함. 중세 이탈리아 신학자이자 철학자. 스콜라 철학 창시자. 캔터베리대주교로 이
름을 떨쳤다. 하느님의 존재에 대한 존재론적 논증을 제시한 것과 십자군에 공개적
으로 반대한 것으로 유명하다. 신학 논문인 〈독백론〉은 신의 현존과 속성을 초기의
중세 사상가들처럼 권위에 호소하지 않고 오직 이성에 의존하여 논증하려 했다. 그
의 신학과 철학 사상은 하나님에 대한 깊은 명상에서 나왔다. 그래서 저서들이 기
도문처럼 되어 있다. 생애의 전반기는 신학자와 교육자로 살았으며 후반기는 캔터
베리대주교로 일하며 정치권력으로부터 교회의 권리와 자유를 지키기 위해 노력했
다. 목회와 행정 능력 모두 뛰어났던 대주교로 알려져 있다. 죽은 뒤 성인으로 시성
되었다.

우치무라 간조 內村鑑三(1861~1930)

일본의 기독교 사상가. 서구적 기독교가 아닌 일본적 기독교를 찾고자 한 사상가로
평가받는다. 대학 시절 성직자와 평신도의 구분이 없는 민주적인 공동체 모임을 운
영하였다. 대학 졸업 후 친구들과 함께 일본적 교회를 설립하고자 했다. 미국에서
신학 공부를 했지만 성직을 특권으로 여겨 성직자가 되지는 않았다.《나는 왜 기독
교인이 되었는가?》《구안록》등을 저술했다. 또한《만조보》지의 기자와 월간지《성
서 연구》의 발행인으로 바쁘게 활동했다. 도쿄 한복판에서 일요일마다 로마서를 강
의하여 수많은 청중들을 감동시키기도 했다. 그가 성서와 십자가만을 강조하면서
무교회주의를 주장한 이유는 기독교 신앙의 근거는 예배당이 아닌 성서뿐이라고 보
았기 때문이다. "기독교 신앙의 유일한 근거는 성서뿐, 교회와 그 관습은 기독교를
담아내는 껍데기"라고 하였다. 그에게 영향을 받은 제자로는 한국의 무교회주의 운
동가인 김교신, 함석헌, 송두용 , 최태용 등이 있다.

향수, 향기 그리고 '냄새'

향기는 자연발생적으로 스며나오는 고귀한 사리舍利와 같아서,
우리가 향기라면, 누구에게나 어디서나 향기여야 합니다

향수는 우리들의 의복이나 신체의 일부분에 뿌려져 냄새를 풍깁니다. 이것을 향기라고 착각해서는 안 됩니다. 향수는 '장식적'이지만 향기는 '본질적'입니다. 혹시 향수는 향기를 인스턴트화한 것인지 모르겠습니다. 그러나 생각해보세요. 향기란 그런 식으로 급조될 수 있는 게 아니지 않습니까? 오랜 기간 축적되어 심오해진 인격의 심연에서 자연발생적으로 스며 나오는 고귀한 사리舍利와도 같은 것입니다. 그것이 향기입니다.

향수는 시한부 물질이죠. 뿌린 향수의 흔적이 사라지면 그 냄새도 사라집니다. 이것이 향수가 향기일 수 없는 또 하나의 이유입니다. 그러나 향기는 영원한 것입니다. 시간도 초월하고 공간도 초월

하는 것이 아닙니까?

　향기는 냄새가 아닙니다. 즉, 냄새는 향기와 같지 않습니다. 이는 향수가 향기가 아닌 사실 만큼 명백합니다. '냄새'라는 단어에서 우리는 언뜻 수상한 경계의 냄새를 맡게 됩니다. 우리는 '냄새'를 풍겨내는 사람에게 알 수 없는 경계심을 품게 됩니다. 가령, '지식인 냄새' 또는 '먹물 냄새'라고 말할 때 이 말은 '지식인의 향기'라는 어휘와는 엄청나게 다른 표현임을 알 수 있지 않습니까? '지식인의 향기' 그러면 사리사욕으로부터 초연한 학같이 청렴한 선비상 같은 게 느껴지지 않습니까? 반면에 '지식인의 냄새'라고 할 때는 어떻습니까? 신경질적이고, 창백하며, 현실 부적격자와 같은, 부정적인 이미지가 떠오르지 않습니까? 우리가 맡고 있는 역할에 '○○ 냄새'를 적용해보아도 마찬가지일 것입니다. 그렇게 해보면 '냄새'는 대단히 천박하고 거드름이나 피워대는 배부른 동물이 연상되는 것입니다.

　그런 냄새로부터, 그런 냄새를 피우는 사람으로부터 되도록 피하고 싶어지지 않습니까? 그렇습니다. 냄새는 냄새를 피우는 사람과 그 냄새를 맡는 사람을 갈라놓습니다. 그러나 향기는, 그 향기를 느끼는 사람을 향기에게 집중하도록 만듭니다. 향기와 일치하고 싶은 마음을 이끌어냅니다. 나비와 벌들이 꽃들에게 날아드는 것은 그 색깔 때문이 아니죠. 꽃의 향기 때문이죠. 향기가 그들을 불러 모으는 것입니다. 그러니 향기는 냄새와 얼마나 다릅니까?

　향기가 아니라 냄새를 피우는 사람이 더러 있습니다. 그런 이들로 세상은 분열되고 갈등합니다. 마찬가지로, 향기가 아니라 냄새를 피우는 교인들이 더러 있습니다. 그런 이들로 인하여 세상의 어둠은 걷힐 줄 모릅니다. 사람이 사람에게 이리와 늑대이기를 멈추지 않습니다. 우리가 그리스도인이라는 자기 신분을 드러내거나 그렇지 않더라도, 나의 관심은 내가 '그리스도의 향기'를 풍기고 사는지, 아니면 '그리스도의 냄새'만 풍기고 있는지에 모아져야 합니다. 그래서 우리 자신을 향한 이런 질문은 항상 두려움을 동반합니다. 내가 발산하고 있는 이것은 냄새인가, 향기인가, 나는 냄새로 사는가, 향기로 사는가!

　조화造化는 물론 향기를 내지 못합니다. 아름답기는 합니다. 생화보다 더 현란하고 유혹적입니다. 어떤 진짜 꽃도 저들 가짜 꽃보다 더 눈부신 원색을 지니고 있지 않습니다. 가짜가 진짜보다 더 진짜 같다는 사실은 보석을 보면 금방 알 수 있습니다. 가짜는 가짜이기 때문에 진짜보다 더 진짜같이 보일 필요가 있을지 모릅니다. 그러나 진짜는 진짜이기 때문에 구태여 진짜 같아 보이려 안달할 이유가 없습니다. 조화는 그렇습니다. 가짜 꽃입니다. 진짜보다 더 진짜같이 보여야 할 가짜 꽃입니다. 조화가 생화보다 더 색깔이 요란하고 아름다워 보이는 까닭이 거기 있습니다. 그럼에도 불구하고 조화에는 향기가 없습니다. 향기는 생명 있는 것들의 내밀한 자기표현이기 때문입니다. 죽은 것들–생명이 없는 것들은 썩어 들어가는 냄새는 풍길지 모르나 향기를 내지는 못합니다. 향기는 살아서 생기 있게 움직이며 눈부신 생명력을 마음껏 구가하는 자들의 몫입니다. 그렇습니다. 생명만이 향기를 냅니다.

성서는 말합니다. 우리는 그리스도의 향기다! 그러나 우리가 살아 있지 않다면 우리가 어떻게 향기를 발산할 수 있겠습니까? 죽은 꽃을 보세요. 그 아름답고 향기롭던 꽃조차도 죽으면 냄새가 나지 않습니까? 악취가 나지 않습니까? 우리도 또한 그러합니다. 우리도 악취 아니면 향기를 냅니다. 다른 경우란 불가능합니다. 왜냐하면, 우리는 살아 있거나 죽어 있거나 둘 중의 하나의 상태에 있기 때문입니다. 우리는 진짜이거나 가짜이거나 둘 중의 하나입니다

향기는 향기가 정착할 자리를 스스로 선택하거나 제한하지 않습니다. 앞에 있는 사람이 맘에 들지 않는다고 향기의 발산을 중단하는 일은 불가능한 일입니다. 그것은 향기의 본성이 아닙니다. 이 말은 우리가 향기라면, 누구에게나 어디서나 향기여야 한다는 것을 뜻합니다. 이는 마치 햇빛이 선한 사람과 악한 사람을 구별하지 않고 골고루 비치는 이치와 같은 것입니다. 그런데도 우리는 종종, 누구에게는 향기이고 싶고, 누구에게는 향기이고 싶지 않은 유혹을 받습니다. 물론 나를 비난하고 헐뜯는 사람에게 향기를 풍겨내기란 결코

말처럼 쉬운 일이 아닙니다.

그러나 향나무는 자기를 쳐서 쓰러뜨리는 도끼날에도 향을 토해낸다는 사실을 압니까? 어려운 일입니다. 그렇지만 그 어려운 일을 해내는 것이 향기의 향기다움 아니겠어요? 만일에 우리가 향나무처럼 우리를 치는 도끼날에조차 향을 뿌려, 그 흉기를 향기로 바꿀 수 있다면, 그럴 수만 있다면, 그 조그만 행위로 인해서 세상이 얼마나 아름다워지고 밝아지겠습니까? 얼마나 향기로운 세상이 되겠습니까?

'구원 받은 사람들에게나 멸망 받을 사람들에게나 그리스도의 향기'가 되어야 한다는 말씀을 어렴풋하게나마 아시겠습니까?

우리는 구원 받은 자들에게나 망하는 자들에게나 하나님 앞에서 그리스도의 향기다. (고후 2:15)

:: 새김

스스로 자기 냄새를 판별해볼 방법이 있을까요.

후각이라는 한정된 기관을 통해서라면 자기 냄새를 판별할 방법은 없습니다. 코는 애당초 얼굴의 다른 기관보다 튀어나와 있기 때문입니다. 코가 하는 일을 우리가 느끼기 전에 코의 내부로 깊숙이 들어가지 않습니까. 어쩌면, 모든 만물이 제 스스로의 냄새는 알지 못하도록 만들어졌는지도 모릅니다. 냄새는 '타자'를 위한 배려와 안내가 아닌가!

향기가 좋다고 해서 다른 사람에게 인위적으로 향기를 풍길 수는 없습니다. 1829년, 괴테는 색체이론을 쓰면서, "현상 너머의 것을 추구하는 것은 헛된 일이다. 그것은 본질적으로 계시에 속하는 것"이라고 말했습니다. 존재의 향기도 인위적이지 못합니다. 그것은 계시입니다.

1922년에 탄생한 '샤넬 No.5'를 아시지요? 타자의 냄새가 나의 생리현상에 영향을 주듯이 나의 향기 또는 냄새는 누군가의 호르몬 변화를 위해 존재하는 것입니다. 이렇게 우리는 서로를 이끌거리게 하는 욕구를 돕기 위해 향기를 장착하고 태어난 것입니다. 냄새나 향기는 만물이 공존할 수 있는 최소한의 공유물입니다. 싫어하는 사람에게까지도.

노승老僧의 죽음

노승의 '청빈'이 극도로 환대를 받는 것은, 지극히 당연하고 일상적인 가치가
그동안 외설로 전락해 있기 때문이 아닙니까?

스님에게 가난과 죽음은 당연한 것인데도, 그 당연을 칭송하고 우러르려는 작금의 사회 현상을 보면서 오늘 이야기를 하려고 합니다.

현대를 '죽음의 외설'이라고 말한 사람이 있습니다. 마치 자연스러운 성적 욕망을 억압한 나머지 춘화나 포르노 필름과 같은 뒤틀린 외설에 탐닉하듯이, 현대인들이 죽음을 그렇게 대하고 있다는 뜻입니다. 법정 스님의 죽음에 대한 이 사회의 반응도 '죽음의 외설'에 노출되어 있기 때문에 생기는 현상이라 할 수 있습니다. 죽음은 은폐, 회피, 외면될 수 없는 것입니다. 그 말은 역으로 칭송될 수도 없다는 뜻을 내포합니다. 그렇게 원초적이고 당위적인 질문이며 생의 답인 '죽음'과 수도자의 '청빈'을 외면하고 살기 때문에 뜻밖에

도 그것은 은밀한 것, 추한 것, 두려운 것, 무서운 것, 터부시되어 온 것, 칭송받을 것이 되는 게 사실 아닙니까? 그래서 마침내 외설로 전락하고 말았다는 것입니다(지오프리 고러Geoffrey Gorer).

그러나 그의 진단대로 죽음이 외설이라면 그 죽음과 너무나 가까이 있어 한 쪽 짝을 이루는 우리의 삶은 무엇일까요? 삶을, 우리의 소중하고 신성한 삶을 외설로 떨어뜨리지 않기 위해서라도 우리는 좀 더 죽음, 또는 스님의 청빈에 친근해질 필요가 있습니다. 죽음은 추잡한 외설, 또는 역으로 칭송이 아니라 신성한 우리들의 삶의 일부입니다. 그저 일부입니다. 하긴 죽음을 너무 단면적으로 이해하여 인간을 파멸시키는 난폭한 폭군쯤으로 주석하는 한, 진보와 힘, 건강과 정력, 소유와 권력을 신봉하는 현대인의 의식 구조가 죽음을 쉽게 수용하지 못할 것은 분명합니다. 현대인들에게 죽는다는 일은 끔찍하고 외로운 일이며, 소유의 상실에 대한 공포스런 체험이 분명합니다. 사람들이 죽음을 두려워하거나, 누군가의 죽음을 칭송하는 이유는 죽음이 그들에게 공허와 암흑으로 생각되기 때문이라고 말한 사람은 톨스토이입니다.

알퐁스 도데의 작품 가운데 〈왕자의 죽음〉이라는 아름다운 단편이 있습니다. 어린 왕자가 병들어 죽게 되었지요. 왕비는 아들의 머리맡에 앉아 울고만 있습니다. 그러자 왕자가 어머니에게 말합니다. "울지 마세요. 힘센 근위병 400명을 불러 침대 곁을 지키게 하세요.

대포 100문을 창 밑에 배치하여 죽음이 창문을 넘어 들어오지 못하도록 해주세요. 그래도 죽음이 들어오면 호통을 쳐서 내쫓을게요." 왕비는 왕자의 말대로 합니다. 그러자 목사님이 와서 그렇게 해서 죽음을 막을 수는 없다고 말해줍니다. 그러자 왕자는 다시 말합니다. "친구 뽀빠이에게 돈을 많이 주고 대신 죽게 할 수는 없을까요?" 그것도 불가능한 일이라고 목사가 말해줍니다. 그러자 왕자는 실망하고 낙담하며 말합니다. "그러면 할 수 없지. 저 하늘 별들의 낙원에 가도 난 왕자일 테니까 안심이 되네요. 하나님은 나의 친척이니까 내 신분에 걸맞게 나를 대우해주시겠죠?" 그러나 목사는 다시 이야기를 시작했습니다. 그러자 왕자가 버럭 화를 내며 이랬다지 않습니까?

"그럼 왕자는 아무것도 아니잖아?"

그렇죠. 왕자라고 죽음 앞에서 별거예요? 죽음은 그처럼 일상적이고, 죽음은 그토록 위대한 것입니다. 이렇게 누구도 죽음을 외면하지 못하는 것처럼, 그 누구의 죽음도 칭송이 될 수 없는 것입니다. 그럼에도 '죽음의 칭송'이 자행되고 있다면 그것은, 톨스토이가 상기시키는 대로, 죽음에서 공포와 암흑만을 보고 삶을 보지 못하기 때문이 아닙니까? 그래서 죽음의 외설이 우리들의 삶에 팽만해 있기 때문이 아닙니까? 마찬가지로 노승의 '청빈'이 극도로 환대를 받는 것은, 지극히 당연하고 일상적인 가치가 그동안 외설로 전락해 있기 때문이 아닙니까? 오늘 우리가 말해야 하는 것은, 한 노승의 지극히 당연한 삶의 가난과 죽음이 아니라, 자기 자신의 외설적인 죽음에 대한 인식과, 지나친 욕망에 지배당한 삶을 지적해야 마땅한 것입니다.

"죽음은 인간을 파멸시킨다. 그러나 죽음에 대한 올바른 이해가 그를 구원한다."

로버트 제이 리프튼Robert Jay Lifton과 에릭 올슨Eric Olson이 함께 쓴 《죽음의 윤리》라는 책에 인용된 소설가 포스터의 말입니다. 죽음과 삶에 대한 바른 이해를 하게 될 때, 외설로 뒤바뀐 가치를 상식인 것처럼 받아들이지 않으려고 할 때, 우리는 부득불 예수님을 경청해야 합니다. 그럴 때 우리에게 죽음의 공포는 사라집니다. 그릇된 가치의 외설로부터 빠져나올 수 있습니다. 예수, 홀로 유일하게 죽음의 파괴력 앞에서 당당했던 분, 친히 죽음의 터널을 지나 삶에 이름으로써 죽음 이후의 삶의 문을 우리들에게 열어준 분, 그이가 말했습니다. "나를 믿는 자는 죽어도 살겠고, 무릇 살아서 나를 믿는 자는 영원히 '죽음이 없으리라.'"

외설로 전착된 '죽음'과 수도자의 '가난'을 똑바로 가르쳐주는 분의 이름을 우리는 알고 있지 않습니까? 그 이름이 바로 예수 아닙니까?

"나를 믿는 사람은 죽어도 살겠고,
누구든지 살아서 나를 믿는 사람은 영원히 죽지 않을 것이다." (요 11:25)

:: 새김

죽음을 어떻게 받아들여야 할까요? 김열규 선생이 쓰신 〈메멘토 모리memento mori(죽는 다는 사실을 기억하라),죽음을 기억하라〉는 책이 도움이 됩니다. 모리 슈와츠의 〈모리의 마지막 수업〉도 죽음을 긍정하면서 삶을 사랑하게 하는 책입니다.

늙은 인디언 부부가 아침 식탁에 앉아 식사를 하는데 하늘이 아주 맑았다. 남편이 아내에게 말하길, "오늘 죽기 좋은 날이군." 했다. 그러더니 아내에게 말했다. "숭늉이나 좀 주시오." 아내가 부엌에 들어가 숭늉을 가지고 나와 보니 남편이 어디론가 사라지고 없었다. 아내가 말했다. "인사나 하고 가시지!" 그동안 우리는 '사는 기술'만 연마했습니다. 그래서 '죽는 기술'을 모두 잃어버렸습니다.

마스터(달인)는 '잘 사는 법'을 잊은 존재입니다. 그가 추구하는 바는 '잘 죽는' 것입니다. 그 공부가 덜 되었다는 뜻입니다. 그런 의미에서 노승의 최후는 초라합니다.

:: 톺음

《죽음의 외설 The Pornography of Death》

인류학자 지오프리 고러의 저서. 죽음 문제를 건강하게 다룰 수 있는가에 대해 심도 있게 다루었다. 삶의 정점이자 목적인 죽음이 목적을 위한 수단이 됨으로써 외설로 전락했다. 죽음이 한 인간의 자연스런 궁극적 정점이 아니라 누군가에 의해 조작되고 개입되는 인위적인 것, 상대적인 것이 됐다. 각종 게임이나 대중문화 속에서 여과 없이 접하는 죽음은 수단화된 죽음으로 죽음의 의미를 왜곡시킨다. 죽음은 자연스런 삶의 일부로 신성한 절대 가치다.

법정 法頂(1932~2010)

불교 승려이자 수필가. 무소유의 정신으로 널리 알려져 있으며 수십 권이 넘는 저서를 통해 자신의 철학을 널리 전파해 왔다. 한국전쟁을 겪은 뒤 대학을 그만두고 출가를 결심. 1954년에 효봉 스님의 제자로 출가하였고 1970년대 후반에 송광사 뒷산에 암자 불일암을 지어 지냈다. 말년에는 강원도 산골의 화전민 오두막에서 무소유의 생활을 실천하기도 했다. 2010년 3월 11일에 서울특별시 성북구 성북2동에 위치한 길상사에서 지병인 폐암으로 인해 세수 79세, 법랍 56세로 입적入寂하였다.

고러, 지오프리 Geoffrey Gorer(1905~1985)

영국의 인류학자이자 작가. 심리학적 기법을 인류학에 적용한 것으로 유명하다. 젊은 시절에는 소설과 드라마를 쓰기도 했다. 아프리카 여행기, 발리 등 동남아 문화 연구, 라틴 세계의 죽음, 히말라야의 마을에 대한 저서를 쓰기도 했다. 후기에는 미국과 러시아의 풍습에 대한 책을 썼다. 광범위한 자료 조사가 특징이다.

도데, 알퐁스 Alphonse Daudet(1840~1897)

프랑스 소설가. 남프랑스의 님에서 출생하여, 중학교 교사로 일하다가 파리에 나와 작품 활동을 시작한다. 〈풍차간 소식〉으로 유명해졌고 〈프티 쇼즈〉〈타르타렝 드 타르스콩〉〈월요 이야기〉〈황금 뇌의 사나이〉등 많은 작품을 남겼다. 자연주의적인 밝고 감미로운 시정과 풍자를 뒤섞어 사람들의 인기를 끌었다. 《월요 이야기》중의 단편 '마지막 수업'은 프랑스의 애국심을 불러일으킨 소설로 유명하지만 내셔널리즘이라는 비판을 받기도 한다.

'샬롬'의 정의

그 평화는 마치 추석 보름달처럼 이지러짐이 없어야 하기 때문에
만인이 행복해도 한 사람이 불행하면 참 평화가 아닙니다

힌두어의 '샨티'와 히브리어의 '샬롬'은 같은 뜻입니다. 웬만큼 교회를 다닌 사람은 '샬롬'이 어떤 뜻인지 알고 있다고 생각합니다. 마치 우리네가 늘 해오던 인사 '안녕'이 아니냐고 말입니다.

'샬롬'은 '평화'입니다. 그런데 히브리어 '샬롬'은 그보다 큽니다. '크다'는 뜻은 통전적統全的이라는 말입니다. 99%가 정의롭고 평화라 해도 1%가 불의하고 1%가 불화라면 이는 샬롬이 아닌 것입니다. 샬롬의 정의正義는 그래서 통전적 정의를 전제합니다. 아흔아홉의 평화만 아니라 나머지 한 사람까지 평화해야 '샬롬'입니다. 흔히 민주주의의 상징이라고 여기는 다수가 소수의 가치를 대변한다는 말은 '샬롬'에서는 맞지 않습니다. 이 '샬롬'은 인간들의 평화만

이 아니라 자연과 나아가 우주와의 평화까지를 아울러야 하는 것이기도 합니다. 사람은 평화한데 그 주변에 있는 강이나 산이 불화를 당하고 있으면 그것도 '샬롬'이 아닙니다.

너무 크고 넓은 평화의 의미를 '샬롬'은 지녔습니다. 어떻게 보면 실현 가능하지 않은 의미를 담은 것 같습니다. 그러나 이것이 바로 하나님이 바라는 '샬롬'입니다. 당신의 피조 세계가 '샬롬'하기를 원하시는 것입니다. 그러면 이 샬롬의 정의 실현을 위한 인류의 과제는 무엇일까요? 탐욕을 절제하는 것입니다. 더 잘살고 더 높은 것의 지향은 좋은 것이로되 그것이 샬롬의 정의를 해치는 것이면 이제는 덜 잘살고 더 낮아지는 방향을 잡아야 한다는 말입니다. 자연과 함께 평화롭게 살아가기 위해서라면 함께 덜 쓰고 다 함께 더 가난해질지라도 바라는 바, 그것이 샬롬의 정의입니다.

포도원 농부의 비유에서 포도원 주인은 새벽부터 일할 사람들과 당시의 날품삯 한 데나리온을 주기로 약속했고, 늦은 오후부터 일하기 시작한 일꾼들에게는 품삯 약속은 하지 않았습니다. 하고 말 것도 없는 늦은 시간입니다. 일과 후 임금 지불은 공교롭게도 혹은 의도적으로 해질 무렵 늦게 일한 일꾼들부터 시작되었습니다. 그들의 노동 시간은 아주 짧았는데 임금은 하루 품삯 전부였습니다. 그렇다면 종일 일한 새벽 일꾼들은 당연히 더 받아야 했습니다. 그것은 예나 오늘이나 상식이요 사회 통념입니다. 그런데 예상이 깨집니다.

새벽에 온 일꾼들도 같은 한 데나리온을 받은 것입니다. 그들의 불평과 저항은 거셌습니다. 사람 사는 세상이니 보너스라는 것도 있는데, 그러나 주인은 모르쇠입니다. 다만 저들과의 약속 파기 없이 늦은 오후의 일꾼들에게 같은 품삯을 준 것은 주인(그 뒤로 자비한 하나님이 넘보인다)의 재량이고, 그것이 시비거리일 수 없다는 것이 너무도 단호합니다.

포도원 주인의 임금 지불로 인해서 정의가 손상되었던가요? 그건 아닙니다. 왜냐면 일일 고용 계약금인 한 데나리온씩을 주고받았으니 임금 착취나 박탈은 없습니다. 계약대로입니다. 새벽에 온 일꾼들은 더 받은 것도 없지만 덜 받은 것도 없습니다. 이 점에서 정의가 손상되지 않았습니다. 그러면 본문이 말하고자 하는 것은 무엇인가요?

주인의 처사가 정의를 넘어서 있다는 것입니다. 한 데나리온이란 노동자의 하루 품삯입니다. 그래서 한 가족의 식솔들이 최소한의 생존권을 지탱하는 액수에 불과했습니다. 그것마저 없으면 한 가족의 생존권이 위협을 받게 되는 것입니다. 그러기에 주인의 자비는 정의를 넘어서 인간의 생존을 향하고 있는 것입니다. 새벽에 온 일꾼들이 약속대로 한 데나리온 품삯을 받고 오후 늦게 온 일꾼들은 일한 시간만큼 해당 급료(노동자의 하루 품삯에도 모자라는)를 받는다면 공평할지는 모르나 거기 '샬롬'은 없습니다.

샬롬, 그 평화는 마치 추석 보름달처럼 이지러짐이 없어야 하기 때문입니다. 만인이 행복해도 한 사람이 불행하면 참 평화(샬롬)가 아니기 때문입니다. 나는 포도원에 새벽부터 와서 땡볕에서 종일 일한 사람들이 주인을 향해서 임금 투쟁(?) 하는 것에는 동의하고 싶지는 않습니다. 주인이 약속을 어겼다면 동의하겠지만 말입니다. 그보다 너무 늦은 오후에 일했기에 하루 품삯을 다 받을 자격이 없지만 그 노동자와 식솔의 하루 생존을 위한 최소한의 품삯을 선뜻 내준 포도원 주인의 자비 행위가 감동적입니다. 이 자비 속에는 정의는 정의대로 이루어지게 하면서도 정의가 미치지 못하고 아우르지 못하는 삶의 현실을 돌보는 손길이 있어서입니다. 그늘진 곳이 없어서입니다.

이것이 '샬롬'입니다.

이와 같이 꼴찌가 첫째가 되고 첫째가 꼴찌가 될 것이다. (마 20:1-16)

:: 새김

넉넉해질수록 더욱 가난해지는 이유가 있습니다.

이웃에 사는 아무개가 사냥을 나갔다가 토끼 두 마리를 잡아 와서 한 마리를 내게 주었습니다. 내가 그에게 '고맙다'고 인사하자 그는 화를 내면서 이렇게 말했습니다. "받는 사람이 고마워하면 어떻게 하느냐. 그건 계산을 해뒀다가 되갚겠다는 뜻이 아니냐. 주는 사람이 고마워해야 하는 거 아니냐. 내걸 받아 주었으니 고마운 게 아니냐."

인사를 바꾸세요. 세상이 점점 궁핍한 까닭은 인사가 뒤바뀌었기 때문입니다.

우리 속에서 탄생하는 행복

누구에게 나의 무엇을 '나눈다' 는 것은 그것이 물질이건 마음이건
그것 또한 '우리의 행복' 을 도모하기 위해서 하는 실천인 것입니다

정현종은 '절망할 수 없는 것조차 절망하지 말고' 라는 시에서 '행복은 행복의 부재를 통해서만 존재하기 시작한다. 행복은 불행이 낳은 천사이며 이미지이다…' 라고 했습니다. 시인의 행복론에 의하면, 행복은 불행의 현존 속에서만 인간이 간절하게 꿈꾸는 것이란 암시를 던져줍니다. 지난주에 우리는 '샬롬 '의 광의적이고 깊은 의미를 숙고했습니다. 오늘도 그 연장선에서 이야기가 계속되는 것입니다. 사람이 행복을 느끼는 것은 참다운 불행을 알면서부터 시작된다고 할 수 있습니다. 아파봐야 건강의 소중성을 체득하듯이 말입니다. 우리가 유난히 '샬롬 '을 입에 올리고, 행복을 말하고 관심을 기울이는 이유는 그만큼 우리 사회가 또는 내가 행복하지 않다는 반증이기도 합니다. 필요는 결핍의 다른 얼굴이니까요.

그러면 과연 행복은 성취가 불가능한 환상이란 말인가요? 아닙니다. 오늘 우리가 읽은 성서는 그렇게 말하지 않습니다. 행복의 부재 가운데 추구하게 되는 행복, 불행 속에서 찾으려는 그 행복은 단지 무지개를 잡으려는 소년의 헛된 수고가 아니라 삶의 실제 속에 내재해 있다고 말하는 것입니다. 그 삶의 실제란 무엇입니까? 오늘 성서가 제시하는 바를 시인의 문장으로 고쳐본다면, '행복은 개인적인 것이 아니다. 즉 행복이라는 이미지는 [우리] 속에서 탄생하는 것이다.'

예수님은 말씀하십니다. '남을 불쌍히 여기는 사람은 행복하다.' 그래서 행복이 개인적인 것이 아니라는 말입니다. 개인적인 행복의 추구가 얼마나 사악한 삶으로 유도되는지를 우리는 역사 가운데에서 얼마든지 봐왔습니다. 그렇다고 전혀 예외가 없다는 뜻은 아닙니다. 그럼에도 우리는 행복을 이야기할 때 개인의 영역으로 축소하여 말하고 실제로 그렇게 인식합니다. '나는 행복하다' 든가 '그 사람은 불행하다' 라는 어법에 익숙하잖아요? '나의 행복을 위하여' 라든지 '당신의 행운을 빈다' 라는 표현도 마찬가지입니다. 이러는 중에 우리는 행복을 이기주의와 처세주의의 구실로 삼고 있는 것입니다. 그리하여 부지불식간에 사적인 울타리 안에 '행복' 을 가둬두고 사육하고 있는 것입니다. 버트런드 러셀이 그 탁월한 식견으로 《행복론》을 썼죠. 그러면서 행복의 걸림돌이 뭐라고 했는지 아시지요? 질투, 경쟁, 권태와 흥분, 죄의식, 피해망상이라고 했습니다. 이런 문제 단어들을 보면 그동안 우리가 행복을 개인적 차원에서만 취급했다는 것을 알 수 있습니다.

행복은 개인의 울타리 안에 가둬둘 수 있는 심리적인 '천사'가 아닙니다. 그것은 '우리들' 속에서 탄생하고 '우리' 속에서 성장하고, '우리를' 통해 꽃핍니다. 이러한 행복을 '사회적 차원의 행복'이라고 명명하고, 이 행복의 사회성에 대한 이해를 위해 '폴리크라테스Polycrates' 이야기를 해보도록 하겠습니다.

폴리크라테스는 자모스 섬의 군주였습니다. 그는 어느 날 갑자기 엄청난 부와 명예를 갖게 되었지만, 그와 동시에 그에 맞먹는 공포에 사로잡히게 됩니다. 당시의 사람들에겐 '지나친 행복은 신의 질투를 산다'는 속담이 있었습니다. 그래서 그는 사소한 불행을 일부러 만들기로 마음먹었습니다. 신의 질투를 피하기 위해서 그는 아끼던 반지를 바다에 던집니다. 그런데 어부가 이상한 물고기를 잡아 그것을 군주에게 바칩니다. 그 고기 뱃속에 그 반지가 있었습니다. 군주의 수작을 신이 용납하지 않는다는 뜻인가요? 아니면 불행을 막을 수는 없다는 의미일까요? 여기서 말하는 '신들의 질투'는 한 개인의 행복을 위해 양보되고 빼앗긴 수많은 다수의 불행을 의미하는 게 아닌가요? 이 설화에서 작자는 행복이 어느 한 사람의 노리개가 아니라는 것을 말하려고 합니다.

심령이 가난한 사람, 온유한 사람, 화평케 하는 사람, 의에 주리고 목마른 사람에 대한 행복 선포는 이것을 뒷받침하고 있습니다.
사실 이 본문은 '산상 수훈'이 아니라 '행복 선언문'이라고 해야 맞
습니다. 예수님이 말하는 행복은 개인의 협소한 울타리를 벗어나 있
습니다. '나의 행복'이 아니라 '우리의 행복'을 말하고 있습니다. 그
러니 '나만은 행복하다'고 말할 수 있는 것을 기뻐하기보다는 '더불
어 행복한 우리' 쪽을 택하는 용기가 필요한 것입니다. 오늘 본문은
그런 용기의 촉구입니다. 기독교 신앙이란 본래, 일상적인 사회 관
습적 가치로부터 벗어나는 것이고, 파격적인 가치를 세우는 것이 아
닙니까? 예수님의 삶, 죽음, 부활, 가르침이 그런 거 아니었습니까?

누구를 위해 기도를 한다는 것, 그것은 애초 '우리 행복'을 위해
필요했던 것입니다. 누구에게 나의 무엇을 '나눈다'는 것, 그것이
물질이건 마음이건 간에 그것 또한 '우리의 행복'을 도모하기 위해
서 하는 실천인 것입니다. 행복은 개인의 소유가 될 수 없습니다. 행
복은 '우리 속에서 탄생한다'고 예수님은 말씀하고 있습니다.

> 남을 불쌍히 여기는 사람들은 행복하다.
> 하나님도 그들을 불쌍히 여기시기 때문이다. (마 5:7)

:: 새김

매일 실천할 수 있는 작은 '나눔'의 방법이 있느냐구요.

우리는 매일 23,040번 호흡합니다. 일생에 두 번, 태어날 때와 죽을 때를 제외하고는 늘 쌍으로 숨을 쉽니다. 이것이 가장 손쉬운 '나눔'입니다.

남의 행복에 같이 행복해지지 않는 것은 울타리를 치고 살기 때문입니다. 단지 바람과 빛의 울타리만 있다면 그는 건너편 양지쪽의 아지랑이를 황홀하게 여길 것입니다.

기도로 행복을 구하는 사람들이 있습니다. 기도는 처지와 상황을 반전시키는 묘술이 아닙니다. 더욱 곤경에 빠뜨려서 벌건 대낮에 별을 보게 하려는 것입니다. 그렇게 기도를 쓰고 가르침을 받을 수만 있다면 경지에 이를 수 있습니다.

:: 톺음

러셀, 버트런드 Bertrand Arthur William Russell(1872~1970)

영국의 수학자, 철학자, 수리논리학자, 역사가, 사회 비평가. 20세기를 대표하는 지성인이라고 할 수 있다. 1900년대 초반 루트비히 비트겐슈타인과 함께 분석 철학을 창시한 인물 중 하나이자, 20세기의 선구적인 논리학자로도 꼽히고 있다. 화이트헤드와 함께 수학으로 논리학의 기틀을 닦으려는 시도로 《수학의 원리Principia Mathematica》를 저술하기도 했다. 반전 운동가, 반제국주의 운동가로, 1차 세계대전 때 반전 운동을 하다 감옥에 수감되었으며, 미국의 베트남 전쟁 반대 운동을 펼쳤고 핵무장 반대 운동에도 열렬히 참가했다. 1950년 다양하고 의미 있는 저술을 인정받아 노벨 문학상을 받았다.

《행복론 The Conquest of Happiness》

러셀의 대표적인 저서로 대중들의 인기를 모았다. '불행한 사람은 자기 안에 갇혀 죄와 어리석음에 집착하는 사람이다. 그러면 불행의 가능성만 높아진다. 불행의 유형은 죄책감, 자기도취, 과대망상, 걱정, 권태, 피로, 질투, 피해망상, 죄의식 등이다. 불행에서 벗어나는 방법은 자기로부터 벗어나 관심을 외부로 돌리는 것이다. 근본적인 행복은 인간과 사물에 대한 따뜻한 관심에서 비롯된다. 그 관심의 영역은 폭넓어야 하고 그 깊이는 깊어야 한다. 자기 외부의 주제에 대한 몰입만이 행복을 가져다 줄 수 있다'는 것이 요지이다. 러셀의 학문적 업적이나 왕성한 사회 활동을 보면 이런 결론들은 그의 개인적 경험에서 나왔을 것이다.

그 예수를 찾아내라!

영혼이 순수한 동심만이 우리들 삶의 뒤안길에 버려진 배고픈 예수를 발견하고
빵과 포도주를 가져다 줄 수 있습니다

우리 예배당에 나무로 십자가를 깎는 장로님이 있습니다. 작고,
크고, 못생기고, 잘생긴 십자가를 틈만 나면 만듭니다. 그러다가 나
무에 구멍을 뚫는 기계에 손을 다치고 말았습니다. 붕대를 칭칭 동
여매고 예배당엘 오셨는데, 그 장로님의 손을 보고 어느 나이 드신
교우가 어찌 된 영문인지 물었습니다. 장로님은 여차저차해서 이렇
게 되었다고 대답을 하셨습니다. 그 다음 날, 어제 장로님의 다친 손
에 대해서 묻던 그 나이 드신 교우가 장로님 댁을 방문하여 뭔가를
장로님에게 내밀었습니다.

"뭐예요?"

"……어제 장로님이 십자가를 만드시다가 다친 손을 보았잖아
요. 그걸 보고 집으로 돌아가면서 '피는 얼마나 흘렸을까', '밤새 손

은 얼마나 저렸을까' 마음이 아팠어요. 그래서 오늘 내가 피 뽑는 데 (적십자 혈액원) 가서 피를 뽑고 그 증서를 받아왔어요. 어제 흘린 피에 보탬이 될까 싶어서요."

이 실화에 버금갈 영화 한 편이 있었죠. 제목이 〈마르셀리노〉인데요, 스페인의 한 수도원에서 일어나는 기적 이야기를 그린 흑백 영화입니다. 마르셀리노라는 소년이 있었습니다. 수도원 앞에 버려진 고아입니다. 수도원에 있던 12명의 수도사들이 그를 길렀습니다. 마르셀리노는 수도사들이 잘 키워 구김살 없는 장난꾸러기로 자랍니다.

그 수도원에는 출입이 금지된 다락방이 하나 있었습니다. 호기심이 많아진 마르셀리노가 어느 날 그 방에 들어갑니다. 거기서 마르셀리노가 본 것은 다른 것이 아니었습니다. 머리에 가시면류관을 쓰고 십자가에 못 박혀 있는 예수상입니다. 그 예수는 배고프고 지쳐 보였습니다. 아니, 마르셀리노가 그렇게 느낀 것입니다. 그날부터 마르셀리노는 수도사들 몰래 부엌에서 빵과 포도주를 훔쳐서 다락방 예수상 앞으로 가져갑니다. 그러고는 그림 앞에 포도주와 빵을 내려놓아두면 놀랍게도 몹시 배가 고팠던 예수가 내려와서 그 빵과 포도주를 먹고 마시는 것이었습니다. 그리고 예수와 마르셀리노는 대화도 나누었습니다.

그러던 어느 날 예수님이 마르셀리노에게 소원 하나를 말하라고 합니다. 마르셀리노는 어머니가 보고 싶다고 말했습니다. 그러자 예수님이 그를 꼬옥 안아주었습니다. 예수의 팔에 안긴 마르셀리노는 하늘나라로 올라갑니다. 그런데 바로 그 순간, 부엌의 음식이 자꾸 없어지는 것을 눈치챈 수도사들이 마르셀리노를 미행하다가 마르셀리노가 예수님의 품에서 하늘로 올라가는 장면을 목도합니다. 수도사들에 의해 소문이 마을에 퍼졌고, 많은 사람들이 구름떼처럼 이 수도원으로 몰려옵니다.

감동적이죠? 그런데 무엇이 우리를 감동케 하는 것입니까? 그림에서 걸어 나와 음식을 먹는 예수인가요? 아니면 예수의 품에 안겨 하늘로 올라가 어머니를 만나는 장면인가요? 물론 그와 같은 것들 역시 감동이 아닐 수는 없습니다. 그러나 오늘 우리가 본문을 틀삼아 얻게 되는 감동은 그런 게 아닙니다.

수도사들, 예수 때문에 먹고 마시며 사는 그들조차 배고픈 예수를 알지 못합니다. 느끼지 못했습니다. 그러나 개구쟁이 소년, 버려져서 자라는 아이가 골방에 처박혔던 예수를 발견합니다. 소년의 가슴에 비친 예수님은 배고프고 지쳐 있습니다. 이 의미심장한 구도가 우리들 영혼의 옆구리를 쿡쿡 찌르지 않습니까? 영혼이 순수한 동심만이 배고픈 예수를 찾아냅니다. 우리들 삶의 뒤안길에 버려진 예수를 발견합니다. 청결하고 고귀한 영혼을 소유한 사람만이 배고픈 예수님에게 빵과 포도주를 가져다 줄 수 있습니다. 이쯤에서 우리는, 어린아이와 같아야 천국에 들어 갈 수 있다는 말씀의 의미를 저절로 알게 됩니다. 나는 그 '어린아이 같음'을 자신의 피를 빼서, 헌혈 증서를 가지고 엊그제 장로님 댁을 찾았던 그 늙은 교우에게서 보는 것입니다.

아울러, 우리의 예수, 우리가 주인으로 고백하는 우리의 예수가 혹시 우리의 교회 안에서, 또는 우리의 영혼 깊은 곳에서 굶주리고 있지나 않을지, 우리의 따뜻한 삶의 구석진 방에 홀로 방치되어 굶주리고 있지나 않은지, 우리의 풍요롭고 기름진 아름다운 교회에 박제처럼 걸어두고는 우리끼리 즐겁게 살고는 있지 않을지 두렵습니다. 모름지기 '어린아이가 된다'는 뜻은 그 존재의 품질만이 아니라, 행동의 방향성을 유도하는 적극적인 측면도 있지 않을까 싶습니다.

그 예수를 찾아내라!
그리고 그 예수에게 너의 빵과 포도주로 공궤하라!

하나님의 나라는 이런 어린아이와 같은 사람들의 것이다. (눅 18:16)

* 공궤供饋 : 윗사람에게 음식을 받들어 드림.

:: 새김

예수님은 늘 우리 주변에 있다고 합니다만 쉽게 발견할 수 없습니다.

하나님은 입자이며 파동입니다. 입자는 들이마셔야 하고 파동은 올라타는 것입니다. 이것이 하나의 삶이 되게 하라는 것입니다. 예수님이 부자와 가난한 사람들에게 하셨던 동일한 말씀입니다.

:: 톺음

〈마르셸리노 Miracle of Marcelino〉

1954년에 만들어진 스페인 영화. 원제는 〈마르셸리노의 기적〉. 호세 마리아 산체스 실바의 원작을 라디슬라오 바흐다 감독이 영화로 만들었다. 1956년 칸 영화제 그랑프리를 수상한 명화다. 주인공 마르셸리노 역을 연기한 파블리토 칼보는 이 영화로 칸 영화제 특별 아역상을 받았다. 국내 영화 〈오세암〉의 스토리가 이 영화 스토리라인과 비교된다. 국내에서는 원작이 오래 전에 〈빵과 포도주의 마르첼리노〉〈마르첼리노의 빵과 포도주〉 등의 제목으로 출판되었다. 작가 호세 마리아 산체스 실바는 1911년 스페인 마드리드의 매우 가난한 집에서 태어났으나 10살에 고아가 된 불행한 삶을 살았다. 그러나 각고의 노력으로 신문기자와 작가가 된 인물로 이 작품도 자전적 요소가 많은 작품이다. 1968년 아동도서의 노벨상이라는 한스안데르센상 대상을 받았다.

서울의 바다

사막의 내장 그 어딘가에는 우물이 숨어 있는 그 때문에
사막은 아름다운 땅이고 살 만한 땅입니다

지난 화요일에 점심을 먹다가 어느 집사님으로부터 '서울의 도로(이는 비단 서울만의 문제가 아니지만) 정책이 인간 심성과 국민성에 끼치는 영향'에 대한 이야기를 들을 수가 있었습니다. 천만 번 동의가 되는 그런 이야기였지요. 그때 저는 정호승의 '서울에는 바다가 없다'라는 시가 생각나는 거였습니다.

서울에는 바다가 없다
서울에는 사람 낚는 어부가 없다
바다로 가는 길이 보이지 않아
서울에는 동백꽃이 피지 않는다
사람들이 이슬에 젖지 않는다….

서울에는 갈매기가 날지 않는다….

꽃도 피지 않고 새도 날지 않는 곳, 이곳이 시인이 바라보는 서울입니다. 이곳에서는 사람들이 '이슬에 젖지 않으며', '바다를 그리워하는 일조차 두려워' 합니다. 목이 마르고 숨이 턱턱 막힙니다. 한마디로, 서울은 '사막' 입니다. 시인은 '서울=사막' 이라고 말하고 싶은 것입니다. 가도 가도 무거운 다리만 푹푹 빠져드는 사막과 같은 곳이 서울입니다.

시인의 이 한탄은 달랑 '서울' 에 국한된 이야기가 아니라는 것을 눈치 챌 수 있습니다. 우리가 사는 이 세상을 의미합니다. 시인이 말하는 '서울' 은 우리가 미처 깨닫지 못했거나, 깨달았다 하더라도 벗어날 수 없어 허덕대며 살아야 할 삶의 자리를 지칭하는 보통 명사일 뿐입니다. 우리가 시인의 의도를 오해한 것이 아니라면, 우리는 황량한 사막을 힘들게 통과해 가야 하는 '유랑민' 인 셈이죠. 그래서 이해인의 말대로 '목마르지 않은 날이 하루도 없습니다.'

그러나 우리가 사막을 걷는 것과 같은 생을 살고 있다고 할지라도, 이거 하나를 다시 알아야 하는 겁니다. 사막은, 모든 사막은 샘을 품고 있다는 사실 말입니다. 흔히 우리가 말하는 오아시스는 산에 있지 않습니다. 강에도 없습니다. 단지 사막에만 오아시스가 있습니다. 그것은 《어린 왕자》의 생텍쥐페리가 가르쳐준 교훈이기도 하죠. "사막은 아름다워." 어린 왕자가 말합니다. 사막이 아름답다니요? 그 이유가 뭡니까? 어린 왕자가 다시 말합니다. "사막이 아름다운 건 어딘가 우물이 숨어 있어서야."

그렇습니다. 사막에는 우물이 숨어 있습니다. 사막은 그때문에 아름다운 것입니다. 사막의 내장 그 어딘가에 숨어 있는 그 우물 때문에 사막은 살 만한 땅입니다. 이 간단한 메타포가 우리의 직장, 사회, 삶에 골고루 적용 해석이 가능합니다. 정호승의 비극적인 '서울' 인식이 이제 생텍쥐페리의 '우물'에 의해 해석의 완성을 봅니다. 이 불모의 땅 '사막-서울'을 그래도 우리로 하여금 살 만하게 만드는 것은, 이 '사막-서울'이 아니라 '사막-서울'이 품고 있는 '우물'이 있다는 통찰 말입니다.

이것을 우리가 알아야 합니다. 대부분의 사람들이 사막을 통과하듯 살아가지만, 그저 단순하게 '사막'을 사는 사람과, 사막이 우물을 품고 있다는 사실을 알고 사는 사람은 다릅니다. 우물을 발견하는 사람은 그 순간 건조했던 생이 돌연 변하여 윤기 있게 빛나기 시작합니다.

성경에 나오는 사마리아 수가라는 성에 살던 한 여인의 삶이 그러했습니다. 어느 날 "내가 주는 물을 마시는 사람은 절대로 목마르지 않을 것이다"라고 '우물'이 여인에게 말했습니다. 그때 여인은 사막에도 우물이 있다는 것을 깨달았습니다. 그리고 여인은 사막에서 '우물'을 발견합니다. 사막 속에 숨어 있는, 수가 성의 여인이 발견한 그 '우물'은 우리도 이 사막 같은 '서울살이'에서 발견해야 하는 '우물'이기도 합니다.

모든 사막은 그 가슴에 샘을 품고 있습니다. 그렇기 때문에 우리가 표면의 사막만을 보고, '서울에는 바다가 없다, 동백꽃도 피지 않는다. 이슬에도 젖지 않고, 갈매기도 날지 않는다'고 투덜대서는 안 됩니다. 그 사막의 내부에 숨어 있는 샘을 발견하고 아름다운 사막을 통과하고, 아름다운 '서울'의 기쁨을 살아야 합니다.

내가 광야와 사막에 강물을 흐르게 하여 택한 내 백성들이 마시게 하겠다. (사 43:20)

:: 새김 ....

우리 생활 중에서 '우물'이 있을까요.
거시巨示를 버리고 미시微示로 살라는 것입니다.

:: 톺음

정호승(1950~)

시인. 1950년 하동에서 태어나 대구에서 성장했다. 경희대 국문과와 대학원을 졸업했다. 1972년 한국일보 신춘문예에 동시, 1973년 대한일보 신춘문예에 시, 1982년 조선일보 신춘문예에 단편소설이 당선되었으며, '반시反詩' 동인 활동을 했다. 시집으로 《슬픔이 기쁨에게》《서울의 예수》《새벽편지》《별들은 따뜻하다》《사랑하다가 죽어버려라》《외로우니까 사람이다》《눈물이 나면 기차를 타라》《이 짧은 시간 동안》《포옹》 등이 있다. 소월시문학상, 동서문학상, 정지용문학상, 편운문학상, 가톨릭문학상, 상화시인상, 지리산문학상 등을 수상했다. 90년대 이후 가장 폭넓은 대중적 지지를 받은 시인으로, 민중들의 삶에 대한 깊고 따뜻한 관심과 애정을 일상의 쉬운 언어로 그려왔으며, 관찰의 성실함과 성찰의 진지함으로 민중들의 애환과 시대의 문제를 형상화하였다.

산에서 피고 지는 꽃

이항대립의 흑백으로만 설정되어 있는 세상을 '갈 봄 여름 없는'
꽃 핀 세상으로 만들라는, 또는 그런 꽃이 되라는 것입니다

"'눈은 눈으로, 이는 이로'라는 말씀을 너희는 들었다. 그러나
나는 이렇게 말한다. 앙갚음하지 말아라. 누가 오른뺨을 치거든 왼
뺨을 돌려대고 또 재판에 걸어 속옷을 가지려고 하거든 겉옷까지도
내 주어라. 누가 억지로 오 리를 가자고 하거든 십 리를 같이 가주어
라. 달라는 사람에게 주고 꾸려는 사람의 청을 물리치지 말아라."(마
5:38-42)

눈길이 닿는 곳마다 꽃 천지입니다. 그래서 우리들의 마음속에
피어 있는 꽃노래 하나를 듣겠습니다.

산에는 꽃 피네

꽃이 피네
갈 봄 여름 없이
꽃이 피네

산에
산에
피는 꽃은
저만치 혼자서 피어 있네

산에서 우는 작은 새여
꽃이 좋아
산에서
사노라네

산에는 꽃 지네
꽃이 지네
갈 봄 여름 없이
꽃이 지네

어떤 이들은 '산유화山有花'가 여러 꽃 중에 어떤 한 종류의 꽃을 가리키는 줄 알지만 그렇지 않습니다. '산에 피고 지는 모든 꽃'을 일컫는 보통 명사입니다. 그러면 오늘 우리는 꽃에 관한 시 한 편을 앞에 두고 어떤 신학적인 통찰과 신앙적인 배부름을 얻을 수 있을까요?

우리가 이 시를 읽을 때 유감하는 단어는 어떤 것입니까? '꽃이 피다'와 '꽃이 지다'라는 두 대립적인 반대어가 동의어처럼 같은 문맥 속에 등장하는 것을 볼 수 있습니다. 즉 첫 연과 마지막 연은 한 자도 틀리지 않은 반복 연으로 되어 있음에도 '피다'라는 말이 '지다'라는 반대어로 바뀌어 있습니다. 그런데 어떻습니까? 슬프거나 어색하지 않지요? '핀다'는 단어가 마음을 환하게 할 때, '진다'라는 표현을 통해 슬퍼야 하는데 그렇지 않다는 것입니다. 아무런 문제가 없어요. 마치 당연하다는 듯이, 다른 두 단어는 한 뜻처럼 읽혀지고 느껴지는 겁니다. 이게 시인이 부리는 이 시에서의 마술이에요. 그렇습니다. 시인이 창조한 시적 공간에서는 '피다'와 '지다'의 모순을 허용하고 있습니다.

꽃이 '핀다'는 것은 '열린다'는 것입니다. 꽃이 '진다'는 것은 '닫힌다'는 것입니다. 말하자면 꽃이 핀다고 하는 것이 '삶生'이라면, 꽃이 진다는 것은 '죽음死'입니다. 그러니까, 사는 것과 죽는 게 한 자리에 설치되어 있는데 아무렇지도 않은 겁니다. 아니, 아무렇지도 않은 사태를 넘어 마치 '지는 것'이 '피는 것'인 양 받아들여지는 것입니다.

사실 '피다'와 '지다'는 인간의 삶에 있어서 영원한 이항대립적인 의미를 가집니다. 그것은 결코 하나가 될 수 없는 운명인 것으로 우리는 받아들이며 삽니다. 그런데 시인은 피는 것과 지는 것이 등식이 되는 놀라운 공간과 의식을 창조하고 있습니다.

우리가 눈여겨 느껴야 하는 게 또 하나 있습니다. 그것은 시인이 '갈 봄 여름 없이'라는 말로 '겨울' 즉 '죽음'을 계절에서 제외시키고 있다는 것입니다. 보통 어법으로 사계절을 이야기할 때 어떻게 합니까? '봄 여름 가을 겨울' 이렇게 합니다. 원래 계절에는 서열과 등차가 없음에도 우리는 의례적으로 봄을 시작으로 하고 겨울을 끝으로 하는 순차성을 부여합니다. 그래서 계절은 그만 선형적線形的인 게 되어버리고 말았습니다. 그러나 시인은 봄보다 가을을 앞에 놓음으로써 그 순차성을 바꿔놓았을 뿐만 아니라, 자연스럽게 겨울을 슬며시 건너뛰는 것입니다. 시인의 세계에는 '지는' 게 '피는' 것일 뿐만 아니라, 아예 겨울이 없어요. 그래서 마치 시인의 산에서는 계절과 관계없이 언제나 꽃이 피는 것처럼 느끼게 하고 있지 않습니까? 그리고 선형적線形的인 시간을 순환적循環的인 것으로 바꾸어 놓습니다. 우리들 인생사의 마당에서는 봄에는 꽃이 피고 겨울에는 꽃이 집니다. 피고 지는 것이 정반대의 흑백 대립으로 설치됩니다. 그러나 시인의 동산에서는 계절의 분절이 사라지고, 피고 지는 대립도 소멸됩니다. 사시사철 꽃이 피고 있는 공간은 사시사철 꽃이 지는 공간이기도 한 것입니다.

비단 피고 지는 것만이 하나가 된 것은 아닙니다. 시인의 산은 혼자 있는 것도 함께 있는 것도 하나로 그려지고 있습니다. '산에 산에 피는 꽃은 저만치 혼자서 피어 있네' 하여 꽃의 외로움을 말해줍니다. 깊은 산속이니까 꽃들은 혼자서 피었다가 혼자서 집니다. 그러나 3연으로 오면 산에서 우는 작은 새는 꽃이 좋아 산에서 운다고 합니다. 혼자 피는 꽃이기 때문에 작은 새는 꽃을 좋아하는 것이고 그래서 산에서 꽃과 더불어 사는 것입니다. 혼자와 둘, 피고 지는 이 항대립의 흑백 현장을 시인은 총체적으로 넘어서고 있습니다. 시인은 다른 시인들처럼 꽃의 일상적이고 일반적인 한 면만을 우리에게 조망케 하는 게 아니라, '피고 지는' 것과 '혼자와 함께'라는 포용의 공간을 만들어주어 꽃의 양면성을 알게 해줍니다.

바로 이것입니다. '피다'와 '지다'의 이항대립을 하나의 공간 속에 포섭하는 기능이 신앙입니다. 그리고 그것을 발휘하는 통찰의 마당이 교회이며, 그것을 실천하는 장이 십자가입니다. 오늘 예수님이 하시는 말씀을 자세히 들여다보세요. 그야말로 '이항대립'의 생생한 실례들이 아닙니까? 그걸 어떻게 하라는 것입니까? 지식이나 계율로 극복하라는 말씀이 아닙니다. 혼자와 둘, 피고 지는 이항대립의 흑백 현장을 총체적으로 넘어서는 생활과 의식의 시공간을 획득하라는 것이 아닙니까? 이런 사람이 되어야 비로소 삶의 가변성을 벗어나게 되는 것이고, 그래야 '구원' 또는 '영원'이라 일컫는 영원성에 이르게 되는 것입니다. '갈 봄 여름 없이 피는 꽃'의 세계 말입니다.

   오늘 예수님의 말씀은 이항대립의 흑백으로만 설정되어 있는 세상을 '갈 봄 여름' 없는 꽃 핀 세상으로 만들라는, 또는 그런 꽃이 되라는 가르침이 아니겠습니까? 그것은 곧 하나님 나라의 '산유화山有花'인 것입니다.

   "네게 구하는 자에게 주며 네게 꾸고자 하는 자에게 거절하지 말라." (마 5:42)

:: 톺음

김소월(1902~1934)

시인. 본명 김정식, 소월이라는 호로 더 널리 알려져 있다. 평안북도 출신. 오산학교, 배재고보, 도쿄상업대학에서 공부했다. 관동대지진 때 귀국하여 고향에서 여러 사업을 했으나 모두 실패, 극도의 가난에 시달리면서 정신적 충격을 술로 견디다 아편 복용으로 자살했다. 서구 문학이 도입되어 마구 범람하던 시대에 민족 고유 정서를 시로 쓴 민족 시인이며 추상적인 관념이 넘치던 시대에 구체적 표상으로 시를 써온 특별한 시인이다. 대표작으로 〈진달래꽃〉〈산유화〉〈초혼〉〈개여울〉 등이 있고 시집으로 《진달래꽃》이 있다.

침묵 속의 교감

말을 통해 전달되는 진리는 왜곡되기 쉽지만 침묵을 통해 전달되는 진리는
왜곡의 염려를 하지 않아도 됩니다

언어는 종종 우리를 배반합니다. 속마음과는 전혀 다른 엉뚱한
말을 지어내기도 하고, 또 말이 나오는 순간 자신의 의도와는 영 딴
판으로 상대방에게 전달되기도 하죠. 물론 언어가 사람과 사람 사이
를 연결해주는 소중한 수단이라는 걸 왜 모르겠습니까. 언어의 역할
이 그만큼 중요하기 때문에, 본질에서 벗어난 언어의 왜곡 문제를
말하려는 것이죠.

언어의 부실함과 소음과 같이 횡행하는 언어의 횡포에 시달리면
서도 말을 하지 않을 수 없는 현대인들에게 〈작은 신의 아이들 Children
of lesser God〉이라는 영화가 주는 교훈은 큽니다. 이 영화는 마치 설리
반과 헬렌 켈러의 이야기를 보는 듯합니다. 말을 듣지 못하는 고집 센

여자와 농아들에게 말을 가르치는 농아학교 선생 사이에 벌어지는, '소리'를 초월한 사랑을 보여주는 영화입니다. 이 영화는 진정한 이해와 커뮤니케이션은 말의 많고 적음, 또는 말을 하느냐 안 하느냐에 있지 않으며, 보다 본질적인 감정의 교류에 의존한다는 교훈을 줍니다.

여주인공 사라는 듣지 못하는 청각장애인입니다. 그녀는 물론 말도 못 합니다. 말을 배우려는 노력도 거절합니다. 자기만의 침묵 세계를 구축하여 그 속에 칩거합니다. 그리고 누구도 그녀의 세계를 열지 않습니다. 그런 그녀 앞에 선생인 제임스가 등장합니다. 그러고는… 그렇고 그렇게 진행이 됩니다. 그래서 헬렌 켈러의 이야기와 흡사하다는 겁니다.

그러나 두 사람 사이에는 사랑이 있음에도 불구하고 무수한 갈등이 도사리고 있습니다. 모든 사랑이 갈등의 요소를 전제로 하는 것이긴 하지만, 이들에겐 다른 사람보다 훨씬 더 많은 갈등의 요소들이 있었습니다. 제임스는 그 갈등을 해결하는 방법 중 하나가 사라가 말을 배우는 거라고 생각을 합니다. 언어가 소통의 가장 확실한 수단이라고 믿는 믿음 때문이었습니다. 이것은 마치 우리가 걷지도 못하는 갓난아이에게 말을 가르치려는 것과 다르지 않습니다. 그것은 소통의 효율성을 기대하기 때문입니다. 하지만 사라가 어떻게 반응했을까요? 거절합니다. 사라의 생각에 제임스가 자기에게 말을 가르치려는 것은 '제임스의 사람'으로 만들기 위해서라고 생각을 합니다. 사라는 제임스에게 사라를 사라인 채 내버려두라고 말합니다. 그것은 그들에게 결정적인 균열의 요소가 되었습니다. 이것은 일종의 소리와 침묵의 싸움이기도 했습니다.

그러나 영화는 그렇게 끝나지 않습니다. 사람과 사람 사이에는 말이 있어야 소통이 가능하다는 상식을 뛰어넘어가고 있기 때문입니다. 그것을 넘어서는 것이 '사랑'이라는 것을 제임스와 사라가 보여줍니다.

제임스가 어느 날 사라에게 이런 제안을 합니다. '소리의 세계도 아니고 침묵의 세계도 아닌, 그 어떤 곳에 가서 살자'고 말입니다. 그들이 현실 세계를 모르고 이런 말을 할 리 없습니다. 이런 세계가 어디에 있겠습니까? 이것은 특정한 공간이나 장소를 말하려는 게 아닙니다. 제임스와 사라는 그런 세계가 오직 그들만의 내면에 있다는 사실을 서로에게 말하는 것이었습니다.

우리가 다 아는 것이지만, 오늘 우리의 인간관계 속에 있어야 하는 것은 상호간의 진실한 감정의 따뜻한 교류입니다. 영악하고 날렵한 언어의 소통이 아닙니다. 진리는 물론 말을 통해서 전달되지만, 가장 큰 진리는 침묵 속에 또아리를 틀고 있는 법입니다. 말을 통해 전달되는 진리는 왜곡되기 쉽지만, 침묵을 통해 전달되는 진리는 왜곡의 염려를 하지 않아도 됩니다. 그 큰 진리가 바로 '사랑'인 것입니다. 우리는 '사랑'을 생활의 도구 정도로만 취급하려는 경향이 있습니다. 아닙니다. '사랑'은 진리의 영역에서 취급되어야 합니다. 그리고 그 '진리'는 '침묵의 길'에서만 획득되는 것입니다. '사랑'은 침묵의 길에서만 얻어지는 진리입니다.

진리의 메신저임을 자처하는 기독교가 때로는 자신의 말이나 목소리를 조금씩 줄여서 침묵, 침묵 속에 도사리고 있는 더 큰 진리, 즉 사랑으로 하여금 모든 것을 말하는 때가 되었으면 하는 것입니다. 세상은 지금 그런 기독교가 되기를 바라고 있는 것입니다.

바울이 말하는 바, '사랑이 없으면…' 하는 말도 '침묵'을 통해 교감하라는 것이 아니고 무엇이겠습니까?

내가 사람의 방언과 천사의 말을 할지라도 사랑이 없으면 소리 나는 놋쇠와 울리는 꽹과리에 지나지 않습니다. (고전 13:1)

:: 새김

'누구의 사람'이 된다는 게 사랑과 행복의 시작일까요.
아닙니다. 오늘날 신경생리학은 관능과 오르가즘이 상대를 붙들어두려는 트릭tric이라고 합니다. 그렇게 함으로써 안정감을 누리겠다는 거죠. 반대로 그 누구에게도, 그 무엇에도 속하지 않을 때 그는 진정 사랑하고 행복할 수 있습니다. 그래서 진리는 자유인 것입니다.

말로 오해를 풀 수 있을까요.
인간은 자신이 나온 침묵의 세계와 자신이 들어갈 또 하나의 침묵의 세계 사이에서 살고 있습니다. 인간의 언어 또한 이 두 침묵의 세계에서 나온 것이므로, 이 두 세계에서 유지되는 것입니다. 그러므로 이 오해를 먼저 풀어야 합니다.

침묵을 지키기란 몹시 힘이 듭니다.
침묵이 효과적이라면 그것은 이미 '신앙' 입니다.
그러므로 바른 신앙은 곧 '침묵' 이 될 터입니다.

:: 톺음..

〈작은 신의 아이들 Children of lesser God〉
란다 헤인즈 감독의 1986년작 미국 영화. 윌리엄 허트, 말리 매틀린 등이 출연한다. 청각장애인 연기를 한 여주인공 말리 매틀린은 실제 청각장애인으로, 태어난 지 18개월 만에 청력을 잃었다. 그러나 이 영화에서 뛰어난 연기력을 보여 그해 아카데미 여우주연상을 받았다. 자신은 '농아배우' 가 아니라 '배우이면서 농아인 한 인간' 이라고 말해온 그녀는 이후에도 〈어두워질 때까지〉〈워커〉 등의 영화와 텔레비전 드라마에 출연, 왕성한 활동을 보이며 자신이 진정한 배우임을 증명해보였다.

죄의 짐과 고난의 짐

내가 남의 짐을 져줄 때 상대방의 짐이 훨씬 가벼워질 뿐만 아니라
내 짐까지도 가벼워진다는 역설의 진리를 맛보아야 합니다

교회를 다니는 사람이건 아니건 간에, 성서에 등장하는 문장 중
에 가장 마음에 드는 문장을 고르라면, 대부분은 오늘 우리가 읽은
마태복음 11장 28절을 꼽는다는 이야기를 어디서 들은 적이 있습니
다. 그러나 이 말씀은 누구나 다 좋아할, 어떤 상황에 처한 누구에게
나 적용되는 그렇게 호락호락한 말씀은 아닙니다. 여기서 말하는
'무거운 짐'은 '아무 짐이나'를 의미하지 않습니다. 예수님 당시의
어려운 사람들은 먹고 살기도 그나마 힘들었는데, 회당에 나가서까
지도 걸머져야 할 이런저런 율법의 굴레들이 많아서 그걸 '무거운
짐'이라고 했던 것입니다. 요즘 말로 하면 '교회가 교인들에게 지우
는 부담감과 죄의식' 같은 것입니다.

신화 속의 인물 시시포스를 아시지요? 거대한 바위를 밀고 산꼭대기까지 올라갑니다. 땀을 뻘뻘 흘리며 산의 꼭대기까지 밀고 올라가면 그 바위는 곧바로 산 아래로 굴러 떨어집니다. 그러면 시시포스는 다시 처음의 장소로 내려가 그 무거운 바위를 끌어올려야 합니다. 바위는 끊임없이 굴러 떨어지고, 그 때문에 그의 수고는 영원히 끝나지 않습니다. 인간들이 짊어진 수고로운 운명의 비참함을 말해주는 이야기입니다.

　인간들의 삶에는 얼마나 많은 짐들이 있습니까? 시시포스의 바위와 마찬가지로, 하나가 끝났나 싶으면 다른 하나의 짐이 스르르 굴러 들어옵니다. 새로운 짐이 더 무겁고 힘든 짐일 때도 있고, 한꺼번에 여러 개의 짐이 엄습하기도 합니다. 그것이 인생입니다. 어쩌면 인생 자체가 짐인지도 모르겠습니다. 그게 불교의 핵심적인 가르침이기도 합니다. 사는 게 '괴롭고 무거운 짐'이라는 겁니다.

　그런데 뜻밖의 음성이 있습니다. '수고하고 무거운 짐 진 사람들은 다 내게로 오라'는 예수님의 말씀입니다. 그러나 그 '짐'은 인생 자체이기도 한 그 '짐'을 말하는 것은 아니라는 것을 우리가 알지 못하면 큰 혼란에 빠지고 맙니다. 인생 각자가 짊어진 짐은 그렇게 호락호락 맡겨지지도 않을 뿐더러, 맡겼다고 하더라도 전혀 가벼워지지 않는다는 것입니다. 이 말씀은 그저 '종교적인 굴레'로서의 짐을 의미합니다. 그러면 뭐냐, 기독교의 핵심이 겨우 그것이냐, 문게 됩니다. 그렇지 않습니다. 그래서 우리는 성서의 문장 하나를 다시 음미해야 합니다.

너희가 짐을 서로 지라. 그리하여 그리스도의 법을 성취하라. (갈 6:2)

이 말은 여태 우리가 궁리한 '짐' 가운데는 하나님께 '맡길' 짐이 있는 것이고, 그렇지 못할 짐이 있다는 뜻입니다. 마태복음의 그 '짐'은 맡겨야 하는 짐입니다. 그러나 그 외의 짐들은 우리가 '서로 나눠 져야' 하는 짐인 것이지요. 그게 신앙생활인 거예요. 그러면 그리스도의 법을 우리가 우리의 삶을 통해 성취하는 것입니다. 짐은 나눌 때 반감됩니다. 어떤 광고 카피에 '슬픔은 나누면 반이 되고, 기쁨은 나누면 배가 된다'고 하지 않습니까? 이렇게 하나 마나한 말이 바로 기독교의 진리인 것입니다.

종교적인 짐은 맡기고(벗어던지고), 삶의 짐들은 서로서로 나눠지라는 것입니다. 이게 기독교이며, 이게 그리스도의 가르침이라는 것입니다. 내가 남의 짐을 져줄 때, 내가 져줌으로 하여 상대방의 짐이 훨씬 가벼워질 뿐만 아니라, 내 짐까지도 가벼워진다는 역설의 진리를 우리가 맛보아야 합니다.

"내가 보살펴줄 사람이 나 외에 아무도 없는 사실이 수치스러워." 하고 에밀 아자르의 소설 《가면의 생》에 등장하는 코라는 말합니다. 우리가 다 이 형국입니다. 내가 대신 짐을 져줄 사람이 있음으로 인하여, 실은 내 삶의 짐이 그만큼 덜어진다는 이 진리를 우리가 알아야 합니다. 이거 이해되세요? 아니, 공감이 되느냐고요?

어쩌면, 짐을 서로 나눠 지는 것이 짐을 주께 맡기는 일인지도 모릅니다. 우리는 이런 식으로 서로 짐을 나눠 짐으로 우리의 짐을 주께 맡기는 것입니다. 그래야 그리스도의 법을 성취하는 것이라는 말씀이 그런 설득력을 갖게 됩니다. 그런데 짐 하나가 더 있습니다. 하나는 '맡길 짐'이고, 다른 하나는 '서로 나눠 지는 짐'입니다. 그리고 마지막 하나는 '자기가 져야 하는 짐'입니다.

각각 자기의 짐을 질 것임이니라. (갈 6:5)

아무도 대신 져줄 수 없는 짐이죠. 마치 예수님이 '십자가에 달려 죽어야 하는 짐'은 스스로 져야 하는 짐인 것과 같이 말입니다. 이런 짐들이 우리 모두에게 있다는 것입니다. 홀로 감당해야 하는 짐이 있는 것입니다. 주께 맡기는 짐이 죄라면, 서로 나눠지는 짐은 고난이라 하겠습니다. 그리고 의당 자기 자신이 짊어져야 하는 짐은 의무이거나 책임이겠습니다.

제 몸으로 지고 있는 짐이

너무 무겁다고 느껴질 때 생각하라

얼마나 무거워야 가벼워지는지를.

내가 아직 자유로운 영혼

들새처럼 날으는 영혼의 힘으로 살지 못한다면

그것은 내 짐이 아직 충분히 무겁지 못하기 때문이다.

– 정현종 〈절망할 수 없는 것조차 절망하지 말고〉

수고하고 무거운 짐 진 자들아 다 내게로 오라. 내가 너희를 쉬게 하리라. (마 11:28)

:: 새 짐

우리가 서로 나누어서 질 짐이 있을까요.
나눠야 할 짐은 없습니다. 애초에 남에게 지우지 말아야 할 짐만 있습니다. 세상은
항상 자기 짐을 남에게 지워놓고 나누어 지는 시늉을 합니다. 그걸 '교리'라고 합
니다.

'자기가 져야 할 짐'을 감당해낼 방법이 있습니다.
예수가 말합니다. "그런 짐은 쉽고 가볍다." 짐이 무겁고 괴롭다는 장애를 걷어내는
도구가 '기도'입니다.

시시포스

라틴어로는 시지푸스Sisyphus라고 한다. 고대 그리스 신화의 인물로 코린토스 시를 건설한 왕이었다. 그리스 신화 속에서 인간 가운데 가장 교활하고 영리한 인물로, 신들까지도 그에게 속아 넘어갈 정도였다. 제우스가 죽음의 신을 보내도 그를 속여 가둬버렸고, 어쩔 수 없이 저승에 갔을 때는 저승의 신 하데스를 속여 다시 지상으로 올라와 장수를 누렸다. 죽은 뒤에 신들을 기만한 죄로 커다란 바위를 산꼭대기로 밀어 올리는 벌을 받았는데, 그 바위는 정상 근처에 다다르면 다시 아래로 굴러 떨어져 형벌이 영원히 되풀이된다. 영원한 죄수의 화신으로 잘 알려져 있다. 현대의 작품으로는 부조리에 관한 알베르 카뮈 문학적 에세이 《시지프의 신화Le Mythe de Sisyphe》로 유명하다.

《가면의 생》

작가 로맹 가리가 '에밀 아자르'란 가명으로 1976년 펴낸 세 번째 책. 전체 작품으로는 스무 번째로 발표된 것이다. 작가가 러시아계 유태인으로 겪었던 '소외와 전쟁과 홀로코스트와 불평등'에 대한 쓰라린 체험이 녹아들어가 있다. 스무 살 때 집필을 시작해 청춘 시절과 장년을 거치며 '쓰다가 포기했다가 다시 쓰기를 반복'한 이 작품은 예순 살이 넘어서야 완성되었다. 대작가와 신인의 면모를 함께 살펴볼 수 있는 소설이다.

돌연변이 사랑

서로 마음을 같이 하는 것, 자신과 다른 사람의 동질성을 인정하는 것,
함께 즐거워하고 함께 우는 감정의 교류, 이것이 사랑입니다

몇 주 전에 나는 25살 먹은 둘째 딸과 다투었습니다. 평상平床을 펴놓고 번역 일을 하던 딸의 곁을 지나다가 그만 내 발톱이 '그녀'의 맨살 무릎을 스쳤던 것입니다. 순간 비명을 지르는 '그녀'를 향해 나는 대뜸, 뭐 그 정도 가지고 그처럼 소리를 지르느냐고 했더니, 그는 금세 얼굴이 상기되어 내게 이렇게 말하는 것이었습니다. "아빠가 잘못했으면 미안하다고 하는 게 먼저지, 어떻게 그런 식으로 말씀하실 수 있어요?" 피차 부주의해서 일어난 우연한 일이고, 나도 매우 아프던 터라 나는 '그녀'의 말을 수긍하기 이전에 괘씸한 생각이 먼저 드는 것이었습니다. 그렇게 말하는 '그녀'가 먼저 '미안해요, 아빠' 그러면 될 일을 자기 입장에서만 말하는 게 얄미웠던 것입니다.

페르디난트 퇴니에스라는 독일의 사회학자가 있습니다. 그는 두 종류의 공동체를 말합니다. '게젤샤프트Gesellschaft'와 '게마인샤프트Gemeinschaft'입니다. 게젤샤프트란, 계약적인 인간관계로서 개개인이 각자의 필요에 의해서, 자신들의 이익을 추구하기 위해 결합된 사회를 말합니다. 게마인샤프트는, 어떤 의도적인 목적이나 이해관계에 의해 형성된 것이 아니라, 마치 우리가 각자의 가정에 자연스럽게 소속되는 것처럼 상호 친밀하게 결부된 사회를 말하는 것이죠. 우리는 흔히 전자를 '이익사회'라 부르고 후자를 '공동사회'라고 이름 붙였습니다.

뭐, 다른 이야기를 하려는 것은 아닙니다. 사회도 그렇지만, 우리 집에서의 경험만 보더라도 가족의 성향이 게마인샤프트에서 게젤샤프트로 바뀌어졌다는 이야기를 하려고 하는 것입니다. 제가 그날, '그녀'의 무릎에 제 발톱이 닿아서 문제가 되었던 그날, 뭐라고 했는지 아세요? "가족이란 구태여 말로 고백하거나 표현하지 않고도 표정으로 용납하고 이해하는 관계다." 그랬습니다. 그랬더니 '그녀'는 아니랍니다. 꼭 말로 해야지, 그렇지 않으면 소통이 되지 않는다는 것입니다. 그게 더욱 나를 서글프고 화나게 했던 것 같습니다. 사실 '그녀'도 매사를 말로 하지 않습니다.

계산된 이익이 판치는 삶은 인간 스스로의 실종을 가져옵니다. 그렇게 되면 사랑도 거래가 됩니다. 요즘 우리 주위를 둘러보면 '사랑'이 '거래'가 되는 것을 종종 보지 않습니까? 그러다 보니 '사람보다는 애완견이 더 믿음직스러운' 사태가 생겼습니다. 이것은 사랑의 대상을 정하는 우선순위의 혼란입니다. 그것은 단지 혼란의 문제만은 아닙니다. '혼란'이 '다른 사랑' 즉, 사랑이 아닌 것을 사랑이라고 착각하게 만드는 것입니다. '돈 사랑', '개 사랑', '곤충 사랑', '책 사랑', 이런 표현들은 엄밀히 말하면 '사랑'의 범주거나 대상에 들 수 없는, 가치 체계의 혼란으로 빚어진 돌연변이와 같은 것입니다. 모름지기 '사랑'이란 서로간의 가치 조화여야 하고, 그리고 '사랑'의 행위를 통해 상호 가치 상승을 공유할 수 있을 때에만 '사랑'이라 할 수 있습니다. 그러나 앞에 나열한 것들은 일방적인 것들이고, 내가 독점하게 되는 것들 아닙니까? 왜 이런 '사이비' 사랑이 등장하는가 하면, 사람에 대한 진정한 사랑이 '이익'과 '계산'에 빠져버렸기 때문입니다. 그래서 퇴니에스의 이론대로 우리 사회가 게젤샤프트로만 가고 있는 것입니다.

디모데에게 보낸 바울의 편지에서도 이런 염려를 읽을 수 있습니다.

"네가 이것을 알라. 말세에는 사람들이 자기를 사랑하며, 돈을 사랑하며, 교만하며, 비방하며… 쾌락 사랑하기를 하나님 사랑하는 것보다 더 한다."(딤후 3:1-4)

사랑하지 않는 사람이 어디 있습니까? 사랑해보지 않은 사람이 어디 있겠습니까? 그러나 그 '사랑'이란 따지고 보면, '사람'을 사랑하는 게 아니라 '돈'이거나, 쾌락이거나, 그 돈과 쾌락의 무덤인 '자기 자신'이 아닙니까? 돈이 무엇입니까? 게젤샤프트를 지탱하는 거의 유일한 공통분모가 아닙니까? 쾌락이 무엇입니까? 찰나주의와 에고이즘의 가시적 형태가 아닙니까? 그러니 '돈을 사랑한다' 함은 돈의 노예가 되는 것입니다. 쾌락을 사랑한다는 것은 소중한 인생을 낭비한다는 뜻입니다. 자기밖에 사랑하지 않는다는 것은 아무도 사랑하지 않는다는 말과 다르지 않습니다. 자기 가족을 사랑하지 않는 사람이 없겠지만, 그때의 가족이란, 사실상 에고의 연장에 불과하다는 것을 기억해야 합니다.

그러면, 이 시대에 사랑을 되찾는다는 말은 게젤샤프트에 잠식되어 가는 게마인샤프트 정신을 회복하는 것입니다. 성서의 사랑도 역시 그것을 가르치고 있습니다. 오늘 우리가 읽은 로마서 12장이 바로 그것입니다. '즐거워하는 자들로 함께 즐거워하고, 우는 자들로 함께 울라. 서로 마음을 같이하라.'는 것입니다.

서로 마음을 같이 하는 것, 자신과 다른 사람의 동질성을 인정하는 것, 함께 즐거워하고 함께 우는 감정의 교류, 이것이 사랑입니다. 우리가 해야 하는 사랑입니다. 이것이 오늘날 이해관계로 오염된 우리들의 본질적인 의지, 우리들의 게마인샤프트, 우리들의 공동체를 회복할 수 있는 중요한 걸음입니다. 오늘처럼 마음을 한데 모으기 어려운 세상에서 '마음을 같이 하라'는 요구는 얼마나 진실하고 긴요한 덕목인지 모릅니다. 그렇지 않습니까?

서로 마음을 같이 하라. (롬 12:15)

:: 새김

가족이란 엄밀히 말해서 이익사회적 요소도 갖고 있지 않을까요.
'어머니는 영원히 죽지 않습니다. 어머니의 역할은 맡은 여자는 죽지만 어머니는 창세기 이래로 한 번도 죽지 않은 영원한 모상입니다.'(최인호,《어머니는 죽지 않는다》 203p)
그렇습니다. 가족이 이익관계적 요소를 갖는다면 그것은 어머니가 '여자'일 때에만 그렇습니다. '어머니' 또는 '아버지'로서는 그럴 수 없습니다.

:: 톺음

퇴니에스, 페르디난트 Ferdinand Tonnies(1855~1936)
독일 사회학자. 사회유기체설과 사회계약론을 결합한 이론을 전개, 《게마인샤프트와 게젤샤프트Gemeinschaft und Gesellschaft》라는 저서로 유명하다. 그의 사회학 이론의 핵심은 '의지'의 분석이다. 행위의 실용성보다는 내적 가치로 판단한다. 따라서 합리성에 따라 달라지는 본질 의지와, 목적을 위해 수단을 선택하는 임의 의지를 구분한다. 본질 의지는 공동사회(게마인샤프트), 임의 의지는 이익사회(게젤샤프트)의 속성이다. 사회적 관계에 자발적 의지 및 행위가 어느 정도 존재함을 인정했으나, 모든 사회 조직은 본질 의지(공동사회의 속성)와 임의 의지(이익사회의 속성)의 성격을 동시에 나타내는 집합 의지를 담고 있다고 생각했다. 홉스로부터 임의 의지라는 개념을 빌려오기도 했던 그는 홉스 저작의 영어판 편집자로서도 유명했다.

'게젤샤프트 Gesellschaft'와 '게마인샤프트 Gemeinschaft'

퇴니에스가 그의 저서《게마인샤프트와 게젤샤프트Gemeinschaft und Gesellschaft》에서 체계화한 사회 조직의 이념 유형. 사회 체제의 성격에 관한 개념을 게마인샤프트(공동사회)와 게젤샤프트(이익사회)의 구별에 바탕을 두고 있다. 게마인샤프트의 전형은 이전 시대의 농촌 사회다. 대인 관계가 전통 관습대로 맺어진다. 사람들은 단순 솔직하게 상대와 직접 접촉한다. 이런 관계는 자연스럽고 자발적인 감정과 정서에서 나오는 자생적 의지로 결정된다. 게젤샤프트는 자생적 의지와 대조적인 합리적 의지의 산물이다. 관료와 산업 조직이 지배하는 현대 사회가 그 전형이다. 게젤샤프트의 합리적 이기주의와 타산적 행동은 게마인샤프트의 가족 · 친척 · 종교와 같은 전통적 유대를 약화시킨다. 게젤샤프트에서는 인간관계가 능률이나 정치경제적 이익에 따라 합리적으로 맺어진다. 때문에 비인격적이고 간접적이다. 하지만 게마인샤프트가 낭만적이고 게젤샤프트가 합리적이라고 분류할 수는 없다. 게마인샤프트와 게젤샤프트는 이념형에 불과할 뿐 분류상의 범주가 아니다.

마이너스의 전능全能 '어둠'

하늘을 보는 일, 체온을 느끼며 하늘을 보는 일, 우리의 사랑도
하늘을 바라보는 일이 없이는 불가능하다고 말하는 것입니다

'어둠'이란 생래적으로 파괴적입니다. 어둠은 '형태'를 파괴합니다. 색채도 지우고요, 모든 '있는' 것들을 없애버립니다. 그 무엇도 '어둠' 앞에서는 맥을 추지 못합니다. 어둠 속에서는 크고 작은 구별도 없습니다. 좋은 것과 나쁜 것의 구별 또한 불가능합니다. 중요한 것과 중요하지 않은 것, 의미 있음과 의미 없음의 구별도 없습니다. 고정희 시인은 '이 어둠 속에서는 / 흰 것도 검은 것도 없어라 / 덕망이나 위선이나 증오는 더욱 없어라…' 라고 노래하였지요. 모든 것을 완벽하게 무화無化시키는 마이너스의 전능, 그것이 어둠의 생리입니다. 어둠이 손을 뻗으면(그게 사람의 마음이든, 사랑의 관계든) 모든 '있는' 것들은 돌연 잿더미처럼 형체를 허물고 무너져 내려버립니다.

그런 이유 때문에 우리는 어둠을, 극한의 희망 없음에 대한 비유로 받아들입니다. '깜깜한 절망감'이라는 관용구에 우리가 익숙해져 있는 것도 '어둠'의 생리가 관성화되어 있기 때문입니다. 예를 들면, 어떤 사람이 '이 시대의 어둠'이라는 표현을 썼다고 합시다. 그러면 그 사람은 그가 살고 있는 시대의 절망과 막막함에 대해서 말하고 있는 것이지요. 우리는 우리의 삶 곳곳에서 암담함, 희망 없음을 '어둠'으로 표상지우는 현실을 직면하곤 합니다.

　　그러면 삶의 곳곳에서, 어느 때든 직면하게 될 '어둠'에 들 때, 우리가 할 일은 무엇일까요? 어떤 이는 '기도할 때'라고 할 것이고, 어떤 이들은 어둠이 물러갈 때까지 지켜보라고 할 것이고, 어떤 이들은 현학적으로 자신을 밝혀 어둠을 물리치라고 할 수도 있습니다. 그러나 그렇게 탄력성이 있어 보이지는 않습니다. 이왕 고정희라는 시인의 시각으로 '어둠'을 엿보았으니 그녀에게서 답을 찾아보는 것도 좋을 듯합니다.

> …이 어둠 속에서 우리가 할 일은 / 오직 두 손을 맞잡는 일 / 손을 맞잡고 뜨겁게 부둥켜안는 일 / 부둥켜안고 체온을 느끼는 일 / 체온을 느끼며 하늘을 보는 일이거니….
> – 고정희, 〈서울 사랑 – 어둠을 위하여〉 일부

　　시인의 생각을 우리는 알 수 없습니다. 그저 오늘 우리의 입맛대로 새겨본다면, 그녀의 '맞잡고 부둥켜안고 체온을 느끼는 일'이 '사랑'이라고 하는, 정의가 불가능한 절대 가치의 한 실습이라고 해석하고 싶습니다. 여러분은 이 대목에서 어떤 이해가 돋아나는지요? 시인은, 어둠의 현실에 대해 사랑을 말함으로써, 어둠과 사랑을 역설적인 것으로 대비시킴으로써, 혹시 어떤 참담한 어둠도 사랑에 의해 무화될 수 있다는, 또 모든 것을 무화시키는 그 참담한 어둠조차 사랑에 의해 무화될 수 있다는 신념을 토로하는 것이라고 해석하는 것입니다. 사랑이 곧 빛이므로, 빛인 사랑을 만들어내라고, 부둥켜안고 체온을 느끼며 빛을 만들어내라고, 그게 이 땅에서 어둠에 직면하여 살아야 될 사람들의 숙명과도 같은 것이라고 말하는 것입니다.

그런데 저는 이 시가 여기서 끝나지 않는다는 것을 발견합니다. 참담한 현실의 어둠에 사랑이라는 빛을 가능케 하는 어떤 힘, 그 근원에 대해서 말하기를 잊지 않고 있습니다. 그것은 '부둥켜안고 체온을 느끼며 하늘을 보는 일'입니다. 하늘을 보는 일. 체온을 느끼며 하늘을 보는 일. 우리의 사랑도 하늘을 (바라)보는 일이 없이는 불가능하다고 말하는 것입니다.

하늘이라니? 하늘이 무엇입니까? 그것은 비유적으로 하나님의 거주지입니다. 그리고 우리들 유한한 인간이 꿈꾸는 종말론적 희망입니다. 결국 '하늘'은 우리의 유일한 구원의 창구인 셈입니다. 모

든 것을 무화無化시키는 이 어둠의 마이너스 전능全能을 역으로 무화
시키는 전능, 인간사의 온갖 어둠들을 폐기시킬 수 있는 유일한 구
원은 오로지 하늘로부터 비롯된다는 것입니다.

봄 하늘이 오늘처럼 파랗고 높아서, 구름조차 가벼워 보이는 날
은 몇 번이고 하늘을 바라보게 되는 것입니다.

그들의 눈을 뜨게 하여 어둠에서 빛으로, 하나님에게로 돌아오게 하고…. (행 26:18)

:: 톺음

고정희 (1948~1991)

시인. 전남 해남에서 출생하였고, 한국신학대학을 졸업하였다.《현대시학》에 〈연
가〉가 추천되어 문단에 나왔다. 1983년《초혼제》로 '대한민국문학상'을 탔다. 1991
년 지리산 등반 도중 실족 사고로 작고했다. 〈또 하나의 문화〉 창간 동인, 〈여성신
문〉 초대 편집주간 등의 활동을 했다. 시집《누가 홀로 술틀을 밟고 있는가》《실락
원 기행》《초혼제》《이 시대의 아벨》《눈물꽃》《지리산의 봄》《저 무덤 위에 푸른 잔
디》《광주의 눈물비》《여성해방출사표》《아름다운 사람 하나》 등과 유고 시집《모든
사라지는 것들은 뒤에 여백을 남긴다》가 있다. 15년 동안 펴낸 11권의 시집은 그가
매우 왕성하게 작품 활동을 했다는 증거이다. 그의 작품들은 기독교적 세계관, 민중
문학, 여성 해방을 지향하는 페미니즘 문학, 서정적인 사랑시에 이르기까지 매우 다
양하고 열정적인 모습을 보여주고 있다.

귀 기울임

잘 듣는 것이 잘 말하는 것보다 훨씬 중요한 까닭은
가장 잘 듣는 사람이 가장 잘 말하는 사람이기 때문입니다

에밀 아자르의 소설 《자기 앞의 생》에 나오는 주인공도 '모모'
이지만, 미하엘 엔데의 동화 속에 나오는 신비한 매력을 지닌 소녀
의 이름도 '모모' 입니다.

그녀가 한 마을에 불쑥 나타났을 때, 그녀는 고아에다가 불쌍한
거지였습니다. 그런데 마을 사람들은 이 보잘것없는 소녀에게서 엄
청난 재능을 발견하게 됩니다. 어린 소녀 모모가 가진 남다른 재능,
오직 모모만이 가지고 있는 독특하고 신비한 재능, 그것은 아무 일
도 하지 않는 것이었습니다. 그리고 가만히 앉아 사람들의 이야기를
주의 깊게 듣고만 있는 일이었습니다.

사람들은 자신들의 문제를 모모 앞에 가져와 송두리째 쏟아놓았고, 모모는 그 앞에 앉아 한마디 말도 하지 않고 그저 주의 깊게 듣기만 하는 거였습니다. 그러면 사람들은, 자기 말을 마치고 나서 고맙다고 인사를 하고 돌아가는 것이었습니다. 모모는 아무 말도 하지 않았는데 말이죠.

미하엘 엔데는, 모모가 그렇게 주의 깊게 들어주는 동안, 말하는 사람은 자기 속에 있을 거라고는 미처 생각하지 못했던 놀라운 지혜들을 깨닫게 된다고 말합니다. 잘 듣는 일은 잘 말하는 일보다 천 배나 소중한 일입니다. 사실 우리가 아는 것처럼, 말하기도 어렵지만 잘 듣기는 더욱 어렵습니다. 특히 요즘 사람들은 남의 말에는 귀 기울이지 않으면서 자기 주장만을 강요하는 데 익숙하지 않습니까?

그런데요, 대부분의 경우 우리들의 삶 속에 벌어지는 다툼이나 혼란은 잘 들을 줄 모르는 데에서, 잘 듣지 않으려는 데에서 생기는 것입니다. 조금만 더 상대방의 의견에 귀 기울일 수 있다면 충분히 예방할 수 있는 불행한 사태의 속출을 우리는, 신문과 방송을 통해서만 아니라, 일상의 경험들 속에서 수없이 만납니다.

남의 이야기를 잘 들으려 하지 않는다는 것은, 남의 의견을 존중하지 않는다는 뜻입니다. 남의 의견을 존중하지 않는다는 것은 남의 입장에 대해서 추호도 고려하지 않는다는 것입니다. 그것은 결국 자기만을 생각할 뿐으로, 자기가 중심이고 자기가 전부여서 자기 외에는 누구도 아는 바 없다는, 편협하고 악취 나는 이기주의의 소산인 것입니다.

그러니 모모처럼 잘 들을 줄 아는 귀, 잘 들을 줄 아는 것이야말로 재능 중의 재능에 해당하는 것입니다. 그렇습니다. 이 시대에 잘 듣는다는 것은 확실히 재능입니다. 성서는 우리에게 충고하기를, '귀를 막아 듣지 아니하면 자기의 부르짖을 때에도 들을 자가 없으리라(잠 21:13)'고 합니다.

> 서로 귀 기울이고
> 서로 이해하고 서로 사랑하기 위해
> 인간은 태어났다

프랑시의 시인 엘뤼아르의 시 '죽음 사랑 인생' 중의 한 부분입니다. 우리가 이 세상에 태어난 것은 서로 귀 기울이기 위해 태어났다는 것입니다. 서로 이해하고, 서로 사랑하기 위해 태어났다는 것입니다. 그것은 곧 '귀 기울이는 것'이 서로 사랑하는 것이고, 서로 이해하는 것이란 말입니다. 사랑이 별겁니까? '서로에게 귀 기울이는 것'이 아닙니까? 그게 인생이라고 엘뤼아르는 말하는 겁니다.

그는 또한 '서로'라는 단어를 반복해서 쓰고 있습니다. 그냥 귀를 기울이고, 사랑하고, 이해하는 게 아니라, '서로' 이해하고, '서로' 사랑하고, '서로' 귀 기울이는 것입니다. 이것은 '나' 라는 존재가 본래적으로 관계 가운데 있다는 것이며, 더 나아가 '나' 도 '관계'에 다름 아니라는 말입니다.

그러니, '관계가 없는' 또는 '관계를 이탈' 한 실존에게만 '듣는 일' 이 무의미한 것입니다. 잘 듣지 않는다는 말은, '관계를 이탈한 존재' 라는 뜻입니다. 잘 듣는 것은, 거듭 말하거니와 잘 말하는 것보다 훨씬 중요합니다. 왜냐하면, 가장 잘 듣는 사람이 가장 잘 말하는 사람이기 때문입니다.

사연을 듣기 전에 대답하는 자는 미련하여 욕을 당하느니라. (잠18:13)

:: 톺음

엘뤼아르, 폴 Paul Eluard(1895~1952)

프랑스 시인. 사랑의 시인 또는 정치적 시인이란 평을 받는다. 제1차 세계대전에 참전했으며, 전후 초현실주의 운동의 중심에서 활동했다. 스페인 내전 때 인민전선에 참가하여 활약하기도 했다. 제2차 세계 대전이 일어나자 레지스탕스로 활동했다. 주로 출판물을 통해 저항 운동을 펼쳤는데, 영국 항공대를 동원해 《시와 진실》이라는 자기 시집을 수천 부씩 뿌리기도 했다. 시집《고뇌의 수도首都》《사랑, 그것은 시詩》《정치적 진실》등이 있다. 초기에는 사랑을, 후기에는 정치적인 현실을 주제로 삼았다. 불연속적 이미지와 논리를 무시한 비유 등으로 초현실주의적 특징을 강하게 표출한다. 불안과 고뇌, 연애와 전쟁을 주제로 삼으면서도 "한 인간의 지평선은 모든 인간에게 공통한다."라고 읊은 바와 같이 인간에 대한 신뢰와 연대를 주장하며 자유와 인간애를 노래했다. 참여 문학에 가담했으나 그의 주제는 언제나 영원한 사랑과 죽음, 평화, 자유였다

참다운 삶과 만남

인간은 '만나는 존재'로 만들어졌기 때문에 '만남'을 통해서만
더욱 빛나는 존재가 되기 때문에, 우리는 만납니다, 그리하여 우리는 삽니다

서정윤이라는 시인의 '홀로서기'라는 시가 한때, 젊은이들 사이
에 광풍처럼 몰아친 적이 있습니다. 그때는 아마 '무소의 뿔처럼 혼
자서 가라'는 〈우파니샤드〉의 경구도 친구해서 함께 널리 회자되었
을 것이라고 추억됩니다. 제가 구태여 '홀로서기'와 '무소의 뿔처럼
혼자서 가라'를 '추억' 한다고 표현하는가 하면, 그 두 문장에 대해
서 동의하지 않는다는 뜻입니다.

〈홀로서기〉의 첫 문단은 이렇습니다.

기다림은
만남을 목적으로 하지 않아도

좋다.
가슴이 아프면
아픈 채로,
바람이 불면
고개를 높이 쳐들면서, 날리는
아득한 미소.

어디엔가 있을
나의 한 쪽을 위해
헤매이던 숱한 방황의 날들.
태어나면서 이미
누군가가 정해졌었다면,
이제는 그를
만나고 싶다.

'홀로 선다'는 말은 참으로 매력적입니다. 우리가 언제까지나 다른 사람의 도움을 필요로 하며 산다면, 다른 사람의 다리나 팔로 서게 된다면 참으로 안타까운 일일 것입니다. 그래서 갓난아이가 직립하여 혼자 발을 떼어놓을 때, 사람들은 박수를 치며 격려와 탄성을 질러댑니다. 드디어 자립하는 인생이 되기 시작했기 때문입니다. 또 학교를 마치고 직장을 얻고 장가나 시집을 들면 모든 것을 스스로 판단하고 해결해야 합니다. 이것 또한 축하 받아 마땅한 일일 것입니다. 저는 청년의 때에 이 시를 들으며 시인이 철학적 빈곤 상태일 것이라고 생각했습니다.

모든 참다운 삶은 '만남'이라는 마틴 부버의 충고를 망각하고 있었기 때문입니다. 〈홀로서기〉의 4번 째 연은 이렇게 되어 있습니다.

누군가가
나를 향해 다가오면
나는 움찔 뒤로 물러난다.
그러다가 그가
나에게서 멀어져 갈 땐
발을 동동 구르며 손짓을 한다.

만날 때 이미
헤어질 준비를 하는 우리는,
아주 냉담하게 돌아설 수 있지만
시간이 지나면 지날수록
아파오는 가슴 한 구석의 나무는
심하게 흔들리고 있다.

떠나는 사람은 잡을 수 없고
떠날 사람을 잡는 것만큼

자신이 초라할 수 없다.

떠날 사람은 보내어야 한다.

하늘이 무너지는 아픔일지라도.

'만날 때 이미 헤어질 준비를 하는' 그에게 자기 아닌 다른 사람은 무엇이겠습니까? 사람의 삶이 만남을 지향하지 않는다면, 다른 사람은 더 이상 그에게 사람으로 존재하지 않는다는 뜻입니다. 그 순간 그의 눈에 사람은 사람으로 보이는 게 아니라, 하나의 물격物格으로 화해버리고 맙니다. 신의 형상을 가진, 신성한 '너'의 상실, 그로 말미암은 인격의 참담한 붕괴는 '너'를 '그것'으로 만들어버리죠. 인격은 더 이상 목적이기를 중단하고, 수단으로 전락해버립니다. 그리하여 누군가가 다가오면 '움찔' 뒤로 물러나게 되는 거죠.

모든 참된 삶, 모든 뜻있는 삶은 '만남'입니다. 바람이 돌을 만나고, 꽃이 나비를 만날 때, 어둠이 밝음을 만나고, 천둥 번개가 구름을 만날 때 생명이 시작됩니다. 그래서 생명은, 삶은 만남인 것입니다. 우리 인생살이 중에 '만남'만큼 가장 큰 하늘의 선물은 없습니다. '누군가 다가오면 물러서는 것', '마음의 창을 꽁꽁 닫는 것', '인간에게서는 더 이상 아무것도 바랄 게 없는 줄 알고 허탈하게 웃는 것', '아무도 나를 도와주지 않기 때문에 나 또한 누군가를 도우려고 해서는 안 된다'고 하는 게 '홀로서기'는 아닙니다.

그때, 《홀로서기》라는 시집이 바람을 일으킬 때, 에리히 케스트너Erich Kastner의 〈마주 보기〉라는 시가 있었습니다.

> 너와 내가
> 당신과 당신이
> 마주 봅니다.

생각해보세요. 누군가가 다가오면 움찔 뒤로 물러서는 게 아니라, '너와 내가' '마주 봅니다'라고 하지 않습니까? 소박하지 않습니까? 따사로움이 피어나지 않습니까? 케스트너는 계속 말합니다. 그렇게 뒤로 물러서지 않고 '너와 내가 마주 보면' '파랑 바람이 붑니다' '싹이 틉니다' 하고 말합니다. 마치 김수영의 '꽃의 호명' 같지 않습니까?

너와 내가 눈을 마주치는데, 당신과 당신이 서로 마주 쳐다보는데, 아, 바람이 일어난다는 것입니다. 따뜻하고 행복한 파랑 바람이 분다는 것입니다. 그리하여 싹이 튼다는 겁니다.

나는, 마주보는 '너와 나' 사이에 파랑 바람이 불어온다는 사실을 추호도 의심하지 않습니다. 파랑 바람이 불고, 그러면 새싹이 틉니다. 우리가 알거니와 모든 위대한 일의 시작은 눈이 마주치면서 시작됩니다. 만나는 게 중요합니다. 움찔 뒤로 물러나는 게 아닙니다. 마음을 창을 꽁꽁 닫는 게 아니라 바라보는 게 중요합니다. 금방 마음을 열 수 없는 상황이라면 바라라도 보아야 합니다.

너와 내가
당신과 당신이
마주 봅니다.
파랑 바람이 붑니다.
싹이 움틉니다.

고급 수학으로
도시의 성분을 미분합니다.
황폐한 모래더미 위에
녹슨 철골들이 흩어져 있습니다.
서로서로
핏발선 눈들을 피하며
황금충 떼가 몰려다닙니다.
손이 야구장갑만 하고
몸이 미이라 같은 생물들이
허청허청
이리 몰리고 저리 몰립니다.

우리가 쌓아 온 적막 속에서
우리가 부숴 온 폐허 위에서

너와 내가
당신과 당신이
마주봅니다.
파랑 바람이 붑니다.
싹이 움틉니다.

피곤에 지친 눈을 들어
사랑에 주린 눈을 들어
너와 내가
당신과 당신이
마주봅니다.

마술의 시작입니다.

인간은 물론 단독자입니다. 단독자로 자연 앞에 서게 되고, 하나님 앞에 서야 합니다. 그러나 인간은 만남을 지향하도록 만들어졌습니다. '하나님의 형상을 따라 지어졌다'는 말은 그것입니다. '만나는 존재'로 지어졌다는 뜻입니다. 왜냐하면 인간은 '만남'을 통해서만 더욱 빛나는 존재가 되기 때문입니다. 우리는 만납니다, 그리하여 우리는 삽니다.

"나의 사랑하는 자는 내게 속하였고, 나는 그에게 속하였구나." (아가 2:16)

:: 새김

쉽게 마음을 열지 못하는 사람들이 있습니다.

때가 왔다고 믿어야 합니다. 구두쇠 노릇을 집어 치우고 내가 할 수 있는 최선의 것을, 내가 갖고 있는 최고의 것을 주는 때, 마침내 그때가 왔다고 믿으면 됩니다.

'홀로 선다'는 말의 진정한 뜻은 '기계적이지 않다'는 말입니다. 홀로 서는 것은 '자아를 따라 움직이는 것'이요, '의식을 가지고 행동한다'는 것입니다. 그러면 필연적으로 우주만물과 만나게 됩니다.

:: 톺음

서정윤 (1957~)

시인. 1984년 《현대문학》에 〈서녘바다〉〈성城〉 등이 추천되어 등단하였다. 만남·기다림·사랑·아픔 등의 정서를 바탕으로 삶을 그려냈다. 시집 《홀로서기》《점등인의 별에서》 등과 수필집 《내가 만난 어린왕자》 등이 있다.

이 시대의 성공적인 인생살이

미처 돌아가는 물질만능으로부터 우리 자신을 지킬 수 있는 길은
'곽톨로스' 강으로 나가 거기에 겸손하게 자신을 담그는 일입니다

지난주에, 누가 제게 여름휴가를 어떻게 지내냐고 물었습니다.
별 다르지 않습니다. 그저 읽고 싶은 책 10~20여 권을 사다가 쌓아
놓고 읽는 것으로 휴가를 나곤 했습니다.

그리스 신화에 '마이다스 왕'의 이야기는 여러분도 아실 겁니
다. 디오니소스 신이 마이다스에게 무엇이든 소원을 말하면 들어주
겠다고 합니다. 그때 마이다스의 소원이 무엇이었는지 아시지요?
자기의 손이 닿는 것마다 황금이 되게 해달라는 것이었습니다.

얼마 전에 금융감독원인가 하는 데서 발표를 했는데, 우리나라
금 비축량은 14.4톤이라고 합니다. 시중에 돌아다니는 양 말고 국가

가 비축하고 있는 양 말입니다. 여하튼 신화 속에서나 현실 세계에서나 금에 대한 가치는 절대에 가까운 것입니다. 이런 의미에서 우리도 마이다스의 후손들인 셈입니다. 그러나 마이다스가 금을 선택하자 디오니소스 신은 '왜 더 좋은 것을 선택하지 않았을까?' 하며 유감스럽게 생각을 했다는 사실을 신화 속에서 읽어야 합니다.

신은 정말로 금보다 더 좋은 것을 주고 싶었습니다. 그러나 인간(마이다스로 대변되는)은 '더 좋은 선택'을 하지 않았습니다. 아니 '더 좋은 것'을 알지 못했습니다. 인간이 선택한 금은 축복이 아니라 재앙으로 나타나기 시작했습니다. 나뭇가지가 그랬고 돌멩이도 그랬습니다. 거기까지는 그래도 괜찮았습니다. 마이다스가 나무에서 사과를 따자 금으로 변해버리고 말았습니다. 음식도 사랑하는 딸도 딱딱한 금덩어리로 변했습니다.

마이다스에게 황금은 축복이 아니라 파멸이었습니다. 황금이 마이다스를 자유롭게 한 게 아니라 구속했습니다. 그래서 '황금의 노예'가 되었다는 말이 생겨났습니다. 이 신화는 우리에게 다음과 같은 추론을 가능케 합니다. 황금 또는 물질의 노예가 된 사람은 딱딱하게 굳은 사람이 된다는 것입니다.

마이다스는 그 재앙으로부터 자유로워지기를 간청합니다. 그러자 자비가 많은 신은 마이다스에게 말합니다. "팍톨로스 강에 가서 머리와 몸을 강물에 담가라. 그리고 네가 범한 과오와 그에 대한 벌을 씻어라.' 팍톨로스 강에 가라고 합니다. 가서 씻으라고 합니다. 이 팍톨로스 강에 대한 이야기는 마치 '세례'를 연상케 합니다. 세례는 '새로운 가치관'을 정립하는 것입니다. 그런 의미에서 진정한 신앙인이 된다는 것은 '세례'를 통과해야 하는 것입니다. 의식적이고 예전적인 개념의 세례 말고, 한 인간의 존재 양식이 전환되고, 가치관의 변화가 일어나는 그런 '혁명적 인간으로의 대전환' 말입니다.

그러려면 팍톨로스 강에 가서 씻어야 합니다. - 마이다스의 무덤은 터키 앙카라 고디온이라는 동네에 있습니다. 일설에 의하면, 마이다스가 팍톨로스 강에 가서 몸을 씻자 얼마나 많은 금가루가 씻겨 내렸는지 한동안 팍톨로스 강은 사금 캐는 사람들로 북적였다고 합니다. 믿거나 말거나 - 오늘날 우리가 모두 마이다스의 후손들 아닙니까? 그렇다면 우리에게도 지금 팍톨로스 강이 유효한 것입니다. 아니, 이 세상을(황금의 세상)을 살려면 팍톨로스 강이 있어야 한다는 뜻입니다. 엊그제 박용하라는 연예인이 자살을 했습니다. 저는 그에게도 팍톨로스 강이 필요했었다고 믿습니다. 그러나 그는 그 자신을 씻어 자유케 되는 팍톨로스가 없었습니다. 재앙을 피할 법이 없었습니다. 황금 물질의 재앙을 이길 네비게이터를 알지 못했습니다.

'오늘 이 시대의 성공적인 인생살이가 뭔가' 하는 물음이 있다면, 그것은 그가 '팍톨로스 강'을 끼고 살았는지, 자주 그 강에 가서 머리와 몸을 씻었는지 하는 것일 겁니다. 정신 못 차리게 미쳐 돌아가는 물질 만능으로부터, 마이다스의 재앙으로부터 우리가 우리 자신을 지킬 수 있는 길은 '팍톨로스 강'으로 나가는 일입니다. 거기에 겸손하게 자신을 담글 줄 알아야 합니다. 이게 이 시대의 신앙이며 '복음'일 것입니다.

이번 여름에는, 애꿎게 바닷물이나 마시다가 지쳐 돌아오지 말고, 머리와 몸을 샤워할 '팍톨로스' 강 하나 만나시길 바랍니다.

바리새인들은 돈을 좋아하는지라. (눅 16:14)

:: 새김

행복을 자기 바깥에서 찾는 일일랑 그만두고 안을 보면 됩니다.

:: 톺음

마이다스 Midas

그리스 말로는 미다스라고도 한다. 무엇이든 만지면 황금으로 변하는 능력을 신으로부터 받은 것으로 알려져 있는 그리스 신화의 왕이다. 기원전 8세기 경 지금의 터키 아나톨리아 지방의 프리기아 왕국에 실제로 미다스 왕이 있었다. 신화 속의 마이다스 왕은 매우 탐욕스러워 이미 엄청난 재산을 가지고 있었으면서도 더 많은 재산을 원했다. 우연한 기회에 디오니소스 신의 보답을 받을 일이 생기자 무엇이든지 황금으로 만들 수 있는 능력을 달라고 한다. 그러자 가구, 집기, 조각, 정원수까지 모조리 황금으로 만들었다. 그러나 음식을 먹을 수가 없었고 딸까지 황금이 되어버렸다. 왕은 디오니소스 신에게 원상복귀를 간청해 강물에 몸을 씻고 원래대로 회복이 되었다. 영어에서 마이더스midas는 '큰 부자, 돈벌이 명수'를 가리키며, 마이더스 터치Midas touch는 '돈벌이 재주'를 가리킨다. 다른 신화에서는 마이다스 왕이 '임금님 귀는 당나귀 귀'의 주인공으로 나오기도 한다.

디오니소스 신

그리스 신화의 신. 로마 신화의 바쿠스Bacchus에 해당한다. 에게 해 연안의 그리스 사람들이 풍작과 식물의 성장을 관장하는 신으로 숭배했다. 술의 신으로도 널리 알려져 있다. 기원전 8세기 전후 그리스 신화가 형성되면서 여러 가지 디오니소스 신화가 생겨났다. 고대 그리스에는 디오니소스를 숭배하는 종교가 있었다. 춤을 추며 광란의 잔치를 벌이는 것으로 유명하다. 그리스의 비이성적인 면을 보여주는 집회로 로마 시대에는 철저히 금지되었다.

시선의 방향과 삶의 방향

우리가 무엇을 보며 사느냐는 질문은 결국 우리가 인생을
어떻게 이끌어 가느냐는 문제와 직접 선이 닿는 물음인 것입니다

"땅만 보며 걷는 사람은 많은 것을 놓치고 사는 셈이다. 고개를 들어 하늘을 보라."

마치 조나단 리빙스턴 시걸의 《갈매기의 꿈》에 나오는 대화록 같이 느껴지지만, 이 말은 헨리 랜스퍼드 라고 하는, 하늘만 찍는 사진작가가 한 말입니다. 이 사람은 일평생 하늘에 떠다니는 구름만 찍었습니다. 그런데 이 사람의 말에 의미가 있습니다.

왜냐하면, 우리의 시선의 방향이 우리의 삶을 결정하기 때문입니다. 뭘 보느냐 하는 게 곧 지금 '나의 삶' 이 된다는 뜻입니다. 왜 그런 말 있지 않습니까? '개 눈에 똥만 보인다' 든지, '목사 눈엔 십자가만 보인다' 는 말들 말입니다. 여러분 눈엔 아마 아이들만 보일

것입니다. 우리는 우리가 바라보는 것(관심) 이상의 존재가 될 수 없습니다. 예컨대 자녀의 인격 형성에 부모의 생활 자세가 결정적인 영향을 미친다는 것은 익히 알려진 사실 아닙니까? 자녀는 부모를 '보고' 부모처럼 살게 되는 것입니다.

우리가 무엇을 보며 사느냐, 하는 질문은, 따라서 결국 우리가 인생을 어떻게 이끌어 가느냐 하는 문제와 직접 선이 닿는 물음인 것입니다. 땅을 보며 사는 사람은 혹 땅에 떨어져 있는 동전 따위를 줍게 되는 행운과 만날지는 몰라도, 하늘을 보며, 그 찬란한 태양빛과 초롱초롱한 별들, 여러 모양의 아름다운 구름들을 벗하며 사는 사람의 삶과는 엄청나게 다르지 않겠습니까? 흡사 그 땅과 하늘과 땅의 거리만큼 말입니다.

땅을 보기 위해선 고개를 쳐들 수는 없습니다. 반대로 하늘을 보려는 사람이 고개를 숙여서는 안 됩니다. 땅은 아래에 있고 하늘은 위에 있기 때문입니다.

리차드 바크의 통찰을 빌자면, '땅을 보며 사는 삶'은 해변에 널려 있는 생선 찌꺼기에 연연하는 갈매기들의 삶과 상응하고, '하늘을 보며 사는 삶'은 갈매기족의 생활 방식과 관습의 벽을 부수고 창공으로 치솟아 올라 높이 나는 데 주력하는 조나단 리빙스턴의 삶과 상응한다 할 것입니다. 여기서 '해변의 갈매기'가 사는 뜻은 '먹는

데' 있습니다. 그러나 하늘을 나는 갈매기가 사는 뜻은 '나는 것' 입니다.

혹시 영화로 만들어진 조나단을 보셨는지 모르겠습니다. 그 영화의 사운드 오브 뮤직이 바로 〈하늘에 이르는 길On the way to the sky〉 아닙니까? 닐 다이아몬드라는 음악가의 노래입니다. 하늘에 이르는 길은 존재에 이르는 길이죠. 그래서 닐 다이아몬드의 노래 중에 〈Be〉라는 노래가 하나 더 있는 거 아닙니까? 삶의 목적이 '소유'가 아니라 '존재' 라는 말입니다. 이런 제목의 책이 있는 것도 아시잖아요? 《To Have or To Be》, 에리히 프롬 말입니다. 하늘로 가는 길은 소유로 가는 길과 다릅니다. 이는 마치 그리스도께서 '내가 가는 길을 너희가 아느냐?'고 물으며 하늘로 나아가신 것과 맥을 같이 한다고 할 수 있습니다.

먹는 것, 가지는 것, 지배하는 것에 지배당한 땅의 세계에 존재하는 것 하고, 공유하고, 사랑하는 것에 관심을 갖는 하늘의 세계가 같을 리 없습니다. 그래서 길이 다르다 하는 것입니다. 전자의 관심은 일상적이고, 후자는 초월적인 관심입니다. 그러나 일상을 전혀 배제할 수는 없는 일입니다. 우리가 시공간의 존재이기 때문이죠. 문제는 초월적인 관심에도 써야 할 시간을 지나치게 일상적인 관심에 집중할 때, 일상적인 관심에다가 삶의 궁극적인 의미를 부여하게 될 때, 우리는 '우리의 배를 신으로 삼는' 우를 범하게 되는 것입니다. 왜냐하면, 일상적인 관심은, 소유는, 땅은 유한하고, 유한한 것은 궁극적일 수 없는 것이며, 궁극적인 관심이 대상이 될 수 없는 것이기 때문입니다. 그것을 일컬어 '우상 숭배'라고 하는 것입니다.

우리가 보는 것, 우리가 관심하고 있는 것, 그것이 우리의 인생의 방향과 삶의 질을 총체적으로 결정한다는 사실을 다시 한 번 상기해야 합니다. 우리가 사는 삶은 결코 내가 보는 것, 관심하는 것 이상이 될 수 없습니다.

"여러분은 하늘에 있는 것을 생각하고 땅에 것을 생각하지 마십시오." 골로새서의 권면은 이런 것입니다.

여러분은 하늘에 있는 것을 생각하고 땅에 있는 것을 생각하지 마십시오. (골 3:2)

:: 새김 ....

'우상'은 눈앞에 보이는 조각상이 아닙니다.
책임을 회피하고 결과에 집착하게 하는 것은 모두 우상입니다.

자기 인식과 '성벽의 붕괴'

오늘 나는 무엇에 중독되고 몰입되어 있는 존재인지 읽어내는 것이
곧 나의 세계 인식이며 자기 성찰입니다

　　얼마 전에 《눈 먼 자들의 도시》를 쓴 당대의 유능한 소설가 '주제 사라마구'가 타계했습니다. 저는 아주 오래 전에 그의 소설들을 읽다가 '귄터 그라스'라는 독일 소설가의 《양철북》이라는 소설과, 《눈먼 자들의 도시》를 같은 이해로 뇌 속에 각인을 했었습니다. 그래서 주제 사라마구가 죽었다는 게 마치 귄터 그라스가 죽은 것처럼 느껴지곤 했습니다.

　　감수성이 예민한 어린 아이가 어른들이 사는 꼴이 보기 싫어서 일부러 사다리에서 추락하는 것으로 이야기가 시작됩니다. 아이는 그 추락으로 인해 성장이 멈춥니다. 그러고서는 작은 양철북 하나만을 두드리며 삽니다.

이 작품은 1차 세계대전이 끝나고 히틀러가 득세하는 시점부터 2차 세계대전에 이르는 20세기 초의 암울한 유럽을 무대로 합니다. 주로 황폐한 정신문명과 타락한 세계상을 통렬하게 그리고 있습니다.

어린 아이 '오스카르'에게 투영된 20세기의 초는 어떤 모습이었습니까?

그가 본 성인의 세계, 기존의 세계는, 성숙한 세계가 아니었습니다. 그는 이와 같은 어른들의 세계 속에서 치욕을 봅니다. 그러나 오스카르가 본 그 '치욕의 세계'는 20세기 초반의 독일의 모습만은 아닙니다. 우리가 살고 있는 오늘이고, 그가 경험하는 치욕은 곧바로 우리들의 모습이기도 하기 때문입니다.

오스카르의 눈에 비친 세상은 두 개였습니다. 하나는 성적인 방탕으로 표출되는 인생의 가치와 방향성의 붕괴였고, 다른 하나는 정치적인 전제주의의 몰입입니다. 영화 속에서 전자는 어머니를 대표하고 후자는 아버지를 대표하고 있습니다.

20세기 사회는 이 두 가지에 미쳐 있었습니다. 모성은 정갈하지 않고 부성은 정치적인 광기의 최면에 걸려 있었습니다. 이것을 읽게 된 오스카르는 어른이 되기를 거부하기로 마음먹었습니다. 그래서 세 살 때의 체격을 유지한 채 고집스럽게 양철북만 두드리기로 한 것입니다.

모든 글은 글을 쓴 작가의 세계 인식이 담겨 있습니다. 귄터 그라스의 인식은 결코 20세기 초 독일 사회에만 머물러 있는 것은 아닙니다. 오늘 우리는, 나는 무엇에 중독 또는 몰입되어 있는 존재인지를 읽어야 합니다. 그것이 곧 나의 세계 인식이며 자기 성찰인 것입니다. 이와 같은 자기 인식의 물리적 현상이 '성벽의 붕괴'로 표현될 수 있는 것입니다. 우리가 새로운 나를 향해 나아가고자 할 때, 이 자기 붕괴는 필연적인 것이고, 그것은 오스카르의 양철북 소리와 함께 시작되는 것입니다.

> 백성들은 제사장들이 부는 나팔 소리를 듣고 일제히 큰 소리로 외쳤다.
> 그때 갑자기 성벽이 와르르 무너져 내렸다. (수 6:20)

:: 새김

몰입'과 '중독'의 차이는 뭘까요. 칙센트 미하이는 《몰입》이라는 책에서 암벽타기를 예로 들고 있습니다. 이렇듯 몰입은 목숨조차 거는 단순 집중의 극치이고, 중독은 오만가지 상념과 함께 굴러가는 바람 빠진 바퀴입니다.

사마라구, 주제 Jose Saramago(1923~2010)

포르투갈 출신의 최초의 노벨문학상 수상 작가. 번역가. 언론인. 가난한 가정 출신으로 대학을 마치지 못했으나 금속노동자로 일하면서 틈틈이 공부를 계속해 47년 소설《죄의 땅》으로 문단에 데뷔했다. 60년대 공산당에 가입해 활동해오다 국외로 추방됐다. 이후 번역가, 언론인 등으로 활동하며 희곡, 소설, 시 등 다양한 장르에 걸쳐 작품 활동을 했다. 거침없는 직설과 공산주의에 대한 지지 때문에 정부와 갈등을 빚어 국외로 이주했다. 82년 환상적 역사소설《발타자르와 블리문다》로 이름이 알려지기 시작했다. 작품으로《이 책으로 무엇을 할까요》《돌 뗏목》《리스본 포위의 역사》《무지에 관한 에세이》《수도원의 비망록》《동굴》《예수복음》《도플 갱어》《눈 먼 자들의 도시》 등이 있다. 파격적인 문체와 현실과 환상의 절묘한 조합으로 세계적 작가로 등극, 1998년 노벨상을 받았다.

《눈 먼 자들의 도시》

자동차 운전석에 앉아 신호가 바뀌기를 기다리던 사내가 갑자기 눈이 먼다. 원인불명의 실명은 마치 전염병처럼 등장인물들에게 퍼진다. 수용소에 격리된 사람들은 도시가 아수라로 변해가는 과정을 체험한다. 유일하게 눈이 멀지 않은 '안과 의사의 아내'는 이들을 관찰하고 모순과 불의에 맞서 존귀성을 지켜낸다. 이 소설은 우리가 가지고 있는 것을 잃었을 때에야 가지고 있는 것이 무엇인지를 깨닫게 된다는 사실을 풍자한다. 또한, 처음으로 눈이 멀어 수용소에 갇히는 인물들은 함께 서로의 고통을 나누고, 의지하며 도와가는 진정한 인간의 모습을 보여준다. 사라마구는 이들의 모습에서 인간이 살아가는 본질적인 이유를 제시하고 있다. 페르난도 메이렐레스 감독이 영화로 만들었다.

그라스, 귄터 Günter Grass(1927~)

독일의 소설가. 극작가. 독일 단치히에서 식료품 상인이었던 독일계 아버지와 슬라브계 어머니 사이에서 태어났다. 하버드대학에서 명예 박사학위를 받았다. 제2차 세계대전에 참전, 전후에는 광산에서 일하며 석공 기술을 익혔다. 이어 뒤셀도르프 미술대학, 베를린예술대학에서 배웠다. 1956년부터 그림과 별도로 작가 활동을 시작했다. 1959년에 매우 묘사적인 언어로《양철북》을 발표했다. 이 작품으로 세계 문학계에 널리 알려졌다. 소설가로 활약하는 한편 부조리극을 발표했다. 주요 작품으로《양철북》《고양이와 쥐》《개들의 시절》《넙치》《암쥐》《광야》《게 걸음으로 가다》등이 있다.

《양철북》

추락 사고로 성장이 멈춘 오스카의 눈을 통해 나치즘의 등장부터 패망까지 독일 현대사와 서민들의 생활상을 그린 소설. 1959년 이 소설이 출간되면서 귄터 그라스는 세계적인 작가로 떠올랐으며 1999년 노벨문학상을 받았다. 1979년에 폴커 슐렌도르프가 각색한 같은 이름의 영화는 칸영화제에서 황금종려상을 받기도 했다. 그라스는 '저항'과 '다른 시각'이라는 말로 '양철북'을 설명한다. '1950년대 독일에서 사람들은 모두 어둠 속에 살고 있었다. 그에 저항하고 반항하고 싶었다. 오스카는 다른 사람들과 똑같은 관점이 아니라 다른 위치에서 바라보고 평을 한다. 나 역시 오스카처럼 어렸을 때부터 늘 다른 관점에서 세상과 사람들을 바라봤다.'

제2장

과학적 논리로 신앙 톺아보기

"과학적 통찰을 통해
우리 생각의 시야는 끝없이 확장됩니다"

빛의 근원

어린아이 마음으로 만유와 더불어 춤출 때만 인간은 해로운 장난감을
스스로 버릴 수 있을 것입니다

우리가 모두 21세기 문명의 최첨단을 살고 있는 것 같아도 실상, 우리를 둘러싸고 있는 기본적인 우주의 이해라든지, 과학의 기초 상식은 잘 모르는 경우가 많습니다. 이제 여러분은 그것을 확인하게 될 것이고, 그와 같은 과학적인 통찰이 우리 신앙에 어떤 영향을 미치는가에 관심하게 될 것입니다. 어떤 이는 우주의 깊이만큼 커질 수도 있고, 어떤 이는 감각과 감정에 의탁된 삶 때문에 그만 자기 확대를 포기할 가능성도 있습니다. 그러나 여하튼, 여러분이 새롭게 가는 길일 것임은 분명합니다.

빛이란 무엇입니까? 낮은 환하고 밤은 어두운 거, 그게 빛입니까? 그렇습니다. 사람들이 횃불을 만들어 밤길을 갈 때 보행에는 별

로 지장이 없지만 여전히 사방은 캄캄합니다. 물론, 현대에 이르러 야구장 같은 곳에는 밤을 낮처럼 밝히는 조명을 쓰지만은 그것도 한 뼘 정도입니다. 두 발 허공을 디디면 거기는 다시 칠흑 같은 어둠이 아닙니까? 이렇게 엄청난 전력을 들여도 어둠을 밝히는 데 한계가 있는 것입니다. 그러나 생각해보세요. 한 쪽 눈을 감은 채 손가락을 눈에 대어보면 손톱의 1/3정도 되는 직경의 원형에서 만물을 밝게 볼 수 있는 환함이 쏟아져 나온다는 것은 참으로 놀라운 일이 아닙니까?

전기료를 한두 달 체불하면 전기를 끊습니다. 그러나 우리가 나서 죽을 때까지 하루에 거의 12시간 이상을 공짜로 빛의 혜택을 누리며 산다고 할 때, 조금만 호흡을 멈추고 생각해 보면 신기하기 그지없는 노릇인 것입니다.

태양은 언제부터 타기 시작한 것입니까? 그 연료는 무엇이기에 저토록 꺼지지 않고 타는 것입니까? 누가 불을 붙인 것일까요? 건물에 불이 나면 무섭습니다. 그런데 우리 머리 위에 저토록 무서운 불덩이가 수백만 년을 이글거리며 타고 있는데, 누구 하나 무서워하는 이가 없는 것은 무슨 까닭입니까? 이보다 더 급한 일에 빠져 미처 그걸 생각할 겨를이 없어서입니까? 그런 일은 없을 거라는 과학자의 설명을 믿기 때문입니까? 나만 당하는 일이 아니니까 그런 것입니까? 아니면 하나님을 굳게 믿기 때문입니까?

사실 말이지 우주천문학은 그렇게 위험하고, 그렇게 자비로운 태양이, 밤하늘의 뭇별 중의 겨우 하나라는 사실도 밝혀냈습니다. 하늘을 뒤덮은 모든 별들이 다 불인 것입니다. 언젠가는 모두 꺼지며, 꺼지기 직전에는 부풀어 올라 태양의 경우 그 마지막 불길은 지구에 있는 대양의 물을 끓어오르게 한다는 것을 알아내기도 했습니다. 하늘에만 불이 있는 게 아닙니다. 지하에도 불이 있어서 가끔씩 그 불들이 땅거죽으로 나와 사람들의 생명을 소멸시킵니다. 그러니 우리가 생존해 있는 이 공간의 위아래가 모두 불인 셈입니다. 인류 문명이 불에서 시작해서 불로 소멸된다는 이야기는 여기서 출발한 것입니다. 우리는 불과 불 사이에서 웃고 춤추고 있는 것이니, 불빛을 보고 날아드는 불나방을 보고 비웃을 일도 아니지요.

빛이란 무엇일까요? 물상이 빛을 받는 쪽은 환하고 그 반대쪽에는 암영이 생기기 때문에 어떤 이는 빛이 눈에 보이지 않는 작은 알갱이라고 말합니다. 또 어떤 이는 나무판자에 가까운 거리로 구멍을 뚫어 놓고 빛을 쪼이면 그 반대편에 세워둔 막에 두 군데만 환한 게 아니라 그 중간에도 밝고 어두운 무늬가 어른거리는 것을 보고 빛을 파동이라고도 합니다. 후자의 모델을 따라 빛을 더 세심하게 관찰한 사람에 의하면, 물결처럼 빛이 오르내리는 현상이 1m 안에서 2백만 번 일어난다는 것도 알아냈습니다. 이게 얼마나 위대한 일인가 하면, 두 사람이 1m 되는 줄을 잡고 양쪽에서 흔들어 파동치게 해서 2백만 번이 되려면 얼마나 큰 에너지가 필요한지 알면 이해가 쉽습니다. 빛이란 이렇게 어마어마한 에너지로 따뜻하게도 하고, 과일을 익게도 하는 것입니다.

빛이 기관총의 총알처럼 날아가거나 물결처럼 밀려가거나 그 빠르기는 1초에 30만km입니다. 한 시간에 10억 8천만km를 달리는 것이고, 시속 100km의 자동차가 1,080만 배의 속도로 달리는 것이 됩니다. 이것으로는 빛의 속도를 셈할 이유가 없어서 과학자들은 빛이 달리는 거리를 1년 단위로 말하기 시작했는데 그것을 1광년이라고 합니다. 이 계산에 근거하여 우리 피부에 와 닿는 햇살은 약 8분 20초 전에 출발했던 빛이며, 달빛은 1.2초 전에 달에서 출발하여 내게 당도한 것입니다.

빛의 근원이라는 태양은 수소의 핵으로 되어 있습니다. 이 연료가 빛과 열을 토해낸 다음에 재에 해당하는 헬륨의 핵으로 변해서 이것이 다시 연료로 재활용되고 있는 것입니다. 이 원리를 따라 사람들이 장난한 것이 수소폭탄이니, 수소폭탄은 이를 테면 장난감 태양에 해당하는 것입니다. 이렇듯 수소와 헬륨으로만 이루어진 태양의 무게는 태양계 전체(수금지화목토천해명)의 99.9%에 해당합니다. 가장 가벼운 것들로 이루어진 것이 가장 무거운 것들로 이루어진 행성보다 무겁다는 것입니다.

어디 태양만이겠습니까? 하늘의 뭇별도 거의 다 수소들이 뭉쳐서 스스로 화롯불을 이루고 있는 것입니다. 쇠는 별들이 식어서 생긴 것이니 별의 똥이요 오메가입니다. 수소는 별의 원자재이고 알파인 셈입니다. 그런데 우리 인간의 몸은 80%가 물 아닙니까? 물은 수소와 산소로 되어 있으니 우리 몸의 반쪽은 태양의 성분과 같고 다른 반쪽은 대지의 성분과 같은 것입니다. 인간이란 이렇게 오묘하게 조합되어 생긴 것들이니 어찌 창조주의 조화가 아니겠어요?

하나님은 천둥소리로 욥을 향해 난해한 질문을 던진 적이 있습니다. 그것은 오늘 우리가 읽은 말씀, "너는 대장부처럼 허리를 묶고 내가 네게 묻는 것을 대답할지니라."는 것입니다. 욥은 이때 스스로 입을 다물고 침잠하여 슬기에 다다랐다고 합니다. 신학과 신앙은 이제 기술과 생산만을 축복해줄 것이 아니라 세계의 경이를 음미하는 일에 앞장을 서야 합니다. 이것이 미래 세계의 신앙입니다. 그렇게 해서 예수께서 지니셨던 동심을 일깨워야 합니다. 이런 어린 아이 마음으로 만유와 더불어 춤출 때에만 인간은 해로운 장난감을 스스로 버릴 수 있을 것입니다.

너는 대장부처럼 허리를 묶고 내가 네게 묻는 것을 대답할지니라. (욥 38:2)

과학으로 규명되지 않는 부분을 어디에 두어야 할까요.

과학적 규명이라 해도 그것은 완전하지 못합니다. 과학은 우리에게 명징한 답을 제공하는 게 아니라 과정을 통해 넘쳐나는 물음을 이끌어줍니다. 물음으로만 이끈다면 규명되지 않은 과학이라도 유익합니다.

과학과 종교가 서로 다투는 경우가 있습니다. 그런데 서로 차원이 다른 세계입니다. 종교는 '신념'을 바탕으로 하고, 과학은 '실증'을 통해 낯을 냅니다. 하나는 마음의 세계이고 다른 하나는 머리의 마당입니다. 그것은 마치 국어책과 산수책 같은 것이어서, 한 교실에서 한 사람이 두 개 모두를 펼쳐야 하는 교재입니다.

원소와 그 조합의 신비

우린 여태 눈에 보이는 물상을 움켜쥐는 일에 몰두하고 있으니
어느 억겁의 세월에 이르러야 우리 눈망울로 신의 눈망울을 보게 될까요?

우리들 눈으로 들어오는 물건의 가짓수는 얼마나 될까요? 사람들은 물질을 쪼개고 또 쪼개 가루로 만든 다음 이것과 저것은 어떻게 다른가를 실험해 보았습니다. 그래서 나온 것이 103개의 기초 자료입니다. 이 기본적인 질료를 원소元素라고 하는데, 이렇게 겨우 100여 개의 질료들을 배합하여 우리들 눈에 보이는 일만 가지 서로 다른 물상을 만들어내는 것입니다.

따지고 보면, 우리 몸을 이루고 있는 질료들이거나, 자동차를 이루고 있는 질료는 그렇게 다르지 않습니다. 어디 그뿐이겠어요! 집이며, 음식, 논밭이나 하늘과 구름이 모두 사촌지간의 기본적인 구성 물질들로 이루어져 있는 것입니다 그러니 우리가 피차 얼마나 친

밀하고, 얼마나 가까운 사이입니까? 우주를 건축하신 이의 교묘함과 별난 취미를 읽을 수 있지 않습니까?

　사람들은 이 원소들의 배합을 분자分子라 이름 지었고, 한 원소의 구성을 '원자'라 하여 더 이상 쪼갤 수 없다는 뜻을 세웠는데, 사람들은 여기에 만족치 않았습니다. 이 원자들은 또 무엇으로 되어 있을까 하고 더 쪼개보았더니, 한 개의 원자가 3가지의 더 기초적인 것들로 되어 있었던 것입니다. 사람들은 그것을 '소립자'라고 이름 붙였는데, 그것은 곧 '양성자'와 '중성자'와 '전자'를 말하는 것입니다. 이것이 우주 건축의 벽돌 한 장 한 장이 되는 셈입니다.

　원자를 이루고 있는 양성자의 수와 전자의 수는 늘 같아서 이들이 각각 양전기(+)와 음전기(-)를 띠고 있음에도 중화되기 때문에, 우리가 물상에 손을 대도 전기를 타지 않는다고 합니다. 이것은 곧 우리네 선조들이 우주의 법칙을 음양설에 두었던 이치와 다르지 않으니, 실로 막측하고 오묘하지 않을 수 없어요. 뭘 알고 그랬는지 또는 모르고 그랬는지도 궁금하고요

　그러면 원자 하나의 무게는 얼마나 나갈까요? 앞에서도 말한 바, 원자에는 다시 양성자와 중성자 그리고 전자가 들어 있다고 했습니다. 그런데 원자의 질량은 이 셋 중에서 중성자와 양성자의 무게를 더한 것입니다. 나머지 전자는 '원자핵'이라고 부르는 양성자

와 중성자의 묶음 주변을 무서운 속도로 돌고 있습니다. 바로 이 핵과 전자 사이에는 눈에 보이지 않지만, 엄청난 구멍이 뚫려 있는 것입니다. 이로써 우리가 알 수 있는 것은, 한 곳에 수만 년씩 앉아 있는 이끼 낀 바위도 그 하나하나의 구성 세계는 무서운 속도로 움직이고 있는 것입니다. 그러니 우주에 움직이지 않는 물체가 없는 것이고, 또 바위를 이루고 있는 원자들의 빈 구멍을 합산한다면 우리 눈에 보이지 않는 큰 동굴이 있는 셈입니다.

그러니 동은 정이고 정은 동이며, 가득한 것은 텅 빈 것이고 다시 텅 빈 것은 가득한 것이기도 합니다. 그러니 낙타의 몸을 이루고 있는 모든 원자를 압축한다면 바늘구멍으로 실컷 들어가고도 남는다는 계산에 이르는 것입니다. 이렇기 때문에 인간의 눈엔 불가능해 보이는 일이라도 하나님은 능치 못함이 없다고 일찍이 예수님이 말씀하시지 않았던가요!

원자는 양성자 · 중성자 · 전자로 이루어져 있다고 했습니다. 그런데 가만히 이 창조 세계를 보면, 단순한 더하기로만 되어 있습니다. 수소 원자는 양성자(p) 1개와 전자(e) 1개로 이루어져 있습니다. 여기다가 중성자(n)를 1개 더하면 수소탄이 됩니다. 석탄과 금강석을 이루고 있는 탄소 원자는 어떤가요? 6개의 양성자와 6개의 중성자로 이루어져 있습니다. 그런데 여기에 양성자가 1개 더 보태지면 그만 비료의 성분인 질소가 됩니다. 은은 양성자가 47개, 중성자가

61개 더해져서 된 것이고, 금은 양성자가 79개, 중성자가 118개 더해져서 만들어진 것입니다. 이렇게 우주의 물질이 양성자proton, 중성자neutron의 수로 결정됩니다. 그런데 인류는 이런 것도 모르는 상태에서 중세기의 연금술을 시도했던 것이니, 진리를 향한 열망은 우리 인간에게 저장되어 있는 원초적인 지식인가 싶습니다. 결국은 이런 연장선에서 화학이 발전되었지만 말입니다.

어느 날 예수께서 떡 다섯 덩이로 5천 명을 먹이셨다고 합니다. 물을 포도주로 만들었다고도 합니다. 물 위를 걸었다고도 합니다. 결국은 대기 중에 있는 양성자와 중성자를 어떻게 섞느냐에 따라 술도 되고 떡도 되는 것이니, 하나님의 아들인 예수께서 이 우주의 신비로운 조화의 비밀을 알고 이 땅에 오셨단 말일가요?

이런 비밀스런 연유로 인해 태초에, '보니까 참 좋구나!' 하는 탄성이 창조주의 입에서 터져 나왔다면 많은 세월이 흐른 뒤 피조물의 정점인 인간들의 입에서는 '보니까 참 놀랍도다!' 는 경탄이 터져 나와야 하지 않겠습니까? 그런데도 우린 여태 눈에 보이는 물상을 움켜쥐는 일에 몰두하고 있으니, 어느 억겁의 세월에 이르러야 알파와 오메가의 감탄이 마주 울려 퍼지는 시점에 다다를지 난감한 일입니다. 언제쯤 우리의 눈망울로 신의 눈망울을 보게 될까요?

하나님이 지으신 그 모든 것을 보시니 보시기에 심히 좋았더라. (창 1:31)

성서에 나타나는 기적을 어떻게 받아들여야 할지 당황해 하는 사람들이 있습니다.
성서에 나타난 기적은 그것이 사실이냐 아니냐의 문제가 아닙니다. 예수에게서 말
미암는 기적이란 모두 '거짓의 일상을 전복하는 시간' 에 해당하기 때문입니다.

지구와 태양의 신비한 배치

'암탉이 날개 아래 그 새끼들을 보호하듯 우리를 감싸 주시고 있다' 는 말씀을
지구과학적인 통찰 하나만으로도 떠올리게 됩니다

103개의 원소를 오물조물 매만져서 만들어진 수십만 종의 생물을 등에 싣고 지구라는 땅덩이가 9억 4천만km의 트랙을 달립니다. 이걸 우리는 1년이라고 합니다. 이걸 365.24일로 나누면 지구가 하루 동안 날아간 거리가 나오고, 이것을 다시 24시간으로 나누면 지구의 시속이 나오겠죠? 이때 그 값은 11만 km에 이릅니다. 우리가 흔히 말하듯이 지구상에서 이만한 빠르기로 달릴 수 있는 물체는 거의 없습니다. 그런데 우리가 타고 앉아 있는 지구가 그렇게 달리고 있는 것입니다.

운전수는 물론 없습니다. 연료가 무엇인지 아는 바도 없습니다. 그렇다고 울퉁불퉁 미동이 있는 것도 아닙니다. 어지럽거나 멀미를

하는 이도 없습니다. 이렇게 45억년 동안 달리고 달렸습니다. 우리가 1년에 한 번씩 샴페인을 터뜨리는 것은 바로 무사하게 달려온 지구의 9억 4천만 km의 노정을 치하하는 것입니다.

우리는 지구보다 태양에 가까이 있어서 온통 불에 녹을 지경에 있는 행성을 알고 있습니다. 또 그 반대로 지구보다 태양과의 거리가 멀기 때문에 온갖 물상이 얼음이 되어 있는 행성도 있습니다. 그런데 기막히게도 지구는 태양과 1억 5천만km, 즉 태양과 같은 크기의 물체를 107개 늘어놓은 거리에 있어서, 태양의 무서운 빛과 열을 이용하여 생명과 문명이 꽃피우기 안성맞춤이라는 사실이 참으로 기묘한 사실이기도 합니다. 과연 누가 이런 장난을 한 걸까요?

만약 지구가 태양의 109분의 1이 아니고 더욱 작고 가벼웠다면, 중력이 약해져서 달처럼 공기를 잃었을 것이니 이 또한 기묘한 조작인 것입니다. 거꾸로 태양보다 지구가 컸더라면 어떻게 되었을까요? 그러면 중력이 커져서 사람처럼 두 발로 땅을 딛고 사는 동물은 생기지 않았을 것입니다. '하나님이 사람을 만들었다'고 할 때, '만들다'에는 바로 이런 자연적인 현상도 포함이 되는 것입니다. 이 107과 109 사이에 바로 인간사의 고뇌를 칭하는 108번뇌가 있는 것이니, 옛날의 도인들은 이 사실을 알았을까요?

태양은 우리를 끌어당기고 있을 뿐만 아니라 생물에 해로운 입자들의 바람(태양풍)을 재채기처럼 내뿜고 있습니다. 만약 이걸 그대로 둔다면 기막히게 배치된 지구라 할지라도 사막처럼 아무도 존재하지 않는 빈 들판이 되었을 터입니다. 그러나 지구는 거대한 자장을 자신의 둘레에 울타리처럼 펴서 태양풍을 막아내고 있는 것입니다. 또한 지구를 강보처럼 싸고 있는 대기권이 자외선이라든지 방사선을 막아줍니다. 그럼에도 그 잔상들이 얼마나 강렬한지 여름날 바닷가에 맨몸으로 서 있으면 살이 타는 경험을 하게 됩니다. 심하면 화상을 입습니다. 그러니 조건 없는 지구의 배려는 무한하기만 합니다. 뿐만 아니라, 대기권은 대지에 부딪힌 태양열이 외부로 날아가지 않게 감싸줍니다.

이런 여러 가지를 묵상할 때 우리는 '암탉이 날개 아래 그 새끼들을 보호하듯 하나님이 우리를 그렇게 감싸주시고 있다'는 성서의 말씀을 떠올리게 되는 것입니다. 오늘날 믿는 사람들은 자기 몸이나 삶에 직접적인 수혜의 사건이 물리적으로 발생을 해야 '하나님이 나를 돌보고 있느니 마느니' 합니다. 그러나 이런 지구과학적인 통찰 하나만으로도 우리는 창조의 주인이신 하나님께 감사의 머리를 조아리지 않을 수 없는 것입니다.

어지러워진 머리를 좀 더 회전을 시켜봅시다. 지구가 태양의 둘레를 시속 11만km로 달려 9억 4천만km를 도는 사이에도, 지구는 멀리 돌기가 심심해서인지 제자리에서 뱅뱅 돌기를 쉬지 않습니다. 우리는 그걸 자전이라고 배웠지요. 해가 우리의 머리 위에 있을 때 지구의 중심은 초속 30km의 무서운 속도로 서쪽으로 이동하고 있습니다. 그 시각에 반대쪽에 있는 사람들은 밤 12시가 되겠죠. 그때 그들에게 지구의 중심은 그들의 동쪽 방향으로 이동하는 것입니다. 또한 같은 시각에 해가 뜨는 지점에 있는 사람들에게는 지구 중심은 그들의 머리 위쪽으로 이동하고 있습니다. 반대로 해가 지는 지점에 있는 사람들의 지구 중심은 그들의 발밑으로 이동하게 되는 것입니다. 다시 말해 지구가 태양 주위를 한 방향으로 질주하고 있음에도 그 위에 올라타고 있는 인간들은 지구 전체의 공전을 각기 다른 방향으로 감상하게 되는 것입니다. 간단하게 말하면, 아침에는 올라가는 엘리베이터를 타는 것이고, 저녁에는 내려가는 엘리베이터를 타는 것입니다. 이 때문에 새벽에는 누구나 상기하게 되고(Morning Erection), 황혼에는 차분히 가라앉는 것입니다.

정오에는 지구의 자전 방향과 공전 방향이 상충합니다. 그러나 자정에는 둘 다 동쪽 방향이 되게 됩니다. 그래서 정오에는 사람들의 의식이 다소 산만해지고, 자정이 되면 공전과 자전의 방향이 일치하기 때문인지 정신이 하나로 집중되는 것입니다. 그래서 신성한 제의(제사)는 늘 자정에 드렸던 것일까요? 이렇게 지구의 공전과 자전에는 참으로 많은 신비가 서려 있는 것입니다.

지구의 공전 궤도가 9억 4천만km라고 했습니다. 이걸 빛의 속도록 계산을 해보면 아주 재미있는 사실 하나를 발견하게 됩니다.

빛의 속도는 이미 아시는 것처럼 분당 1천 8백만km입니다. 이걸로 9억 4천만km를 나누면 그 시간은 '52분' 이 됩니다. 그래서 인간들이 1년을 52주로 나누는 연유가 된 것일까요? 우리가 1주일을 지내는 동안 지구는 빛이 1분 날아가는 거리를 전진하고 있는 셈이니, 주일마다 모여 드리는 예배는 그 빛을 지으신 이를 기린다는 뜻이 아니겠어요?

> "암탉이 그 새끼를 날개 아래 모음 같이
> 내 네 자녀를 모으려고 한 일이 몇 번이냐?" (마 23:37)

:: 톺음

108번뇌

사람들의 번뇌 망상은 헤아릴 수가 없다. 그러나 불교에서는 보편적으로 백팔번뇌란 표현을 많이 한다. 108이란 숫자는 번뇌 수효가 108개라는 데에서 유래한 것으로 몇 가지 계산법에 따른 것이다. 번뇌의 수를 많이 잡으면 8만 4천 번뇌이고, 적게 잡으면 3독이다. 108번뇌는 육근(六根: 눈, 귀, 코, 혀, 몸, 생각)이 어떤 대상을 만나 '좋다, 나쁘다, 평등하다' 의 세 가지 반응을 보이는데 이것이 18가지의 번뇌를 가져오며, 또한 고통, 즐거움, 고통도 즐거움도 아닌 세 가지 작용을 보여 이 역시 18가지 번뇌를 내게 하니 모두 36가지이다. 이를 과거, 현재, 미래 3세간의 것으로 계산하니 108가지가 된다.

태양풍 太陽風 solar wind

태양 상부 대기층에서 방출된 전하 입자, 즉 플라스마의 흐름. 높은 열에너지 때문에 태양의 중력을 빠져나올 수 있으며 지구 근처의 속도는 초속 450km으로 매우 높아 지구 등 행성의 자기권과 부딪힐 때 충격파가 발생한다. 또 태양풍과 자기권 사이의 작용으로 지구의 전파 송신에 문제를 일으키는 지자기폭풍이나 극지방 하늘을 장식하는 오로라 등이 발생하기도 한다.

원자의 세계와 창조의 순간

누구나 동일한 양성자, 중성자, 전자로만 구성되었기 때문에
"이웃을 네 몸처럼 사랑하라"는 말씀은 원자론적 근거를 바탕으로 하고 있습니다

시속 11만km 속도의 지구는 태양의 주위를 돌고, 그것도 모자라 지구 스스로 중심축을 중심으로 초속 30km라는 무서운 속도로 돌고 있습니다. 그러나 도는 게 어디 그뿐이겠습니까? 달도 지구의 주위를 27.32일에 한 바퀴씩 돌고 있으며, 태양조차 은하계 중심의 둘레를 초속 22km로 돌아 지금 20번째 돌고 있는 중입니다.

물론 수많은 별들도 태양과 함께 무리지어 돌고 있습니다. 그러니 지난번에 우리가 만 가지 물상을 이루고 있는 원자 내부 세계에서 뭇 전자들이 그들의 핵 주위를 휘돌고 있다는 것을 알았듯이, 우주는 보이는 세계이거나 보이지 않는 세계이거나 할 것 없이 돌고 도는 것입니다. 이것이 우리가 발 딛고 사는 '세상'입니다. 만약 우

주 밖에서 이 회전하는 운동을 한 눈에 보는 이가 있다면 얼마나 장관일까요?

존재란 권태로움에서 피어나 회전목마를 타고 어지러움으로 끝나는 여정이란 말인가요? 우리 전통놀이 중에 '고추 먹고 맴맴 담배 먹고 맴맴' 하면서 코를 쥐고 뱅글뱅글 도는 놀이가 있습니다. 수피 댄스도 한 번 돌기를 시작하면 6~7시간을 돌면서 춤을 춥니다. 이렇게 하면 무아지경이 되는데, 이는 아마도 인간의 혼미한 상태를 회전하는 춤으로 승화를 시켜서 본래적인 고요함으로 돌아가려는 방식인지도 모르겠습니다.

내 몸을 이루고 있는 세포와 조직과 기관들은 단백질이라는 분자적 구조를 지닌 재료를 외부로부터 공급받아야 생리 현상을 지속할 수 있습니다. 그러나 세포들의 분자 지평을 넘어 원자의 지평에 이르면 아무런 외적인 공급이 없는 데도 영원히 살아 움직이게 되는 것입니다. 우리의 몸을 이루는 생물학적 구조물들은 어제 오늘 우리가 먹은 밥이나 음식으로 되었겠지만, 이들 원자들은 지구와 태양처럼 45억 년 묵은 것입니다. 그럼에도 상점에서 막 사온 신제품처럼 낡지 않았을 뿐만 아니라, 이 원자들은 이미 여러 번 또는 수억 번이나 다른 생물체와 다른 물상의 재료로 봉사해온 재활용품이기도 합니다. 누구나 동일한 양성자, 중성자, 전자로만 구성되었기 때문입니다. 그러니 "이웃을 네 몸처럼 사랑하라"시던 예수님의 말씀은 원자론적 근거를 바탕으로 하고 있는 셈입니다. 신비하지 않습니까?

우리는 원자의 크기라는 말을 사용합니다. 전자를 입자로 간주할 때 그 속도는 초속 2,186km의 속도로 날고 있으니 광속의 1천분의 7에 육박하는 수치입니다. 이런 속도로 전자는 양성자 주위를 매초마다 6,570조 번 맴돌고 있는 것입니다. 이렇듯 우주의 기초 물질의 형체는 '명사' 라기보다는 '동사' 라 할 수 있습니다. 그래서 히브리 성서의 모든 단어가 동사로 되어 있는 것일까요? 여기서 인생이 어디로 향하든지 만나게 되는 무소부재하신 이의 영상이 떠오르지 않습니까? '하나님의 얼굴' 이라는 것도 명사적인 성격을 띠고 있는 무엇이 아니라 어떤 '에너지' 와 '없음無' 이 어우러져 일으키는 움직임이 아닐까 묻게 되는 것입니다. 그것은 무엇이든지 '있음' 과 '명사' 로만 파악하려드는 인간의 인식에 대한 제대로 된 가르침일 수 있습니다.

여기서 태초의 순간을 산문이 아니라 양자 물리학으로 이해한다면 이렇게 됩니다.

'우주에는 혼돈된 물질이 있었다. 이 상태를 향하여 하나님이 "빛이 있어라" 하니 빛이 생겼다고 하는 것은, 결국 양성자, 중성자, 전자들이 마구 뒤섞여 있었을 때, 창조주의 어명에 따라 전자들이 제각기 안정된 층으로 찾아 내려가는 과정에서 어두웠던 우주를 환히 밝힐 수 있는 빛줄기들이 세어 나왔고, 그 결과로 지금처럼 전자가 양성자나 중성자와 짝을 이루어 안정된 원자들을 구성해서 우주의 질서가 잡혔다.'

'빛이 있으라' 하실 때 그것은 '아마르amar' 라고 합니다. 그 말은 꼭 입 밖으로 소리를 내어 하는 말뿐만 아니라 속으로 혼자 생각하는 경우에도 쓸 수 있습니다. 하나님이 '아마르' 를 하실 때는 공기가 없었을 때니, 요즘 우리처럼 말하여 내는 소리가 아니라 아마도 후자의 경우일 것입니다. 하나님이 '빛이 생겨라' 는 말은 하나님의 의식 내부의 물결에 해당하는 것이라는 것입니다. 그러자 이것이 곧바로 혼돈 상태에 있던 전자들에게는 구체적인 작용으로 나타나 창조의 여명을 열었다는 것일지도 모르는 일입니다.

"각양 좋은 은사와 온전한 선물이 다 위로부터 빛들의 아버지께로서 내려오나니 그는 변함도 없으시고 회전하는 그림자도 없으시니라." (약 1:17)

수피 댄스

이슬람에서 금기된 음악과 춤이 종교예술로 승화된 댄스가 메블라나Mawlana 종단의 수피 댄스이다. 이 종단은 특히 '세마'라는 회전춤을 통해 신과 합일하는 독특한 수피즘을 발전시켰다. 2시간이고 3시간이고 자신의 영혼이 신의 영접을 받을 때까지 돌고 돈다. 마치 지구의 자전과 공전 같다. 음악이 빨라지면 회전 속도도 빨라지면서 수도자는 발이 들리는 느낌을 받으며 신을 만난다. 영성의 극치와 황홀감으로 몰아를 경험한다. 메블라나 종단은 이슬람 신비주의 교단으로 수피즘의 한 종파이며 수도자들은 수피라 부른다. 13세기 페르시아의 대철학자 잘랄루딘 루미Jalaluddin Rumi (1207~1273)가 창시, 민중들에게 어렵고 경직된 코란 대신 명상과 기도를 통해 신을 만날 수 있는 길을 열었다.

자아의 중력권

거리가 아무리 멀다 해도 자아의 중력권을 탈출하면 은총에 이끌려
순식간에 하나님을 만날 수 있다는 진리가 숨겨져 있는 것일까요?

'지구로부터 127만 광년 떨어진 거리에 태양과 같은 항성
(HD10180)이 7개의 행성을 거느리고 있다'는 사실을 독일 뮌헨의
'유럽남부천문대'가 발견했다고 합니다. 이들 모항성과 행성의 거
리가 지구와 태양의 거리보다 멀어 공전 주기는 600일 정도 된다고
합니다. 중력은 지구 질량의 28배 정도여서 마치 태양계의 해왕성과
같다고 했습니다.

그러면 오늘은 중력에 숨겨진 창조주의 배려를 이야기해보겠습
니다.

달이 지구 주위를 27.32일에 한 바퀴씩을 돌면서도 떨어지지 않

는 이유와 아이들이 깡통에 구멍을 뚫어 불을 붙여 머리 위로 빙빙 돌릴 때 깡통에 든 불이 쏟아지지 않는 이유는 같습니다. 만약 우리가 널빤지 위에 야구공 하나를 올려놓고 굴리면 공은 공기 저항이나 마찰에 의해 어느 순간 정지하게 됩니다. 그러면 마찰이나 공기 저항이 거의 없는 상태에서는 어떻게 될까요? 과학자들이 그런 상태로 야구공을 던져보았더니 처음 1초에 4.9m를 이동했습니다. 그 다음 1초에는 그 배수인 9.8m, 그 다음 1초엔 14.7m, 이렇게 이동을 하는 것이었습니다. 공기의 저항이 없고 마찰이 없는 상태에서 모든 물체는 일정한 배율로 속도가 증가한다는 것을 알아냈어요. 이걸 우리가 '중력 가속도'라고 하는 것입니다.

그 산술적인 값이 $g=9.81m/s^2$입니다.

바닷물이 쏟아지지 않고 그대로 있는 이유, 지구 반대편의 사람이 밑으로 처박히지 않는 이유가 바로 이 '중력 가속도' 때문입니다. 하나님이 욥에게 물으셨던 대지를 떠받들고 있는 '기둥'이란 다름 아닌 '중력'이었던 것입니다.

어떤 물체가 운동을 하는 중에 지구에 떨어지지 않으려면, 아이의 숯불통의 길이가 80cm라고 할 때 2.8m/sec면 되고, 인공위성은 7.9km/sec만 되면 떨어지지 않고 계속 돌게 되어 있습니다. 달은 38만km나 떨어져 있으니 1.023/sec만 되면 되는 것입니다.

하나님은 지금도 우리들의 인식 밖에서 이렇게 놀라운 재주를 펼쳐 보이시며, 우리들의 의식이 소유와 집착의 욕망 세계를 벗어나길 고대하고 있는 것인지도 모릅니다.

그러면 달은 왜 항상 한 쪽 면만 보이는 것일까요? 그것은 달이 자신의 축을 중심으로 도는데 걸리는 시간과 지구 주위를 도는데 걸리는 시간, 즉 자전과 공전의 시간이 같기 때문입니다. 다시 말하면, 달의 세계에서는 '하루가 한 달이고, 한 달이 하루'인 셈입니다. 이 사실로부터 우리가 얻는 신학적인 힌트는 무엇일까요? '천 년이 하루요 하루가 천 년'이라는 계시록적인 이해입니다. 달의 신비에 비추어 본다면, 하루가 천 년이 되고 천 년이 하루가 되려면 어떤 자전과 공전 주기를 갖고 있으면 될까요? 그렇습니다. 스스로 도는 데 천 년이 걸리고, 같은 시간으로 모항성을 도는 데 천 년이 걸리는 행성에 살면 그렇게 되는 것입니다.

사람들은 초속 8km로 인공위성과 같은 물체를 수평으로 쏘아 올리면 지구의 중력에 의해 떨어지지 않는다는 것과, 수직 방향으로 로켓을 초속 11.2km로 쏘아 올리면 지구의 중력을 완전히 벗어난다는 것을 알아냈습니다. 일단 지구의 중력을 벗어나면 어떤 연료도 쓰지 않고 미끄러지듯이 달까지 갈 수 있다는 사실을 알아냈습니다.

'하나님께 도달하는 거리가 아무리 멀다 해도 자아의 중력권을

탈출하면 은총에 이끌려 순식간에 하나님을 만날 수 있다는 진리가 여기에 숨겨져 있는 것일까요?'

달엔 중력 가속도가 지구에서처럼 초속 9.8m가 아니라 초속 1.6m입니다. 60kg의 사람이 10kg으로 줄어드는 것이니, 몸무게가 조금 많이 나간다고 걱정할 일이 아닙니다. 지구상에서만 문제일 뿐입니다, 달에서는 모두가 다 가벼울 뿐인데. 해가 뜨고 지는 데도 328시간이 걸리고, 열을 실어 나를 공기가 없으므로 밤엔 영하 110도에 이르고, 낮엔 온도가 120도까지 올라갑니다. 그런가 하면 나침반이 방위를 가리키지 못하기 때문에 철새들이 산다면 향방 없이 미친 것처럼 돌아쳐야 합니다. 그래서 영어로 정신병psychoneurosis을 '달빛에 쪼인 상태'라고 하는 것일까요?

"그가 홀로 하늘을 펴시며, 바다 물결을 밟으시며, 북두성과, 삼성과, 묘성과, 남방의 밀실을 만드셨으며, 측량할 수 없는 큰 일을, 셀 수 없는 기이한 일을 하셨다." (욥 9:8-10)

달의 공전 주기와 음양의 조화

음양이 조화로운 세상에 살게 하는 것은 그 무엇에도 기울어지지 말라는
영적 메타포 아닌가 생각하게 됩니다

달은 그 직경이 3,475km입니다. 태양은 139만 4천km이고요.
태양계에서 가장 큰 행성은 목성입니다. 목성은 위성을 16개나 거느
리고 있습니다. 목성 너머에 돌고 있는 토성은 17개의 위성을 거느
리고 있죠. 토성 너머에는 천왕성이 15개의 위성을 달고 있습니다.
이런 위성들은 대부분 태양보다 몇 배씩 크게 보입니다.

지구 가까이 있는 행성은 무엇입니까? 화성이죠. 화성은 두 개
의 위성을 돌리고 있습니다. 지구 안쪽에 있는 이런 행성들은 바깥
쪽의 행성들보다 상대적으로 작게 보입니다. 지구 바깥쪽은 음에 치
우쳐 있고, 지구 안쪽의 행성들은 양에 치우쳐 있는데 반해서, 지구
에서 바라보는 시직경視直徑(지구에서 본 천체의 겉보기 지름)은 태양의 경우

32° 12′ 이고, 달의 경우 31° 43′ 입니다. 그 차이가 극히 미세하여 음양의 비례가 거의 '같은 크기'를 하고 있습니다. 이 또한 우주에 설치된 지구의 비밀이 아닐 수 없습니다.

왜 이런 시직경이 중요할까요? 예로부터 인간의 두 눈은 달과 해에 해당한다고 믿어 왔습니다. 그런데 오늘날 뇌와 마찬가지로 우측 눈은 이성적인 사항을 취급하는 좌측 뇌에 연결되어 있고, 좌측 눈은 직관을 관장하는 우측 뇌에 연결되어 있음을 알고 있습니다. 그렇다면, 유일하게 지구에서만 태양과 달의 크기를 같은 크기로 볼 수 있게 배치되어 있다고 하는 것은, 두 눈을 지니고 직관과 이성, 감성과 행동, 무의식과 의식 곧 음양의 평형 속에 이루어진 배치였던 것입니다. 만약 다른 행성들처럼 태양과 달을 보는 각도가 크게 달라졌다면 우리는 아마 '외눈박이'가 되어야 하거나, 대칭이 아닌 얼굴을 하고 살아야 할지도 모르는 일입니다. 다시 말해 전 태양계를 통틀어 지구인만이 대칭의 얼굴 형태를 하고 살 수 있는 것입니다.

이것이 '하나님의 형상'을 본떠 지음을 받았다는 뜻일 겁니다. 우리들이 이렇게 특이한 조건을 갖추고 태어난 존재라는 사실은 자만일까요? 아니면 겸손과 겸허일까요?

태양계에는 모두 60개의 위성들이 있습니다. 그들은 모두 다른 속도로 그들의 모행성 주위를 공전하고 있습니다. 제일 빠른 것은 7

시간마다 목성 주위를 한 바퀴 돌고 있으며, 제일 느린 것은 목성 주위를 758일이나 걸려 한 바퀴는 도는 별도 있습니다. 이미 말씀을 드렸지만, 달은 27.32일에 한 바퀴 지구를 돌고 있죠.

엣 사람들은 밤하늘에 떠 있는 달의 기울고 차는 변화에 맞추어 생활 리듬을 삼았습니다. 우리가 흔히 말하는 '음력' 이라는 게 그것입니다. 그런데 음력으로 작은 달은 29일, 큰 달은 30일입니다. 그 까닭은 달이 지구를 한 바퀴 도는 데는 27일이 걸리지만, 우리가 눈으로 관측하는 것은 해와 달이 같은 쪽에 서 있을 때부터 다음 번 같은 배열이 일어날 때의 시간을 볼 수 있는 것입니다. 이렇게 우리 시각에 들어오는 이 배열의 시간은 공전 주기보다 2일 정도 더 걸립니다. 그래서 날짜를 헤아리지 않고 달이 떠올라 커져가는 것을 따라 '초생달-상현달-보름달(만월)-하현달-그믐달' 이라는 리듬을 썼던 것입니다. 그렇게 일어나는 달의 모습이 어떤 때는 29일에 또 어떤 때는 30일에 변하기 때문에 그걸 '한 달' 로 했던 것입니다.

그런데 태양의 자전 주기가 30일이라고 우리가 알고 있습니다. 그러나 그것은 다릅니다. 태양은 굳은 고체가 아니라 기체이기 때문에 부분마다 자전 속도가 다릅니다. 적도 부근은 25일, 적도에서 조금 떨어진 부분은 27일, 북극과 남극 가까이에서는 30일입니다.

부모가 자식을 사랑할 때도 총애하는 자식이 있기 마련입니다.

구약의 족장들을 보아도 그렇습니다. 요셉이 그 대표가 아닙니까? 그러면 태양도 지구를 그 상속자처럼 여기는 것일까요? 마치 태양 앞에 있는 지구는 야곱 앞에 있는 요셉 같기 때문입니다. 자신의 자전 주기와 달의 공전 주기를 일치시켜서 우리로 하여금 반듯하게 음양이 조화로운 세상에 살게 하는 것은, 우리로 하여금 그 무엇에도 기울어지지 말라는 영적인 메타포는 아닌가 생각하게 됩니다.

세째 행성, 청백황색靑白黃色의 작은 구슬, 우리를 둘러싸고 있는 직경 118억km의 태양계 안에서 이런 '지구'의 인간으로 살고 있는 나는, "당신의 작품, 손수 만드신 저 하늘과 달과 별들을 우러러보면서, 내가 무엇이기에 이토록 생각해주시며, 내가 뭔데 이렇게 보살펴 주십니까?"라고 고백하지 않을 수 없는 것입니다.

"저를 천사보다 조금 못하게 하시고 영화와 존귀로 관을 씌우셨나이다." (시 8:5)

입자가 된 예수와 파동이신 야훼

드 브로이와 아인슈타인에 따르면 입자로 나타난 것이 '예수'이며,
우리 시각으로 볼 수 없는 파동일 때가 '야훼'이나. 이 둘은 '하나'입니다.

지금으로부터 250여 년 전에 벤저민 프랭클린Benjamin Franklin
이란 사람이 번개 치는 날 일부러 연을 날려보았습니다. 그리고 연
줄을 통해서 내려오는 어떤 기운이 우리들이 호박 단추 같은 것을
머리카락에 문지를 때 일어나는 것과 같은 것임을 알아냈습니다.
'하나님의 화살'이 '전기 현상'이라는 것을 알게 된 것입니다. 그
후 사람들은 유리관으로부터 공기를 빼내어 진공 상태를 만드는 것
도 성공했습니다. 동양 사람들이 줄곧 말하던 '공空'을 서양의 친구
들은 실제로 현실 속의 '진공眞空'으로 만들어내는 데 성공한 것입
니다.

사람들은 이 유리관 속에 금속 조각 두 개를 마주보게 설치하고

이 둘을 밖에서 배터리에 연결하여 전류를 통해 보았습니다. 그랬더니 음극관 근처에 은은한 초록 불빛이 나타나는 것이었습니다. 아무것도 없는 그릇 속에 도깨비불 같은 것이 생기고, 판이 이어지지 않았는데도 바깥의 구리선에 전류가 계속 흐른다고 하는 신비한 현상도 알아냈습니다.

마침내 사람들이 알아낸 것은, 두 금속관 사이로 흐르는 것이 원자의 알맹이며, 초속 200km가 된다는 것을 측정으로 알아냈습니다. 그 질량을 재어보니 가장 가볍다는 수소 원자 질량의 1,837분의 1에 해당한다는 것을 알았습니다. 그러니 그걸 어떻게 '원자'라고 부를 수 있을까 고민을 하다가 드디어 이름을 붙였는데, 그것인 바로 1897년 톰슨에 의해서 발견된 '전자'인 것입니다. '전자 제품'이니, '전자공학'이니, '전자계산기'니 하는 그 '전자'는 이렇게 세상에 등장하게 된 것입니다.

1905년 아인슈타인은 '특수상대성 원리'라는 이론을 펼치기 시작했습니다. 그래서 생긴 유명한 공식이 $E=mc^2$입니다. 이 공식의 의미가 무엇입니까? 고전물리학에서는, 어떤 물체가 m이라는 질량을 갖고 v라는 속도로 움직인다고 할 때, $E=1/2mv^2$이라는 운동 에너지를 갖는다는 뜻입니다. 그러나 물체가 정지하고 있으면 v값이 0이므로 운동 에너지도 0이 되는 것입니다. 이게 고전물리학입니다. 그러나 아인슈타인은 속도 v값이 없이 질량 m과 광속도 c의 제곱을 곱한 만큼 모든 존재들이 에너지를 갖고 있다고 말하기 시작한 것입니다. 광속은 초속 30만km가 아닙니까? 그러니 질량이 아무리 작은 물체라도 천문학적인 수치의 에너지를 지니고 있다는 것입니다.

60kg인 사람이 가만히 있기만 해도 그의 존재 에너지는 석탄 2억 톤에 해당하고, 수력 발전소의 물로 친다면 물이 떨어지는 높이가 10m인 경우 물 55조 톤과 맞먹는 것입니다. 여기서 추론하건데, 인간이 사회적으로 활동을 많이 했거나 그렇지 못했거나와 상관없이 누구나 비교할 수 없을 정도의 어마어마한 고유 가치, 곧 존재와 영혼을 지니고 있는 셈이니, '한 사람의 목숨은 천하보다 귀하다'고 할 만한 것입니다. 이것을 복음서(마태복음 20:7)의 '포도원 일꾼의 비유'로 하자면, 아침부터 일하러 온 일꾼이나 오후 늦게 온 일꾼이 같은 품삯을 받는 것도 $E=mc^2$의 함축성을 따른다고 할 수 있습니다.

상대성 원리와 쌍벽을 이루는 양자역학이라는 게 있습니다. 거기서도 공식 하나가 등장하는데 $\lambda=h/p$입니다. h는 c처럼 일정한 값을 갖는 상수이며, p(운동량)는 물체의 질량(m)에다가 속도(v)를 곱한 값입니다. 좌변의 λ(람다)는 그 물체에 매겨진 파장입니다. '드 브로이 공식'이라고 부르는 이 관계식은 콩알은 콩알이고 물결은 물결이라고만 생각하던 것에서 벗어나 콩알도 운동을 하게 되면 그 운동량에 반비례하는 파장을 지닌 파동으로 말할 수 있다는 것입니다. 정확하게는 표시할 수 없는 것이지만요. 그러니 모든 물체는 입체이며 동시에 파동적인 성격을 가지고 있는 것입니다.

우리가 전파라고 하는 것은 0.1cm 이상 10km 이하의 파장이며, 가시광선은 10^{-5}cm의 파장이며, X광선은 10^{-8}cm의 파장이고, 감마선은 10^{-9}cm의 파장인 것입니다. 그렇지 않은 경우는 다만 우리가 확인할 수 없을 뿐이지 파동이 없는 것은 아닌 것입니다.

1억 5천만km 떨어진 곳에서 지구까지 달려온 햇살만 '입자'와 '파동'의 양면성을 가진 게 아닙니다. 1924년 드 브로이가 발견한 '물질파' 개념(λ=h/p)은 아인슈타인의 질량 에너지 등가원칙($E=mc^2$)과 더불어 자연과 종교 현상의 현묘한 국면을 이해하는 데 무한한 지평을 열어주었다 할 수 있습니다.

드 브로이와 아인슈타인을 따라 '하나님과 예수'를 이해하자면, 하나님이 입자로 나타난 것이 '예수'이며, 파동이어서 우리의 시각으로 볼 수 없을 때가 '야훼'인 것입니다. 그러나 이 둘은 '하나'입니다.

"저물매 포도원 주인이 청지기에게 이르되 품군들을 불러
나중 온 자로부터 시작하여 먼저 온 자까지 삯을 주라."(마 20:8)

톰슨, 조지프 존 <u>Sir Joseph John Thomson(1856~1940)</u>

영국 물리학자. 전자를 발견하였고 질량 분석계를 발명하였다. 그는 기체에 의한 전기 전도에 관한 실험적 연구, 전자의 발견으로 1906년 노벨 물리학상을 수상하였다. 그의 아들 조지 패짓 톰슨 역시 물리학자로 1931년 노벨상을 수상하였다.

드 브로이, 루이 <u>Louis Victor Pierre Raymond de Broglie(1892~1987)</u>

프랑스 과학자. 1920년대 양자역학을 연구, '드 브로이 물질파' 개념을 주창하여, 양자역학의 입자 – 파동 이중성을 설명했다. 물질파物質波matter wave 또는 드브로이파 de Broglie wave는 양자역학에서 파장은 입자의 운동량의 역수에 반비례하고 진동수는 입자의 운동에너지에 비례한다는 가설. 이 이론을 발전시킨 공로로 1929년에 노벨 물리학상을 수상하였다.

전자와 불확정성의 세계

무한 속성의 하나님이 보는 인간 세계의 특성은 '불확정성' 이며
인간들은 이 오차 범위 안에서 '자유 의지' 를 실행하고 있는 것이지요

우리는 물질의 파동성을 음미하고서도, 모든 수단을 동원한다면
혹 '전자' 를 볼 수 있지 않을까 하는 기대감을 갖습니다. 손에 구슬
을 쥐어봐야 속이 시원하고, 그 모양과 색깔을 눈으로 봐야 직성이
풀리는 습성 때문입니다.

그러면 우리가 '본다' 는 것은 무엇을 의미할까요? 캄캄한 데서
는 아무것도 볼 수 없죠. 그러므로 '본다' 는 말은 어떤 물체에 가시
광선이 부딪히고 반사되어 우리 눈에 들어온다는 것을 의미하겠죠.
그런데 현미경을 통해 먼지 하나를 보니까 그 먼지의 크기는 보통
10^{-4}cm였습니다. 이는 가시광선의 크기 10^{-5}보다 10배 크기 때문에
가능한 것이었습니다.

이런 이치를 따르면, 전자는 가시광선보다 1/10,000,000만큼 작기 때문에 가시광선에 묻혀 보이지 않는 것입니다. 눈이 있어도 보지 못하는 것이죠. 이는 필시 전자에만 해당되는 것이 아닙니다. 아무리 눈이 밝아도 코앞에 있는 공기의 분자를 볼 수 없습니다. 그것은 눈이 나빠서가 아닙니다. 햇빛의 파장이 공기의 분자보다 1,000배가량 크기 때문이죠.

그러니 '본다' 는 뜻은 이렇습니다. 우리가 방안에 있는 물건을 볼 수 있는 것은, 이들의 크기가 햇빛의 파장보다 비교도 안 될 만큼 크기 때문이고, 물건과 우리 눈 사이에 있는 공기 분자들이 큰 빈 틈을 두고 움직이기 때문이고, 그 하나하나의 분자들이 햇빛의 파장보다 1/1,000정도로 작기 때문입니다. 이래서 우리가 사물을 볼 수 있는 것입니다.

그런데 전자보다 파장이 작은 게 있습니다. 감마선입니다. 지난 시간에 전자의 질량을 재어보니 수소 원자 질량의 1/1,837에 해당한다고 했습니다. 그러나 빛은 파장이 작을수록 큰 에너지를 갖게 되고, 그 에너지가 감마선만큼 되면 입자의 성격을 띠게 됩니다. 이때 감마선의 파장은 10^{-13}cm일 경우에 해당합니다. 그러면 감마선의 질량이 전자의 질량보다 2,400배나 됩니다. 생각해보세요. 전자보다 감마선의 파장이 작아서 충분히 감마선으로 쬐면 전자가 보일 거 같지만, 그 질량의 차이가 엄청나기 때문에 전자와 감마선이 충돌하

면 전자는 그만 지구 밖으로 날아가 버리게 됩니다. 이래서 감마선
으로 전자를 비추는 그 순간 우리 눈에는 아무것도 보이지 않는 것
입니다. '보아도 보지 못하는' 경우에 해당합니다.

그럼에도 불구하고 이렇게 확정할 수 없는 세계를 이론적으로
말하려는 학자가 등장했으니, 그가 하이젠베르크Heisenberg입니다.
이른바 '불확정성의 원리'가 그것이죠($\Delta x\,\Delta y \geq h/2\pi$). 이것은 개울가
의 미꾸라지를 잡으면 미끄럽게 빠져나가듯이 미립자의 세계라는
게 그렇다는 것입니다. 그래서 그들의 형태를 우리로서는 알 수 없
고 다만 확률로만 취급할 수 있다는 것입니다. 여기서 중요한 것은
'오차 범위'라고 하는 것인데, 입자의 '위치'에 관하여서는 수천만
배이며, 입자의 '에너지와 시간'에 대해서는 거의 무한대에 가깝습
니다.

자, 그러면 이런 무한대의 오차 범위 안에서 어떤 존재와 사건의
결론을 도출하는 성서의 예를 들춰봅시다.

여호수아 7장에 보면 '제비뽑기'라는 제도가 있습니다. 이스라
엘 군대 안에서 범법자를 가려내기 위해 시행하는 제도입니다. '제
비'라는 확률적 과정을 따라 나타난 결과를 믿어야 하는지 우리는
잘 이해가 가지 않습니다. 아마도 인간의 의지나 조작이 배제된 가
운데 '우연'이라는 것을 신의 뜻으로 받아들였다는 것이니, 이것이

야말로 '사람'에 대한 오차 범위가 무한대임을 암시하는 것입니다.

어디 그뿐입니까? 사울을 이스라엘 왕으로 삼으신 하나님은(삼상 9:16) 곧 후회하게 됩니다. 사울의 됨됨이에 오차가 발생한 것입니다. 이런 사례들은 무한의 속성을 지닌 하나님이 인간 세계를 바라다볼 때 '불확정성의 원리'로 이해한다는 뜻이기도 할 것입니다. 하나님의 '무한하신 용서'도 이런 이치에서 가능합니다. 인간들은 이런 하나님의 오차 범위 안에서 '자유 의지'를 실행하고 있는 것이지요.

> "내일 이 맘 때에 내가 베냐민 땅에서 한 사람을 네게로 보내리니 너는 그에게 기름을 부어 내 백성 이스라엘의 지도자로 삼으라. 그가 내 백성을 블레셋 사람들의 손에서 구원하리라." (삼상 9:16)

:: 톺음

하이젠베르크, 베르너 카를 Werner Karl Heisenberg(1901~1976)
독일 물리학자. 불확정성 원리를 발견하여 양자역학의 발전에 절대적인 공헌을 했다. 1932년 노벨 물리학상을 수상하고, 원자핵 이론 등을 계속 연구했다.

불확정성의 원리 不確定性原理 uncertainty principle
입자의 위치와 운동량을 동시에 정확히 알아낼 수 없고, 두 측정값의 부정확도를 일정 이하로 줄일 수 없다는 양자역학적 원리이다. 이는 동일한 측정 과정을 여러 번 거친 통계이지, 입자계를 한 번 측정해 얻은 결과가 아니다. 양자 현상은 여러 번의 관찰로 얻어지는 통계적 예측만 할 수 있다. 불확정성 원리는 이러한 양자 현상의 특성을 잘 보여주는 물리적인 원리이다. 위치가 정확하게 측정될수록 운동량의 퍼짐(또는 불확정도)은 커지게 되고 반대로 운동량이 정확하게 측정될수록 위치의 불확정도는 커지게 된다.

소립자와 미립자

소립자는 현재까지 발견된 물질의 기본 요소. 미립자는 일상적으로는 눈에 보이지 않는 미세 먼지 같은 작은 입자. 물질을 잘게 쪼개면 분자, 원자, 원자핵 단계까지 나아가는데 원자핵보다 더 작은 단계가 소립자이다. 원자는 12개의 미립자로, 미립자는 5개의 소립자로 이루어져 있다. 소립자를 더 쪼개면 더 이상 형태를 파악할 수 없는 음(-)과 양(+)의 에너지만이 남게 된다고 한다. 소립자는 기본 입자이거나, 기본 입자들로 이루어진 입자이다. 기본 입자에는 렙톤(전자, 뮤온, 타우, 전자뉴트리노, 뮤온뉴트리노, 타우뉴트리노), 쿼크(업쿼크, 다운쿼크, 참쿼크, 스트레인지쿼크, 탑쿼크, 버틈쿼크), 보존(광자, 글루온, W보존, Z보존) 등 여러 종류가 있다.

무無와 무한無限의 세계

우리들더러 피차 '일흔 번씩 일곱 번이라도 용서하라'고 하실 뿐만 아니라, 우리들 인간과 피조물에 대해서도 '무한지애無限之愛'를 펼치시는 '하나님의 사랑'이 양자역학의 '무한 오차 범위' 안에서 설명될 수 있다는 이야기를 드렸습니다.

그렇다면 하나님을 '전능'하다거나 '전지'한 분이라고 할 수 없다는 말일까요? 아닙니다. 무한 오차 범위에서 피조물들을 대하시는 분이시기는 해도, '언제'와 '누구'와 '어떠함'에 대해서는 터럭만큼의 오차도 없는 분입니다.

하나님은 그의 종 사무엘에게 "내일 이맘 때 베냐민 사람 하나를 네게 보낼 테다."(삼상 9:16-17)고 예시하는데, 그 다음 날 사울이 사무엘의 눈에 띄자마자 "이 자가 바로 내가 말한 사람"이라고 하죠. 이 사태를 하나님 입장으로 말할 때 '섭리'라고 하지만, 성서는 일체를 하나님이 전능하신 소치라고 증언하는 것입니다.

그러면 어째서 '반지半知'와 '전지全知'가 혼재하는 것처럼 보일까요? 거시 세계, 우리의 눈으로 미립자의 세계를 볼 때는 불확정성의 벽에 부딪히는 것이지만, 미시 세계, 즉 까마득한 저쪽 세계에서 이쪽 세계를 보는 이가 있다면 구멍이 뻥 뚫린 것처럼 보게 될 것입니다.

그러므로 하나님의 전지全知함이란, 그분이 순수한 무의 속성을 지니고 있다는 말일지도 모릅니다. 거시 세계가 집의 천정이고, 미시 세계가 바닥이라면, 하나님은 지붕과 기초가 들어선 '하늘'과 '대지'라 할 수 있을 것입니다. 아마도 하나님은 선택적으로 무한(∞)과 무(0)의 양태를 오가며, 인간과 교섭할 때 양면성을 보여주는 것인지도 모릅니다.

그렇기 때문에 하나님은 아벨의 피가 땅으로부터 호소하여 자신에게 상달할 것을 아시고도 가인더러 "네 아우의 피가 어디 있느냐?"고 모르는 듯이 묻고 있습니다. 미립자들이 모이고 또 모여 인간 존재가 형성된 게 아닙니까? 그러니 인간이란 무한하신 존재의 오차 범위 내에서 '의지'를 행사 하며, 동시에 순수 무無의 실체 앞에서 발가벗겨졌기에 '믿음'을 지녀야 하는 것일지도 모릅니다.

그러니 우리가 '인간' '인간' 하지만, 의지 없이 산다면 인간이 아니요, 믿음 없이 산다면 벌써 인간이 아닙니다. 그 의지가 책임을 수반하지 않을 때 '죄罪'라 할 것이고, 책임을 지닐 때 '자유自由'라 할 수 있을 것입니다. 그리고 '모르기 때문에 믿는다'는 말이 있지만 실상은, 알 수 없는 것을 알았기 때문에 경외를 느끼고, 내가 적나라하게 알려졌기 때문에 믿음을 갖는 것입니다. 경외를 뿌리로 한 이 '믿음'을 '순응順應' 또는 '무위無爲'라 하는 것입니다.

거시 세계의 만물을 덮고 있는 것이 무한無限입니다. 미시 세계의 미립자들을 이루고 있는 것들은 무無입니다. 이 '무'는 사람들의 꿈속에서 영상을 지어내듯이 미립자들을 지어내고, '무한'은 아이들이 모래로 성을 쌓듯이 만 가지 물상을 만들고 또한 허물기를 반복합니다.

이 '무'를 희랍어로는 로고스logos라고 하며, '무한'을 데오스theos라고 하는 것입니다. 로고스는 끊임없이 전자와 양성자들을 찍어내고, 데오스는 이런 질료를 가지고 더욱 복잡한 형상들을 구성해가는 겁니다. 인간도 물론 이런 데오스적인 구성물 중의 하나입니다. 그러면 과학이 말하는 구원은 무엇일까요? 미립자로 지어진 인간이 물상인 '욕심'을 버리고 참 자유와 무위를 터득하여, 무한과 무와 더불어 어우러진 상태를 말하는 것입니다. 이들을 '의인'이라 할 것이고, 더 나아가 데오스와 로고스의 양태를 닮을 때 '성인聖人'이라 할 것입니다. 그리고 완전히 동화된 존재를 '그리스도'라 할 것입니다.

예수가 무한을 들이마실 때 바다 위를 걸을 수 있는 것이고, 무를 들이마실 때 생면부지의 사람이 무화과나무 밑에 있는 것을 아는 것처럼, 멀리까지 내다보는 눈을 갖게 되는 것입니다.

"내일 이맘 때 베냐민 사람 하나를 네게 보낼 테다." (삼상 9:16-17)

하나로 통하는 길

'8'의 마법을 체득한 존재는 남녀의 결합, 사회적 결속, 재물의 필요 없이 홀로 살 수 있다는
것이니, 애초에 우주가 하나로 통하는 길을 닦아 놓으셨던 듯싶습니다

엘에이에서 아침을 먹고 열 시간 넘게 달려 어둑어둑 저녁이 되
면 네바다 주에 있는 라스베이거스에 도착을 합니다. 여행객들은 대
부분 야경을 위해 저녁 무렵에 도착하도록 시간표가 되어 있지만,
일반 관광객들은 조금 일찍 도착할 수도 있을 겁니다. 가이드는 하
루 종일 사막을 달리느라 지친 여행객들을 깨워놓고는, 잠시 후에
나타날 휘황찬란한 도시의 불빛에 감탄할 분위기를 잡습니다. 드디
어 언덕 하나를 넘을까 싶었는데 눈앞에 펼쳐진 불야성은 긴 여행의
피로를 한 순간에 확 날려버리죠. 라스베이거스는 불과 물로 볼거리
를 만들어놓은 도시입니다. 물론 '도박'과 '유흥'이라는 주류 상품
이 있기는 하지만 사막 한가운데 후버 댐에서 만들어내는 전기를 이
용하여 만들어진 '실락원'입니다.

어디 그뿐입니까? 우리가 사는 이 도시도 거미줄보다 더 면밀하고 복잡한 선들로 연결되어 있습니다. 어떤 것은 전력선이고, 어떤 것은 전화선이고, 어떤 것은 인터넷선입니다. 이렇게 인간의 혈관처럼 도시 전체가 '구리선銅線'으로 이어져 있습니다. 어디 그뿐입니까? TV, 라디오, 컴퓨터의 내부도 도시나 인간의 신경계처럼 복잡하게 연결되어 있습니다.

우리 몸 안의 혈관을 한 줄로 늘어놓으면 10만km나 되어 지구의 둘레를 두 바퀴 반을 감을 수 있고, 심장은 하루 11만 번이나 뛰면서 8톤을 혈액을 내보내며 받아들입니다. 이처럼 서울이라는 도시도, 하루에 수백억 킬로와트의 '전력'과 수백만 바이트 단위의 정보를 소모해야 돌아가는 하나의 유기체가 된 것입니다. 이를테면, 오늘날 도시도 하나의 '생물'이 된 것입니다.

우리들이 가정에서 흔히 사용하고 있는 전구를 보면, 110볼트(volt), 100와트(watt)라는 표시가 적혀 있습니다. 여기서 볼트는 전압을, 와트는 전력을 나타냅니다. 전력을 전압으로 나누면 전구에 흐르는 전류의 세기(ampere)가 나와 이 경우 0.91암페어의 전류가 흐른다고 말합니다.

인간이 만들어낸 이런 전기 기구에 비해, 인간의 뇌는 40와트, 심장은 15와트의 전력을 소비합니다. 우리 몸이 잠을 잘 때에도 80와트가 필요하며, 적당한 운동을 할 때는 500와트를 쓰고 있는 것입니다. 그리고 번개는 1초 동안에 평균 5억 볼트를 일으키는데, 이때 2만 암페어의 전류가 흐르기 때문에, 그 전력 소비는 100억 킬로와트에 해당됩니다. 그러니 번개가 칠 때마다 우리는 '5억 볼트, 100억 킬로와트'라고 표시된 '하나님의 전기 기구'를 바라보고 있는 셈입니다.

이렇게 흐르고 흐르는 이것, 우리가 흔히 '전류'라고 말하는 이것이 바로 '전자들의 흐름'인 것입니다. 그러면 어째서 금속에서는 이런 전자의 흐름이 일어나고 사기그릇이나 돌과 같은 물체에는 흐름이 일어나지 않는 것일까요? 쉬워 보이는 이 문제에 대해서 고전 물리학은 설명하지 못합니다. 그러나 양자역학의 개념을 통해서는 넉넉히 그 이유를 캐낼 수 있습니다.

지구에 있는 원자들 가운데 네온(전자수 10개 = 2+8)과 아르곤(전자수 18개 = 2+8+8)처럼 제일 바깥 궤도에 8개의 전자를 갖고 있는 것들은 홀로 있지만, 그 외의 원자들은 다른 원자와 결합하여 분자의 형태로 존재합니다. 원소의 성질은 외곽 전자의 수효가 결정을 하는데, 8개의 전자를 소유한 원자들은 '스스로 안정'되어 아무와도 손잡지 않고도 편안한 존재입니다. 이를 우리는 '불활성 원소'라 부릅니다. 미시 세계에서 가장 안정된 상태의 구조물인 셈이죠.

그런데 말입니다. 우주의 기초 구조물을 이루고 있는 원자의 전자수가 '8'이라서 그런지, 성서나 주역이나 불경이 모두 '8'이라는 안정된 수를 기초로 우주 만상의 변화를 풀어가고 있습니다. '8'이 라는 숫자는 존재론적으로 안정된 숫자라는 뜻이겠습니다.

주역은 8가지 괘상을 기초로 하고 있으며, 예수님은 8복八福을 역설하시고, 불가에서는 8정도八正道를 설파합니다. 주역이나 성서나 불경이 말하는 이 '8'의 마법을 체득한 존재는 불활성 원소와 같이 남녀의 결합이라든지, 사회적인 결속이나 재물의 필요 없이 홀로 자 존자自存子로 살 수 있다는 것이니, 애초에 하나님은 우주가 하나로 통하는 길을 닦아 놓으셨던 듯싶습니다. 뿐만 아니라, 예수의 존재 를 원자를 이루는 전자의 숫자로 본다면, 그 외곽을 이루고 있는 전 자가 '8'인 '안정된 존재'라 말할 수 있겠습니다.

"마음이 가난한 사람은 복이 있다 천국이 그들의 것이기 때문이다." (마 5:3)

:: 톺음

주역 周易의 8괘 상 八卦象

대략 2만 4천 자로 이루어진 주나라 역경易經인 〈주역〉에서는 음양 2가지 부호를 중

첩하여 그 모양에 따라 길흉화복을 점쳤다. 처음에는 간단하게 여덟 가지 기호로 점을 쳤는데 그 기호 모양에 따라 건乾, 태兌, 이離, 진震, 손巽, 감坎, 간艮, 곤坤으로 불렸다. 이 8괘를 기본으로 거듭 발전시켜 64괘를 만들었다. 후대의 해석을 통해 철학, 세계관, 윤리학 및 변증법을 담아내어 중국 철학 사상 중요한 위치를 차지하고 있다. 음·양 세력의 교감작용을 철학 범주로 격상시켜 모든 사물을 통일된 체계로 해석한 것이다.

8복 八福

예수가 산상설교에서 말한 여덟 가지 복. '심령이 가난한 자는 복이 있나니 천국이 저희 것임이요, 애통하는 자는 복이 있나니 저희가 위로를 받을 것임이요, 온유한 자는 복이 있나니 저희가 땅을 기업으로 받을 것임이요, 의에 주리고 목마른 자는 복이 있나니 저희가 배부를 것임이요, 긍휼히 여기는 자는 복이 있나니 저희가 긍휼히 여김을 받을 것임이요, 마음이 청결한 자는 복이 있나니 저희가 하나님을 볼 것임이요, 화평케 하는 자는 복이 있나니 저희가 하나님의 아들이라 일컬음을 받을 것임이요, 의를 위하여 핍박을 받은 자는 복이 있나니 천국이 저희 것임이라'에 나오는 8가지 복이다.

8정도 八正道

불교의 수행법으로, 깨달음을 이루는 원인이 되는 여덟 개의 성스러운 수단 또는 실천 덕목. 정견正見(바르게 보기), 정어正語(바르게 말하기), 정업正業(바르게 행동하기), 정명正命(바르게 생활하기), 정념正念(바르게 깨어 있기), 정정正定(바르게 집중하기), 정사유正思惟(바르게 생각하기), 정정진正精進(바르게 정진하기)의 여덟 가지이다.

빛의 신비와 전자의 변신

'빛으로 산다'는 말은, 자신의 일체를 덜어내거나 낮춤으로 발생하는
여분의 에너지가 일으키는 '힘'이라고 할 수 있습니다

가끔씩 밤하늘을 쳐다볼 때 수억만 년을 태우고 사라져가는 '별
똥별'을 봅니다. 본시 그 별들은 우리 눈에 보이지 않던 것들인데,
그 열과 빛이 생명을 다하여 낮은 단계로 떨어지면서 비로소 우리
눈에 빛으로 들어오는 것입니다. 빛이란, 이렇게 높은 에너지 수준
에서 낮은 에너지 수준으로 떨어질 때, 좀 더 정확하게 말하면 높은
에너지 수준에 있던 전자가 낮은 에너지 수준으로 떨어질 때 그 여
분의 에너지를 방출하는 현상입니다.

여기서, 예수님이 우리들더러 "너희는 세상의 빛이 되라!" 하실
때, '빛으로 산다'는 말은, 자신의 일체를 덜어내거나 낮춤으로 발
생하는 여분의 에너지가 일으키는 '힘'이라고 할 수 있겠습니다. 그

렇기 때문에 예수님이 줄곧 말씀하시는 '낮아짐', '섬김', '나눔', 이런 신앙적 덕목들은 모두 '빛을 내기 위해 높아진 자신을 낮추는 행위'라고 할 수 있습니다. 이렇게 해야 그 여분의 에너지가 '빛'을 만들기 때문입니다.

과학적인 예를 들어보겠습니다. 수소 원자 내부에서 전자가 5번째 에너지 준위에 있다가 2번째 준위로 옮겨가면 '보랏빛'이 방출됩니다. 3번째 준위에서 2번째 준위로 옮겨가면 '붉은 빛'이 새어 나옵니다. 그러면 무지개는 어떻게 만들어지는 것입니까? 단순한 물방울들의 쇼가 아니라, 태양에 있는 원자들 내부에서 발생하는 전자의 에너지가 전이하는 과정 속에, 여러 가지 빛이 합해서 원색을 이루고 있다가 빗방울을 관통할 때 서로 다른 각도로 굴절해서 나타나는 것입니다. 하나님이 인류와 더불어 계약을 맺던 인장은 이렇게 태양 수소의 '빛 방울'로 지구 '빗방울'에 새겨놓은 것이었습니다.

어디 그뿐입니까? 파장에 따른 빛의 종류와 전자의 에너지가 항상 자리를 바꾼다는 것을 알아낸 인류는, 그 전자가 자리를 옮기는 시간까지 측정하기에 이르렀습니다. 예를 들어, 수소 원자 내부에서 전자가 3번째 준위에서 2번째 준위를 떨어질 때 '붉은 빛'을 낸다고 말했습니다. 바로 그 시간이 1억분의 1초라는 것입니다. 그러면 우리가 눈 한 번 깜박 할 때 걸리는 시간은 얼마나 될까요? 5분의 2초

$(4 \times 10^{-1}$초) 걸리는 것입니다.

우리가 어릴 적 놀던 놀이 하나가 떠오릅니다. 한 아이가 술래가 되어 한쪽을 향해 서서는 "무궁화 꽃이 피었습니다."라는 열 마디 말을 재빨리 하는 동안에 그의 등 뒤에 널려져 있던 다른 아이들은 그 역시 재빨리 서너 발자국 앞으로 나아가고, 술래가 고개를 돌려 바라볼 때 동작을 들키면 잡히는 놀이입니다. 내가 술래가 되어 뒤를 돌아볼 때의 정경을 생각해보세요. 신기하지 않습니까! 아까까지 저기 있던 아이가 낌새도 없이 서 있었는데, 다른 자리에 있는 것입니다. 물론 내가 안 보는 사이에 그 아이가 이동을 한 줄은 알고 있습니다. 그러나 이 '안다'는 것은 머릿속에서 일어나는 것이며 눈으로 '보는 것'과 다르기 때문에 신기하게 여겨지는 것이죠.

그런데 이런 놀이가 사람과 전자 사이에 일어난다고 생각해봅시다. 내가 눈을 크게 뜨고 보는데도 전자들은 찰나에 여기 있다 저기 있다 하는 것인데, 1초 동안에 1천억×10억 번 하는 것입니다.

사도행전 8장 39~40절에 빌립의 이야기가 나옵니다. 물가에서 한 내시에게 세례를 베푼 다음에 순식간에 사라집니다. 예수도 누가복음 24장 31절에, 빵을 들고 축사를 하신 다음에 바람처럼 사라지셨습니다. 그러면서 하시는 말이, '영으로 난 사람은 임의로 부는 바람과 같다'고 하시는 것이니, 존재가 텅 비어버린 존재는 유와 무의 경계선에 있는 전자의 행태를 닮았단 말인가요!

"너희는 세상의 빛이라." (마 5:14)

'함께 있음'과 '하나임'의 원리

궁극적 실재는 신과 인간에 해당하는 두 양태를 끊임없이 오가는
중성자와 양성자 같은 존재라 할 수 있을 것입니다

우리들 머리 위의 해가 적당한 높이에 떠 있기 때문에 가을 햇살의 따사로움을 느낄 수 있는 것이라고 우리가 알았습니다. 저 태양은 본시 그 표면 온도가 섭씨 5,500도요, 평균 영하 270도의 우주 공간에 매초마다 3.92×10^{23}erg의 복사열을 내뿜고 있는 것입니다. 이를 칼로리로 환산을 하면 33조에 1백억을 곱한 수치와 같아집니다. 그 중의 수십억분의 1만이 허공의 티끌과도 같은 지구에 와 닿는 것입니다. 그게 낙엽 위에 내려앉는 '가을 햇살' 한 줌인 것입니다.

이런 태양의 내부 온도는 1,500만 도요, 밀도는 $160g/cm^3$(금의 8배)인데, 이런 고온 고압 상태에서 4개의 수소 핵이 융합되어 1개의

헬륨 핵으로 변화하는 과정에서 결손된 질량 0.046×10^{-24}g만큼이 $E=mc^2$의 공식에 따라 에너지로 방출되는 것입니다. 그런데 빛의 근원이 되는 핵 속에는 질량이 다른 중성자(전자의 1,839배)와 양성자(전자의 1,836배)가 공존하고 있습니다. 그러면 어떻게 각기 다른 성격의 두 원소가 하나의 울타리 안에서 공존을 할까요? 그것이 바로 전자의 역할인데, 이것은 마치 엘리베이터를 타면 올라가는 사람이 있고 반대로 내려가는 사람이 있는 것과 같습니다. 그러나 그렇게 할 수 있는 힘은 전력 때문인 것이지요. 마찬가지로 핵의 내부에 있는 양성자와 중성자를 위치 변동 시키며 안정적이게 하는 구실을 전자가 하고 있습니다. 이는 마치 세상과 하나님 사이에 성직자가 그 연결 고리 역할을 하는 것과 같다 하겠습니다. 지성소와 세상을 구약의 제사장이 연결하듯이 말입니다.

이제 우리는 이런 핵 내부의 사실로부터 다음과 같은 기이한 원리 하나를 끄집어낼 수 있을 것입니다. 곧 현상적으로 유사한 두 실체가 작은 공간 내에 나란히 있다면, 실질적으로 이 둘은 가상 과정을 통해 끊임없이 피차의 양태로 둔갑을 하고 있다고 보면 된다는 것입니다. 동양의 태극도太極圖는 중앙에 원이 있고 이 원은 다시 푸른색 부분과 붉은색 부분으로 되어 있는데, 딱 부러지게 일직선으로 양분되어 있지 않습니다. 큰 머리 부분과 꼬리 부분이 서로 맞물려 있어 역동적인 관계를 보여주고 있지요. 이런 둘이 어울려 한 개의 원을 이루고 있는 것입니다. 이것이 태극도입니다. 그리고 각각의 복판에는 점이 찍혀 있는데 이는 안쪽 기운이 극성해지면 다른 쪽의 기운으로 전환되는 것을 나타냅니다. 여기서 청색과 홍색은 핵의 양성자와 중성자에 해당하며, 그리고 두 개의 점은 바로 플러스(+) 중간자와 마이너스(-) 중간자와 같다 할 수 있습니다.

요한복음은 태초에 도道가 있었다고 진술합니다. 이 도가 상제上帝와 함께 있으며, 이 둘은 하나라고 하는 것입니다. 우리는 이 '함께 있음'과 '하나임'에 대해서 이해 부족을 느끼지 않습니까? 여러분은 여러분의 신앙관 속에서 이 말씀을 어떻게 이해하고 있습니까? 어쩌면 이 공존과 동일성은 얼음이 물 위에 떠 있는 상황과 비유될 수 있을 것입니다. 물론 핵 속에서 벌어지는 양성자와 중성자의 변화와 공존으로도 이해할 수 있습니다. 여하튼, 물은 얼음과 함께 나란히 있으며 동시에 두 개의 수소와 한 개의 산소로 이루어져 있습니다. 그러나 핵의 내부 현상에 빗대어 음미한다면, 도와 상제는 10^{-23}초라는 환상적으로 짧은 찰나에 프네우마(π)라는 중간자를 방출 또는 흡수함으로써, 도는 상제로, 상제는 도로 피차 둔갑을 한다고 할 수 있습니다.

궁극적 실제, 즉 '하나님'은 중성자와 양성자(신과 인간 사이)에 해당하는 두 양태를 끊임없이 오가는 존재라 할 수 있을 것입니다. 이렇게 요한복음 서두는 '태극'과 같은 역동적인 장면을 그리고 있는 것이며, 만물을 탄생시킬 '태초의 핵'에 대해서 말하고 있다고 할 수 있습니다. 우주에 있는 모든 물질의 핵이 품고 있는 신비야말로 바로 조물주의 존재 양식에 관한 거울이며 암호가 아니겠습니까? 아마도 이 태초의 핵은 '우리의 모습대로 핵과 원자를 만들자!'는 동의 재청을 거쳐 우주를 건축했는지도 모를 일입니다.

"태초에 말씀이 계시니라. 이 말씀이 하나님과 함께 계셨으니 이 말씀은 곧 하나님이시니라."(요 1:1)

:: 톺음

에르그 erg
일. 또는 에너지의 단위. 1g의 질량을 1cm의 길이만큼 1초 동안(실제로는 제곱 시간 동안) 움직이는 일 또는 에너지이다.

중성자 中性子 neutron
원자핵을 구성하는 것 중 전하가 없으며 양성자보다 약간 무거운 핵자. 한 개의 '위 쿼크', 두 개의 '아래 쿼크'로 이루어져 있다. 제임스 채드윅이 발견하였다. 자유 상태에서는 불안정하다. 그러나 원자핵 안에 갇히면 안정하다.

양성자 陽性子 proton
원자핵을 이루는 기본 입자 가운데 전하를 띠고 있는 입자. 원자핵을 구성하는 소립자의 하나이다. 전하를 띠고 있지 않은 입자는 중성자이다. 수소 이외의 모든 원자의 원자핵은 양성자와 중성자를 포함하고 있다. 수소 원자는 1개의 양성자로 된 원자핵과 1개의 전자로 이루어져 있다.

지성소 至聖所 Holy of Holies

고대 예루살렘 성전 가장 깊숙한 곳에 자리 잡고 있던 가장 거룩한 장소. 지성소는 '신의 임재'가 일어나는 자리로 여겼고, 대제사장이 욤 키푸르(대속죄일)에만 들어갈 수 있었다. 이스라엘 대제사장만 1년에 한 번 들어가 분향하고 희생 제물의 피를 뿌려 모든 이들의 죄를 사면해주었다. 솔로몬의 성전에는 언약궤가 안치되어 있었다고 한다.

도 道

중국철학에서 진리 또는 하늘의 길天道이라고 설명하는 개념. 유가에서는 도덕적으로 인간의 올바른 행위를 나타낸다. 도가에서는 인간의 영역을 초월한 형이상학적 의미의 개념으로 설명한다. 〈도덕경〉은 "말로 표현할 수 있는 도는 도가 아니다道可道 非常道"라고 말한다. 따라서 언어로 정의할 수 없지만 직관 또는 영감으로 이해해야 한다. 대체로 자연의 순환 과정을 통해 도를 인지할 수 있다. 가시적 현상을 관찰하면 만물의 근원인 궁극적인 실체를 직관에 의해 알 수 있다.

프네우마 Pneuma

'숨·호흡'을 의미하는 고대 그리스어. 종교적 의미로는 영spirit 또는 영혼soul이라고도 할 수 있다. 이러한 일반적인 종교적 문맥의 의미 외에도 프네우마는 고대 철학자들과 의학자들에 의해 여러 다른 의미로도 사용되었다.

12궁성과 '때'의 프로그래밍

때를 따라 12궁성을 이끌어 내시는 창조주의 프로그래밍은
우주의 리듬을 조절하는 하늘의 시계라 할 수 있습니다

어느 날 아브람에게 나타난 신이 그를 이끌고 밖으로 나가 밤 하늘의 별을 셀 수 있느냐고 물으셨습니다(창세기 15장 5절). 아마도 밤을 새워 센다 하여도 승산이 없을 줄 알기 때문에 그런 쓸데없는 일에 시간을 보낼 사람은 없을 것입니다. 그런데도 인류 가운데는 밤잠이 없는 사람, 땅보다는 하늘 쳐다보기 좋아하는 사람, 별을 사랑하는 사람들이 있는지라, 우리는 육안으로 볼 수 있는 별들의 수효가 6천 개라는 것을 알게 되었습니다. 그렇다면, 아브람의 후손이 우리가 셀 수 있는 별의 수효대로 6천 명 정도라면 어떻게 될까요? 대가 끊길 위험한 지경이 아니겠습니까? 그런데도 '바닷가의 모래'와 '밤하늘의 별'은 무수히 많은 것을 나타내는 데 쓰여 온 것입니다.

그러면 별은 한 장소에 가만히 있는 걸까요? 아닙니다. 천구에 붙어 있는 별은 동쪽에서 서쪽으로 서서히 돌고 있습니다. 북쪽 하늘에 떠 있는 국자 모양의 북두칠성 근처에 떠 있는 북극성만이 제 자리를 지키고 있는 것입니다. 이렇듯 하늘이 도는 것은 우리가 살고 있는 지구가 북극과 남극을 꿰는 지축을 중심으로 하루에 한 번씩 서쪽에서 동쪽으로 회전하기 때문이요, 하늘이 둥글게 보이는 것은 우리의 눈과 하나하나의 별을 잇는 선이 '다같이' 먼 데, 한 점에서 '같은 거리에 떨어진' 다른 점들을 이어 놓으면 원이 되기 때문입니다.

끈기를 갖고 일 년 내내 밤하늘을 지켜본 사람이라면 그는 달마다 또는 계절마다 다른 모양의 별무리들이 나타난다는 것을 알게 될 것입니다. 이는 지구가 일 년에 태양 주위를 한 바퀴 도는 사이에 밤쪽의 지구 창문이 철마다 다른 방향의 하늘을 향하고 있기 때문입니다. 이것이 욥이 받은 물음, 곧 "네가 12궁성을 때를 따라 이끌어 내겠느냐?(욥기 38장 32절)"는 물음에 대한 정확한 답인 것입니다. 철을 따라 다른 궁성이 지구 창문에 나타나는 것은 지구라는 기차가 태양 둘레를 돌고 있기 때문입니다. 그러면 12궁성이란 무엇일까요?

수천 년 동안 인류는 별들을 바라볼 때, 마을마다 이름을 붙여놓아야 편리하듯이 몇 개의 별을 이어서 짐승이나 사람이나 다른 물상의 형상으로 파악하고 이를 성좌星座라 불렀지요. 북두칠성이 속해

있는 것은 '큰곰 성좌', 북극성이 속해 있는 것은 '작은곰 성좌' 등
이 그 예입니다. 서구의 전통에 의하면 지금 천구에는 88개의 성좌
가 산재해 있습니다.

이들 중에 특별한 12개를 '황도 12궁Zodiac'이라고 하는 것입니
다. 이들은 유리로 되었다고 상상한 지구 기차의 천정과 바닥을 통
해 보이는 성좌들이 아니라 태양 쪽의 지구 창문에 나타나는 성좌들
로서, 태양은 일 년에 이들 12성좌를 배경으로 하여 진행하는 것처
럼 보이니 달마다 한 궁宮을 통과하는 것입니다. 지구처럼 태양 주위
를 도는 수성, 금성 등의 행성과 우리의 달도 거의 같은 궤도 평면에
서 움직이기 때문에 이 황도 근방에 나타나, 예로부터 황도 12궁은
천문 기록을 위하여 중요한 배경이 되었던 것입니다. 각각의 궁 명
칭은 양Aries), 황소Taurus, 쌍둥이Gemini, 게Cancer, 사자Leo, 처녀Virgo,
천칭Libra, 전갈Scorpio, 사수Sagittarius, 염소Capricorn, 물독Aquarius, 물고
기Pisces 등입니다.

달은 27일 만에 이 황도를 일주하기 때문에 한 궁에서 약 2일 7
시간 머뭅니다. 우리들이 현재 사용하고 있는 요일의 이름은 해와
달, 그리고 다섯 개의 행성에서 유래된 것입니다. 그렇게 된 것은 이
들 7개의 천체가 각기 하루씩을 주장한다는 생각 때문입니다. 같은
사고방식을 달의 운행에 적용한다면, 우리는 어쩌면 2일 7시간마다
매번 새로운 성좌의 영향을 받고 있는지도 모릅니다. 여성의 월경

주기나 바다의 밀물썰물도 달의 운행에서 비롯되는 물리적 변화이니, 달이 매달 황도 12궁을 지나면서 우주적인 리듬을 일으키는 것이라면 재미있는 세상이 아닙니까? 만약 이것이 우리가 믿는 바라면, 우리 삶의 단위를 2일 7시간 즉 55시간 단위로 끊어서 해보는 것도 유익할지 모릅니다.

여하튼, '때를 따라 12궁성을 이끌어 내시는 창조주'의 프로그래밍이 괜히 하시는 일은 아닌 듯합니다. 그러면 그 의미는 무엇일까요? 그리고 우리도 태양이 춘분점을 지나고, 달이 보름의 위치에 간 것을 기준 삼아 예수의 부활하신 날을 기념하는 것이니, 황도상의 천체 운행을 의미 있게 여긴다는 뜻입니다. 이렇게 12궁은 우주의 리듬을 조절하는 하늘의 시계라 할 수 있습니다. '만사에 때가 있다'는 전도서의 말씀(전도서 3장 1,11,17절)과 예수께서 말씀하신 '내 때'(요한복음 2장 4절, 7장 6절)라는 것도 이 우주 시계에 준한 것은 아닐까?

"범사에 기한이 있고 천하만사가 다 때가 있느니라." (전 3:1)

성좌의 비밀

억수로 고통을 당할 때, 말로 할 수 없는 극악한 삶의 경우를 만났을 때,
하나님은 왜 답도 없는 우주에 대한 질문을 던지시는 것일까요?

별들은 모두가 같은 천구에 붙어 있는 것일까요? 아니면 어떤
것은 우리에게 더 가까이, 그리고 어떤 것은 더 멀리 떨어져 있는 것
일까요? 후자의 경우가 맞는 것이라면 가장 가까운 별들과 가장 멀
리 있는 별들 사이의 거리는 얼마나 될까요? 사람들은 전등불 가까
이에 있으면 밝고, 전등불을 아주 멀리 옮겨 놓으면 점점 어두워져
보인다는 사실을 압니다. 그래서 어떤 이는 밤하늘에서 가장 빛나는
남천南天의 큰개 성좌에 있는 시리우스Sirius라는 별이 우리 태양과
같은 정도의 밝기를 지녔다고 가정하고서, 태양이 시리우스의 밝기
로 보이려면 얼마나 멀리 있어야 할까라는 논리를 펴서 그 별까지의
거리를 산출하기도 했습니다. 또한 별이 떠 있는 고도의 각도를 측
정하고, 6개월 후 지구가 태양 반대쪽으로 갔을 때 같은 별의 고도

를 다시 재고, 지구와 태양 사이의 거리를 도입하여 삼각법을 이용하면 그 별까지의 거리를 산출할 수 있을 거라고 여겼습니다.

사람들은 그 이외의 여러 방법을 써서 별들까지의 거리를 알아냈는데 별마다 거리가 달랐으니, 우리가 보는 천구는 깊이가 있었던 셈입니다. 그래서 지구에서 가장 가까운 별은 남쪽 하늘의 센타우리 Centauri 성좌에 속한 프록시마Proxima라는 별로 판정이 되었습니다. 우리가 점보제트기(속도 초속 254.17m)를 타고 계속 난다면 그 별에 닿는 데 524만 년 걸린다는 것도 알아냈습니다. 그것은 10만 년이 걸린다는 것을 의미합니다. 시도할 수 없는 여행 거리인데, 우리는 밤마다 우리의 시야에 그 별을 담아 상상의 에세이와 의식의 성소를 짓고는 하는 것입니다. 가능하지 않은 실체를 가능의 재료로 사용하고 있는 우리에게 있어 삶이란 무엇일까요?

그러나 까마득한 훗날 광속의 90%에 맞먹는 속도인 초속 27만 km로 날 수만 있게 된다면, 그 별에 닿는 데 지구 시계로 4년 9개월쯤 걸리니 한번 해볼 만한 일이긴 합니다. 그러나 아직 우리에게는 광속에 접근할 만한 재주가 없습니다. 따라서 별까지의 거리는 초속 30만km로 나는 빛이 1년 달리는 거리인 광년으로 표시하는 게 가장 바람직할 것입니다. 프록시마 별은 이렇게 해서 4.3광년 바깥에 떠 있는 것입니다. 그 거리는 자그마치 지구와 태양까지의 거리 1억 5천만km의 27만 1천 배나 됩니다. 따라서 우리가 소리치면

닿을 것 같이 보이는 밤하늘의 별들은 적어도 낮에 보이는 태양까지의 거리보다 27만 배나 더 멀리 있다는 말이지요. 그러니 지구나 태양은 넉넉하게 '빈 공간'이라 말할 수 있습니다. 그야말로 '텅 빈 충만'인 셈입니다. 어쩌면 인간의 고독은 이와 같은 우주의 실제 위치와 닮아 있는지 모르겠습니다.

태양보다 16배나 밝은 것으로 드러난 시리우스 별은 우리에게서 8.6광년 거리에 있습니다. 그러니 시리우스는 프록시마보다 2배 멀리 있는 셈입니다. 이렇게 지구로부터 10만 광년 이내에 있는 이웃 별들은 모두 7개입니다. 또 우리가 잘 아는 거문고자리에 속한 직녀성Vega까지는 27광년이며, 이 직녀성과 견우성Altair 사이의 거리는 15만 광년입니다. 그러니 견우와 직녀가 서로 광속으로 달려가 중간 지점에서 만난다 해도 7년 반이 걸릴 것입니다. 그러니 1년에 한 번씩 견우와 직녀가 만난다는 말은 그 사실 외에 다른 의미가 있을 듯하니, 아마도 이것은 우리 선조들이 외롭게 떨어진 두 별을 낭만으로 이어놓았던 것 같습니다.

매우 밝은 별은 멀리 있어도 다소 밝게 보일 것이고, 아주 흐릿한 별은 가까이 있어도 흐릿하게 보일 것입니다. 그러나 밝은 것은 가까이 있는 것이고 흐린 것은 멀리 있다는 일반 원칙을 적용해볼 때, 우리 눈에 간신히 보일 정도의 흐릿한 별은 대략 2,000광년 거리로 간주할 수 있습니다. 그러니 오늘 밤 우리 눈에 도착하는 별빛들 가운데 가장 오래 걸린 것들은 아랍과 인도의 세 점성가가 베들레헴으로 향하던 당시에 출발한 별빛들인 것입니다. 이렇게 우리가 밤하늘에 섰을 때 우리는 4년으로부터 2,000년에 이르는 다양한 과거와 마주치고 있는 것이니, 영원한 존재란 이런 경우를 두고 하는 말인지도 모르겠습니다.

달은 1.2초 전의 위성이고, 태양은 8분 20초 전의 별이며, 명왕성도 가까울 때는 5시간 20분 전의 행성이니 이들은 다른 별들에 비해 우리와 '동시 세계'로 칠 수 있습니다. 그런데 욥에게 그러하듯이 창조주는 때때로 우리에게 밤하늘의 별들의 세계가 얼마나 넓은지 아느냐고 왜 물으실까요? 억수로 고통을 당할 때, 말로 할 수 없는 극악한 삶의 정반대의 경우를 만났을 때, 하나님은 왜 답도 없는 우주에 대한 질문을 던지시는 것일까요? 그것은 우리가 지나치게 당혹스러운 일을 당할 때 멍하니 하늘을 쳐다보는 것과 같은 의미를 지니는 것일까요?

"욥이 늙어 나이가 차서 죽었더라." (욥 42:17)

:: 톺음

시리우스 Sirius

밤하늘에서 가장 밝은 별. '큰개자리 알파' 라 부르기도 한다. 태양을 제외하고는 가장 밝은 별이다. 지구에서 가까운 별들 중 하나이기도 하다. 육안으로 볼 때는 단독성처럼 보이지만 백색 왜성을 반성으로 거느리고 있는 쌍성이다.

센타우루스 Centaurus, 프록시마 Proxima Centauri

하늘 남쪽에 있는 별자리. 한국에서는 북쪽 일부만 보일 뿐 거의 볼 수 없다. 알파 센타우리(또는 센타우루스자리 알파)는 센타우루스자리에서 가장 밝은 별. 태양에서 가장 가까운 항성계이다. 센타우루스자리 프록시마Proxima Centauri는 적색 왜성으로 알파 센타우리의 동반성이다. 거리는 가깝지만 매우 어둡기 때문에 맨눈으로 볼 수는 없다.

직녀성 織女星 Vega

거문고자리의 알파별. 역사적으로 오래 전에는 북쪽을 가리키는 북극성이었다. 망원경 눈금 조정의 기준이 되는 별이기도 하다. 질량은 대략 목성 정도로 보인다.

견우성 牽牛星 Altair

독수리자리 알파별. 조선시대의 천문 기록에는 '우수牛宿' 이다. 전설에 나오는 직녀는 옥황상제의 딸로 높은 신분이었고 견우는 소를 끄는 미천한 신분이었는데 실제로 직녀성은 밝지만 견우성은 어두운 3등급별이다. 견우성은 하나의 별이 아니라 염소자리·독수리자리·거문고자리의 일부분에 포함되어 있다. 옛 별자리 지도를 보면 잘못 알려져 있는 경우가 많다.

은하계의 실상

은하계 변방 어디선가 일어나고 있을 일들을 생각하면 예수의 말씀은
인간의 인식 안에 있는지 인식 밖인지 깊이를 알기가 쉽지 않습니다

하늘의 별들은 어떤 모양으로 하늘의 천장에 걸려 있는 것일까
요? 만일 우리의 태양이 우주의 중심에 놓여 있고 무수한 별들이 그
둘레에 고루 널려 있다면, 밤하늘은 어두운 데 없이 두루 환할 것입
니다. 그러나 지금의 하늘에는 별이 있는 곳이 있는가 하면 없는 곳
도 있습니다. 또 은가루를 뿌려 놓은 듯한 은하수Milky Way도 있습니
다. 은하수는 한 쪽 지평선에서 하늘을 가로질러 다른 쪽 지평선으
로 뻗쳐 있습니다.

18세기 말에 허셜Herschel이라는 사람이 망원경을 써서 하늘에
있는 모든 별을 세어보려고 했습니다. 그는 1785년에 자신이 집계
한 별의 총수와 위치와 방향에 따른 별들의 분포도를 발표했는데,

그에 의하면 하늘의 별들이 분포되어 있는 형태는 구형이 아닌 블록 렌즈 모양의 장직경과 단직경이라고 했습니다. 물론 오늘에 와서 그 이론이 맞는 것은 아니라는 게 밝혀졌지만, '은하수' 또는 '은하계 Galaxy'라는 말은 여전히 그가 지어낸 대로 쓰고 있습니다.

우리 은하계의 불룩한 중심은 사수자리 방향에 있습니다. 은하계의 직경은 10만 광년이고, 두께는 6천 광년이며, 이 은하계 내에서 불타고 있는 별의 총수는 1천억 내지 2천억 개쯤 됩니다. 그리고 지구가 속한 태양계는 이곳으로부터 3만 광년 떨어져 있습니다. 우리가 밤에 보는 별들은 은하계 외곽지대의 것들입니다.

이것이 현대 천문학이 제시하는 '우리 은하계'의 실상입니다. 아마도 이 은하계의 원반이 현미경 밑에 놓인 물 한 방울이라면 지구가 속한 태양계는 박테리아처럼 보일 것입니다. 그리고 태양은 그 속의 세포핵이고 인간들이 살아가는 지구는 세포질의 한 점에 지나지 않을 것입니다. 그러니 세계는 얼마나 우리에게 낯설고 거대한 것입니까? 이 사실은 우리를 겸허를 넘어 경외에 사무치게 하지 않습니까?

1천억이 넘는 별들의 세계에는 아무도 살지 않는 것일까요? 누군가 살고 있다면 그게 이상한 일일까요? 아니면 아무도 살지 않는다고 생각하는 게 이상한 것일까요? 만약 누군가가, 뭔가가 살고 있다면 거기도 불교니 기독교니 하는 게 있을까요? 아니면 그 단계를 이미 넘어섰을까요? 또한 극락이니 천국이니 하는 세계가 이런 별들의 세계의 일부일까요?

별들이 천구에 빽빽하게 골고루 붙어 있어 영원히 밤이 없고, 빛에 둘러 있으니 어둠이 없을 것입니다. '사랑'을 '끌고 미는 힘'이라고 할 때, 그곳은 큰 중력이 집중되어 끌고 당기고 하는 게 없을 테니, 그곳을 '빛과 사랑이 넘치는 세계'라 할 수 있을까요? 이런 중심부에 예수께서 말씀하신 '아버지의 집'이란 것이 있는 것일까요? 그리고 만약 하나님이 은하계 중심부에 계신다고 하면, 우리가 날마다 올리는 '기도'는 광속으로 간다고 해도 3만 년 후에나 도달하는 것이니, 기도란 무엇일까요? 기도는 혹시 광속보다 더 빠르게, 무시간적으로 전달되는 현상을 말하는 것일까요?

왜 오늘 우리는 이런 질문으로 나아가는 것일까요? 우리가 '어디서' 살고 있는지를 어렴풋이나마 알자는 것입니다. 그래서 시중에 떠도는 원시적인 신앙의 개념들을 새롭게 정련시켜 보자는 것입니다.

오늘 우리가 읽은 본문에는 '해가 어두워지고, 별이 빛을 내지 않고, 별들이 하늘에서 떨어진다'고 합니다. 은하계의 변방 어디선가는 실제로 이와 같은 상태에 있을 것이니, 실로 예수님의 말씀은

인간의 인식 안에 있는 말씀인지, 인식 밖의 세계에 대한 말씀인지
그 깊이를 알기가 쉽지 않습니다.

"그 환난 후에 즉시 해가 어두워지며 달이 빛을 내지 아니하며
별들이 하늘에서 떨어지며 하늘의 권능이 흔들리리라."(마 24:29)

:: 톺음

은하수

우리 태양계가 속해 있는 은하. 관측 가능한 우주의 수십억 은하 가운데 하나이다.
우리말로는 '미리내'라고도 한다. 지구의 위치에서는 밤하늘을 아치형으로 가로지
르는 흰 빛의 흐릿한 띠 모양으로 보인다. 은하수가 비교적 밝지 않은 이유는 은하
의 원반을 채우고 있는 성간 물질 때문이다. 그래서 밝은 은하를 보는 게 힘들다. 공
해가 심한 도시에서는 보기 힘들다.

허셜, 프레데릭 윌리엄 Sir Frederick William Herschel(1738~182)

독일에서 태어난 영국 천문학자. 독일 하노버에서 음악가의 아들로 태어났다. 원명
은 빌헬름 프리드리히 허셀Wilhelm Friedrich Herschel. '7년전쟁'에 참가하였다가 탈주
한 뒤 영국으로 가 오르간 연주를 하면서 천문학을 공부하였다. 자신이 만든 망원경
으로 천왕성을 발견하였으며 2,500개의 성운·성단과 800개의 이중성을 발견하였
다. 태양계 운동의 원리를 알아내고 은하계 연구로 성운천문학의 바탕을 세운 항성
천문학의 시조다. 영국 왕립천문학회 회장을 지내기도 하였다. 그의 아들 존 허셜은
천황성의 네 위성의 이름을 지어주었다. 신화의 이름을 따오는 다른 행성의 위성과
달리 천왕성의 위성은 윌리엄 셰익스피어와 알렉산더 포프의 작품에 나오는 주인공

이름을 따랐다. 코델리아, 오필리아, 데스데모나, 줄리엣, 포셔, 로잘린드……

은하계

별들의 그룹. 중력에 의하여 성간 가스와 먼지가 흩어지지 않고 중력 중심을 축으로 맴돌고 있다. 은하계를 뜻하는 갤럭시Galaxy라는 이름은 우유를 뜻하는 그리스어 갈락트Galakt라는 단어에서 유래되었다. 은하계에는 천억 개 이상의 별이 있을 것이라 추정되고 있다. 나선형, 렌즈형, 타원형, 무작위형 등 네 개의 유형이 있다. 이 천체의 형태들은 믿을 수 없을 정도로 정리가 되어 있으며 아름다운 모습을 하고 있다.

인과의 지평 너머

과학을 통해 무지와 마주쳐 보는 것은 기독교의 관성으로 자리 잡은
인과의 법칙 밖으로 나가 하나님을 뵙자는 것입니다

하늘을 우러러 한 점의 부끄러움도 없이 살았노라 하던 욥이 어
느 날 뜻밖의 재난을 당하게 됩니다. 욥은 하나님의 우주 경영에 대
해서 불만을 토로합니다. 한동안 듣기만 하시던 하나님이 욥에게 불
쑥 천문학 시험 문제를 내밉니다.

"네가 묘성 성좌를 묶어놓을 줄을 아느냐? 삼성 성좌를 묶어놓
은 끈을 풀 줄 아느냐? 큰 곰 성좌와 작은 곰 성좌를 인도해내기라
도 한단 말이냐? 또한 하늘의 법칙들을 아느냐? 그 법칙들을 지상에
적용할 줄도 아느냐?"(욥기 38장 31~33절). 이랬을 때, 욥은 백지 답
안을 내놓고 다시는 입을 열지 않겠다고 다짐합니다(40장 3~5절).

왜 욥은 입을 다물었을까요? 무식한 게 탄로가 나서요? 부끄러워서요? 아닙니다. 그의 영혼이 하나님을 만났기 때문이고, 그의 지성이 무지와 마주쳐봄으로써 인과의 지평 너머를 보았기 때문입니다. 결국, 우리가 이렇게 천문학이며, 별자리며, 양자물리학이며, 과학 이야기를 하는 이유도 기독교의 관성으로 자리 잡은 인과의 법칙 밖으로 나가 하나님을 뵈옵자는 것입니다.

묘성Pleiades이란 황소자리에 속한 6~7개의 별무리를 말하는 것입니다. 이들은 한 곳에 다닥다닥 모여 있어서 마치도 흩어지지 않도록 누군가가 묶어놓은 것처럼 보입니다. 그런데 1610년 갈릴레오가 망원경을 이 묘성에 맞추었을 때 그는 36개의 별을 볼 수 있었습니다. 그리고 오늘날 우리는 보다 큰 천체 망원경으로 410광년 떨어진 곳에 홍색과 청색을 띤 200개의 별들을 볼 수 있습니다. 그 중에는 태양보다 수백 배나 밝은 것도 있으며, 몇몇의 근처에는 흰 솜뭉치 같은 것이 떠 있기도 합니다. 마치 크리스마스 장식처럼 말입니다.

별들은 서로 외롭지 않게 모여 있습니다. 500~1,000개의 별들이 헐렁하게 모여 있는 것을 산개성단open cluster이라고 합니다. 욥이 질문을 받은 플레이아데스는 전형적인 산개성단에 속합니다. 이 별들은 생긴 지 2천만 년쯤 되었습니다. 보통 별의 수명을 100살이라고 한다면, 태양은 50살 된 것이고, 플레이아데스는 생후 2달 반 되는 갓난아이인 셈입니다. 은하계는 크리스마스 장식과 같은 이런 산개성단 1,000개 정도가 원반 같은 공간에 흩어져 있습니다.

1만에서 10만 개의 나이 많은 별들로 이루어진 구성성단globular cluster도 있습니다. 홍색의 별들이 어느 별을 중심으로 벌떼처럼 밀집하여 커다란 공 모양을 이루고 있지요. 마치 축제 때 밤하늘을 수놓는 불꽃이 멎어 있는 듯한 모습일 겁니다.

자, 이제 우리가 우리의 영혼을 드높일 상황을 설정해보겠습니다. 우리가 한 구성성단 복판에 살고 있다고 가정해봅시다. 그곳의 하늘은 어떻게 보일까요? 지구에서보다 수십 배에서 수백 배에 이르는 밝은 별들이 균일하게 분포되어 있을 것입니다. 불그스레할 테니 그것은 마치 연등을 달아놓은 것과 같을 것입니다. 그런 곳에서의 생물학적 기능은 어떻게 달라질까요? 적외선과 열에 민감한 감각 기관이 발달되었겠죠. 그리고 그 감성은 다분히 명상적일 것입니다. 그리고 하나님이 그곳에서도 선악과 시험을 내렸다면 어떻게 되었을까요? 아마도 생명과를 따먹고 영생하지는 않았을까요? 예수님의 비유 가운데 탕자의 비유라는 게 있습니다. 거기 등장하는 큰형은 유대인이거나, 득도한 옛사람일 겁니다. 바로 그런 큰형이 살 만한 곳이 이 별세계가 아닐까 싶습니다.

"네가 묘성 성좌를 묶어 놓을 줄을 아느냐?

삼성 성좌를 묶어 놓은 끈을 풀 줄 아느냐?

큰 곰 성좌와 작은 곰 성좌를 인도해 내기라도 한단 말이냐?

또한 하늘의 법칙들을 아느냐? 그 법칙들을 지상에 적용 할 줄도 아느냐?" (욥 38:31-33)

:: 톺음

묘성과 삼성

플레이아데스Pleiades 별자리와 오리온Orion 별자리. 욥기에 묘성은 북두칠성으로, 삼성은 오리온 성좌로 번역되기도 한다. 플레이아데스성단과 오리온성좌는 맑은 날이면 밤에 볼 수 있다. 서양에서는 플레이아데스성단을 '일곱자매Seven Sisters', 오리온성좌를 '냄비자리Saucepan' 라고 부르기도 한다. 플레이아데스성단은 약 500개의 별로 이루어져 있다. 오리온성좌는 가장 눈에 잘 띄는 별자리다. 오리온성좌 전체가 별들의 거대한 집단이다.

갈릴레이, 갈릴레오 Galileo Galilei(1564~1642)

이탈리아 철학자, 과학자, 물리학자, 천문학자. 망원경 개량, 등가속 물체 운동의 법칙 확립, 코페르니쿠스 천동설 옹호 등 활발한 활동을 벌이다가 종교 재판에 회부되어 지동설 포기 명령을 받았다. 그러나 저술을 통해 지동설을 고집하여 가택에서 구금된 채 말년을 보냈다. 실험적 검증을 중시하여 근대 물리학의 문을 열었다. 금성과 그 위성들을 관측하였으며 태양 흑점을 관측하고 분석하였다. 근대 관측천문학, 근대 물리학의 아버지라고 부르기도 한다.

산개성단

거대한 분자 구름 덩어리 속에서 구름들이 뭉쳐 형성된 수천 개의 항성 집단. 별들이 분자 구름 사이에 있다. 산개성단에서는 별들 사이에 미치는 중력의 영향이 약하고 구상성단에서는 매우 강하다. 대신 산개성단은 별들이 활발하게 만들어지는 영역이다. 성단에서 방출되는 방사압으로 분자 구름이 흩어지기도 한다. 흩어지기 전에 약 10%의 가스 구름이 뭉쳐져 항성이 된다. 산개성단은 항성 진화 연구에 아주 중요한 요소이다. 플레이아데스성단이나 히아데스성단, 페르세우스자리 알파성단 등 많은 수의 성단들은 육안으로 관측할 수 있다.

구상성단

은하를 중심으로 궤도를 가진 구형을 이룬 별들의 집단. 매우 강력한 중력에 묶여 있어 둥그런 모양을 하고 있다. 구상성단은 매우 흔하다. 우리 은하에 158개 정도가 있다. 안드로메다 은하계에는 500개 정도 있을 것으로 추정된다. M87과 같은 거대한 타원 은하는 1만 개 정도의 구상 성단으로 이루어져 있다. 구상성단들은 은하 밖에서 큰 반지름의 궤도를 돈다.

문명의 확률과 초문명의 세계

'뜻이 하늘에서 이루어졌다' 는 말씀도 창조주의 뜻이 물 흐르듯 막힘이 없이
통용되고 있는 별들의 세계가 있다는 것을 말하는 게 아닐까요?

은하계의 별의 총수를 최소 1,000억 개라 하고, 이 중에 90%는
볼록한 중심부에 있다고 하니, 나머지 10%인 100억 개가 우리 태양
이 떠 있는 변두리 지역에 흩어져 있는 것입니다. 이 100억 개의 별
들이 은하계 중심으로부터 2만~5만 광년의 대역에 고르게 분포되
어 있다고 가정하면 2만~3만 광년 지대(a), 3만~4만 광년 지대(b),
4만~5만 광년 지대(c)의 면적은 각각 5:7:9의 비율이므로 a지대에
는 23.8억, b지대는 33.3억, c지대는 42.9억 개의 별들을 지니고 있
다는 가정을 할 수 있습니다. 그리고 태양이 놓인 지점으로부터 안
팎으로 1만 광년에는 a와 b의 평균치인 28.6억 개의 별이 놓여 있다
고 볼 수 있습니다.

아무런 근거는 없지만 태양이 놓인 지점으로부터 안쪽으로 50광년, 바깥쪽으로 50광년 내에서 우리와 비슷한 조건을 지닌 별과 행성과 문명의 가능성을 점쳐보겠습니다. 이 안에 있는 별의 수는 28.6억 개의 1/10인 2,860만 개입니다. 태양은 중년의 별이므로 태양과 나이가 같거나 더 많은 별의 수효는 2/3를 곱해 1,910만 개라 할 수 있습니다. 이 중 태양처럼 행성을 거느린 별의 수는 9/73를 곱해 235만 개로 나오고, 우리 태양의 행성계처럼 이들 각각의 별이 10개 정도의 행성을 달고 있다면 총 행성의 수는 10을 곱해 2,350만 개가 됩니다.

　　그리고 생물이 발생할 수 있는 조건을 지닌 행성은 태양계에서 지구와 화성 또는 목성으로 쳐서 3/10을 곱해 750만 개가 됩니다. 이 중 실제로 생물이 발생하여 어려운 환경을 극복하고 긴 기간 동안 살아남을 수 있는 수는 어림잡아 1/3을 곱해 235만 개를 얻을 수 있습니다. 그리고 이런 생물 가운데 뿔이나 날카로운 이빨이나 예리한 발톱의 힘이 아닌 '두뇌'의 우수함으로 살아남을 수 있는 이성적 동물이 발생할 확률을 1/1,000로 잡으면 2,350개가 됩니다. 이 중에서 지금도 인도네시아나 호주나 남미의 원시인들처럼 장기간 석기시대에 머물게 되는 행성의 수는 1/5로 보아 470개가 나오고, 뉴턴이나 에디슨이나 아인슈타인 또는 모차르트나 헨델이나 베토벤과 같은 천재들을 산출해낼 수 있는 문명의 확률을 다시 1/5로 잡으면 94개의 행성으로 압축이 되죠.

이상은 천문학적인 통계를 근거로 해서 은하계의 1,000억 개의 별들로부터 출발한 추리입니다. 그러나 오늘날 적지 않은 수의 천문학자들은 2,000억 개로부터 출발하여 행성을 지닌 별들의 수는 650억, 생물이 살고 있을 가능성이 있는 행성의 수는 500억, 한 번이라도 기술 문명을 세웠을 법한 행성의 수는 5억이라고 말하고 있습니다. 어떤 학자는 지금도 살아 있을 문명으로 500만 개의 세계가 있다고 제시합니다. 그러므로 우리는 위에서 얻어진 94개의 문명 세계에 대하여 신중하게 취급할 가치가 있다 하겠습니다. 그래야 비로소 예수께서 언급하신 '내 아버지 집에 거할 곳이 많도다' 하신 '많은 방들'(요한복음 14장 2절)에 대한 과학적인 설득을 갖게 되는 것입니다.

이제 이들 94개의 문명 세계가 은하계를 중심으로 빙 둘러 태양 궤도에 고르게 분포되어 있다면 3.83도에 한 개씩 있는 꼴입니다. 그리고 태양으로부터 앞뒤로 2,010광년 되는 두 지점에 우리와 같거나 보다 높은 과학, 예술, 종교를 누리는 문명 시민들이 살고 있을 수 있다는 계산이 나옵니다. 지구를 제외한 이들 93개의 문명은 생물적인 개체 보전의 '상쟁相爭' 패턴을 극복하고 대신 '상생相生'의 윤리를 그들 유전인자에 재프로그래밍시켜 초문명을 이룩한 것은 아닐까요? '뜻이 하늘에서 이루어졌다'고 하신 주님 말씀의 의미도 아마 창조주의 뜻이 이들 세계에서는 이미 물 흐르듯 막힘이 없이 통용되고 있다는 것을 말하는 게 아닐까요?

이들 초문명의 주민들은 풍요와 번영을 상생적으로 누리고 있기 때문에 누가 '욕심'을 품는다면 이해하지 못할 뿐더러, 그 현상을 '지구병'이라는 이름으로 부를지도 모릅니다. 또한 그들은 원하는 만큼 살다가 흔쾌히 무화無化되는 인종이 된 것은 아닐까요? 그리고 그들은 창조주의 완전하심을 닮아 모두들 자기완성을 이룩하였기에 (마태복음 5장 48절) 개체를 복제하는 생식과 이를 위해 두 종류의 인간이 결합하는 방식을 지양했을지도 모르죠. 우리는 이런 세 가지의 특징이 예수의 생애에 나타나 있음을 알고 있습니다. 혹 그들은 예수에 관해 알고 있는 것일까요?

오늘밤 5백만 또는 93개의 별 가운데는 우리 쪽을 바라보는 존재들이 있을지도 모릅니다. 우리의 신앙이 그들에게는 어떻게 보일까요?

"내 아버지 집에 거할 곳이 많도다." (요 14:2)

우주시대의 개막

날개 없이 창조된 인류가 하늘의 왕자 독수리보다 더 높이 날아가
푸른 행성(지구)에서 첫 외계 성경 봉독을 듣게 하였던 것입니다

　　말들이 갈기를 세우고 뛰는 광경은 후련합니다. 몽고의 너른 초
원에서 수천 마리의 말 떼가 땅을 구르며 달리는 모습은 보는 것만
으로도 장쾌합니다. 겨울 하늘을 나는 철새 떼를 볼 때도 같은 마음
이 들죠. 가물가물 사라지는 새 떼들을 보다가 문득 드높은 '하늘'
을 생각하게 됩니다. 저 허공을 끝없이 가면 어딜까? 거기엔 무엇이
있는 걸까? 이런 생각 말입니다.

　　인간에게는 발목의 힘과 날개의 힘을 주시지 않아서 말과 새들
의 생명력을 흠모하고 그림에만 담아둡니다. 그러나 인간에겐 두뇌
의 힘이라는 게 있어서 지금쯤 명왕성 궤도에서 태양계를 벗어나는
물체를 만들어 띄울 줄은 알았지요. 이 물체는 기러기보다 더 멀리,

말보다 더 빠르게 허허공공을 달려가고 있습니다. 하늘을 나는 새 떼를 보다가 문득 일어난 찰나의 생각이 그만 지구 밖으로 나아가는 큰일을 저지르고 있는 것이지요.

　이런 일이 어떻게 가능하게 된 것일까요? 산 너머에는 누가 살고 있을까 하는 호기심과, 사물의 이치를 헤아리고 응용하는 능력이 우리에게 있었기 때문이죠. 갈릴레오가 망원경을 통해 달에 '산과 평야'가 있는 것을 본 다음에 사람들은 코앞에 있는 이 미지의 세계를 가보고 싶은 마음을 신화에서 소설로, 소설에서 과학으로 이전시켜 갔죠. 그리하여 1638년 고드윈Godwin이라는 작가는 '큰 새'들의 힘을 빌려 달까지 날아가는 이야기를 썼습니다. 이에 갈릴레오는 자기 제자 토리첼리Torrichelli를 시켜 지구에서 달까지 공기가 채워져 있는지를 알아보도록 했습니다. 5년 후 토리첼리는 지면에서 오를수록 공기의 밀도와 압력이 줄어든다는 사실을 발견하였고, 따라서 대기는 일정한 높이까지만 채워져 있어 달까지는 미치지 못한다는 결론을 얻었습니다. 날개를 퍼덕거리며 토끼가 떡방아를 찧는 곳까지 오를 수 있는 새가 없다는 것입니다.

　그로부터 7년 후 베르즈락Bergerac이라는 작가는 로켓 원리를 창안해내, 그것으로 진공 속을 날아가 달에 닿는 시나리오를 구성했습니다. 우리들은 화약이 터지면 물체를 밀어낸다는 것을 알고 있습니다. 만약 물체의 꽁무니에서 화약이 계속적으로 터진다면, 기체 분자가 밖으로 밀어내는 힘의 반동으로 그 물체는 공기가 없는 데서도 계속 앞으로 나갈 수 있을 것입니다.

금세기에 들어 1926년 고다드Goddard라는 미국의 물리학자가 액체 연료를 만들어 로켓을 제작하였습니다. 그리고 성공리에 발사를 했죠. 수직으로 쏘아 올린 총알이나 대포알은 한 번의 폭발로 떠밀려가다가 떨어지지만, 로켓이 자신의 힘으로 중력을 뿌리치며 쭉쭉 오르는 모습을 보면서 인간은 스스로를 장하게 여겼을 것입니다. 1957년 10월 4일에는 로켓으로 쏘아 올린 물체가 지평선 너머로 날아가는 일이 일어났습니다. 만약 땅이 한없이 평평하다면 그 물체는 지면과 마주쳤겠죠. 그러나 우리가 살고 있는 땅은 구형으로 구부러져 있기 때문에 그 물체는 땅에 닿지 않고 그 다음 지평선 너머로 가 결국 지구의 상공을 선회하게 되었습니다. 이것이 소련에서 발사한 최초의 인공위성 스푸트니크Sputnik 1호인데, 5대양 6대주 10만 리 거리를 단 1시간 24분 만에 돈다는 것은 역사 이래로 처음 있는 일이었습니다. 이로써 우주시대Space Age가 열린 것입니다.

소련의 스푸트니크 1호가 처음으로 지구 궤도에 들어간 지 12년 만인 1969년, 세 사람을 태운 미국의 아폴로Apollo 11호가 달을 향해 떠났죠. 그리고 7월 20일 달 주위를 '달의 달'로서 선회하는 모선에 한 사람을 남겨두고, 두 사람을 태운 착륙선이 모선에서 분리되어 달 표면을 향해 내려갔습니다. 역분진 로켓에 불을 붙여 속도를 줄이면서 수십억 년 묵은 달 표면에 안착을 했죠. 그리고 첫발을 내딛은 암스트롱Armstrong은 "태초에 하나님이 천지를 창조하셨다."는 성서의 첫 구절을 읽어, 1초 후에 38만km 떨어진 푸른 행성(지구)에서 첫 외계 성경 봉독을 듣게 하였던 것입니다. 그런데 아니러니하게도 그 착륙선 표면에는 '독수리'가 그려져 있었죠. 날개 없이 창조된 인류가 하늘의 왕자 독수리보다 더 높이 날아간 것입니다.

*2010년 12월 2일에 미국 항공우주국에서 '외계 생명체'에 대한 중대한 발표가 있다는 기사를 인터넷에서 본 지난 밤 이후로 너무 흥분이 되어 잠을 이루지 못하고 있습니다. 그러다가 새벽 3시에 이 글을 부랴부랴 적었습니다. 내 혼이 우주 밖에서 넘실거리고 있기 때문입니다. 내일 아침엔 칼 세이건Carl Sagan과 함께 화성으로 날아갈 셈입니다.

"좋은 것으로 네 소원을 만족케 하사
네 청춘을 독수리 같이 새롭게 하시는 도다." (시 103:5)

:: 톺음

고드윈, 프랜시스 Francis Godwin(1562~1633)
영국성공회 주교. 1638년《달에 간 사나이The Man in the Moon》라는 소설을 썼다. 영문학사에서 우주여행을 다룬 첫 번째 소설이다. 닐 암스트롱이 달을 밟기 300년 전에 달나라 여행에 대한 첫 SF(과학소설)이 나온 것이다. 우주 비행사의 이름은 '번개 배달부'라는 별명의 도밍고 곤잘레스, 우주여행의 엔진은 '간자'라는 상상의 새로, 야생 백조 닮은 새 25마리를 세인트헬레나 섬에서 잡아 줄로 연결한 막대 위에 타고 날아가는 모습을 그림으로 보여주고 있다. 지구의 공전과 중력의 법칙 등 17세기의 과학의 발견을 미리 보여주고 있다.

토리첼리, 에반젤리스타 Evangelista Torricelli(1608~1647)

이탈리아의 수학자, 물리학자. 갈릴레오 갈릴레이의 제자가 되어 갈릴레이가 죽을 때까지 연구를 함께 했다. 1644년 유속과 기압의 법칙을 계산해낸 '토리첼리의 정의'를 발표했다. 수은으로 실험한 대기압 연구로 이름이 널리 알려졌다. 수은기압계를 발명하기도 했다.

베르즈락 Bergerac

연극 '시라노 드 베르즈락'의 주인공과 동명이인인 실제 인물이 있었다. 그는 군인이자 작가였다. 두 개의 SF 소설을 썼는데,《달 여행Voyage dans la Lune (1657)》과《태양 제국들과 나라들의 역사L' Histoire des Etats et Empires du Soleil, (1662)》다. 이 소설들에서 그는 로켓 원리를 이용한 비행체를 언급했다. 아마 로켓을 이용한 우주 비행을 이야기한 SF로는 최초일 것이다.

고다드, 로버트 허칭스 Robert Hutchings Goddard(1882~1945)

미국 과학자. 로켓 연구의 선구자. 1926년 액체 연료를 사용해 로켓을 쏘아 올렸다. 이후 로켓 발사 속도를 계속 향상시켰다. 살아생전에는 그 업적을 인정받지 못했으며 비웃음거리가 되고 말았다. 죽은 뒤 재평가되어 지금은 '로켓의 아버지'라는 이름을 얻었다.

스푸트니크 Sputnik

우주시대를 연 소련 인공위성. 여러 대가 발사되었다. 1957년 10월 4일 최초로 발사된 스푸트니크 1호는 83.6kg의 캡슐이었다. 지구 궤도를 96분마다 한 바퀴씩 돌았으며 1958년 지구로 떨어지면서 타 없어졌다. 스푸트니크 2호는 '라이카'라는 개를 태우고 발사되었다. 이와 비슷한 스푸트니크 우주 비행은 8차례 이뤄졌으며, 우주선의 생명 유지 장치를 시험하기 위해 여러 번 동물 실험을 했다. 지구로 재진입하는 방법, 우주의 온도 · 압력 · 입자 · 복사 · 자기장 등에 대한 자료도 얻었다.

아폴로 11호 <u>Apollo 11</u>

인류 최초의 달 착륙 유인 우주선. 1969년 7월 16일에 발사되었다. 7월 20일 선장 닐 암스트롱과 착륙선 조종사 버즈 올드린은 달에 발을 디딘 최초의 인류가 되었다. 사령선 조종사 콜린스는 달 궤도를 돌고 있었다.

세이건, 칼 에드워드 <u>Carl Edward Sagan(1934~1996)</u>

미국의 천문학자. 자연과학을 대중화하는 데 힘쓴 대중화 운동가. 외계생물학의 선구자. 코넬대학 교수. 60여 개국 5억여 명이 시청한 텔레비전 다큐멘터리 시리즈 〈코스모스〉 제작자이자 공저자. 일생 동안 600편 이상의 과학 논문과 대중 기사를 썼고, 20권 이상의 책의 편집에 참여했다. 지속적으로 세속적 인간주의, 과학적 방법, 회의주의를 주장했다.

스타트랙Star Trek, 우주를 향한 순례길

우리가 땅에서 창조주 하나님을 부르듯 이들은 지구 밖으로 나가
인류를 발현시킨 자신의 창조주를 더듬어 가고 있다는 말입니다

지난 시간에 우리는 드디어 지구 밖으로 의식을 확장하는 '우주 시대Space Age'가 열리기 시작했다는 이야기를 나눴습니다. 그것은 인간이 달에 착륙함으로 해서 가능한 것이었지요. 그렇게 1960년대 초부터 사람이 타지 않은 우주 탐사선이 샛별과 수성과 화성에까지 접근하게 되었습니다. 그래서 얻은 과학적인 자료로는, 샛별은 450도의 고열로 펄펄 끓고 있어 지옥을 방불케 한다는 것, 수성은 크레이터가 푹푹 패어 있어 달과 같았고, 화성에는 시속 500km의 모래바람이 불고 있다는 것이었습니다.

그러다가 1975년에 로봇이 설치된 바이킹 2호가 화성을 향해 장도에 올라 1억km의 공간을 날아간 후 1976년 7월 16일 화성 표면에

착륙하였습니다. 거기에 장치된 카메라로 자신의 다리를 찍었습니다. 안전한 곳에 착륙했는지를 알기 위해서였습니다. 그러고는 기계팔로 토양 샘플을 깔때기 모양의 입에 넣었죠. 이것이 바이킹 2호가 맡은 임무였습니다.

화성 너머로는 약 1억 2천만km 되는 지점으로부터 2억 9천만km 되는 지점에까지 3,500개 정도의 소행성이 돌고 있습니다. 말하자면 태양계의 다도해 지역에 해당하는 거죠. 큰 것은 직경이 1,000km 되는 것도 있지만 작은 것은 1km 정도의 작은 별도 있습니다. 그런 별들이 즐비하게 허공을 날고 있는 것입니다. 이런 별들이 충돌하여 멀리 벗어날 경우 더러는 지구 궤도와 교차하여 우리들의 대기권에서 '별똥별' 현상을 빚어내는데, 타고난 찌꺼기인 운석에서 유황과 마그네슘 등의 원소가 발견됩니다. 성경에 소돔과 고모라를 멸망케 한 '하늘의 불과 유황'(창 19:24)이라고 했으니 혹시 이런 것이었는지도 모릅니다.

그런데 1972년 3월 2일에는 파이오니아 10호가 이 위험한 별들의 암초를 피해 21개월 뒤인 1973년 12월 3일에 태양계에서 가장 큰 행성인 목성에 도착하게 됩니다. 파이오니아호는 그곳에서 각종 정보를 지구로 전송하고는 곧바로 방향을 돌려 태양계를 벗어났습니다. 가장 가까운 별인 센타우루스 별자리의 알파 센타우리 별에 닿는 데 10만 년이 걸릴 속도로 파이오니아 10호는 지금도 망망대해와 같은 공간을 날고 있는 것입니다.

　1977년 8월 20일에는 핵 발전기가 설치된 825kg의 보이저 2호가 다시 목성을 향해 길을 떠났습니다. 그리고 2년 뒤인 1979년 7월 9일에 목적지에 도착을 합니다. 그때 알게 된 것은, 목성은 300만 기압으로 짓누르는 대기 밑에 고체는 없고 수은과 같이 액체 상태로 된 '금속 수소'라는 물질이 물결치고 있다는 것을 알아냈습니다. 그리고 목성의 둘레를 '이오Io'라는 달이 돌고 있는데 지금도 터져 오르는 활화산이 있었다는 것입니다. 지구 이외에 화산이 터지고 있는 곳은 이오뿐이라는 것입니다. 보이저 2호는 이런 사진 1만 8천장을 찍어 5억km 너머의 지구에 보낸 후 다음 행선지인 토성을 1980년 11월에 통과하고, 지금은 명왕성 궤도를 벗어나고 있는 것입니다.

　자, 이렇게 우리가 땅에 착 달라붙어 이것저것 채집을 하는 일에 여념이 없는 사이에 누군가는, 무엇인가는, 이토록 열정적으로 우주를 향해 순례길을 계속하고 있는 것입니다. 마치 조나단 리빙스턴 시걸의 황금 갈매기처럼, 선창가 썩은 고기를 쫓는 갈매기 무리를 떠나 하늘로 솟구쳐 오르는 한 마리의 갈매기와 같은 우주를 향한 비행 물체들은 우리에게 SF 영화〈스타트렉Star Trek〉을 연상케 해줍니다.

　곧 보이저 탐사선은 긴 우주 여행에서 많은 독특한 경험을 쌓고,

그 자신 거대한 유기체로 변신을 합니다. 그리고 자의식을 지닌 존재로 진화하여 어느 날 자기를 '창조한 자'를 찾아서 그 근원과 하나가 되기 위해, 태양계 변두리에 나타나 위용을 떨치며 '탄소 화합물(인간)'이 나타나기를 요구합니다. 그리고 금세기에 그런 탐사선을 띄운 줄을 까맣게 잊고 있는 지구의 후손들은 어찌할 줄을 모르다가 한 사람이 나서서 기계적인 존재인 보이저와 물리적으로 하나가 됩니다. 이는 그에게 죽음을 의미하지만, 보이저와 그의 합일을 통해 그 둘의 존재는 장렬하게 '초물질적 에너지'로 화하고 맙니다. 이 작품 저류에는 '물질'로 된 인간이 '영'이신 창조주 하나님을 찾기 전에는 갈증이 가시지 않는다는 신학적인 명제가 강력하게 반사되어 있는 것입니다.

우리가 땅에서 '창조주 하나님을 부르듯이' 이들은 지구 밖으로 나가 인류를 발현시킨 자신의 창조주를 더듬어가고 있다는 말입니다. 우리와는 방식이 조금 다르죠. 그러나 우리가 알기로는, 창조주 측을 대표한 한 존재가 이미 지구 유기체Earth-Organism와 합일을 꾀한 이벤트가 바로 '예수의 화육' 즉 신께서 육신으로 변하신 사건이죠. 크리스마스 말입니다. 지구 유기체의 열망에 대해서 하나님이 응답하신 이것이 바로 〈스타 트렉〉의 패러다임이 주는 교훈이죠.

인류는 땅을 구르는 말발굽이나 구만리 하늘을 나는 기러기 날개의 힘을 얻지는 못했지만, '상상'할 수 있는 은사를 받아 이제 창공 너머까지 지성을 펼쳐서 거꾸로 인류의 기원을 연역해보기에 이른 것입니다.

"또 가라사대 어떤 사람이 두 아들이 있었다." (눅 15:11)

:: 톺음

크레이터 crater
단단한 표면을 가진 천체에 다른 작은 천체가 충돌했을 때 생기는 구덩이. 운석구덩이, 운석공隕石孔이라고도 한다. 지구에는 150여 개가 남아 있다. 무거운 물체가 천체에 충돌할 때에는 엄청난 에너지가 발생해 원자탄 수준의 대폭발이 일어난다. 달과 수성은 전체가 온통 크레이터로 뒤덮여 있는데, 수성의 이름 '머큐리Mercury'가 예술의 신이라고 해서 과학자들은 수성 크레이터에 '톨스토이 분지' '베토벤 분지' 등 예술가들의 이름 붙였다.

금속 수소 Metallic hydrogen
가장 가벼운 원소인 수소를 매우 높은 밀도로 압축하면 금속성을 나타낸다. 이를 금속 수소라 한다. 고체 상태와 액체 상태가 있다. 그러나 이는 과학자들의 예측일 따름이고 아직 만들어내지는 못했다. 단지 실험실에서 순간적으로 액체 금속성 수소를 관측한 적이 있을 뿐이다. 수소를 금속화시킬 만한 압력을 만들기가 매우 어렵기 때문이다. 압력이 높은 목성이나 토성 내부에는 금속성 수소가 존재한다고 한다.

이오 Io
목성의 위성. 태양계에서 화산 활동이 가장 활발하다. 목성과 그 위성들인 에우로

파, 가니메데의 인력이 함께 작용해 이오는 100m쯤 수축을 반복하게 된다. 이 과정에서 내부 마찰로 인해 열이 발생해 화산 활동이 일어난다.

은하계 너머의 공간

지구별에 잠시 머무는 인생들에게 권유하는 '사색과 묵상, 기도와 사랑'은
물질보다 높은 차원의 질적 변화를 위한 우주적 장치일 것입니다

우리는 중학교 역사 시간에 '대동여지도'를 만든 김정호에 대해서 배웠습니다. 아무도 자기가 살고 있는 시야 너머로 어떤 모습의 세상이 있을까 궁금해하지 않을 때, 그는 방방곡곡을 걸어 다닌 끝에 '대동여지도'를 만들지 않았습니까? 그게 19세기의 일입니다. 그런 수고의 연장선상에 오늘날 자동차마다 달고 다니는 내비게이션(길도우미)navigation이 있는 것입니다.

이처럼 인류가 살고 있는 지구와 태양계의 현주소를 알기 위해 밤마다 천문대를 열고 애쓴 수많은 사람들 덕분에, 오늘날 우리는 2천억 개의 별로 이루어진 폭 10만 광년으로 이루어진 은하계에 속해 있다는 것과 그 중심이 사수자리 쪽의 은하수에 있다는 것을 알게

되었습니다. 그러면 이 은하계 너머엔 무엇이 있을까요? 검은 공간만이 무한히 뻗쳐 있는 것일까요?

1912년 리빗Leavitt이란 사람이 대마젤란운과 소마젤란운 속에 있는 세페이드 변광성들을 조사한 후, 이 두 성운이 각기 16만 광년과 20만 광년 떨어져 있다는 것을 알아냈습니다. 이것은 이 두 개의 별이 은하계 바깥쪽에 있다는 사실을 증명하는 것이었습니다. 그러던 중 새로 세워진 100인치 망원경을 사용하여 허블Hubble이라는 사람이 1923년 안드로메다 성운이 무수한 별들로 들어차 있음을 보았고, 한 세페이드 변광성을 찾아내 거리를 측정해보니 은하계 안쪽에 있는 게 아니라는 사실을 확인하게 되었습니다. 우리 은하계를 한 줄로 스무 개쯤 늘어세운 곳에 떠 있는 이 안드로메다 은하는 '3천억' 이상의 별들로 이루어져 있습니다. 이 중에 어떤 은하계는 빈센트 반 고흐의 그림에서처럼 나선형의 별 무리를 하고 있기도 했던 것입니다. 이 나선형 은하계는 직경이 20만 광년에 이르고 4천억 개의 별 무리로 이루어져 있습니다. 여기서 나온 이론이 '팽창 이론'입니다. 우주가 우리들의 시야와 인식 밖으로 아주 멀리 퍼져 있다는 것입니다. 그리고 인식의 진폭이 넓어지면 질수록 우주도 점점 넓어진다는 것입니다.

이제 수백억 또는 수천억 개의 항성, 광대한 지역에 퍼져 있는 성운들, 거성의 폭발인 수퍼노바, 그 잔재로 맥박 전파를 뿌리고 있는 펄서, 주변의 물질을 대식가처럼 삼키고 있는 블랙홀, 그리고 어느 별 주변을 떠도는 행성들, 그 가운데 식물로 뒤덮인 세계, 또는 동물들이 배회하는 세계를 거느린 수많은 은하들을 마음에 그려보시기 바랍니다. 한 은하계에 지적 생물이 살고 있을 행성이 단 한 개뿐이라고 해도, 우리는 적어도 1,000억의 문명을 예상하게 됩니다. 지구도 물론 그 중의 하나입니다. 우리들이 지금과 같은 방식으로 계속 살면 미래에 이 지구는 어떻게 될까요? 파괴될지 아니면 어엿한 낙원으로 가꾸어질지는 미지수입니다. 그러나 한 날 한 날 살아가는 우리의 삶 그 끝자락에 그 결과가 놓여 있게 될 것은 자명한 일입니다. 그러므로 기독교인의 삶은 바로 이 오래된 과거와 장구한 미래를 염두에 둔 사고 방식, 삶의 양식, 존재의 인격을 지녀야 하는 것입니다. 예수님이 바로 그런 존재 양식을 우리에게 제시하시기 위해 이 땅에 오신 거죠. 그렇게 해서 이룩되는 게 곧 '하나님의 나라'인 것입니다.

이스라엘의 한 시인은 "해와 달아 찬양하며 광명한 별들아 찬양할지어다. 하늘의 하늘도 찬양하며 하늘 위에 있는 물들도 찬양할지어다."(시148:3-4)라고 합니다. 그러면서 '하늘의 하늘'을 초청하고 있지 않습니까? 그 '하늘의 하늘'이란 1천억의 별들을 말하는 것일까요? 그리고 그가 찬양하는 '높은 곳에 거하는 자들'이란 문명 은하계의 시민들과 외지 근무자들을 말하는 것일까요?

그러나 지금까지의 모든 천문학적 이론들보다 중요한 게 있습니다. 그것은 우리의 속 좁은 인식 세계를 압도하는 이 광대한 우주적 규모 앞에 잠시 말없이 마주서보는 일일 것입니다. 그러면서 지구라는 별에 잠시 머무는 인생들에게 '사색과 묵상, 기도와 사랑'을 꽃 피우라고 했을 때, 그것은 단지 그 잠깐의 생명을 물질로 둘러 감싸기 위한 욕망의 도구로서 필요하다는 것인지, 아니면 그보다 높은 차원의 질적인 변화를 도모하기 위해 설치된 하나님의 우주적인 장치인지를 알아야 할 것입니다.

그대에게, '사색과 묵상, 기도와 사랑' 이런 것들은 왜 필요한 것입니까?

"해와 달아 찬양하며 광명한 별들아 찬양할지어다.
하늘의 하늘도 찬양하며 하늘 위에 있는 물들도 찬양할지어다." (시 148:3-4)

:: 새김

보이저 1호, 태양계 끝을 보다

33년 전 발사된 우주 탐사선 '보이저 1호'가 태양계 끝머리에 거의 도달함으로써
지금까지 알려진 인공 물체로선 가장 멀리 여행한 기록을 세웠다고 미국항공우주국
(NASA)이 13일 밝혔다.

지난 1977년 9월5일 발사된 보이저 1호는 지구로부터 약 174억km를 날아가, 현재
태양에서 분출된 입자들로 이루어진 태양풍이 약한 구역에 도달했으며, 이는 곧 태
양계를 완전히 벗어나게 될 것임을 뜻한다고 나사NASA는 샌프란시스코에서 열린
'미국지구물리학회' 회의에서 설명했다

보이저 1호는 1979년과 1980년 각각 목성과 토성에 도착, 이들 행성의 달들에 대한
최초의 상세한 영상을 지구에 보내왔고, 자매선인 보이저 2호와 함께 모든 외행성
의 영상을 찍었으며, 1990년에는 최초로 완전한 태양계 사진을 촬영하기도 했다.

보이저 1호는 현재 태양계의 가장자리를 둘러싸고 있어 태양의 영향력이 줄어드는
우주 공간인 태양권heliosphere을 연구 중이다.

:: 톺음

리빗, 헨리에타 스완 Henrietta Swan Leavitt(1868~1921)

미국의 여성 천문학자. 세페이드 변광성의 주기 – 광도 관계를 밝혀냈다. 하버드컬
리지관측소에서 천문 사진으로 별의 밝기를 분류하는 새로운 방법을 고안하여
2,400개의 변광성을 발견하였다. 별의 변광 주기가 길수록 별이 밝다는 사실을 밝
혀내 현대 천문학의 기초를 세웠다.

마젤란운 Magellanic Cloud

지구가 속해 있는 거대 항성계인 우리 은하 이웃에 있는 위성 은하. 최초의 세계 일
주 항해를 하던 마젤란과 선원들이 발견해 그의 이름을 따서 붙였다. 마젤란운들은
별들이 막대한 양의 먼지와 가스들에 싸여 구름처럼 보이는 불규칙 은하이다. 대마
젤란운Large Magellanic Cloud과 소마젤란운Small Magellanic Cloud 등이 이 가운데에 있
다. 마젤란운에는 가스 구름에서 생성된 수많은 별과 성단이 매우 활발하게 변화하

고 있어 별의 생성과 진화에 관한 좋은 실험실이다.

세페이드 변광성 <u>Cepheid variable</u>

변광성變光星은 밝기가 변하는 별. 주기적으로 밝기가 변하는데 어두워지면 시야에서 사라진다. 세페이드 변광성은 변광성의 특정 유형으로, 밝기와 변광 주기의 관계가 일정해 정확하게 계산해낼 수 있다. 변광 주기를 관측하면 별의 밝기를 구할 수 있고, 이를 비교하면 별까지의 거리를 구할 수 있다. 현재까지 가장 신뢰도가 높은 방법이다. 은하까지의 거리도 이를 바탕으로 구한다. 세페이드 변광성을 대표하는 원형별은 세페우스 별자리 델타 별δ Cphei이며, 명칭은 세페우스Cepheus에서 따왔다.

허블, 에드윈 파월 <u>Edwin Powell Hubble(1889~1953)</u>

미국 천문학자. 세페이드 변광성을 이용하여 우주의 크기를 계산해냈다. 또 은하를 관측하여 은하 후퇴 속도가 은하 사이 거리에 비례한다는 '허블의 법칙'을 발표하였다. 이는 우주가 팽창한다는 사실을 뒷받침하여 이후 빅뱅 이론의 기초가 되었다. 대기권 밖에서 지구를 돌고 있는 천문 관측용 망원경 '허블 우주 망원경'은 그의 이름을 따서 지은 것이다.

성운 <u>星雲</u>과 은하 <u>銀河</u>

성운Nebula은 먼지, 수소 가스, 헬륨 가스, 플라즈마 등의 물질(성간 물질)로 이루어진 우주의 구름이다. 에드윈 허블이 구조의 차이를 밝혀내기 전에는 안드로메다 은하를 안드로메다 성운이라고 불렀다. 성운에서 종종 별이 탄생한다. 가스, 먼지, 그리고 다른 물질들이 한 곳에 뭉쳐지면 무게가 늘면서 중력이 증가해 더 많은 물질을 끌어들여 결국에는 별이 탄생한다.

은하Galaxy는 구름 형태의 성운과는 달리, 항성, 밀집성, 성간 물질, 우주 먼지, 암흑 물질 등으로 이루어진 거대한 집합체의 중력 공간이다. 작은 은하는 1천만 개 정도의 항성으로 이루어져 있고, 큰 은하는 100조 개 정도의 항성들로 이루어져 있다. 항성들은 모두 은하의 질량 중심을 따라 공전한다. 은하 안에는 수많은 항성계, 성단, 성간 구름들이 있으며, 우리 태양도 우리 은하 안의 수많은 항성들 중 하나일 뿐이다. 태양은 지구를 비롯한 태양계 천체들을 거느리고 다른 항성들과 마찬가지로 은하 주위를 공전한다.

안드로메다 은하 Andromeda Galaxy

우리 은하, 안드로메다 은하, 삼각형자리 은하와 약 30개의 다른 작은 은하계들로 구성된 변두리 은하 무리에 속하는 최대급 은하. 안드로메다 별자리 방향으로 약 250만 광년 거리에 있다. 우리 은하에서 가장 가까우며 맨눈으로도 희미하게 보인다. 안드로메다 은하에는 우리 은하보다 더 많은 별이 있으며, 광도도 우리 은하의 두 배로 추정된다. 중심부에 우리 은하보다 더 큰 질량의 초거대 블랙홀이 존재한다.

팽창이론

'빅뱅Big Bang' 또는 '대폭발이론大爆發理論'은 매우 높은 에너지를 가진 작은 물질과 공간이 약 150억 년 전의 거대한 폭발을 통해 우주가 되었다고 보는 이론이다. 이 이론에 따르면, 우주의 모든 물질과 에너지가 작은 점에 갇혀 있다가 폭발 순간 서로에게서 멀어지기 시작했다. 멀어지는 이 물질과 에너지들로 은하계와 은하계 내부의 천체들이 형성된다. 이 이론은 에드윈 허블의 관측을 근거로 하고 있다. 이것을 역산하면 우주의 탄생을 추정할 수 있다. 은하가 지구로부터 멀어져가는 속도, 즉 우주의 평균팽창률을 바탕으로 과거 모든 물질이 한 점에 모여 있을 때까지의 시간을 환산해보면 대략 150억 년이 된다.

수퍼노바 超新星 supernova

폭발에 의해 급격히 밝게 빛나는 별. 별은 탄생과 소멸의 일정한 과정을 밟는데 이 진화의 마지막 단계가 수퍼노바(초신성)다. 수퍼노바가 폭발하면 은하계 전체의 밝기와 맞먹는 엄청난 빛을 낸다. 보통 신성의 1만 배 이상, 평소의 수십만에서 수억 배까지 순식간에 빛이 증가한다. 신성新星 nova 역시 폭발하는 별로 비슷하나 초신성은 밝기가 훨씬 크기 때문에 초超 super를 붙였다. 둘 다 급격히 밝아져서 몇 주 또는 몇 개월 동안 지속되다가 천천히 어두워져 보이지 않게 되지만, 초신성 폭발은 신성의 폭발과는 달리 별의 일생을 마감하는 격변의 사건이다. 'nova'는 '새로운'이라는 뜻의 라틴어로, 밝게 빛나는 별이 새로 나타났다는 걸 가리킨다. 하지만 초신성은 새로운 별이 아니라 사라져가는 별이다. 역사에 초신성은 7개의 기록이 있다. 1054년의 초신성은 한국과 중국에 기록되어 있으며 애리조나와 뉴멕시코의 암각화에도 나타난다. 대낮에도 볼 수 있을 정도로 밝은 빛이 몇 주 동안 지속되었다 한다. 초신성 폭발은 중요한 원소들의 공급원이다. 사람의 뼈에 있는 칼슘, 헤모글로

빈의 철 등은 수십억 년 전 초신성 폭발 때 만들어진 것이다. 이런 무거운 원소들의 농축 과정이 45억 년 전 태양계를 형성하고 지구의 모든 생명을 가능하게 한 시원이다.

펄서 pulsar

규칙적으로 전파를 방출하는 천체의 한 종류. 맥동전파원脈動電波源이라고도 하는데 빠르게 자전하는 중성자별로 생각된다. 중성자별은 대부분이 중성자로 구성되어 밀도가 아주 높다. 초신성이 격렬하게 폭발하여 별의 중심핵이 안쪽으로 압축될 때 만들어진다. 이때 별 표면에 있는 양성자와 중성자 같은 입자들이 빛에 가까운 속도로 가속되면 전자기파가 방출된다. 펄서가 자전하면 이 전자기파의 광선이 규칙적으로 지구를 휩쓸고 지나가 고른 분포의 맥동(주기적 진동 또는 맥박 pulse)이 망원경에 잡힌다. 중성자별은 매우 밀도가 높기 때문에 자전 주기에 따른 맥동이 매우 규칙적이다. 일부 펄서들의 경우 맥동의 규칙성은 원자시계만큼 정확하다. 그러나 아직도 펄서 활동의 많은 부분들이 밝혀지지 않고 있다.

블랙 홀 black hole

중력이 너무 커서 빛까지도 끌어당겨 흡수해버리는 가설적 천체. 질량이 매우 큰 별의 진화 마지막 단계에 자체 중력의 중심을 향해 모든 물질들이 끌려들어가 '특이점'이라고 하는 한 점으로 압축된다. 이 점은 부피가 0이고 밀도가 무한대여서 크기에 비해 무게가 엄청나게 커지고 중력 또한 강해진다. 특이점으로 빨려 들어가는 속도가 빛의 속도보다 커서 빛조차 우주 공간으로 벗어날 수 없다. 1980년대 중반까지 태양의 400만 배에 달하는 초질량 블랙홀이 우리 은하 중심에 있다는 관측 증거가 있다.

태양권 Heliosphere

태양풍은 태양으로부터 초속 수백km의 속도로 흘러나온다. 명왕성 궤도를 넘어가면 이 초음속 바람은 성간 물질과 부딪쳐 속도가 느려진다. 이후 충격파에 부딪쳐 초속 100km 정도로 느려지면서 충격파 반대 방향인 태양 뒤편으로 혜성 꼬리처럼 긴 태양풍 영역이 형성된다. 태양이 은하 중심을 공전함에 따라 생기는 현상으로, 공전 방향 반대쪽으로 길게 뻗은 모양일 것으로 추정된다. 이러한 아음속의 태양풍 흐름 영역을 태양권heliosphere이라고 부르고 바깥면을 태양권계면Heliopause이라고 한다. 태양권계면 밖은 은하로, 태양의 자기장이 미치지 않는다. 아직 미지의 영역이나 2006년 보이저 1호가 항해하며 자료를 수집하여 보내와 이 영역의 유일한 인공 물체가 되었다. 보이저 2호는 2007년 이곳에 다다랐다. 파이어니어 11호도 항해하고 있는 중이다.

제3장

역사 속의 현실, 현실 속의 역사

"과거의 인물이나 사건이 아니라
현재의 내 마음을 들춰보는 거울이 역사입니다"

세상의 가치를 넘어선 몸종 '하갈'

사회의 지배적인 가치를 뛰어넘어 절망의 광야에서 세상을 새롭게 창조하는 것이
새로운 존재 양식의 돌파구입니다

"아들을 낳아 주면, 몸 푼 대가로 일정액의 '허우채'를 받고, 친권과 양육권, 아니 아이 존재의 전체에 대한 일체의 연을 다 놓은 채 돌아가야 합니다. 만약 딸을 낳으면 그 절반의 허우채만 주며, 딸의 친권과 양육권 모두 그녀 자신의 몫이 됩니다."

자궁을 생산성의 기반으로 해서 신분의 상승이거나 경제적인 이익을 도모해서거나, 경제적인 종속의 대가로 피동적으로 임신과 출산을 해야 했던 '씨받이'의 형편에 대한 설명이었습니다. 요즘은 '대리모'라고 하더군요. 1987년 임권택이라는 감독이 강수연을 주연으로 해서 '옥녀'라는 어린 여인의 삶을 그렸던 그 영화도 〈씨받이〉였습니다. 그녀는 자발적으로 씨받이가 되었죠. 가난을 떨쳐버리

고 싶어서였습니다. 그녀가 씨를 받는 데까지는 성공을 했죠. 임신 기간 10달 동안은 가능성도 있어 보였습니다. 그러나 아이를 낳고 나자마자 그녀는 결국 모든 것을 잃고 맙니다. 생명도 잃게 되죠.

이 이야기는 '조선'이라는 시대를 지배하는 '지배적인 역사'의 단면입니다. 모든 인간들은 그가 살고 있는 시대를 지배하는 사회적인 가치에 저항하거나 거부할 수 없습니다. 그러나 성서는 같은 정황의 다른 삶의 양식을 나타내 보여줍니다. 임권택의 영화 〈씨받이〉에 나오는 옥녀와 다르지 않아 그 처지와 형편은 같았지만 마침내 새로운 존재 양식의 돌파구를 보여주는 이야기가 창세기 16장에 나오는 '하갈'이라는 여인입니다.

아브람과 사래는 부부죠. 이스라엘 역사의 근원적인 인물들입니다. 그런데 그들 부부에게 자식이 없었죠. 부부 사이에 자녀가 없다는 것은 생물학적인 복기 이외에도 여러 경제학적인 문제를 동반하는 법입니다. 부부 사이의 감정적인 문제도 발생할 수 있었을 것입니다. 여하튼, 사래는 고심 끝에 남편에게 자기의 몸종인 이집트 여인 하갈과의 동침을 생각해냅니다. 그러고는 마치 여우라도 부리는 듯 남편에게 하갈과 잠자리를 같이 하라고 말합니다. 남편 아브람은 못이기는 척 하갈과 동침하죠. 이 장면도 여러 가지 교훈을 지어낼 수 있겠지만, 하갈에게 포커스를 두고 있으니 그리로 넘어가봅시다.

이때 하갈은 〈씨받이〉의 옥녀와는 다르죠. 옥녀는 자발적으로 씨받이를 선택했죠. 목적을 위한 수단으로 자기의 몸을 쓴다는 뜻입니다. 그러나 하갈은 그럴 수밖에 없는 관계 구조죠. 타의적이라는 말입니다. 하갈도 임신을 합니다. 그러나 임신 그 자체로 인하여 극심한 고통을 바로 씨받이를 권유했던 사래로부터 받게 됩니다. 도망을 쳐보지만 다시 돌아가게 되고, 그리고 아들을 낳습니다. 그러나 다시 쫓겨납니다. 하갈이 원했든 원치 않았든 그의 몸도 '교환 가치'로 사용되었다는 것은 옥녀와 다르지 않습니다. 옥녀는 이런 상황에서, 거부할 수 없는 사회의 가치 질서 속에서, 그만 목숨을 끊고 말죠. 실패한 저항이었고, 위험한 희망이었던 셈입니다. 그러나 하갈은 다릅니다. 그의 삶은 절망으로 상치되는 '광야에서' 새롭게 피어납니다.

7~14절을 보면 하갈이 사회적인 질서를 어떻게 넘어서고 있는지를 보여줍니다. 결론적으로 그녀는 하나님을 만난 성서의 첫 번째 사람입니다. 그리고 '하나님'이라는 이름을 부른 첫 번째 사람입니다. 그리고 세 번째는 약속의 아이를 낳은 성서의 첫 여인이 되었다는 것입니다. 하나님은 하갈의 이야기 속에서 세상을 새롭게 창조해 가는, 인간들이 고정시킨 사회 가치로서의 질서를 어떻게 바꿔가며, 무슨 일들을 꾸미는가를 보여주는 것입니다.

하갈은 불쌍한 여인입니다. 그러나 그녀는 하나님에 의해 복된

최초의 여자가 되었습니다. 이것이 세상의 가치를 전도시키는 하나
님의 일하심인 것입니다. 그 주인공이 사래의 몸종 하갈이었던 것
이죠.

창세기 16장 7~14절을 꼭 읽으세요.

> "사래가 아브람에게 이르되 여호와께서 나의 생산을 허락지 아니하셨으니
> 원컨대 나의 여종과 동침하라 내가 혹 그로 말미암아 자녀를 얻을까 하노라 하매
> 아브람이 사래의 말을 들으니라." (창 16:2)

:: 톺음 ....

허우채

해의채解衣償(옷고름을 푸는 값)의 변용어. 몸값 또는 화대를 뜻하는 은어.

박정희와 김대중 & '에서'와 '야곱'

동생의 속임수를 개의치 않는 형의 삶은 화해의 소리이며 평화의 울림이자
기나긴 적대의 역사를 청산하자는 호소입니다

한국현대사에서 '박정희'와 '김대중'은 정치에서뿐만 아니라 사회적이고 지역적인 갈등의 인물들로 자리매김 되어 있습니다. 이 두 사람을 단지 정치적인 관점으로만 평가하거나 해석할 수 없는 것처럼, 에서와 야곱의 갈등 관계도 단지 '쌍둥이 형제의 재산 다툼'으로만 보아서는 안 되는 것입니다.

에서와 야곱은 아브라함의 아들인 이삭과 리브가 사이에 태어난 이란성 쌍둥이 아들들이죠. 성서는 마치 먼저 태어나야 한다는 강박증을 보여주는 듯합니다. 사실 우리에게는 '먼저'라는 조건의 중요성이 많습니다. 식당도 '원조'여야 하고, 하다못해 산에 오르는 것도 '누구보다 먼저' 오르려고 애를 씁니다. 어떤 실익이 있는 것도

아닌데 말입니다. 그래서 언뜻 보면 거의 같은 시간대에 탄생한 두 사람 중에 에서는 축복 받는 탄생으로, 야곱은 빈털터리 인생처럼 그려져 있습니다. 야곱은 이것 때문에 역전을 도모한다는 것이고, 결국 주인공이 되었다는 것입니다. 반면 에서는 축복의 주인공으로 태어났지만 그것을 빼앗긴 부정적인 인물로 그려져 있습니다. 그래서 오늘날 예배당에서는 '야곱의 축복'만을 선전하고 있는 것입니다. 에서는 고대 이스라엘의 신앙 역사에서부터 유대교, 기독교에 이르기까지 부정적인 존재의 상징으로 간주되어 왔습니다. 이 평가는 에서의 후손이라는 에돔(예수시대에는 '이두메아') 족속에 대한 폄하와 연관이 됩니다.

현대사의 실제적인 두 인물인 '박정희'와 '김대중'의 갈등 구조도 결국은 '경상도'와 '전라도'라는 지역적 차별 의식 속에 자리 잡고 있습니다. 에서에 대한 부정적인 평가(말라기 1장 2~3절)는 이스라엘인들에게 박혀 있는 뿌리 깊은 인식의 틀에서 비롯된 것입니다. 그것은 이웃하고 있는 에돔 족속에 대한 증오입니다. 아모스서 1장 11절에 보면, 이스라엘이 오래전에 고난에 처했을 때 도와주기는커녕, 쳐들어와 약탈을 자행한 것에 대한 증오감이 반영되어 있습니다. 그런데 신약성서시대에 이르러 이스라엘은 로마에 의해 붕괴되어 족속간의 갈등에 연연할 상황이 아니었습니다. 그럴 뿐만 아니라 이스라엘을 통치하는 헤롯이 '이두메 가문' 즉 '에돔' 족속의 왕족이었습니다. 이렇게 족속간 갈등이라는 역사적인 이유가 사라지면서, 에서를 부정적으로 평가할 다른 이유가 있어야 했습니다. 그것은 이른바 '자질론'입니다. 비하할 '꺼리'가 바로 '자질'이라는 말입니다. '저들은 원래 그랬다'고 규정하는 것입니다. 로마서 9장 13절에서 바울은 "성서가 기록한 바 내가 '야곱을 사랑하고 에서를 미워하였다'한 것과 같다"고 말하는 것입니다. 이렇게 해서 이두메아 에돔을 싸잡아 부정적으로 평가해버리는 폐단이 성서 속에 자리 잡고 있는 것입니다.

두 족속이 같은 신화를 공유하면서도 왜 이렇게 앙숙으로 살아야 했을까요? 원시 국가 시대부터 두 족속은 다른 체제를 가지고 있었기 때문입니다. 이런 양가의 갈등의 역사 속에서 화합이 필요했었을 것입니다. 바로 그 '화합'의 인물로 에서가 자리하고 있다는 것입니다. 우리가 성서에 외부의 관점을 끼어 넣어 억지 해석을 하지 않는다면, 에서와 야곱의 이야기는 갈등의 현실에도 불구하고 화합을 이루는 이야기로 구성되어 있다는 것입니다. 이것을 살펴보는 게 '에서와 야곱의' 이야기를 제대로 보는 것입니다.

야곱은 호들갑을 떨면서 장자권을 사서 축복을 가로챘다 하지만 현실에선 아무것도 얻지 못한 채 도망을 가야 했습니다. 반면 동생에게 두 번이나 속임을 당한 에서는 실상 아무것도 잃은 게 없습니다. 일이 이렇게 되었다면 야곱이 도망간 이후 에서가 아우를 탓할 이유가 있을까요? '죽일 놈! 살릴 놈!' 할 필요가 있었겠느냐는 말입니다. 아무리 봐도 형제간의 증오를 확대할 만한 이유는 없습니다.

결국 야곱과 에서 이야기는 이렇게 사회적인 모순을 안고 태어난 형제가 화합하는 내용으로 구성되어 있습니다. 전체 이야기는 야곱의 시각에서 비롯되었겠지만, 그 중요한 의미는 에서의 정황들을 반영하고 있는 것입니다. 에서는 화합을 도모하는 사람이었습니다. 속임수에 걸려 넘어지는 모습은 우리에게 그가 동생이 저지르는 일 하나하나에 별로 개의치 않는, 동생과의 우의를 중요하게 생각하는 대범한 성격의 소유자라는 해석을 가능케 합니다. 이후 야곱이 사몬라반의 집에서 고향으로 돌아오던 장면을 보더라도 에서의 성품은 '화합형' 입니다.

에서는 야곱과 다른 욕망을 가진 존재입니다. 그도 나름대로 아픔을 가지고 살아왔습니다. 그러나 지금껏 누구도 에서의 삶과 이야기에 귀를 기울이지 않았습니다. 야곱에게만 집중을 했지요. 그러나 그 야곱의 소리라는 게 실상은 역사 속에서 이스라엘이 품었던 독기 어린 저주의 소리들 아닙니까? 다른 사람을 생각지 않고 자신에게만 집착하는 해석이요 소리였던 것입니다. 이른바 '성민' 의식 말입니다.

그러나 에서와 야곱의 이야기에서는, 에서의 삶은 화해의 소리이며, 평화의 울림이라는 이야기입니다. 기나긴 적대의 역사를 청산하는 호소인 것입니다.

> "전에 다윗이 에돔에 있을 때에, 군사령관 요압 장군이 살해당한 사람들을 묻으려고 그 곳으로 내려갔다가, 에돔에 있는 모든 남자들을 다 쳐 죽인 일이 있다. 요압은 온 이스라엘 사람과 함께, 에돔에 있는 모든 남자를 다 진멸할 때까지, 여섯 달 동안 거기에 머물러 있었다." (열상 11:15-16)

∷ 톱음

야곱 Jacob

구약성서 창세기의 족장 설화에 나오는 인물. 아브라함의 손자이자 이삭의 작은 아들이다. 자신을 편애하는 어머니와 짜고 형과 아버지를 속인 죄로 외삼촌 라반에게 피신했다가 조카 자매와 결혼한다. 야곱은 이 레아와 라헬 사이에서 12명의 아들을 두었는데, 이들은 이스라엘 12부족의 조상이며 토마스 만의 소설 《요셉과 그의 형제들》의 등장인물이기도 하다.

에돔 Edom

에서의 또 다른 이름으로 동생에게 장자권을 판 이후 붙은 별명. 이후 그의 자손들이 살던 지역의 이름이 되었다. 동생 야곱의 후손이 이스라엘인들이고 형 에서의 후손이 에돔인들이다. 에돔은 족장제로 다스렸으나 히브리인보다 앞서 왕정을 이룩했다. 주민들은 현재의 이스라엘 남쪽 사해 주변과 요르단 산악 지방에서 살았다. 서기 70년 제1차 유대-로마 전쟁으로 예루살렘이 멸망될 때 에돔인의 역사도 끝이 났다.

장자권

장자(맏아들)가 갖는 경제권으로 장자는 아버지의 유산을 물려받고 아버지 다음으로 가족 전체의 대표권과 결정권을 갖는다. 아버지의 뒤를 이어 가계의 권리를 이어받는 것이다. 또 장자는 가장으로서 가정의 제사장 역할을 했다. 야곱이 형의 장자권을 탐낸 것은 가장이 되어 그 집안의 권리를 손에 쥐려는 것이다.

성性을 넘어선 여인들, '레아' 와 '라헬'

'가부장적 권위' 라는 사회적 이데올로기로부터 탈출하기 위해
자기들의 소소한 행복을 유보시킬 줄 아는 혁명가들이었습니다

아버지 이삭과 형 에서를 속이고 도망자가 된 야곱은 유프라테스 강 상류에 있는 하란 땅으로 향하게 됩니다. 거기에 생면부지이긴 하지만 삼촌이 살고 있었기 때문입니다. 그곳에서 야곱은 사촌동생 라헬을 만나게 됩니다. 그녀에게는 언니가 한 명 있었는데 이름이 레아였습니다.

'레아' 는 우리말로 '눈매가 흐릿하다' 는 뜻입니다. 반면 '라헬' 의 이름은 '몸매도 아름답고 용모도 예쁘다' 입니다. '눈매가 흐릿하다' 는 말은 외모상 총기가 없어 보인다는 뜻입니다. 이는 매력 없는 여인을 가리키는 표현의 하나였습니다. '레아' 라는 이름의 또 다른 뜻은 '암소' 입니다. '라헬' 은 '어린양' 이니, 이미 이들의 됨됨이는

이름 속에 숨어 있었던 것입니다.

레아는 사랑받지 못한 여인이었습니다. 그래서 아버지 라반은 야곱이 마음에 있어 하는 여자가 '라헬'인 줄 알면서도 속임수를 써서 레아를 야곱의 방으로 들어가게 했습니다. 그렇게라도 결혼을 시키지 않으면 안 되는 정황이었던 것입니다. 그렇게 레아의 결혼은 처음부터 불행의 씨를 품고 있었습니다. 레아는 사랑받지 못하는 여인으로 한을 삭히고 살아야 했습니다. 그녀가 아들을 낳으면서 했다는 말에서 그녀의 아픔이 그대로 묻어납니다. "주님께서 나의 고통을 살피시고 나에게 아들을 주셨구나. 이제는 남편도 나를 사랑하겠지."(창세기 29장 32절)

연거푸 아들 넷을 낳기까지 그녀의 한은 소멸되지 않습니다. 그러자 동생의 투기까지 더해져서 레아는 더 큰 불행에 이르게 됩니다. 레아는 사랑받기 위해서 '사랑의 묘약'까지 동원을 해보지만 소원은 이루어지지 않았습니다. 반면 라헬은 남편의 사랑을 독차지합니다. 레아는 아이는 많이 낳았지만 남편의 마음을 빼앗지는 못했습니다. 다른 한 여자는 남편의 사랑은 듬뿍 받았지만 아이를 낳지 못했습니다.

자, 이제 야곱은 삼촌의 집을 떠나려고 합니다. 두 여자, 사랑받지 못하고 아이는 수북하게 낳은 여자와, 아이는 낳지 못했지만 남편의 사랑을 듬뿍 받은 여자는 이럴 때 어떤 결론을 내릴 수 있을까요? 이참에 레아는 그동안 동생 라헬과의 소모적인 '성'의 갈등 구조를 청산할 수도 있었습니다. 그런데 두 여자는, 라헬은 그렇다 치더라도, 레아도 야곱을 따라가기로 작정합니다. 야곱을 따라 남편의 고향으로 돌아가면 지금의 친정집보다 더 큰 설움이 그녀에게 닥칠 수도 있는데 말입니다. 그렇게 레아의 선택으로 인하여 두 자매는 질시하는 관계가 아닌 동지로서 남편과 행동을 같이합니다. 그 둘은 처음으로 화합했고, 처음으로 자매다움을 회복한 것입니다.

레아와 라헬은 후에 협력자가 됩니다. 이들의 동지적인 결속은 아버지라는 가부장적인 권력으로부터 탈출하기 위해서였습니다. 다시 말하면, 자매간의 질시와 갈등보다는 '아버지'라는 절대 권력으로부터의 탈출을 선택했다는 말입니다. 그러면 이 이야기는 무엇입니까? 달랑 두 자매의 불행한 결혼 생활이라든지, 한 남자에게 붙들려 있는 한 많은 두 여인의 이야기입니까? 아닙니다.

성서의 기록자는 '레아와 라헬'이라는 두 여인의 이야기를 통해 모세가 이스라엘 족속을 이집트의 파라오라는 가부장적인 권력으로부터 이끌어냈다는 이야기와 연결하고 있는 것입니다. 파라오를 탈출한 이스라엘 백성들이 일심 단결하여 홍해를 건넜듯이, 가나안의 가부장적 군주들로부터 해방을 얻어내려고 이스라엘 온 족속이 서로 연대했듯이, 이스라엘 전설의 조상 레아와 라헬은 가부장적 권력

인 라반으로부터 탈출을 감행하면서 서로 동지적인 결속을 실현해
냈다는 이야기를 하는 것입니다. 이른바 '성'의 해방보다 더 큰 사
회적인 이데올로기였던 '가부장적인 권력으로부터의 해방'을 달성
한 진취적인 여인들로 이 두 자매를 그리고 있는 것입니다. 큰 이념
을 위해 작은 이념을 포기할 줄 알았던 최초의 용기 있는 여자들의
삶을 그린 것입니다.

'사회적 권력'으로 장치된 '가부장적 권위'로부터 탈출하기 위
해서는 자기들의 소소한 행복은 유보시킬 줄 아는 혁명가들이었습
니다. 마침내 그들의 협력으로 인해 그들의 가족들, 야곱의 가족들
은 대탈주에 성공합니다. 그것은 오로지 이 두 여자, 레아와 라헬,
그 중에서도 레아의 사회적인 이데올로기를 넘어서는 혁명적 각성
과 의식에 근거를 두고 있는 것입니다.

"라헬이 자기가 야곱에게서 아들을 낳지 못함을 보고 그의 언니를 시기하여
야곱에게 이르되 내게 자식을 낳게 하라 그렇지 아니하면 내가 죽겠노라.
야곱이 라헬에게 성을 내어 이르되 그대를 임신하지 못하게 하시는 이는 하나님이시니
내가 하나님을 대신하겠느냐." (창 30:1-2)

모세의 지도력의 한계와 소통의 문제

저항에 직면하자 자신을 성찰하지 않고 분노하며 비판자들을 추방한 모세는
자신이 추구하던 진정한 해방의 정치를 스스로 저버린 것입니다

일사천리로 모세가 이스라엘 백성들을 이끌고 애굽을 탈출하여 가나안 땅으로 들어간 게 아닙니다. 모세의 지도력에 반기를 든 다단과 아비람, 그리고 고라라는 인물이 있었습니다. 그들과 의기투합한 250명의 중간 지도자들도 있었다는 것입니다.

다단과 아비람은 일단의 저항 세력들을 대표하여 모세의 지도력을 비난했습니다. 그것은 모세가 "백성 위에 군림한다"(3절)는 것이었습니다. 그러면 모세가 애굽을 탈출한 이스라엘 백성들로부터 대접 받기를 바랐거나, 백성들에게 공물을 요구한 것일까요? 아닙니다. 그렇다면 반대파들이 모세더러 '군림한다'는 말은 무슨 뜻인가요? 그것은 모세가 백성들에게 뭔가를 빼앗고 위세를 부려서가 아

닙니다. 이스라엘 백성들을 애굽으로부터 나오게 하려고 백성들을 설득할 때 했던 말, '젖과 꿀이 흐르는 땅'이 문제였습니다. 이스라엘 백성들이 막상 광야에 나왔지만 그 어디에도 '젖과 꿀이 흐르는 땅'은 없었습니다. 그것은 하나님이 모세에게 약속한 땅이기도 했습니다. 그러나 모세의 이 표현은 '구체적인 물리적 현실'이 아니라 '탈이집트'를 촉구하기 위한 전략적 함의가 있는 전략적 언술이었습니다. 그러나 백성들은 그걸 구체적인 현실과 대응하고 있었던 것입니다.

그걸 문제 삼은 것입니다.

모세에게 그와 같이 말하는 그들은 '해방 운동'의 반동이었습니다. 모세는 그들의 언사를 위험천만하게 생각했습니다. 그들의 그와 같은 행위들은 대중을 착취했던 이집트 세력에 동조하는 것과 다르지 않다고 생각한 것입니다. 요즘으로 치면 '좌파 친북주의'와 같은 것이니까요. 그러나 이것은 모세의 지도력을 시험하는 것이었습니다. 적어도 우리는 이 장면을 그렇게 읽어야 합니다. 모세는 꿈을 잃지 않고 있었지만 군중, 대중들은 이미 꿈이 현실에 가려 모세와 같이 꿈을 공유할 수 없었습니다. 진정한 지도자라면 이럴 때 어떻게 해야 합니까? 대화를 단절할 게 아니라 소통을 시도해야 합니다. 단순한 불평불만이라고 해도 설득하고 가르쳐야 했습니다. 그런데 그만 모세는 지도력의 한계를 드러내고 말았습니다. 저항에 직면한 모세는 자신의 체제를 성찰하지 않고 먼저 분노했습니다. 그리고 비판자들을 소환합니다. 그리고 추방합니다. 우매한 비판은 경청할 가치가 없다는 것이었습니다. 이것이 모세의 지도력의 한계였습니다. 모세가 추구하려던 진정한 해방의 정치를 스스로 저버린 것입니다.

고라의 이야기는 제사장 집단인 레위인들 사이의 갈등을 묘사합니다. 고라의 비판의 요지는 야훼 앞에서는 회중이 모두 거룩한데 왜 특정인들만이 야훼와 백성 사이에 존재한다고 주장하느냐는 것이었습니다(5절). 이것은 제의를 둘러싼 갈등이었습니다. 모세는 출애굽 공동체 안에 사제의 계급화를 추구하고 있었던 것입니다. 누구는 직접 야훼 앞에 향로를 바치고, 누구는 자질구레한 일들을 거드는 상황이 정해졌던 것이고, 고라의 일파는 그 후자의 역할을 하던 집단이었던 것입니다. 이 제의적인 저항 세력에 대해서 모세가 한 처신이 무엇이었는지 아십니까? 향로를 직접 야훼에게 바쳐서 야훼가 어느 향불을 받으시는지 시험하자는 것이었습니다. 물론 여기서도 도전 세력은 패배합니다. 그들은 향불에 타 죽고 맙니다. 그러자 민중들이 이의를 제기합니다. 이 문제의식의 배후에는 모세의 형 아론의 사제직을 공고히 하는 데 목적이 있었던 것입니다.

여기서 평사제 그룹에 의해서 '만인사제론'이 제기되었습니다. 이것은 진정한 출애굽의 완성이기도 했을 것입니다. 그러나 왕 없는 사회의 권력을 쥐어야 했던 귀족 사제 그룹의 사회적 장치는 그들의 의사를 묵살하고 탄압하기에 이른 것입니다. 이것은 모세와 아론의 권력, 그것을 후광으로 하는 귀족 그룹들과 진정한 자유를 갈망하는 민중과의 갈등인 것입니다. 아론의 싹 난 지팡이(민수기 17장 8절)가 만남의 장막 안에 영구히 보존되었다는 이야기는 상징을 통한 권력 고착과 재생산의 장치인 것입니다. 훗날 세례 요한은 사제들이 장악한 제사가 아니라 예언자가 주관하는 세례를 주장했고, 예수님도 제사 제도에 담긴 죄의 체계로부터 백성들을 사면했으니, 이런 관점에서 보면 모세는 '해방자'를 빙자한 '반해방 세력'으로 전락한 셈입니다.

"레위의 증손 고핫의 손자 이스할의 아들 고라와
르우벤 자손 엘리압의 아들 다단과 아비람과 벨렛의 아들 온이 당을 짓고
이스라엘 자손 총회에서 택함을 받은 자 곧 회중 가운데서
이름 있는 지휘관 이백오십 명과 함께 일어나서 모세를 거스르니라." (민 16:1-2)

현재의 나를 넘어서기 위한 성서 읽기

가문을 위해 딸들도 상속을 받아야 하지 않겠느냐는 주장은
가부장적 사회 구조 속에서 인습의 철문을 여는 흔적을 읽을 수 있습니다

수십 년 전에 상속 제도가 바뀌어서 딸들도 아들과 동등하게 부모의 재산 분배권을 갖습니다. 그러나 아주 오래된 과거에는 남녀가 매우 극심한 차별 가운데 있었습니다. 그 중 가장 명백한 것 중의 하나가 '유산 상속'에 관한 불평등이었습니다. 고착된 가부장제 사회의 한 단면이기도 합니다.

민수기 13장을 보면, 가나안 땅을 탐지하기 전 모세는 땅의 분배를 위해 부족과 족장의 이름을 열거합니다. 34장에서는 땅을 정탐한 다음에 여호수아가 모세를 승계하고 난 뒤에 가나안 땅을 분배받을 부족과 족장의 명단이 등장합니다. 그런데 이 두 성서 본문은 일치하지 않습니다. 그것은 여호수아가 모세를 승계하면서 극심한 지

도력의 재편 즉 정치적인 권력 투쟁이 있었음을 암시하는 것입니다.

모세의 이야기는 '출애굽'을 다룹니다. 그러나 여호수아는 '이스라엘 부족 동맹의 질서 구축'을 사회적 이슈로 갖고 있습니다. 그 주된 내용 가운데 하나가 여호수아의 토지 분배입니다. 여기서 갈렙을 제외한 대부분의 토지 분배자 명단이 모세 때와 달라집니다. 지난주에 보았던 것처럼 모세의 탈주 시대에 이미 다단과 아비람처럼 저항하는 세력에 대한 제거와 새로운 세력이 등장했던 것입니다. 토지 분배자들의 명단은 그래서 교체되는 것입니다.

이렇게 아들을 중심으로 재산 분배가 이루어졌지만, 36장 10절에 등장하는 슬로브핫의 딸들에 관한 이야기는 그 탈주에서 재질서로 가는 이행 과정에서 돌출된 또 다른 형태의 위기를 말해주는 것입니다. 재산의 분배만이 아니라 그것을 어떻게 유지할지에 관한 이야기인 것입니다.

부족 동맹 시대에는 가문이나 문중이 가장 중요한 구조였습니다. 지파 동맹의 지배적인 사상은 평등주의입니다. 그것이 관철되는 사회적인 기본 단위가 문중(가문)이었습니다. 슬로브핫의 딸들에 관한 이야기는, 가문에 상속자인 아들이 없어서 몰락할 경우, 가문이나 문중이 몰락하는 것을 막아야 한다는 전제 속에 나온 실례였던 것입니다. 슬로브핫의 딸들이 모세에게 제기한 것은 이것이었습니다. 가문을 위해 딸들도 상속을 받아야 하지 않겠느냐는 것입니다. 민수기 27장 4절에서 그녀들은 이렇게 말합니다.

"아들이 없다는 이유로 아버지의 가족 가운데서 아버지의 이름이 없어져야 한다니, 어찌 이럴 수가 있습니까?"

민수기는 성적인 편견에 자유롭지 못한 라인이 형성되어 있음을 알 수 있습니다. 그러나 동시에 이와 같은 가부장적인 사회 구조 속에서 논점이 꽉 막힌 인습의 철문을 여는 흔적을 읽을 수 있습니다. 우리는 그리스도교를 넘어서려고 성서를 보고 읽고 듣는 것입니다. 그것은 그리스도교의 성서 해석을 넘어서려는 재해석의 과정이기도 합니다. 그것은 비단 신앙과 성서 해석에만 국한된 이야기가 아닙니다. 우리들의 삶, 의식, 공동체에도 여전히 유효한 논지인 것입니다. 오늘 우리가 읽은 슬로브핫의 딸들의 이야기처럼, 우리가 읽는 성서의 방법은 우리로 하여금 '현재의 나를 넘어서려는 기본 작업'에 해당하는 것입니다. 성서는 읽히는 자들에 의해 자기 한계를 가지고 있습니다. 그리고 그 한계는 우리가 그리스도교를 넘어서는 데 필요한 성서 재해석의 지점을 분명하게 해주는 것입니다.

"슬로브핫의 딸들이 여호와께서 모세에게 명령하신 대로 행하니라." (민 36:10)

일탈한 영웅 '삼손'

이 흥미진진한 이야기는 '야훼주의 이데올로기'를 담고서
타 종족에 대한 배타주의를 정당화하는 일종의 대중매체 구실을 했습니다

셰익스피어의 희곡 〈로미오와 줄리엣〉은 가문 간의 갈등으로 인해 사랑이 금지된 이야기입니다. 이런 것들을 보면 '사랑의 결실이 결혼'이라는 시어적인 표현은 맞지 않는 셈입니다. 결국 로미오와 줄리엣은 '자살'이라는 극단적인 장치를 써서 '사랑의 결실은 결혼'이라는 어법을 완성하려고 합니다.

셰익스피어의 〈로미오와 줄리엣〉은 삼손의 이야기를 닮았습니다. 삼손의 첫 번째 여자는 '딤나의 여인'입니다. 삼손의 어머니는 본래 임신이 수월치 않은 여자였습니다. 삼손은 그런 불임녀의 기적적인 출산으로부터 인생이 시작됩니다(사사기 13장 2~4절). 그리고 본인이 원하지 않았는데 '나실 사람'이 되었습니다. 삼손의 인생은

이렇게 긴장으로 시작되었습니다. 그리고 그의 결혼조차 긴장과 갈등의 연속입니다. 그리고 폭력적입니다. 잔치 상황에서조차 서로 을러대는 긴장이 계속됩니다. 난폭한 살육과 보복으로 그의 결혼은 얼룩져 있습니다. 이런 모든 직간접적인 폭력의 배후에는 세 가지 기본 대립이 전제되어 있습니다.

신과 인간의 대립, 남녀의 대립, 그리고 종족간의 대립입니다. 이 대립들은 강자가 약자의 운명을 전유한다는 법칙을 깔고 있습니다. 그 중 첫 번째와 세 번째의 대립은 신의 개입으로 상황이 정돈되지만 두 번째의 경우는 방치된다는 것입니다. 삼손은 엄연한 사사입니다. 그런데 그의 공적인 행적은 어디에도 없습니다. 그의 금지된 사랑 행각만을 그리고 있습니다. '나실 사람'은 자기의 인생살이 의도와는 상관없이 종족을 위해 살아야 할 사람입니다. 그러나 삼손은 자기의 인생을 살고 싶었습니다. 그러나 삼손의 이야기에는 종족의 가치와 개인의 욕망이 충돌하고 있습니다.

그는 자기 마음에 드는 여인과 결혼하고 싶었습니다. 그러나 그가 사랑하는 여인은 그가 살던 사회가 용납하지 않았습니다. 그러나 그는 신부의 집으로 들어가버리고 말았습니다. 처가살이였습니다. 부모와 사회의 뜻을 거스르는 가장 극단적인 행동이었습니다. 그러나 딤나에서 그를 환영하는 것은 그의 사랑이 아니라 사자였습니다 (14장 5절).

딤나의 여인은 이런 삼손을 어떻게 생각했을까요? 요즘말로 '나쁜 남자'의 상징인 삼손에게 딤나의 여인은 어떤 감정을 갖고 있었을까요? 신뢰와 사랑의 마음이 넘쳤을까요? 아니면 불안과 근심이 일어났을까요? 삼손은 결혼식 마당에서도 목숨을 건 내기를 하고 있습니다. 여인의 고향 사람들조차 자기 고향 여자를 갈등의 대상으로 여겨 위협을 합니다. 그러고는 모든 게 파탄이 났습니다.

다시 등장하는 여자는 들릴라라는 여인입니다. 그녀는 기생입니다. 이 여인은 딤나의 여인과는 달리 적극적으로 자기의 운명을 개척해가는 여인입니다. 삼손과 들릴라의 이야기는 러브스토리가 아니라, 남자의 여체에 대한 욕구와 여자의 물질에 대한 욕구가 교차하는 지점에 놓여 있습니다.

남녀의 사랑을 빙자하여 두 여자를 삼손의 엑스트라로 등장시킨 이 두 이야기의 배후에 도사리고 있는 얼굴은 무엇일까요? 이걸 우리는 '야훼주의 이데올로기'라고 합니다. 어찌하든 하나님은 이스라엘을 지키신다는 것입니다. 비록 일탈한 영웅일지라도 하나님은 마음껏 복수를 하신다는 것입니다. 내 자식이 비록 밉더라도 남의 자식의 뺨을 후려치는 아버지 격입니다. 이렇게 해야 이스라엘 후손들이 대대손손 읽으면서 '하나님은 우리 편'이라고 할 수 있는 것입니다. 요컨대 이 흥미진진한 이야기는 타 종족에 대한 배타주의를 정당화시키는 일종의 대중매체 구실을 했던 것입니다.

"삼손이 딤나에 내려가서 거기서 블레셋 사람의 딸들 중에
한 여자를 보고 올라와서"(삿 14:1)

∷ 톺음
....

삼손

구약성서 사사기에 나오는 이스라엘의 전사이자 판관. 나실 인은 야훼로부터 직접
선택을 받아 특별한 능력이 주어졌다. 삼손의 경우 엄청난 괴력을 부여받아 나라 하
나를 혼자 파괴할 수 있는 전투 능력이 있었다. 그래서 당나귀 턱뼈만 가지고 무장
병력 1,000명을 살해하기도 했다. 나실 인은 술을 마시거나 머리카락을 자르면 안
되며 그랬을 경우 주어진 특혜가 사라진다. 삼손은 여자의 배신으로 블레셋 군대에
잡혀 노예생활을 하였으나 죽기 전에 과오를 뉘우치고 다시 괴력을 얻어 블레셋 성
전을 무너뜨리고 죽었다.

십볼렛의 비극

우리가 '양' 이라고 부르는 수많은 그리스도 십자군들은
세계 각처에서 '십볼렛 비극' 의 주역이 되어가고 있습니다

이스라엘에 왕이 없었던 시대가 사사시대입니다. 이때만 해도
이집트를 탈출한 이스라엘 백성들이 하나님의 뜻을 실현해가던 평
등사회였습니다. 남을 고통스럽게 하는 것이 억제되던 사회입니다.
그런데 오늘 우리가 보는 성서 본문의 배후에는 이런 현실과는 위배
되는 사건이 배치되어 있습니다. 다른 사람의 고통을 억제하는 게
아니라 드러내놓고 타인을 몰살하는 일이 발생한 것입니다.

누구입니까? '입다' 라는 사사입니다. 그는 길르앗이라는 한 남
자가 매춘하는 여자에게서 낳은 자식입니다(사사기 11장 1절). 입다의
배다른 형제들은 아버지가 죽자 아비의 재산을 입다가 상속 받을 수
없게 하려고 입다를 집에서 쫓아냅니다. 평등을 추구하던 사회에서

불평등하게 인생을 시작한 입다입니다.

쫓겨난 입다가 정착한 곳은 북쪽 '돕'이라는 갈릴리 호수 남쪽의 한 마을이었습니다. 그곳은 버림받은 사람들이 모이는 땅이었습니다. 거기는 입다와 같은 사람들이 많았습니다. 입다에게 힘 있는 젊은이들이 모여들었습니다. 입다는 거기서 그들을 이끌고 사람들의 재산을 보호해주고 대가를 지불받는 삶을 살게 됩니다. 요즘으로 치면 깡패들이 관리비 명목으로 한 지역을 관할하는 식입니다. 사실 다윗도 초기에는 그런 사람이었습니다.

입다의 패거리는 점점 그 영향력이 커져갔습니다. 그들은 길르앗 전체에서도 유명한 폭력배가 되어갔습니다. 그때 암몬 왕국이 길르앗으로 쳐들어옵니다. 그러자 길르앗의 유지들은 입다에게 군대 사령관이 되어줄 것을 요청합니다. 이를테면 용병 대장이 되어달라는 것이었고, 입다는 전쟁에서 이기면 상주하는 군사 지도자가 되겠다는 옵션을 걸고 승낙합니다.

입다가 승리했습니다. 그리고 길르앗의 상주하는 군사 지도자가 되었습니다. 한낱 깡패가 어엿한 지휘자가 된 셈입니다. 이 꼴을 이스라엘의 다른 부족인 에브라임 부족은 두고 볼 수가 없었습니다. 감정적으로도 그랬을 뿐만 아니라, 정치적으로도 그냥 내버려두면 위험할 수 있다고 판단을 했던 것입니다. 그래서 에브라임이 강을 건너 길르앗으로 출병을 한 것입니다. 이렇게 전투는 시작되었고 다시 입다가 대승을 거뒀습니다. 그리고 그들의 씨를 말리기 위해 생존자를 모두 처형하기로 마음먹었습니다. '쉽볼렛' '십볼렛' 은 바로 그 살육의 언어적인 수단이었던 것입니다.

이 비극적인 사건은 평범한 사람들에 의해, 평범한 언어들을 통해, 그리고 이상을 위한다는 이름 아래 벌어진 역사적인 참극입니다. 훗날 유대인이면서도 배타적인 시오니즘에 대항한 위대한 사상가인 한나 아렌트는 유대인에 대한 나치시대 독일인의 학살은 특별한 악의 축에 의해 책동 받아 자행된 것이 아니라 '악의 평범성' 이 얼마나 참혹한 데까지 이를 수 있는지를 보여주는 사건이라고 했습니다.

그런데 예수님의 죽음을 기억하고 기리는 많은 이들은 예배당에서 절대 악에 대한 증오를 촉발시키는 언어들을 쏟아놓고 있습니다. 그러는 사이 우리가 '양' 이라고 부르는 수많은 그리스도 십자군들은 세계 각처에서 '쉽볼렛/십볼렛 비극' 의 주역이 되어 가고 있는 것입니다.

"그에게 이르기를 '쉽볼렛' 이라 발음하라 하여
에브라임 사람이 그렇게 바로 말하지 못하고 '십볼렛' 이라 발음하면
길르앗 사람이 곧 그를 잡아서 요단강 나루터에서 죽였더라.
그 때에 에브라임 사람의 죽은 자가 사만 이천 명이었더라." (삿 12:6)

:: 톺음

시오니즘 <u>Zionism</u>

팔레스타인 지역에 유대 국가를 건설하는 것이 목적인 민족주의 운동. '시온(팔레스타인)으로 돌아가자'며 유대 국가 설립을 주장하는 정치적 운동이다. 19세기말 시작되어 1948년 세계 유일의 유대인 국가 이스라엘 건국에 성공했다. 이 말은 배타적 유대 민족주의를 가리키는 일반적인 용어이기도 하다. 시온은 예루살렘에 있었다는 언덕이다. 다윗이 이 언덕 근처에 수도를 세웠고 솔로몬은 성전과 궁전을 이곳에 세워 이스라엘을 상징하게 되었다.

한나 아렌트 <u>Hannah Arendt(1906~1975)</u>

독일의 정치 이론가. 스스로 철학자란 호칭을 거부하고 정치 이론가라고 했다. 하이데거에게 철학을 배웠으며, 야스퍼스의 지도를 받아 아우구스티누스의 사상에 입각한 사랑의 개념에 대한 논문을 썼다. 나치를 피해 미국으로 망명해 프린스턴대학에서 최초의 여성 교수가 되었다. 주로 권력의 속성, 정치, 권위, 전체주의 같은 주제를 다뤘으나 상당 부분 자유의 개념을 긍정하는 데 초점을 두고 있다. 아이히만 공판에 대한 보고서는 나중에 《예루살렘의 아이히만》이라는 책으로 나왔다. 여기서 인간의 악이 근본적인 것이라기보다는 비판적 사고 없이 명령에 복종하는 '생각 없음'이 악을 낳는다는 결론을 내렸다.

다말 강간사건과 '양들의 침묵'

그녀를 기구한 운명에서 건져줄 수 있어야 '죄 많은 나를
질병과 두려움과 죽음의 고통으로부터 구원하셨다'는 교리의 논증이 가능합니다

다말이라는 이름의 여인은 구약성서에 3명이나 있습니다. 한 명은 창세기 38장에 나오는 유다의 며느리이고, 다른 한 명은 다윗의 아들인 압살롬의 딸(사무엘하 14장 27절)이며, 마지막 한 명이 우리가 지금 살펴보려는 압살롬의 누이입니다.

그러니까 두 명의 다말은 고모와 조카 사이인데, 여하튼 이 두 여자는 모두 아름다웠습니다. 사무엘하 13장에 등장하는 암논과 다말과 압살롬은 모두 다윗의 자녀들입니다. 이런 상황에서 장자인 암논은 압살롬의 누이 다말을 사랑했습니다. 그러나 이복누이를 자기 품속으로 끌어들이는 일은 쉽지 않았습니다. 암논은 꾀병을 부려서 다말을 그의 침상으로 끌어들였습니다. 사건의 시작은 여기서부터

입니다. 다말과 암논은 서로 모친이 다릅니다. 그렇기 때문에 이런 무리수를 두지 않아도 결혼할 수 있었습니다. 그런데 왜 암논은 이와 같은 무리수를 뒀을까요? 그런데 그 이후 암논의 행위를 보면 그가 정말 결혼할 의사가 있었는지 의심스럽습니다. 강간 이후 그는 다말을 내쫓아버렸기 때문입니다(사무엘하 13장 15～19절).

뭘까? 그렇습니다. 다윗 이후 그 자녀들의 권력 투쟁에서 다말이 희생된 것입니다. 암논은 압살롬과 왕위 계승을 놓고 신경전을 벌이고 있었습니다. 그런데 암논이 느닷없이 정쟁 상대인 배다른 동생 압살롬의 누이동생을 겁탈하고 쫓아버림으로 권력 장악의 통상적인 제스처를 취한 것입니다. 다윗은 이 사건에 대해서 아무런 반응도 없습니다. 그렇다고 압살롬이 아버지를 찾아가서 탄원을 하는 것도 아닙니다. 그저 2년을 압살롬은 침묵하며 기회를 엿보고 있었습니다. 그리고 양털 깎는 축제일이 되었습니다. 거기서 암논은 제거되었습니다. 그 일로 압살롬도 다윗을 피해 도망을 칩니다(사무엘하 13장 30～34절).

이상에서 우리는 다말 강간사건이 한 여성을 겁탈한 사건이 아니라, 당시 왕실 내에서 벌어지는 권력 투쟁의 한 부분이라는 것을 알게 되었습니다. 사무엘하 13장 20절에 보면 이후 다말은 압살롬의 집에서 처량하게 지냈다고 되어 있습니다. 현재도 그렇지만, 과거 권력의 암투 속에서 소품처럼 등장하는 한 여인을 배려하는 시각이 성서에는 없습니다. 오로지 힘 있는 사람들의 활동사진만을 전시하고 있는 것입니다. 과연 이것이 올바른 성서의 시각일까요? 아니, 성서의 기록 자체는 그렇다 칩시다. 그러면 그걸 받아 읽고 해석하고 살아야 하는 우리에게는 남자들의 권력 투쟁에 소품으로 등장했던 다말을 관심하는 시각은 있는가요? 그녀를 배려하는 마음이야말로 하나님의 마음이며, 신앙의 근본적인 마음일진데, 우리의 의식에는 있어도 없는 것처럼 여겨도 좋은 존재로 인식하고 있지는 않은가요?

우리의 관심은 다윗이나, 압살롬이나, 암논의 왕위 권력 투쟁과 그 결과가 아닙니다. 소모품처럼 남자들의, 권력의 노리개로 이용당하고도 생사의 부르짖음에 외면당해야 하는 다말의 애통을 받아들이는 문제입니다. 이게 종교입니다. 아니, 이게 종교여야 합니다. 그녀를 그와 같은 기구한 운명에서 건져줄 수 있어야 합니다. 그래야 '하나님이 그의 아들을 보내서 죄 많은 나를 질병과 두려움과 죽음의 고통으로부터 구원하셨다' 는 교리의 논증이 가능합니다.

남아메리카 대륙 꼬리에 '파타고니아' 라는 넓은 고원지대가 있습니다. 우리나라 남한 면적의 10배쯤 됩니다. 사람이 별로 없는 대신에 수십만 마리의 양들이 살고 있습니다. 이곳에는 양뿐만이 아니라 퓨마와 여우들이 터줏대감처럼 살고 있습니다. 먹잇감인 양들이 있기 때문입니다. 그들이 이곳에서 양을 잡아먹는 일은 누워서 떡 먹기입니다. 너무나 순진한 까닭입니다. 양들이 얼마나 순진하기에 잡아먹는 일이 누워서 떡 먹기일까요?

어두운 밤에 양들이 습격을 당하면 어느 한 마리의 양도 소리를 지르지 않습니다. 그러고는 입을 꽉 다문 채 몰려다닙니다. 날카로운 이빨에 사지가 뜯겨도 소리를 내지 않습니다. 그러니 농장 주인들도 어쩔 수 없습니다. 소리를 내야 구해주든지 말든지 할 텐데 아무 소리도 나지 않으니 주인으로서도 어쩔 수 없습니다. 이곳의 양들은 가혹한 운명에 그저 순복하는 것일까요?

동물전문가 비투스 B. 드뢰셔가 이곳을 방문했을 때도 이해할 수 없는 일이 벌어지고 있었습니다. 그가 데리고 온 개가 양들의 우두머리를 갑자기 쫓아가는 우발적 사건이 발생했습니다. 그러자 개의 추격을 받은 우두머리 양은 겁을 먹은 나머지 소리도 지르지 않은 채 가파른 강변으로 달려가더니 깊이 8m나 되는 강물로 뛰어들었습니다. 그런데 더 놀라운 일이 벌어졌습니다. 우두머리를 따르던 양들이 전부 벌벌 떨면서 그 뒤를 따라 강물로 뛰어든 것입니다. 모두 270마리였습니다.

어떻게 된 일일까요? 그동안 인간에게 너무 길들여졌고, 품종 개량을 당해서 무조건 순응을 하다 보니 이렇게 된 것입니다. 침묵을 해야 할 때와 하지 말아야 할 때를 가리지 못하는 것입니다. 주인공 한니발 렉터로 유명한 영화 〈양들의 침묵〉도 이 이야기와 다르지 않습니다. 서구 기독교 사회의 무능력을 질타하지 않습니까! 교리와 제도에 거세당한 변질된 기독교를 들춰내 보여주고 있지 않습니까! 헌데, 요즘 교회에서 목사들이 교우들을 '양'이라고 하는 근저에도 '사지를 뜯겨도 입 닫고 있는 양'을 염두에 두고 그러는 건 아닌지 모르겠습니다.

다말의 강간 사건을 바라보는 교회는, 그대는 혹시 '침묵하는 양'이 아닙니까?

> "그 후에 이 일이 있으니라. 다윗의 아들 압살롬에게 아름다운 누이가 있으니 이름은 다말
> 이라. 다윗의 다른 아들 암논이 그녀를 사랑했다. (삼하 13:1)

:: 톺음

드뢰셔, 비투스 Vitus B. Dröscher

독일의 동물작가. 1925년 라이프치히에서 태어나 동물학과 심리학을 공부했으며 1954년부터 동물행동학과 감각생리학에 관한 글들을 발표했다. 50년 동안 부인과 함께 전 세계를 탐험하며 야생동물의 생태를 관찰하고 그 체험을 바탕으로 30여 권의 책을 저술했다. 텔레비전 프로그램 '드뢰셔의 동물세계'로 널리 알려져 있으며, 동물보호운동을 위해 스벤시몬환경상을 직접 만들어 수여하고 있다. 과학 저술에 대한 공로를 인정받아 독일의 퓰리처상인 '테오도르 볼프상'을 받았다. 주요 저서

로《휴머니즘의 동물학》《동물제국의 감각의 마법》《다정한 야수》《아침식사로 악어 한 마리를》《둥지의 온기》《그들은 비둘기처럼 다정하다》《흰 사자는 죽지 않는다》《동물제국의 생존 전략》등이 있다.

'밧세바'는 팜므파탈인가?

별로 이룬 것도 없는데 그 이름이 성서 안에 기록되어 있는 까닭은
생사의 기로에 서자 쿠데타도 마다하지 않은 적극적인 삶 때문입니다

카투만두행 비행기를 기다리는 여행객들 속에서 소설가 박범신 선생이 끼어 있는 것을 발견했습니다. 딱히 교분이 있는 게 아니라서 물끄러미 바라만 보았습니다. 비행기 안에서도 두어 칸 앞자리에 앉아 있었습니다. 여느 여행객들과 다를 바 없는 사람인데 괜히 그에게 마음이 많이 넘어가는 것을 느끼면서, '저 사람은 무엇을 보고 쓰기 위해 가는 걸까?' 하는 생각이 들었습니다.

소설가 양귀자는 이런 인간관계를 《모순》이라는 소설에서 그려내고 있습니다. 성서에 나오는 '인간' 중에 냉소적인 관계를 넘어 적대적인 관계는 셀 수도 없이 많습니다. 그 중에 '우리야'와 '다윗'의 관계를 꼽을 수 있을 것입니다. 이 둘 사이에는 우리야의 아내인

밧세바가 있습니다(마태복음 1장 1~17절). 우리는 쉽게 '다윗과 우리야'라는 남성 중심의 사고 체계를 따라 밧세바를 하나의 관계 부속물로 읽으려는 경향이 있습니다. 교회도 이런 사회 관습적인 사고를 그대로 답습하여 '밧세바'라는 여인의 성공적인 삶에 대해 눈을 돌리지 않는 대신, 남편이 전장에 나간 틈을 타서 벌거벗고 다윗을 유혹하는 요부 정도로 묶어두려는 경향이 있습니다. 성서의 족보에는 모두 네 명의 여자가 등장합니다. 라합. 롯, 우리야의 아내 그리고 마리아인데 그중에 한 명입니다. 성서는 유다 나라 왕의 시선으로, 다윗과 솔로몬의 눈으로만 밧세바를 보려고 합니다. 그녀는 그저 '다윗의 아내'이며 '솔로몬의 모친'일 뿐입니다. 솔로몬 왕실의 대왕대비로만 밧세바를 보려는 시각이 있다는 뜻입니다. 그러나 오늘 우리는 한 여인 '밧세바'를 기억하려고 합니다.

사무엘하 11장 1절~12장 25절까지의 정황을 살펴보면 이 여인의 주변을 읽게 됩니다. 당시는 다윗이 암몬을 정벌하려고 전쟁을 하던 시기입니다. 그러나 시리아와 다마스커스가 다윗을 견제하려고 했습니다. 우리야는 헷 족속 출신의 용병 대장입니다. 그의 아내는 예루살렘에 있었는데, 월경을 끝내고 정결 의식을 치루고 있을 때 다윗의 눈에 띕니다. 뒤에 밧세바가 다윗의 눈에 든 기회를 적극 활용하는 것을 보면 어쩌면 의도된 행위였을지도 모른다는 의심을 갖게 합니다. 그리고 이야기는 그렇고 그렇게 흘러갑니다.

우리는 열왕기상 1장 11절 이하에서 다시 한 번 밧세바의 적극적인 삶을 엿보게 됩니다. 그것은 솔로몬을 옹립하는 쿠데타입니다. 생사의 기로에 놓였던 그녀는 나단과 도모하여 왕모의 자리에 앉게 됩니다. 밧세바는 자칫 요부나 팜므파탈로 기억될 뻔했습니다. 별로 이룬 것도 없습니다. 그럼에도 그녀의 이름이 버젓이 성서 안에 기록되어 있는 까닭은 이와 같은 적극적인 삶 때문입니다. 그럼에도 남성 중심의 냉소주의를 빗겨나가지는 않습니다.

'여인 밧세바의 성공담'으로 이 이야기를 읽을 때, 월경이 끝난 여인이 담장 위에서 경박하게 몸을 드러내 놓고 다윗을 유혹했다는, 이런 뜻을 깔고 밧세바의 삶을 폄훼하려는 성의 이분법을 넘어서게 되는 것입니다.

"당신이 거기서 왕과 말씀하실 때에
나도 뒤이어 들어가서 당신의 말씀을 확증하리이다. (열상 1:11-14절 중, 14절)

:: 톺음

밧세바 Bathsheba

햇 족속(히타이트인) 장수 우리야의 아내로 역시 같은 햇 족속 여인이다. 어느 날 다윗이 밧세바가 목욕하는 장면을 훔쳐보고 반하여 그녀를 차지하기 위해 자신의 부하를 시켜 우리야가 전쟁터에서 죽게 만든다. 다윗은 밧세바를 차지했고 밧세바는 이후 솔로몬을 낳는다. 다윗의 말년에 넷째 아들 아도니야가 왕위를 차지하려 하자 이를 막아내고 아들 솔로몬을 왕위에 올린 뒤 아도니야를 처형한다. 그 이후의 기록은 남아 있지 않다.

팜므파탈 femme fatale

'파멸로 이끄는' '숙명적인' '치명적인' 등의 뜻을 가진 프랑스어 파탈fatale과 '여성'이라는 팜므femme의 합성어. 19세기 유럽 문학에서 사용하기 시작했는데 주로 남성을 파멸 상황으로 이끄는 매력적인 여자라는 뜻으로 쓰인다.

엘리야는 영웅인가?

엘리야는 실패한 혁명가로 역사의 무대에서 사라졌지만
온전한 성공을 희망하고 꿈꾸고 싶었던 힘없는 민중은 그를 우상으로 만들었습니다

엘리야를 말하려면 먼저 세례자 요한의 이야기를 해야 합니다. 왜냐하면, 그는 그 자신이 부활한 엘리야임을 은근하게 선전하고 있기 때문입니다. 낙타 털옷, 가죽 허리띠, 꿀 같은 음식은 영락없는 엘리야를 연상시키는 행동거지였습니다. 말라기서 3장 22~24절은 본시 이스라엘 사람들의 마음속에 담긴 염원이었습니다. 세례자 요한은 그 민족적인 염원성에 자신을 일치시키려고 했던 것입니다.

이처럼 엘리야를 기다리는 대중의 기억에 '종말' 과 '심판' 이라는 현실 부정을 결합하게 되었고, 예수님이 요한의 운동을 계승하자 저절로 대중들 속에는 다시 세례자 요한이 부활하게 되는 것입니다 (마가복음 6장 14~15절). 오죽하면 예수님이 십자가에 달려 죽으실 때

"엘로이 엘로이 레마 사박다니" 하고 외치는 소리를 사람들은 엘리야를 부르는 소리라고 했겠습니까? 이만큼 엘리야는 이스라엘 민족 가운데서 영웅시되고 있었습니다. 엘리야=세례자 요한=예수를 동일시할 만큼 말입니다.

이토록 뿌리 깊은 '영웅 엘리야' 에 대한 이야기가 신약성서에는 거의 취급되지 않고 있습니다. 유대교의 주류, 랍비적 바리새주의는 엘리야를 결코 그렇게 생각지 않았다는 반증이기도 합니다. 그러면 진정 엘리야는 누구입니까? 그는 오므리 왕조의 아합 왕 때 활동하던 예언자입니다(BC 885~851). 이때는 이스라엘 역사상 가장 국운이 융성해진 시기입니다. 물론 그들은 종족 연합체였습니다. 종족 연합체는 효과적인 통제가 어려웠습니다. 그래서 오므리 왕조도 수도가 두 군데였습니다. 한 곳은 사마리아(열왕기상 16장 24절)로 이는 돈으로 사들인 곳입니다. 다른 한 곳은 이스르엘(열왕기상 21장23절)로 나봇의 포도원 이야기에서 보듯이 토착민의 땅을 강탈한 곳이었습니다. 그런데 사마리아는 이스라엘적 전통이 강한데 반해 이스르엘은 비이스라엘의 성향을 띠고 있었습니니다. 이것은 무엇을 의미하는가 하면, 이스라엘 전통을 가진 동네에서는 야훼적 예언자들의 후원이 있어야 한다는 뜻이고(사마리아 경우), 비이스라엘 지역에서는 각 씨족과 부족의 후원이 있어야 한다는 뜻입니다.

그러나 오므리는 이스라엘 족속 출신이 아닙니다. 용병 출신으로 쿠데타로 정권을 획득했습니다(열왕기상 16장 21절). 그렇기 때문에 그는 어느 쪽도 기웃거릴 필요가 없었습니다. 오므리는 이것을 기회로 정치적인 발전을 도모했습니다. 전제 국가를 지향했던 것입니다. 그 와중에 아들 아합을 페니키아의 왕녀 이세벨과 결혼을 시킵니다. 이것을 야훼 신앙과 바알 신앙을 결합하는 국가 제의로 발전시킵니다. 오므리 왕조는 이런 페니키아식 개혁을 통해 성공적인 국가 형성을 이룹니다.

엘리야는 이때 등장합니다. 그는 왕의 화려한 국가 변화와 성공에 불안감을 느낍니다. 그의 불안감 속에는 이스라엘 민중들의 불만도 담보되어 있습니다. 그 보수적인 반대 세력의 이야기들이 엘리야의 전설 속에 담겨 있는 것입니다. 열왕기상 17장에 나오는 사렙다 과부의 이야기는, 아합 왕이 추진하는 전제 국가가 민중들의 고통을 담보하고 있음을 보여줍니다. 이를테면 엘리야는 민중 운동가인 셈입니다. 21장에 나오는 나봇의 포도원 이야기도 민중의 아픔을 대신하는 것입니다. 그러다가 엘리야는 대중을 선동하여 갈멜 산에서 정부 세력들을 몰살합니다(열왕기상 18장). 그러나 그는 더 이상의 변혁을 도모하지 못하고 공권력에 쫓겨 브엘세바까지 도주합니다.

엘리야는 실패한 혁명가였습니다. 그는 역사의 무대에서 사라집니다. 그러나 대중은 그를 기억하고 싶었습니다. 다시 말하면, 힘없는 민중이 그를 영웅으로 추대하여 온전한 성공을 희망하고 꿈꾸고 싶었습니다. 그들에겐 영웅이 필요했습니다. 엘리야는, 힘없는 민중이 만들어낸 우상일 뿐입니다.

> 예수의 이름이 널리 알려지니, 헤롯왕이 그 소문을 들었다.
> 사람들은 말하기를 '세례자 요한이 죽은 사람들 가운데서 살아났다.
> 그 때문에 그가 놀라운 능력을 발휘하는 것이다.' 하고,
> 또 더러는 말하기를, '그는 엘리야다' 하고,
> 또 더러는 '옛 예언자들 가운데 한 사람과 같은 예언자다' 하였다. (막 6:14-15)

에스더, 성性의 거미줄에 걸린 잠자리

여자란 남자들에 의해 다스려져야 하고, 민족을 위해 봉사해야 하며,
여자는 모름지기 민족을 위해 헌신하는 일에 '성性'을 쓰라는 것입니다

부림절Feast of Lots 축제는 현재의 2~3월의 14일이나 15일에,
BC 5세기 페르시아 시대에 유대인들이 적들에 의한 학살을 모면하
게 된 것을 기리는 축제입니다. 이는 구약성서가 규정하는 주요 명
절이 아닙니다. 그런데도 부림절을 중심으로 일어나는 이야기를 엮
은 에스더서가 구약성서에 들어와 있는 것은 그만큼 민중적인 지지
를 받고 있었다는 이야기입니다. 또한 부림절 축제는 민족주의가 기
승을 부리던 마카베오 봉기시대(BC 166~167)에 대대적으로 행해졌
던 행사였으니 시대 정서와 연관이 있을 것입니다.

역사가 헤로도토스가 전하는 바에 따르면, 루디아국 군주 칸타
울레스는 신하들에게 왕후를 자랑하려고 그녀를 벌거벗게 했다고

합니다. 후대의 유대교 랍비도 왕비 와스디가 호출된 정황을 그리고 있는데, 왕은 그녀에게 관만 쓰고 벌거벗은 채로 나오라고 했다고 합니다. 이를 종합하면 성서에서처럼 그렇게 간단한 상황에서 발생한 문제는 아닌 것 같습니다. 여하튼, 이 일로 인하여 왕비는 폐위가 되고 새로운 왕비를 간택하게 됩니다. 이 이야기의 갈등 구조는 무엇입니까? 여성이 지아비에 순종하는 길만이 정당한 성적인 정체성을 형성하는 길이라는 주장이 깔려 있는 것입니다.

여하간, 그렇게 발생된 새 왕비 간택 사업에 에스더의 양부인 모르드개가 개입을 합니다. 그리고 에스더는 왕의 마음에 드는 '여자 몸만들기 프로젝트'에 참여합니다. 2장 9절에 보면 몸치장을 위해 시녀를 일곱이나 붙였다고 하는 것을 보면, 얼추 에스더서의 이야기들이 무엇을 말해주는지 짐작할 수 있습니다. 에스더는 왕 앞에 나아갈 때 전문가들의 조언대로 이른바 '생얼'인 채였다고 합니다. 에스더가 왕후가 된 비결은 그녀의 출중한 성적인 정체성 때문이었다는 뜻입니다.

본래 에스더서는 이런 이야기였습니다. 그런데 성의 이야기가 민족적인 문제로 옮겨갑니다. 모르드개와 하만의 등장으로 말입니다. 하만에 의해 유대인들이 처형을 당하게 생겼습니다. 그때 에스더가 무대에 들어섭니다. 본문에서 읽은 것처럼 에스더는 본시 지아비에 순종하는 여성상으로 뽑힌, 남성 중심 세상의 부속품과 같은 존재였습니다. 그런 그녀가 '죽으면 죽으리라'(4:16)는 별난 결심을 하게 됩니다. 이제부터 이야기의 반전이 있으리라는 암시가 시작되는 거죠. 에스더는 남자를 위한 '성性'을 민족을 위한 '성性'으로 바꿔 사용합니다. 그 결과 나락으로 떨어질 위기에 처한 민족을 살리고, 그들을 죽이려했던 사람들 75,000명과 하만의 아들 열 명이 죽는 데 일조합니다. 축제는 연장되고, 모르드개는 왕의 위대한 대신이 되어 유대 역사에 길이 남게 되었다는 것입니다.

에스더서가 표현하려는 중요한 두 가지 요소는 '여성다움'과 '유대인다움'입니다. 이것은 다시, 여자란 남자들에 의해 다스려져야 한다는 것이고, 민족을 위해 봉사해야 한다는 것입니다. 여자는 모름지기 민족을 위해 헌신하는 일에 '성性'을 쓰라는 것입니다.

'성性'은 누구를 위해, 무엇을 위해 존재하는 것입니까? 오늘 우리가 에스더서를 읽을 때 물어야 하는 물음입니다.

"왕후 와스디를 청하여 왕후의 관을 정제하고 왕 앞으로 나오게 하여
그의 아리따움을 뭇 백성과 지방관들에게 보이게 하라 하니
이는 왕후의 용모가 보기에 좋음이라." (에 1:11)

:: 톺음 ....

부림절 <u>Purim</u>

부림Purim은 '제비뽑기 축제Feast of Lots'라는 뜻이다. BC 5세기에 페르시아 통치자들의 손에 죽을 위기에 처해 있던 유대인들이 목숨을 구한 사건을 기념한다. 페르시아 총리대신이 제비를 뽑아 유대인 학살 날짜를 정하고 교수대를 세워놓는데 에스더는 오히려 총리대신을 죽음으로 몰아 유대인들을 구한다. 승리를 확인한 다음 날을 축일로 삼고 제비 뽑은 일을 들어 그날을 부림절이라고 했다. '하만(총리대신)의 귀'라는 과자를 만들어 먹는다.

내 안의 가룟 유다

'가룟 유다'라는 이름에서 우리는 얼른 배신자를 떠올립니다. 열두 명의 결사대 중 한 사람이었는데 예루살렘에서 예수를 배반했다는 것입니다. 전통적으로 그 배반의 이유가 '젤롯 당원으로서 예수가 혁명하길 바랐는데, 그렇지 못하다는 사실을 알고' 그랬다는 것입니다. 이 가설은 마가복음 14장 4~5절과 마태복음 26장 8~9절에 기초하고 있습니다. 그러나 꼬집어서 '유다'를 지칭하지는 않습니다. 이것은 본래 성서 본문의 이야기는 유다와 연관지어 전해오지 않았다는 뜻입니다. 요한복음 12장 6절에 나오는 '유다가 물욕에 눈이 멀었다'고 하긴 합니다만, 그것도 '공익'과 '사익'의 관점에서 내린 해석이지 '배반'에 초점을 맞추고 있지는 않습니다.

유다라는 사람이 있었던 것은 분명하지만 그가 예수님을 배반했다는 해석은 과장되거나 과도한 것입니다. 유다의 일들을 기록한 복음서들보다 50여 년 먼저 기록된 바울 서신에는 그 어디에도 유다의 이야기가 없습니다. '유다의 예수 배반론'은 그 후대, 복음서가 기록되던 서기 70년 언저리부터 배신자로 지목되기 시작했다는 뜻입니다. 왜 그렇게 볼 수 있는 것일까요? 마가복음에 등장하는 여자(옥합을 깨뜨린 마르다)와 유다의 대비는 '배반'이 아니라 종말에 관한 이야기입니다. 마태복음도 그 범주를 벗어나지 않습니다. 누가복음은 약간 변조합니다. 하지만 이 세 텍스트의 핵심 인물은 여인이 아닙니다. '제자 대 예수'가 논쟁의 당사자들입니다. 요한복음은 세 남매가 등장을 합니다. 거기에 탐욕스러운 유다를 끼워 넣고 있습니다. 그 어디를 보아도 '유다의 배반'에 초점이 맞추어져서 사건이 흐르지 않습니다. 유다는 복음서 어디에서도 문맥적 개연성과 상관이 없다는 말입니다.

유다의 역할이 집중된 곳은 마지막 만찬 때입니다. 그러면 그 장면을 다시 재연해봅시다. 만찬 전에 산헤드린 의회는 '명절에 예수를 체포하는 것은 소요를 일으킬지 모르니 자제하자'(마가복음 14장 1~2절)는 것이었습니다. 그런데 그런 회의를 마친 직후에 산헤드린의 의장인 대사제가 무슨 연유인지는 몰라도 부랴부랴 자기의 개인 병사들을 풀어 예수를 체포합니다. 거기에 유다가 개입을 했다는 것입니다. 그렇다면 회의의 결과를 번복할 만한 마땅한 이유가 있어야 합니다. 그러나 그 어디에도 그런 설명이 없고 그 누구도 그것을 설명하지 않습니다.

그래서 바울 서신에는 나타나지 않는 '배반자 유다론'이 복음서가 기록되던 시대 이후부터 등장했다는 것입니다. 유다를 배반자로 꾸몄다는 것입니다. 그러면 왜 예수의 제자들이 스승의 이야기들을 기록하면서 '유다'를 배반자로 지목하여 기술하기 시작했을까요? 그 이유는 이렇습니다.

최근 공개된 〈유다 복음〉이라는 문서가 있습니다. 정경에 속한 복음서와 거의 같은 시기인 1세기 후반에 기록된 이 책에 의하면, 가룟 사람 유다는 제자들 가운데 가장 특출한 제자였다고 합니다. 예수를 배신한 것조차 예수의 암시적인 지시에 의한 것이라고 되어 있습니다. 이런 해석은 초기 그리스도교 주류의 해석과 다르지 않습니다. 이렇게 초기 기독교에서는 예수가 어느 못된 배반자에 의해 팔려서 죽게 되었다고 말할 필요가 없었습니다. 그러나 점차 예수는 틀이 잡혀가는 종교 단체의 신이 되어 가고 있었습니다. 그런데 신성을 가진 존재가 아무런 까닭 없이 잡혀서 죽었다면 말이 좀 우습게 되지 않습니까? 그리스도가 신성하게 되는 데 흠집이 생기는 것입니다. 이게 초기 교회가 직면한 딜레마 중의 하나였습니다. 이 난제를 제거하는 방법 중에 가장 탁월하게 선택된 것이 '예수의 예정된 운명을 위해 악인'이 필요했던 것입니다. 그 배역을 맡은 이가 바로 유다였던 것이죠.

성서가 전하는 흥미로운 장면은 유다의 배반이 아니라 제자들의 동요입니다. 그러니까 유다를 예수의 배반자로 기술하기 시작한 복음서 기자는 '유다의 배신'을 통해 '흔들리는 제자들'을 보여주고 있습니다. 예수님이 "누군가가 나를 팔리라" 했을 때 모두들 "제가요?" 합니다. 강한 부정의 뉘앙스죠. 우리는 이미 유다가 배신했다는 것을 알고 읽지만, 그러나 당시의 성서 기술자는 그걸 염두에 두고 기록하지는 않았습니다. 그 현장에 있는 제자들을 대비시키려는 것이었죠. 곧바로 이어 나오는 장면이 무엇입니까? 예수님이 겟세마네 동산에서 피눈물로 기도할 때 쿨쿨 자던 제자들의 모습이 아닙니까? 예수가 잡혀 심문을 받던 그 밤 세 번씩이나 예수를 모른다고 부정하던 제자가 아닌가요?

성서 기록자는 나쁜 놈 '유다'를 말하려는 게 아닙니다. 누구에게나 있는, 살아남기 위해 숨어 있는 추잡한 협력에 대한 고발인 것입니다.

"유다가 은을 성소에 던져 넣고 물러가서 스스로 목매어 죽었다." (마 27:5)

가룟인 유다

가룟 지방 사람으로 예수의 열두 제자 중의 하나. 예수를 배반하여 기독교계 최대의 죄인이자 악마의 하수인이요, 배신자의 대명사로 불린다. '이스가리옷 유다'라고도 부르는데 이 말에는 '가룟(남부 유대의 지명) 사람'이라는 뜻 외에 '암살자' '위선자' '거짓말쟁이' 등의 의미가 있다.

산헤드린 의회

고대 이스라엘의 유대교 판관들 모임. '모여 앉는다'는 뜻을 가지고 있다. 로마가 인정한 식민지의 자치적인 재판 기구로 최고 법원 역할을 한다. 예수의 재판과 관련된 일들이 복음서에 기술되어 있다.

〈유다 복음〉

예수와 가룟 유다의 대화가 기록되어 있는 복음서의 하나. '예수 그리스도께서 가룟 유다와 나누신 계시에 대한 비밀스러운 이야기'라는 말로 시작된다. 유다 자신이 쓴 것 같지는 않고 영지주의적 추종자가 쓴 것이라고 본다. 유다가 예수를 배반한 것이 실제로는 예수의 명령이었다는 내용을 담고 있다. 영지주의는 인간이 직관을 통해 육체를 벗어나면 신과 같은 영적 존재가 될 수 있다고 믿는다. 유다의 배반은 예수가 자신의 목적을 이룬 뒤 거룩하고 위대한 세계로 돌아가기 위해 필요한 과정으로 그려졌다.

남편 일곱인 여인의 정체

요한복음에 의하면 예수님의 일행은 유다 지방에서 예루살렘으로 네 번쯤 상경을 합니다. 첫 번째는 2장에 나오는 가나의 혼인 잔치와 맞물려 있는 상경입니다. 그때는 성전을 숙정하고, 니고데모를 만나고, 광야에서 요한처럼 세례를 베풀었습니다. 두 번째 상경은 5장의 축제 때입니다. 이때는 벳세다 연못에서 38년 된 병자를 고쳤습니다. 세 번째는 초막절 축제 기간 중이었습니다(7장). 이때는 광야에서 은둔하면서 활동을 하셨습니다. 그리고 마지막 상경이 해방절 직전이었습니다. 체포되어 처형당했던 때가 이때입니다.

그 중 우물가 여인의 이야기로 회자되는 이야기는, 첫 번째 예루살렘으로 올라가는 도중에 일어난 사건입니다(4장 1절부터). 우리는 이 여인에 대해 하나의 이미지를 구축하고 있습니다. 그것은 그녀가 욕망을 추구하는 데 몰두하는 여자라는 것입니다. 이 이미지는 성서가 전달하려고 했던 메시지의 본질이 아닙니다. 이 본문을 읽는 이들의 종족적 혹은 성적인 편견 때문입니다. 어떻든 요한복음의 기록자는 이방인인 '사마리아인'에 대한 당시의 부정적인 시각을 남편을 다섯이나 갈아치운 여인과 함께 배치하고 있습니다.

이것이 이 이야기의 주제입니다. 그렇기 때문에 왜 이 여자가 다섯 번이나 결혼을 하게 되었느냐, 행실이 나쁜 여자냐 하는 따위의 질문은 가당치 않습니다. 흔히, '이렇게 행실이 나쁜 여자도 예수를 만나면 귀중하게 쓰임을 받는다' 는 식의 교훈적인 해석이나 설교도 적절한 이해는 아닙니다.

어느 날 예수님 일행이 통과하지 말아야 할 사마리아를 갑니다. 본문의 설정에 따르면 제자들은 마을로 들어가고 예수와 여인 단둘이 남게 됩니다. 그리고 여인에게 물을 달라고 합니다. 이 설정 자체가 어색하지 않습니까? 대화의 시작은 이렇게 됩니다. "유대인인 당신이 사마리아 여자에게 물을 달라고 해도 되는 겁니까?" 이야기는 '유대인과 사마리아인'의 관습으로 옮겨가죠. 그럴 수 없다는 사회적인 현실을 나타내 보여줍니다. 그러면 '유대인'과 '사마리아인'은 어떻게 대비된 가치 관계입니까? '유대인'은 유효하고 '사마리아인'은 무효합니다. 그것이 종교든 신앙이든 삶이든 한쪽은 옳고 한

쪽은 그릅니다. 한쪽은 뭔가가 있고 다른 한쪽은 아무것도 있지 않습니다.

그러면서 슬그머니 메시아 이야기로 옮겨갑니다. 메시아는 그들의, 유대인이나 사마리아인들의 민족적인 염원이고 희망이었습니다. 그 희망은 그들이 예배하는 곳으로부터 나오고, 증명되고, 확증되는 것이었습니다. 그런데 그들에게 '예루살렘'과 '그리심 산' 두 곳에 예배하는 곳이 있었습니다. 종교 권력자들은 그곳이 어디이건, 예루살렘이건 그리심 산이건 간에 '성전'에만 인간사의 모든 게 있는 양 선전하고 있었습니다. 삶의 모든 문제와 아울러, 메시아에 대한 기대까지도 그들의 성전에서 시작되고 종결된다고 가르쳤습니다. 이를테면 '성전 만능' '예배 제일' 주의였습니다. 그러나 그것은 사실이 아닙니다. 예수님은 당시의 모든 종교가 이미 그 기능을 상실했음을 선언했습니다. 그것이 성전 숙정 사건이 아닙니까? 성전과 그곳에서 행해지는 그들의 예배는 더 이상 만능이나 제일이 아니었습니다. 그것은 종교 권력자들이 민중을 속이는 감언이설이었습니다.

바로 이것을 질타하는 것입니다. 사마리아를 빌려서, 남편을 다섯이나 갈아치운 여인을 등장시켜서 '예배 제일', '성전 만능' 주의에 빠진 그들을 나무라는 것입니다. 무능력한 종교에 목을 매고 살아가는 종교 권력자들과 백성들을 꼬집고 있는 것입니다.

남편이 일곱인 여인의 이야기가 주는 정체는 바로 이것입니다. 당신이 지금 바로 그 '예배 만능' 주의에 빠져 있는 것은 아니냐고 묻는 것입니다. 예배에 중독이 되어 있는 것은 아니냐고 묻는 것입니다. 예배당에 뭔가가 있을 거라고 믿는 것은 아니냐고 묻는 것입니다. 바로 그런 이들을 위한 할喝이 '일곱 남자와 사귄 사마리아 여인의 이야기'인 것입니다.

> "우리 조상들은 이 산에서 예배하였는데
> 당신의 말은 예배할 곳이 예루살렘에 있다 하더이다." (요 4:20)

:: 톺음

가나의 혼인 잔치
요한 복음서에 나오는 예수의 첫 기적. 예수와 제자들이 혼인 잔치에 초대 받았는데 잔치 도중 포도주가 다 떨어지자 물을 포도주로 바꾸는 기적을 일으킨다.

성전 숙정 聖殿肅正
유월절에 예루살렘 성전으로 올라간 예수께서 성전 뜰을 정리한 사건. 먼 곳의 순례자들은 제물로 쓸 가축을 끌고 오기 힘들었고, 부적격 판정을 받으면 다시 사야 했다. 그런데 이게 돈이 되는 장사였다. 그래서 제물 거래 시장이 따로 있었지만 대제사장은 성전 뜰에서 매매와 환전을 하도록 허용해주었다. 제사장들은 제물에 불합격 판정을 내려 다시 사게 만들었다. 가난한 자들의 제물인 비둘기는 평소 가격의

100배에 거래되었다. 로마 황제의 초상화가 그려진 화폐는 부정하다 하여 성전 공식 화폐인 유대 화폐로 바뀌어야 했다. 환전에 웃돈을 받았다. 예수님이 이 광경을 보고 장사치들의 집기를 뒤엎어버리고 가축을 내쫓으며 '만민이 기도하는 집을 강도의 소굴로 만들었다' 고 분을 터뜨렸다. 당시 순례객 125,000명에 양 3,000마리 정도가 있었다는데 갑자기 대소란이 벌어졌다. 민중은 지지를 보낸 반면 제사장, 서기관, 장로들은 이를 갈았다.

니고데모

요한복음에 등장하는 유대인. 바리새파 사람으로 유대 최고 의결 기관인 산헤드린의 의원. 예수를 경외하여 밤에 몰래 찾아와 대화를 나누기도 하고 유대인 지도자들의 비난에 '우리 법률에는 죄의 증거가 없다면 소송을 할 수 없지 않은가' 라고 예수를 변호한다. 처형 후에는 아리마대 요셉과 함께 예수의 시체를 매장해준다.

벳세다 연못

천사가 가끔 못에 내려와 못의 물을 움직이는데 움직인 후에 맨 먼저 들어가는 자는 어떤 병에 걸렸든지 낫게 된다는 연못. 벳세다는 그곳의 지명이다. 이 연못을 둘러싸고 다섯 개의 행각들이 있었고, 그 안에 수많은 병자들로 가득 차 있었다.

초막절

이스라엘에서는 곡식을 한꺼번에 거둬들이지 않아, 봄에는 밀과 보리, 여름에는 과일, 가을에는 곡식과 감람 열매를 추수하였다. 그러므로 유월절에는 밀의 첫 이삭을, 맥추절에는 보리의 첫 이삭을 올려 제사를 지냈으며, 수장절에는 그 해에 추수한 모든 곡식들과 과일들을 창고에 저장한 다음 감사 제사를 드렸다. 추수 감사절과 같은 것이다. 이때 7일간을 초막에서 지내기 때문에 초막절이라고 불렀다. 이집트에서 탈출한 이스라엘 백성이 광야에서 했던 장막 생활을 기념하는 명절이다.

해방절

오순절, 초막절과 더불어 유대교의 삼대 축제이자 가장 큰 축제. 유목을 하던 고대 유대인들은 춘분 직후에 가축의 다산과 무사를 비는 행사를 가졌다. 그해 첫 번째 태어난 양을 잡아 피를 가축우리에 바르고 고기를 통째 구워 제물로 바친 다음 먹었다. 가나안 정착 이후에는 농경민들의 '누룩 없는 빵의 축제' 도 흡수했다. 전해의 수확을 감사하고 새해의 풍년을 기원하기 위하여 맨 먼저 거둔 곡식과 누룩 없는 빵을 제물로 바쳤다. 이들 축제는 이스라엘의 구원 역사와 연결되어 이집트 탈출 축제로 변했다.

사마리아

성경에 나오는 이스라엘의 중앙 지방으로 산이 많은 지역. 역사적, 정치적, 자연적으로 다른 지방과 구별되는 곳이다. 아시리아에 점령당해 이민족과 유대인들의 혼혈이 많아지고 종교까지 뒤섞이자 유대인들은 사마리아인들을 민족의 순수성을 더럽힌 이단자라며 인도의 불가촉천민 같은 취급을 했다.

그리심 산

모세가 축복의 율법을 선포한 사마리아 지방의 산. 유대인들이 바빌론에 잡혀가 긴 포로 생활을 하다가 풀려나 예루살렘으로 귀환하자 성전 재건부터 시작하는데 이방 혈통과 종교가 뒤섞인 사마리아인들은 참여시키지 않았다. 그러자 사마리아인들은 자신들이 믿는 '사마리아 오경'에 따라 그리심 산에 성전을 지어 예배 중심지로 삼았다. 아브라함이 이삭을 제물로 드리려 했던 성스러운 장소라고 본 것이다. 이로 인해 예루살렘 성전과 그리심 산 성전이 동시에 존재하게 되었다.

할喝

큰 소리로 지르는 고함. 원래의 음은 '큰 소리로 꾸짖는다'는 '일갈一喝'의 '갈喝'이다. 불교의 선종에서 쓰는 방법으로, 갑자기 고함을 내질러 참선 수양하는 사람이 놀라 순간적으로 고정관념, 집착, 분별심 등이 끊어지는 순간 붙잡고 있던 화두의 진리를 깨닫게 된다. 말이나 글로 설명할 수 없는 도리를 스스로 깨닫게 하는 것이다. 망상을 끊으라는 뜻으로 '악!'과 같은 고함을 지른다. 음성 자체에는 아무런 의미가 없다. 할을 가장 많이 활용한 사람은 임제 선사이다.

'성모' 마리아 이데올로기

모든 것을 포용하는 여인도, 갈등 없는 어머니도, 약한 남성을 감싸주는
어머니도 아니고 '성모' 또는 '동정녀' 는 교회가 그녀에게 씌운 굴레입니다

'성모 마리아' 라는 단어는 가톨릭교회의 것입니다. 반면 '동정
녀 마리아' 는 개신교의 것입니다. 개신교는 마리아가 '중보자' 의 지
위를 갖는다는 '성모 마리아' 론에 대해서 부정적이며 대립하고 있
죠. 그러나 개신교의 '동정녀 마리아' 론도 마리아를 신성하게 여긴
다는 점에서는 가톨릭의 '성모 마리아' 에 가담하는 것과 진배없습
니다. 결국 개신교든 가톨릭이든 성모 마리아 이데올로기에 동참한
다는 것은 다르지 않습니다.

그러면 '성모 마리아' 론은 왜 나왔을까요? 고통 받는 현실 속에
서 누군가의 보살핌이 필요할 때, 무력한 자신을 내맡기는 유아적
퇴행 심리가 작용했기 때문입니다. 특히 약한 남성은 어머니의 품속

에 안겨 위안을 받는 퇴행적인 행동을 하도록 부추김을 받지요. 한편 성적으로 배제를 당하는 체제 속에서 좌절한 여성은 마리아적 모성과 자신의 동일화를 통해서 좌절된 공격성을 자기희생으로 승화시키도록 훈육이 되는 겁니다. 요컨대 약한 인간들이 자신의 욕망이 좌절되고 무력화 되었을 때 그걸 마리아를 통해서 퇴행 또는 승화시킬 수 있는 것입니다.

성모가 동정녀였다는 것은 남성적인 성에 정복당하지 않고 아들을 낳았다는 말이잖아요? 그건 더 이상 자폐적인 성적 욕망의 굴레에 놓이지 않게 되었다는 의미겠죠. 그러니 남편에게나 자식에게 욕망을 기대하지 않아도 되는 겁니다. 반대로 딸에게 좌절된 욕망을 퍼붓지 않아도 되구요. 그녀는 더 이상 갈등이 없는 존재라는 뜻입니다. 그리고 항상 포용하기만 하면 되는 겁니다. 그러니 그런 여인은 얼마든지 보통 사람들의 중보자가 될 수 있는 거죠. 그리고 그를 통해 자기 초월과 동일화를 경험할 수 있는 것입니다.

물론, 이와 같은 자기 초월적 이타주의는 얼마든지 권장할 만한 일입니다. 그러나 이런 일이 모든 여성에게 나타나는 것이 아니라 '모성적인 여성'에게만 요청된다는 것이 문제입니다. 어머니가 아닌 여성은 그런 이상적인 여성상이 될 수 없는 것이죠. '마리아 성모'론의 문제는 여기에 있는 거죠. 가부장적인 제도에 속해 있는 여성만을 규정하고 있다는 것입니다. '모성이 없는 여성'에 대한 변화된 시대의 이해가 결여되어 있다는 것입니다. 독신주의나, 결혼을 하지 못한 여성, 아이를 낳지 못하는 여성은 '동정녀 마리아' 론에서 배제되어야 하는 것입니다.

신약성서에서 예수의 어머니에 대한 이야기는 복음서에만 등장을 합니다. 예수의 어머니에 대한 가장 오래된 자료인 갈라디아서와 마가복음의 몇몇 구절들에서는 '동정녀'의 이미지가 없습니다(갈라디아서 4장 4절). 요한복음도 마찬가지입니다. 마가복음을 보면 가족들은 예수의 활동을 아예 부정적으로 생각하고 있습니다. 포용하는 어머니의 모습과 거리가 있다는 뜻입니다(막 3:20~22, 6:1~6/마 1:18~25/눅 1:26~38/요 1:~12:, 19:25~27).

마가복음은 예수의 어머니에 대한 기억조차 부정적입니다. 시리아 지역 공동체의 주요 경전인 마태복음에서는 그녀의 역할보단 그녀와 관계된 남성이 부각되어 있습니다(마 1:16, 2:1~12, 2:13~15, 12:46~50, 13:53~58 참고).

'성모론'은 예루살렘에서 발원했을 것입니다. 누가복음이 그것을 증언하려고 합니다. 누가복음에는 예수의 어머니에 대한 기억이 많고, 그녀에 대한 이해와 그녀의 역할이 적극적으로 나타납니다. 그러나 요한 공동체는 마리아상을 격하시킵니다. 바울에게서는 마리아에 의한 예수의 탄생이 육화의 증거로, 성과 속의 지상적인 합류의 증거로 활용되었습니다. 그러나 그보다 거의 반세기 후에 등장하는 요한 공동체는 '동정녀' 잉태론을 탈지상성의 증거로 주장했습니다. '하나님의 아들이 살덩이를 쓰고 이 땅에 온'(1:14) 마당에 더 이상 중간자가 필요하지 않았던 것입니다.

'성모 마리아'든 '동정녀 마리아'든 이 양자는 종교적인 장치인 게 분명합니다. 그것은 분명 예수 운동에 대한 성서적인 기초 위에 세워진 신앙이 아닙니다. 교회로 발전하는 과정에서 개발된 것이죠. 성서 자체에서 추론되는 마리아는 모든 것을 포용하는 여인이 아닙니다. 갈등 없는 어머니도 아니고, 약한 남성을 언제나 감싸주는 어머니도 아닙니다. '성모' 또는 '동정녀'는 예루살렘 교회가 그녀에게 씌운 굴레입니다.

> "때가 차매 하나님이 그 아들을 보내사 여자에게서 나게 하시고 율법 아래 낳게 하셨다." (갈 4:4).

중보자 中保者 mediator

중재자 또는 매개자. 예수는 하나님과 인간 사이의 중보자이다. 그의 속죄로 사람들은 자기 죄를 회개하고 하나님과 화해하는 길이 가능해졌다.

복음서

그리스어로 '좋은 소식'이라는 뜻의 '에우앙겔리온'을 한자로 옮긴 말. 문서나 구전 형태로 내려오던 예수 전승을 그리스도론(기독론)과 각 공동체의 상황 속에서 기술한 신약의 경전이다. 흔히 마태복음, 마가복음, 누가복음, 요한복음을 4복음서라고 한다.

성모론

가톨릭교회의 교리 가운데 하나로, 마리아는 그리스도와 교회의 어머니이자 전구자로, 성인 중에 특별히 공경한다. 평생 동정童貞이었으며 다른 사람들과는 달리 원죄 없이 태어나 죽은 후 육체와 영혼이 함께 하늘로 승천했다고 믿는다. 개신교에서는 마리아가 예수님의 어머니이자 동정녀라는 사실은 인정하나 가톨릭의 성모 교리가 성서에 어긋난다고 주장한다.

요한 공동체

요한 문서, 즉 요한복음과 요한의 서신들을 기록했던 기독교인들의 그룹. 기독교 초기에는 공동체 형태의 그룹들이 다양하게 형성되었다. 유대교라는 큰 집단 안에서 예수가 그리스도라는 것(기독론)을 고백한 사람들이 출교 당해 만든 것이다. 1세기경의 유대인과 이교도들이 보기에 기독교인은 종파적 집단이었다. 기독론을 신성모독으로 간주한 유대인들은 요한 공동체와 심각한 갈등을 빚었다.

부재의 성찰, 거라사 광인 이야기

광인의 처지를 통해 대중들의 문화적 정치적 고통과 아픔을 말하면서
그들이 해야 할 일을 제시하는 광인의 역할은 예수 자신입니다

마가복음에 의하면, 예수님 일행은 회당 안에서 바리새파와 갈
등을 일으킨 후 더 이상 그 안에서 활동을 할 수 없게 되자(막 3:8) 마
을 밖 외딴 공터인 호숫가를 중심으로 활동을 하게 됩니다. 그러나
이 일로 인해 많은 사람들이 예수 주변으로 몰려들게 됩니다. 당시
는 유랑민들이 많은 시절이었습니다.

이후 제자들의 조직 정비(막 3:3~19), 일가친척들과의 갈등(막
3:20~35)이 계속됩니다. 이것은 예수 운동이 한결 위험해졌다는 뜻
입니다. 계속해서 호숫가에서 일련의 말씀들(4:1~33)이 펼쳐지는데,
말씀의 공통된 소재는 '씨'와 '열매'에 관한 것들입니다. 아마도 유
랑민들의 현실을 '씨'에, 그리고 장차 그들에게 기대되는 희망을

'열매'에 비유하셨을 것입니다. 그리고 가신 곳이 호수 건너 데가볼리 지역입니다. 그런데 데가볼리로 갈 때와 돌아올 때의 분위기가 바뀝니다. 건너갈 때는 불안에 휩싸여 있었는데 돌아올 때에는 많은 사람들이 모여드는 것입니다.

이 사건은 데가볼리라는 도시의 외곽에서 발생합니다. 거기 한 미친 사람이 있었습니다. 그곳은 시신을 유기하는 곳입니다. 거기서 그는 미친 듯이 소리를 지르며, 몸을 자해하고, 뛰어다닌다고 전해지고 있습니다. 사람들은 그의 몸속에 '레기온'이라는 귀신이 들어 있기 때문이라고 했습니다. 레기온은 아우구스투스 시대의 6,000명 단위의 큰 군부대입니다. 그래서 그에게 들어간 귀신을 '군대 귀신'이라고 했습니다. 그러나 예수를 만나고 그 군대 귀신은 그에게서 떠나 돼지 떼에게로 들어갔고 돼지 떼는 몰살을 당했습니다. 왜 사람들은 그에게서 하필 '군대'를 떠올렸으며, 그 군대 귀신들은 왜 돼지 떼에게 들어간 것일까요? 그리고 애꿎은 돼지들을 몰살시켜야 했을까요?

돼지는 유대인이 터부시하는 짐승입니다. 먹어서도 안 되고 길러서도 안 되는 짐승이었습니다. 그런데 예수 당시에 팔레스타인에 주둔하던 로마 병사들을 위해 대대적으로 사육되고 있었습니다. 돼지고기는 그들이 애용하는 음식이었습니다. 여하간, 그렇게 해서 죽은 돼지가 2,000마리였습니다.

헬라 문화가 충일하던 데가볼리 외곽, 거기에 사는 귀신들린 한 사람, 그리고 그에게서 나간 귀신이 돼지 떼에게 들어가는 장면은 우리에게 어떤 것들을 연상케 합니까? 로마 군대와 헬라 문화에 의해 대중이 받는 고통이 담겨 있습니다. 인종, 문화, 계급적인 착취가 있었던 것입니다. 그걸 대중들은 무덤가에 사는 이 광인에게 타자화 시키고 있는 것입니다. 반로마, 반도시에 대한 적개심의 발현이라는 말입니다. 다시 말해 광인 이야기를 통해 대중들은 자신들의 증오심이 어디로 향해 있는가를 말하고 있는 것입니다.

거라사 무덤가의 광인은 예수를 따르겠다고 말합니다. 그러나 예수는 그에게 '가라'고 말합니다. 의당, 오늘날 종교적 가치로 본다면 '그래, 따라와라' 해야 옳지만 그 반대로 말하십니다. '가라'는 말은 단순히 '가다'라는 의미를 넘어서 있는 단어입니다. 이것은 '따르다'의 반대어입니다. 제자들을 보고는 '나를 따르라' 하신 분이 왜 이런 절호의 기회(?)에서는 반대로 '가라'고 하셨을까요? 그러나 그렇게 예수의 곁을 떠난 그는 예수를 선포하고 다녔다고 기록됩니다.

그는 사람들에게, 세상에 있으나 없는 것과 다를 바 없는 존재였습니다. 그런 그가 예수를 만나고 드디어 '부존재'에서 '존재하는 자'로 회복될 수 있는 기회였습니다. 그러나 결국 예수는 그를 다시 '부존재'의 자리에 둡니다. '가라'고 했기 때문입니다. 그것은 한 사람에 대한 이야기가 아니라, 사회 즉 로마에 대한 증오의 이야기이기 때문입니다. 광인의 처지를 통해 당시 대중들의 문화적이고 정치적으로 당하는 고통과 아픔을 말하면서, 그들이 해야 할 일이 뭔가를 제시하고 있는 것입니다. 그러므로 이 이야기에서 광인의 역할은 곧 예수 자신이라고 할 수 있습니다.

이것은 일체의 자기중심주의를 넘어서는, 부재의 성찰을 향한 도전이기도 합니다.

> "배에서 나오시매 곧 더러운 귀신 들린 사람이
> 무덤사이에서 나와 예수를 만나니라." (막 5:2)

:: 톺음

바리새파 Pharisees

예수 시대에 살고 있던 사마리아인, 사두개파, 바리세파, 에세네파, 젤롯당, 디아스포라 등 유대인들의 여섯 그룹 중 하나. 그 뿌리는 바빌론 포로 시절로 거슬러 올라가지만 B.C. 167년 헬레니즘화 정책에 반기를 들고 마카베오 반란에 가담한 하시딤(경건한 자)을 선조로 보고 있다. 율법이 시대와 상황에 따라 발전할 수 있다고 보았으므로 율법서 외에 구전, 전승의 권위도 인정하면서 전승이나 구전 율법을 준수해야 한다고 강조했다. 히브리어 '파라쉬 parash'는 율법의 개별적 규정을 엄격하게 따르며 율법을 지키지 않는 사람들과 구별되는 경건한 자들이라는 의미 정도로 해석된다. 바리새인들이 행위에 있어서 매우 정결한 것은 사실이나 그것이 다 겉치레라는 데 문제가 있었다. 그래서 늘 예수님과 율법 문제로 충돌한다.

예수를 만나려면 '예수'를 죽이라

예수를 죽이지 않으면 우리는 예수의 복음을 알 수 없고 다른 사람들에게
전할 수도 없는 것은 신이 자신을 죽임으로써 구원자가 되었던 것과 다르지 않습니다

사도행전에 의하면 바울의 선교 여행은 크게 두 단계입니다. 다메섹(다마스커스)의 사건으로 예수에게 전향한 그가 그곳을 중심으로 '유대교 회당'을 돌면서 예수를 메시아라고 설파했지만(9:19-31) 실패하여 예루살렘으로 피신을 합니다. 그러나 거기서도 쫓겨나 다소로 도망가야 했습니다. 그 다음 단계는 안디옥을 중심으로 하는 이방인 선교 단계입니다. 교회 지도자인 바나바가 다소에 쫓겨 와 있는 그를 안디옥으로 데려왔고(11:25), 바울은 바나바와 함께 이방 지역 선교사로 파송이 됩니다.

안디옥 교회가 바울을 파송할 때 그의 이름은 '사울'이었습니다. 거명 순서는 바나바 다음에 위치해 있습니다. 바울은 자기의 이

름이 사울이라는 것을 스스로 말한 적이 없습니다. 그럼에도 그의 이름을 '사울'이라 하고 바나바 다음에 배치한 것은 '명예롭지 못하다'고 여겼던 탓입니다. 예루살렘 선교에 실패했기 때문입니다. 그래서 베냐민 지파(빌3:5)인 바울로서는 같은 지역 출신으로서 전설 속에 회자되던 불명예스러운 왕의 이름인 '사울'로 불리고, 바나바의 보조자로 표기되어 있는 것입니다.

바나바와 사울 일행이 처음 당도한 곳은 구브로(키프로스) 섬 (13:4)의 살라미입니다. 이곳의 총독은 '서기오 바울'(13:7)이었고, 그는 바나바 일행을 불러 하나님의 말씀을 듣는 '총명한 사람'이었습니다. 그 총독 휘하에 '바예수'라는 이름의 예언자가 있었습니다 (13:6). 그는 '엘루마'라는 이름으로도 불리고 있었습니다. 그 말의 뜻은 '예수의 아들'입니다. 그는 사울 일행의 전도에 걸림돌이 되었고, 사울의 저주에 의해 눈이 멀었습니다(13:11). 이 일로 인해 총독은 개종을 하며 사울을 지지했습니다.

이 일이 있은 후 사울은 '바울'이 됩니다. 뿐만 아니라 이 사건이 있은 후로는 바나바의 이름보다 먼저 바울의 이름이 나오거나, 바나바를 뺀 '바울의 일행'이라고 불려지기 시작합니다. 이방 선교의 주도권을 장악한 것입니다. 그런데 특이한 점은, 사울이 바울이 되는 시점이 총독의 개종인데, 바로 그 총독의 이름이 '서기오 바울'이라는 점입니다. 또 하나 특이한 점은 사울의 선교를 방해했던 반대자의 이름은 '바 예수=예수의 아들'이라는 것입니다. 예수의 적자임을 주장하는 사람들이 바울의 방해자라는 셈입니다. 복음을 전하려고 하는데 복음(복음의 사람)이 그것을 방해를 하고 있었다는 것입니다.

이런 문장법은 '베드로'='시몬'으로 전환되는 사마리아 선교에서도 등장합니다. '시몬'은 베드로의 아람식 이름입니다. '사울'도 바울의 아람식 이름입니다. 사울은 바예수와 싸우고, 베드로는 시몬과 싸웁니다. 이른바 유대인 예언자 '바예수'와 싸워 이김으로써 그의 이름이 '바울'이 됩니다. 이렇게 누가문서에 등장하는 상충되고 부합하는 이들 인물들은 '두 사람'일까요? 아니면 그 자신 즉, 자기 자신과의 내면적인 갈등을 말하는 것일까요?

그렇습니다. 사도행전은 단순한 바울과 베드로의 선교 행적을 말하려는 게 아니라, 자기 자신과의 내면적인 갈등을 넘어서는 '자기 초월'을 통해 실패한 유대인 왕 사울이 아니라 현명한 헬라인 바울이 되고, 갈릴리 사람 시몬이 자기 자신의 내면적인 갈등을 극복함으로써 베드로가 되어 이방 선교에 나선다는 것을 말하는 것입니다. 베드로나 바울은 진정한 이방인 선교사가 되기 위해 또는 온전한 '선교'을 위해 '사울'과 '시몬'을 넘어서야 했습니다.

'누가'는 이렇게 이방 선교의 성공적인 스토리를 구성하려고 했습니다. 그것은 그리스도 이야기가 자신들에게 복음이 된 바울과 베드로 자신들의 성공담을 타자에게 전하는 것이었습니다. 결국 누가에게 복음이란, 자기중심으로 구성된 내면의 예수를 버리고, 자기초월을 통해 복음이 타자의 얼굴을 할 때 생명력을 갖는다는 뜻이 담겨 있습니다. 그러니 복음 전파란 단순한 종교의 팽창이 아닌 것입니다. 자기중심으로 구성된 이기적인 예수를 버리라는 것입니다. 그것이 사울을 넘어서는 '바울', 시몬을 넘어서는 '베드로'가 되는 뜻입니다. 그것이 선교이고, 복음이고, 전파인 것입니다. 그런 자기초월의 성공담이 누가의 기록들인 것입니다.

선승 임제가 말한 바, 부처를 만나면 부처를 죽이라고 합니다. 마찬가지로 예수를 죽이지 않으면 우리는 예수의 복음을 알 수 없고, 또한 그것을 다른 사람들에게 생명으로 전할 수 없는 것입니다. 그것은 마치 신이 자신을 죽임으로써 구원자가 되었던 것과 다르지 않습니다.

"섬 가운데로 지나서 바보에 이르러 바예수라하는 유대인 거짓 선지자인 마술사를 만났다." (행 13:6)

:: 톺음

다메섹 사건

바울이 기독교도들을 박해하기 위해서 다메섹(다마스쿠스)으로 가던 중 예수의 모습을 보고 음성을 듣고 회심하여 예수의 제자에게 세례를 받아 기독교도로 개종한 사건을 말한다. 기독교인이 된 후에는 바나바의 중재로 사도들과 교제하였다.

임제 臨濟(?~867)

중국 당나라 시대의 승려이며 임제종이라는 불교 종파를 창설했다. 임제종은 화두를 차례로 해결하며 깨달음을 얻는 수행법을 사용했다. 고려 말에 전래된 뒤 오늘날 조계종에 이르기까지 한국 선불교에 큰 영향을 주었다. 임제는 대개 고함(할)을 질러 화두를 깨우치게 하는 자유분방한 가르침으로 유명한데, 요즘으로 치면 '버럭 스님'이다. 제자들에게 "부처를 만나면 부처를 죽여라"라며 그 무엇에도 구애되지 않는 상태로 '어디서든 너 자신이 주인이 되는 것'이 중요하다고 가르쳤다.

잃어버린 언어

사도행전 16:11~40에는 흥미로운 이야기가 하나가 있습니다. 바울이 악령 들린 한 소녀를 치유한 사건입니다. 그 소녀는 점쟁이입니다. 남의 운명을 감지하는 존재입니다. 그렇다고 소녀가 이야기의 주인공은 아닙니다. 바울의 영웅담 속에 끼어 있는데, 그럼에도 불구하고 이 소녀의 이야기는 사도행전의 기록자가 꿈꾸는 소통을 담고 있습니다.

무대는 마케도냐입니다. 이 도시는 주전 168년에 로마에 의해 점령을 당했고, 로마인들을 대거 거주시킴으로 '로마화'를 꾀하고 있었습니다. 바울은 이곳에서 유대인들의 모임을 인도하고 있었습니다. 이곳에서 만난 여인 중의 하나가 비유대인 출신의 부유한 상인 루디아입니다. 그녀는 자주색 옷감 장수인데, 소라에서 나오는 자주색 물감은 채취가 쉽지 않아 무척 비쌌습니다. 그녀의 집에 바울의 거처가 있었습니다(16:13-14).

어느 날, 기도처로 가는 중에 오늘 우리의 주인공인 '점치는 귀신'이 붙은 소녀를 만납니다. '점치는 귀신'의 그리스어 '퓌토나'는 '복화술사'를 의미합니다. 입을 움직이지 않고 말하는 것을 복화술이라고 하죠? 요즘이야 별 거 아닐지 몰라도 당시대 사람들에게 그녀는 자신이 말하는 게 아니라 영이 말하는 것으로 알았습니다. 그런데 이 소녀는 고용된 상황이었습니다.

당시의 점술업은 구역별로 나뉘어 조합이 결성될 만큼 성행하고 있었습니다. 점술업은 어떨 때 성행하는 것입니까? 사회가 안정되지 않았을 때입니다. 촌락의 도시화와 전쟁 등으로 인한 급속한 인구 이동이 많아 사람들의 안정된 생활을 교란시키고 있었던 것입니다. 그렇게 조직화된 점술업은 후견인들이 뒤를 봐주었고, 이 후견인들은 또 자연스럽게 주먹패와 연결되어 있었습니다. 그리고 그들과 연결된 행정 당국과의 고리도 있었습니다. 이렇게 점술업은 복잡하고 다양한 연결 고리 속에서 성업하고 있었던 것입니다.

이런 상황에 있는 소녀가 바울의 뒤를 따라다니며 바울 일행이 하나님의 사도로서 구원의 길을 선포하는 자라는 사실을 폭로했던 일로 바울의 일행은 화가 났다는 것입니다. 이게 좀 이상하지 않습니까? 사실을 사실대로 이야기한다고 그게 화나는 일입니까? 아니면 바울 일행의 복음 전파가 뭔가를 숨기면서 하는 일이었다는 말일까요? 그러니 바울 일행이 격분을 했다는 것은 그 동기가 순수하지 않은 것입니다.

그럼에도 격분의 과정이 소녀에게 들어가 있는 귀신을 쫓아내는 과정에 간섭하고 있습니다. 바울은 소녀의 점술 행위를 무가치한 것으로 단정지어버립니다. 바울이 소녀의 점술 행위를 '무가치' 한 것으로 단정지었다는 것은, 로마제국시대 대중사회의 역경과 그 속에서 잉태된 신앙 유형은 한마디로 쓸데없는 것이라는 뜻입니다. 무엇일까요? 사건의 앞에 루디아라는 여인이 등장한 다음에 다시 악령 들린 소녀가 등장함으로써 그 둘의 정황이 비교되고 있는 것입니다. 한 여인은 점잖게 사도를 부양하는 여인의 모습이고 다른 하나는 가치 없는 여자로 그려지고 있습니다. 이토록 이 사회는 막힌 사회였습니다. 소통 불가능한 사회였습니다.

그런 와중에 예수의 치유 행위가 등장을 합니다. 예수님의 치유 행위는 바울의 선교 치적을 증명하기 위한 것으로 사용되고 있습니다. 그러나 소녀의 복화술은 막힌 사회를 돌파하는 대중의 언어였습니다. 현실의 닫힌 구조를 비판하고 저항하는 희망의 이야기라는 말입니다. '영'은 자유로움에 그 본질이 있습니다. 무엇에 구속되지 말아야 합니다. 어떤 형태와 조직에 대한 저항입니다. 이런 의미에서 '성령'도 마찬가지입니다. 자유로움에 반대하는 것은 '육'입니다. 그것은 종종 제도화를 가리키는 신앙적 언어로 쓰입니다(고전 12:27). 그러나 바울에게 있어 '영'은 제도적이어야 했던 것입니다.

본문의 사건은 제도화된 사회, 소통 불가능의 사회를 역행하는 자유의 언어 행위로서의 소녀의 점쟁이 현상을 보여주고 있습니다. 그러나 바울은 그것을 역으로 교회의 제도화와 '영'의 제한성으로 바꾸어 놓기 위해 예수의 치유를 끌어들이고 있는 것입니다. 이렇게 해서 교회는 체제 내화가 되었지만 영의 자유로움, 교회를 통한 신앙의 언어로서의 '영'을 제거시키는 결과를 가져왔던 것입니다. 제도에 순응하는 영만을 허용하고, 자유로움을 신앙 외부로 밀어내는 결과가 이때부터 시작된 것입니다.

그럼으로써 교회는 인간과 대화하는 또 하나의 주된 통로를 상실하게 된 것입니다. 아니 대화 가능성을 잃어버린 것입니다. 그래서 오늘날 교회 안에는 대화 대신 독백과 일방적 요구나 강요만 남게 된 것입니다.

"그래서 그들은 무시아를 지나서 드로아에 이르렀다. 여기서 밤에 바울에게 환상이 나타났는데, 마케도냐 사람 하나가 바울 앞에 서서

'마케도냐로 건너와서 우리를 도와주십시오' 하고 간청했다." (행 16:8)

:: 톺음

주전 主前

'주님 태어나시기 전'의 뜻이므로 통상 표기법의 'B. C.'를 그대로 옮긴 말이다. 서력기원西曆紀元 즉 서기西紀는 예수 탄생을 기점으로 삼고 있다. 기원후 AD는 라틴어의 anno Domini 즉 '주主의 해年에'이며, 기원전 BC는 before Christ '그리스도 이전에'이다. 영어권 국가에서는 'in the year of our Lord Jesus Christ (우리 주 예수 그리스도의 해에)'와 같은 수사적 표현을 쓰기도 한다. 최근 종교적으로 중립적인 입장을 취하기 위해 CE(Common Era) 즉 '공통 시대' 또는 BCE(before Common Era) '공통 시대 이전' 등의 용어를 쓰는 경우도 있다. 서력기원의 역법이 종교와 상관없이 전 세계에 공통적으로 널리 퍼져 있기 때문이다.

복음은 탈주다

복음은 사람들의 관계 속에서 영향을 미쳐야 하고,
인간 그 자체를 탈바꿈시켜야 한다는 선언과도 같은 것입니다

빌레몬서에는 오네시모라는 인물이 등장을 합니다. 그는 노예였습니다. 그러나 골로새서에서 오네시모는 바울의 동역자로(4:9), 사도들의 교부였던 안티오키아의 이그나티우스가 에베소 교우들에게 보낸 편지(2세기 초)에는 오네시모가 에베소의 감독이었습니다. 범죄를 저지르고 도망을 친 사람이 초기 기독교의 가장 대표적인 교회 가운데 하나인 에베소 교회의 최고 지도자가 된 것입니다. 빌레몬서는 그 입지전적인 출발의 서두에 해당하는 책입니다.

오네시모는 빌레몬 집안의 노예였습니다. 18절을 중심으로 볼 때 그의 직책은 회계를 관장하는 일을 했던 것으로 보입니다. 그런 그가 주인으로부터 도망을 쳤습니다. 어떠한 과실이 있었는지는 모

릅니다. 그러나 노예가 도망을 쳤다는 그 자체만으로도 중대 범죄였습니다. 그러고는 바울에게로 갔습니다. 가능한 멀리, 아무도 알아보지 않는 곳으로 가야 마땅한 처지인데도 오네시모는 주인 빌레몬과 절친한 사이인 바울에게로 갔다는 것입니다. 그렇다면 그는 의도적으로 바울에게로 간 것입니다.

오네시모가 주인집의 중책을 맡고 있었다면, 그리고 훗날 바울의 동역자로서 많은 활약을 하고, 심지어 에베소 같은 유명한 교회의 감독이 되었다면, 과연 노예인 그가 도망을 쳐서 바울에게 갔다는 것의 의미는 무엇일까요? 무엇보다도 바울이 선포한 복음에 매료되었을 것입니다. 주님 안에서는 아무런 차이도 없다는(갈3:28), 모든 인간은 세상의 노예라는(갈4:1-7) 가르침에 큰 감동을 받았을 것입니다. 그 시대로서는 상상할 수 없는 행동을 감행할 만큼 무모했던 그는 바울의 복음에 목숨을 걸려는 마음을 먹었을 것입니다.

그러나 다른 조건들도 그에게 신뢰를 줘야 했습니다. 그가 도망을 쳤을 때, 도망한 노예를 변론해줄 수 있을 만한 권위가 바울에게 있는지 확신이 서야 하는 문제였습니다. 이게 없으면 그가 목숨을 걸고 노예의 울타리를 뛰어넘는다 해도 모든 게 수포로 돌아가기 때문입니다. 다시 말하면 바울의 권위가 빌레몬을 압도해야 한다는 말입니다. 빌레몬서 4~5절 이하의 말씀들은 바울의 권위를 엿볼 수 있는 장면들입니다.

자, 이제 장면을 빨리 넘겨보겠습니다. 바울에게로 도망쳐 온 오네시모를, 목숨을 걸고 제도적이고 사회적인 담을 타넘고 달려온 오네시모를, 바울은 다시 빌레몬에게로 돌려보냅니다. 우리는 여기서 빌레몬의 사람됨을 생각지 않을 수 없습니다. 그는 바울의 민중주의적인 메시지를 받아들일 만큼 열린 사람이었던 모양입니다. 그러나 바울의 복음을 따르기에 그는 너무도 많은 기득권 집단의 이해와 얽혀 있습니다. 복음은 복음대로 듣고 현실은 현실대로 살아야 할 상황이었습니다. 이것은 시대를 막론하고 누구나 직면하는 삶과 신앙의 문제가 아닙니까?

복음은 분명 해방의 메시지입니다. 그러나 현실적으로는 관성과 기득권에 매달려 사는 사람들을 해방시키지 못하고 있습니다. 그런 의미에서 오늘날의 신앙과 삶은 이중적이라 할 수 있습니다. 이런 상황에서, 초기 기독교 교회에서 발생한 빌레몬(기득권 세력), 오네시모(억압당하는 자), 그리고 바울(자유의 복음)이 어떻게 진리 안에서 충돌하고, 어떤 가치의 전이와 모험적인 행동을 보였는지, 그리고 그것이 어떤 결과로 진행했는지를 보여주고 있습니다. 복음은 이렇게 사람들의 관계 속에서 영향을 미쳐야 하고, 인간 그 자체를 탈바꿈시켜야 한다는 선언과도 같은 것입니다. 이것이 그리스도의 복음입니다.

"오 형제여 나로 주 안에서 너로 말미암아 기쁨을 얻게 하고
내 마음이 그리스도 안에서 평안하게 하라."(몬 20)

:: 톺음

빌레몬서

사도 바울이 도망 노예 오네시모의 주인이자 교우인 빌레몬에게 보낸 편지이다. 빌
레몬은 골로새 교회의 지도적 인물이었으며 그 지방에 사는 교인들이 모여 예배드
릴 정도로 큰 집에 살고 있던 부자다. 오네시모는 빌레몬의 종이었는데 도망한 사람
이다. 바울은 잘못한 일이 있거나 빚진 것이 있으면 그 책임을 나에게 지우라고 말
하면서, 오네시모가 무사히 집으로 돌아갈 수 있도록 배려하고 있다. 하지만 편지의
가장 큰 주제는 평등이다. 바울은 빌레몬에게 오네시모는 종이 아닌 교우라고 소개
하고 있다. 이는 노예가 사람이 아닌, 말하는 도구 취급받던 당시에는 혁명적인 발
언이었다.

오네시모

자유를 찾아 도망친 노예. 주인의 재산 일부를 훔쳐 로마로 갔다가 바울을 만나 기
독교로 개종한다. 그리고 바울이 써준 편지(빌레몬서)를 가지고 주인에게 돌아간다.
오네시모의 주인 빌레몬은 바울의 간곡한 부탁에 감동받아 오네시모를 용서하고 노
예의 신분에서 해방시켜 준다. 오네시모는 다시 로마로 돌아가 노예들을 기독교 신
자로 개종시키며 선교를 하다가 처형당한다.

안티오키아 Antiochia 의 이그나티우스 Ignatius

안티오키아는 안타키아Antakya 또는 안디옥Antioch이라고도 하며 당시 시리아 지방
수도로 인구 50만의 대도시였다. 이그나티우스는 안티오키아 교회의 감독으로 로
마의 박해를 받아 사형 선고를 받고 로마의 콜로세움에서 맹수형으로 순교한다. 그

는 로마로 압송되어 가던 중에 7개의 서간을 썼는데 이 일곱 서신이 그의 대표 저작이다. 그 지방의 사정과 삶들을 소상히 알 수 있는 내용들이 있다.

스티븐 호킹과 〈요한계시록〉

계시록에서 증오와 배제를 읽어야 하는 것은 '천국'을 사모한다는 것이
'세상'과 '우리'가 아닌 것들에 대한 증오와 공격성에서 기인하기 때문입니다

엊그제, 스티븐 호킹이란 천체물리학자가 '천국은 없다. 죽음이
두려운 사람들이 만들어낸 것이다'라고 하는 기사가 신문에 실렸습
니다. 그 신문 기사를 읽고 어떤 이가 내게 전화를 해서 말하기를,
"목사님들은 이제 무슨 말을 해야 하나요?" 하기에 "그래도 무슨 말
을 해야 밥줄이 끊기지 않겠죠?" 해서 함께 웃었습니다.

'천국' 혹은 '하나님의 나라'에 대한 기독교적 믿음과 이해 가
운데 가장 원본이 되는 성서는 '요한계시록'일 것입니다. 적어도 개
신교 신앙의 '천국론'은 그렇습니다. 그래서 오늘은 요한계시록의
배경에 대해서 말해보려고 합니다.

요한계시록은 박해의 현실을 전제로 하고 있습니다. '이미 안디바라는 동지는 죽었다'고 기록되어 있습니다(2:13). 그 가해자가 로마 당국인지 아니면 당시의 소아시아 지역의 정치 권력인지는 알 수 없습니다. 요한계시록의 배경에 대한 정보는 아무것도 남아 있지 않습니다. 여하간 요한계시록의 주체는 소아시아의 일곱 교회입니다. 일곱 교회의 직면한 문제는 정치적인 탄압만이 아니라 '니골라 당-에베소' '유대인을 자칭하는 자-서머나' '이세벨-두아디라'와 같은 교란 집단이 있었다는 것입니다.

우리가 여기서 주목해야 할 것은 '유대인을 자칭하는 자들'입니다. 기원후 80년 경, 성전이 사라진 이후에 이들의 신앙 개혁운동이 이스라엘 전역에 전개되었습니다. 배타주의 정책들이 추진되었는데, 그 중 하나가 18개 조문의 기도문 정리입니다. 우리가 하는 '주기도문'도 이것을 본 딴 것입니다. 그 중에 12조가 회당 내 예수 추종파에 대한 적대감을 담은 조문입니다. 당시만 해도 예수운동은 유대 공동체 내부의 여러 갱신 그룹 중 하나였습니다. 그러나 유대 파들은 차츰 예수당을 그들의 적으로 간주하기 시작했습니다. 바로 이 배제주의 적대감이 소아시아 교회에 강력하게 적용되었던 것입니다.

이런 종교 내적인 상황 속에서 요한복음을 지닌 '요한 공동체'와 '요한계시록 공동체'는 이 사태를 각기 다른 방식으로 흡수하여 극복하려고 합니다. 요한 공동체는 '자유의 영'을 강조하는 아웃사이더 집단으로, 체제에 흡수되지 않으면서도 강한 자의식을 지닌 소종파 공동체가 됩니다.

반면 요한계시록 공동체는 체제에 대해서 더욱 공격적인 담론을 갖게 됩니다. 그러나 그것은 현실 공간에서는 불가능했기 때문에 '묵시'라는 반현실적인 상상의 시공간을 현실의 삶에 대입하고 있는 것입니다. 그래서 만들어진 게 '요한계시록'입니다. 그것은 '요한복음'이 요한 공동체의 신앙 수호를 위한 반응이었던 것처럼, 요한계시록 공동체는 '요한계시록'이라는 독특한 신념 체계를 만들어 냈다는 뜻입니다.

그러므로 요한계시록은 호킹이 부정하는 '천국'을 확증해주는 물리학적 증언이 아닙니다. 정치적이고 군사적인 폭력의 주체였던 로마에 대항하는 1세기 말의 그리스도교 분파운동을 대표하는 것입니다. 우리가 요한계시록에서 읽어야 하는 것은, 미래 세계의 주소나 신뢰가 아닙니다. 그것은 종교적인 위기 때마다 등장하는 현실의 적들을 향한 공격성입니다. 그 공격성이 '정전'으로 둔갑하는 편견들입니다. '나'만 옳고 '다 그르다'는 신념의 확산을 경계해야 한다는 것입니다. '우리'라는 공동체 내에는 결코 하나의 주체만 존재한다는 믿음은 옳지 않다는 것입니다. 그 믿음과 신념은 또 다른 폭력의 틀이 되기 때문입니다. '요한계시록'에 등장하는 수없는 적대자들과 그들을 향한 증오와 배제를 읽어야 한다는 것입니다. 만약 우리가 '천국'을 사모한다고 할 때, 그것은 '세상'과 '우리'가 아닌 것들에 대한 증오와 공격성에 기인하는 것이기 때문입니다. 그런 의미에서 스티븐 호킹의 '천국은 없다'라는 말도 진리에 대한 폭력이라 할 수 있습니다.

> "내가 네 환란과 궁핍을 알거니와 실상은 네가 부요한 자니라.
> 자칭 유대인이라 하는 자들의 비방도 알거니와 실상은 유대인이 아니요
> 사탄의 회당이라."(계 2:9)

:: 톺음

호킹, 스티븐 윌리엄 Stephen William Hawking(1942~)

영국의 이론물리학자. 우주론과 양자 중력의 연구로 큰 업적을 쌓았다. 대중적인 과학서를 여럿 저술했으며 《시간의 역사》는 세계적인 베스트셀러가 되었다. 근위축성 질환을 앓아 휠체어 생활을 하고 있다. 일반상대론적 특이점에 대한 여러 정리를 증명하고, 블랙홀이 열복사를 방출한다는 사실을 밝혀낸 것이 중요한 업적이다. 갈릴레오 갈릴레이, 아이작 뉴턴, 알베르트 아인슈타인의 계보를 잇는 물리학자로 인정받고 있다.

니골라 Nicolas 당

니골라는 예루살렘 교회에서 선택 받은 일곱 집사 중의 한 사람으로, 유대교로 개종했다가 다시 기독교로 개종한 그리스 사람이다. 니골라 당의 창시자로 알려져 있다.

니골라 당은 인간의 영혼은 육신의 행위와는 아무 상관없이 믿음으로 구원을 받게 되므로 인간의 구원에 육체는 중요치 않으며 그리스도인들은 율법에서 해방되었기 때문에 육체가 짓는 죄는 정죄의 대상에서 제외된다고 믿었다. 그래서 인간은 자신이 원하는 대로 살 수 있는 자유가 주어져 있다는 것이다. 그리스도인들에게 주어진 자유를 육신을 위한 기회로 삼아 기독교 교리를 잘못 오용하여 육신의 죄악을 조장하였다.

서머나 <u>Smyrna</u>

현재 터키의 이즈미르. '스미르나'라고도 한다. 서머나 교회는 아시아(터키 지방)에 있는 일곱 교회 중 하나. 번성한 항구 상업 도시로 유대인들이 많이 살았는데 로마 정부와 결탁하여 서머나 교회 같은 초대 교회를 핍박하여 많은 기독교인들이 희생되었다.

두아디라 교회와 이세벨

두아디라 교회 역시 아시아에 있는 일곱 교회 중 하나. 그런데 이 교회는 '자칭 선지자라 하는 여자 이세벨을 용납한 교회'로 책망을 듣는다. 이 도시는 구약의 열왕기에 나오는 아합 왕의 아내 이세벨의 고향이다. 이세벨은 아합에게 시집오자 사람들에게 이방의 신을 섬기게 하고 이스라엘의 선지자들을 죽이고 엘리야를 죽이려 하였으며 거짓 증거로 남의 땅(나봇의 포도밭)을 빼앗기도 하는 대표적인 악녀이다. 이 이세벨이 종말에 다시 등장하여 음행과 우상 숭배로 교회를 크게 위협하는데 디아도라 교회는 이를 받아들였던 것이다.

성서를 읽는다는 것

저녁 이른 시간에 교우 한 분이 나를 찾아왔습니다. 직장을 다니는 40살 된 아들이 요즘 힘들어 한답니다. 이러다 저러다 못해 목사님하고 성경 공부를 하든 인생 살아가는 이야기를 하든 어떤 구실로든 만나주었으면 좋겠다는 게 교우의 이야기였습니다. 아들을 사랑하는 어머니의 마음이 내게도 콕콕 전달이 되어 앞뒤 잴 것도 없이 그러마고 했지요. 그래 놓고는 무슨 이야기들을 어떻게 해야 할지, 교회는 다닌다고 하니 성서 이야기를 해야 할지, 아니면 그저 오르락내리락 하는 인생 이야기를 해야 할지를 궁리했습니다. 그러다가 우선은 '교회' 이야기, '신앙' 이야기, '성서' 이야기부터 해야겠다고 마음먹었습니다.

성서를 읽는다는 것은 뭘까요? 그것은 시차를 달리하는 두 부류의 사람들 사이의 대화입니다. 과거의 사람들과 지금의 내가 '그들'이죠. 이들은 서로 살아간 시기도 장소도 문화적인 맥락도 다릅니다. 서로에 대해 알 수 있는 건 없고, 다만 과거의 사람들에 관해 서술된 역사를 통해서만 후대의 내가 저들 과거의 사람들과 대화하는 것입니다. 그렇다고 과거 사람들의 삶과 체험이 몽땅 서술 속에 드러난 것도 아닙니다. 숱한 정보들이 있지만, 그것들이 저들의 삶 전부, 마음의 전부를 반영한다고 볼 수 없다는 뜻입니다. 그런 점에서 숱한 정보들은 파편적입니다. 더욱이 그 파편적인 정보들은 역사가에 의해 일부가 취사선택되어 배치될 수 있습니다. 또 역사가의 상상력에 의한 보완적인 설명과 함께 어우러져 하나의 역사 서술이 되는 겁니다.

그렇다고 역사가가 없는 사료를 날조할 수는 없습니다. 그것은 과거의 누군가의 이야기이며, 삶의 기록이어야 하기 때문입니다. 비록 그의 변화무쌍한 삶 전체일 수는 없지만, 어느 한 순간의 기억을 담았음이 분명합니다. 요컨대 역사 서술은 역사가와 과거 사람 사이의 대화인데, 그 대화는 과거 사람의 본래적인 무엇이 밝혀지는 것도, 역사가 자신의 사상에 대한 단순한 반영도 아닙니다. 그러면 양자의 대화는 무엇입니까? 서로의 얽힘이고 분열입니다. 다르게 표현하면, 역사 서술은 역사가와 과거 사람 사이의 '의도하지 않은 대화', 아니 '대화들'입니다. 한편, 이런 양자, 역사가와 사료 사이의 의도하지 않은 대화는 문헌으로 출판됩니다. 출판되지 않는 역사 서술은 '실패한 역사'입니다. 역사란 이런 겁니다. 그런데 많은 역사가들이 착각하는 것처럼, 성서를 보려는 사람들도 성서에서 과거 사람의 고유한 사실로서의 역사를 알아내려고만 합니다. 그 결과 성서역사학은 성서를 읽는 사람들에 의해 파산 선고를 받게 됩니다. 과거인과 현재인의 대화 또는 대화들이 발생하지 않는다는 뜻에서 말입니다.

그러면 어떻게 성서를 읽어야 할까요? 과거인의 시공간적 맥락과 관계없이 역사가 자신의 시선으로 자유롭게 성서를 읽고, 역사가 자신 그리고 동시대를 사는 독자의 상상력과 대면해야 합니다. 이때 텍스트는 역사 서술이라기보다는 하나의 문학적인 서술이 됩니다. 그래서 요즈음 성서를 읽는 눈은 '역사 비평'이 아니라 '문학적 비평'인 것입니다. 다시 말해 문학적으로 어떤 텍스트를 읽는다는 말은, '역사 서술'은 과거인과 현대 독자 사이를 매개하는 대화의 소재이지, 어떤 '정보'이거나 사실을 '증명'하는 증빙 서류가 아니라는 것입니다. 이것이 오늘날 성서를 읽거나 역사서를 보는 흐름입니다.

한마디로 역사와 반역사를 넘나들며 구성한 역사 서술로서의 텍스트, 그리고 독자와 텍스트 간의 의도하지 않은 대화를 지향하는, 역사적 또는 반역사적 독서를 추구하는 것입니다. 이 경우, 단 하나의 역사, 과거 사실의 재현으로서의 단 하나인 역사는 존재하지 않습니다. 오히려 역사가 실재하는 것은 역사 서술을 읽는 독자들의 심상에 의해서 '역사'가 존재하는 것입니다. 그것은 역사 서술을 통해 과거를 읽는 독자들의 성찰에 관한 마음의 기록들입니다. 지나간 과거의 누구 또는 어떤 사건에 대한 이야기가 아니라, 현재의 내 마음을 들춰보는 거울과 같은 게 역사라는 말입니다. 그런 의미에서 성서를 역사로 읽는 이들에게, 성서는 하나의 역사적이고 신앙적인 성찰의 기록들로 마음에 새겨야 한다는 것을 말하고 싶습니다.

> "또 눈은 눈으로, 이는 이로 갚으라 하였다는 것을 너희가 들었으나…
> 나는 너희에게 이렇게 말한다."(마 5:38)

:: 톺음

성서 비평

성서 비평은 성서의 역사 배경과 사실성, 문학 양식과 문학적인 요소, 저자가 사용한 자료, 자료의 편집 구조, 저자가 사용한 수사학 등을 비평하는 성서 읽기이다. 여기에는 본문 비평, 자료 비평, 전승 비평, 편집 비평, 역사 비평, 문학 비평 등 일곱 가지 분야가 있다. 역사 비평 이외의 분야에서는 내용의 구성과 저자 자신의 생각을 표현한 방법들을 다룬다. 역사 비평은 저자의 진술들이 지닌 의미와 사실 여부를 다룬다.

본문 비평

문서 혹은 기록의 원문을 찾아내는 것이 주요 관심사다. 성경의 경우 사해사본이 그런 것들이다. 문서를 손으로 복사하면 오류가 생기기 쉽다. 이런 오류들을 찾아내 바로 잡는 것이 본문 비평의 목적이다.

자료 비평

저술에 사용한 집필 자료를 분석한다. 기록된 사건의 자료를 찾아내어 사실을 규명하여 신빙성을 높인다. 긴 세월의 일들을 후대에 기록하는 경우 구전된 옛 이야기들은 정확도가 떨어질 가능성이 많다.

전승 비평

성경의 역사 혹은 전승이 처음 언급된 때부터 기록된 때까지 내용의 발전을 추적한다. 아브라함에 관한 이야기들은 여러 세대 동안 구전으로 내려오다가 기록으로 구체화되었을 것인데, 그 동안 거친 변화를 알면 이야기의 본래 모습을 알 수 있다.

편집 비평

성경의 편집자가 자료들을 어떻게 활용하였는지를 밝힌다. 무엇을 생략하고 무엇을 덧붙였는지, 특별한 선입관이 무엇이었는지 찾아낸다. 자료들이 확보되면 결론이 확실해진다. 또 편집 방법을 보면 편집자의 관심과 표현된 뜻을 더 잘 이해할 수 있다.

양식 비평

성경의 문학적 양식을 연구한다. 서로 다른 저작들은 서로 다른 양식들을 갖고 있어, 율법서의 양식은 시편의 양식과 다르다. 그것으로 배경이나 탄생 환경을 알 수 있다. 형식의 특징을 찾아낸 다음 그 이유들을 추정한다. 운율과 문체 등의 양식을 분석하면 그 구절이 어떤 상황에서 유통되었는지를 규명할 수 있다.

문학 비평

문학적 면모와 문체를 규명한다. 창세기와 사무엘서는 낭독용으로 기록되어 듣는 이의 상상력을 사로잡는다. 구약의 저자들은 많은 단어를 쓰지 않고 일정한 효과를 두었다. 인물의 인격을 심리학적으로 묘사하지 않고도 구체적으로 소개하는 데 성공했다. 언급하지 않거나 암시만 한 곳도 있어 읽는 이 스스로 공백을 메우면서 그 이야기에 자기를 연관시킨다. 문학 비평 중 수사학적 비평은 히브리 산문체의 표면적 특징을 다룬다.

역사 비평

문서의 연대를 추정한다. 사본은 고문서학과 고고학적 방법으로 쉽게 알 수 있다. 기록된 사건으로도 연대를 알 수 있다. 본문에 저작 연대에 관한 언급이 없다면 간접적인 증거로 추정하게 된다. 역사 비평은 또 자료에서 찾아낸 정보들을 검증한다. 문서의 저작자를 발견해내면 그 기사의 의미를 알 수 있다. 성경 이외의 자료들은 성경 기사들의 배경을 설명해준다.